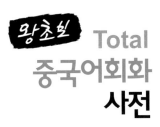

왕초보 Total
중국어회화
사전

어디서나 바로바로 통하는
왕초보 Total 중국어 회화 사전

2019년 8월 20일 1쇄 인쇄
2019년 8월 25일 1쇄 발행

편 집 | C.H. 외국어팀
감수자 | 최청화·유향미
책임교정 | 맹주영·이은우
펴낸이 | 이규인
펴낸곳 | 도서출판 **창**
등록번호 | 제15-454호
등록일자 | 2004년 3월 25일

주소 | 서울특별시 마포구 대흥로4길 49, 1층(용강동 월명빌딩)
전화 | (02) 322-2686, 2687 / **팩시밀리** | (02) 326-3218
홈페이지 | http://www.changbook.co.kr
e-mail | changbook1@hanmail.net

ISBN 978-89-7453-460-8 13720

정가 18,000원

이 도서의 국립중앙도서관 출판예정도서목록(CIP)은 서지정보유통지원시스템
홈페이지(http://seoji.nl.go.kr)와 국가자료종합목록시스템(http://www.nl.go.kr/kolisnet)
에서 이용하실 수 있습니다. (CIP제어번호 : CIP2019017555)

왕초보

Total

중국어회화
사전

필수**패턴**회화
+
실용회화

최청화 · 유향미 감수

창
Chang
Books

머리말

여러분은 지금 국제화시대에 살고 있습니다. 최근 우리 사회의 이슈이자 많은 분들이 고민하는 부분 중에 하나가 어떻게 하면 원어민처럼 유창하게 중국어를 잘 할 수 있을까? 하는 바람일 것입니다.

이러한 시대 상황을 고려해 편집·제작된 책이 '어디서나 바로바로 통하는 왕초보 Total 중국어 회화 사전'입니다. 수많은 중국어회화 방법들이 있지만 생각만큼 효과를 얻기란 쉽지 않습니다. 그렇다면 중국어 초보자에게 있어 가장 중요한 중국어회화 학습의 요소는 무엇일까 발음·문법·어휘 물론 다 중요하지만 가장 중요한 것은 지금 당장할 수 있는 자신감입니다.

이 책은 이런 분들을 위해 아주 기초적인 회화에서부터 모든 상황에서 능숙하게 대처할 수 있는 생활회화·실용회화 및 해외여행에 이르기까지 다양하게 구성·편집되어 쉽게 접할 수 있습니다. 같은 말이라도 표현하는 방법이 다양하게 정리되어 있을뿐만 아니라 종전의 획일적인 회화에서 벗어나 마음대로 즉석에서 찾아 활용할 수 있도록 주제별로 일목요연하게 나열되어 학습 및 사용하기에 편리합니다.

또한 부분적으로 미니회화 코너가 있어 이해를 돕는 데 한몫을 하고 있습니다. 대부분 외국어 공부에 관심있는 분들은 패턴을 좋아합니다. 패턴은 정형화된 문장이어서 마음 놓고 구사할 수 있는 장점뿐만 아니라 여러 문장을 응용해서 마음껏 회화를 표현할 수 있어 많은 분들이 선호합니다. 왕초보 Total 중국어 회화 사전은 이런 중국어 초보자의 학습단계를 한 단계 발전시켜 드릴 것입니다.

4

이책의 특징은 다음과 같이 구성되어 있습니다.

1. 일상의생활에서 가장 필요한 상황만을 엄선하여 초보자도 쉽게 활용할 수 있도록 하였습니다.

2. 가장 많이 사용하는 필수패턴회화로 학습의 자신감과 응용력을 증가시켰습니다. 특히 상황에 따라 적절하게 골라 선택하면 좀더 센스있는 중국어회화를 구사할 수 있을 것입니다.

3. 중국어의 표현에는 원어민이 발음하여 초보자도 보다 쉽게 듣고 따라할 수 있도록 한글 발음으로 표기하였습니다. 그러나 한글발음 표기는 중국어 회화 학습을 위한 것에 지나지 않으므로 정확한 발음은 본사의 홈페이지에 MP3파일을 제공하고 있으므로 다운받아 들으면 보다 효과적으로 학습할 수 있습니다.

4. 부록에 있는 많은 자료는 중국어 초보자가 바로 외국어학습에 활용하도록 정리되어 있어 중국어 회화에 큰 도움이 될 것입니다.

그 외에 최신의 영중사전과 인터넷의 자료를 참조하였으며 되도록 최근에 많이 활용되는 문장을 엄선하여 새로운 신조어의 효과도 느낄 수 있게 하였습니다.

위와 같은 자료를 통해 그동안 중국어회화에 대한 막연했던 두려움을 떨쳐 버리고 지금 바로 자신감을 가지고 시작하면 패턴회화+실용회화의 활용도 높은 필수문장의 효과를 보실 것입니다.

차례

Chapter 12   의견(意见)

Chapter 13   직장생활(职业生涯)

Chapter 14   전화(电话)

Chapter 19 화제(话题)

Part Ⅲ 부록

Part I

패턴
회화

* 공손히 부탁할 때 *

부디 ~해 주세요.
请~
qǐng ~
칭

□ 같이 포장해 주세요.

请包起来。
qǐng bāo qǐ lái
칭 빠오 치 라이

□ 여기에 좀 써 주십시오.

请把它写在这里。
qǐng bǎ tā xiě zài zhè lǐ
칭 바 타 씨에 짜이 쩌 리

* 가볍게 부탁할 때 *

~할래요?
可以~吗?
kě yǐ ~ma
커 이 마

□ 다시 한 번 서명해 주시
겠어요?

可以再签一下名字吗?
kě yǐ zài qiān yí xià míng zi ma
커 이 짜이 치엔 이 씨아 밍 쯔 마

□ 열쇠를 보관해 주시겠
습니까?

可以帮我保管钥匙吗?
kě yǐ bāng wǒ bǎo guǎn yào shi ma
커 이 빵 워 바오 꾸안 야오 쓰 마

* 정중하게 부탁할 때 *

~을 해주시겠습니까?

能帮我~吗?

néng bāng wǒ ~ma

넝 빵 워 마

□ 택시를 불러주시겠습니까?

能帮我叫出租车吗?

néng bāng wǒ jiào chū zū chē ma

넝 빵 워 찌아오 추 쭈 처 마

□ 이것 옮기는 것 좀 도와 주실래요?

能帮我搬一下吗?

néng bāng wǒ bān yí xià ma

넝 빵 워 빤 이 씨아 마

* 가볍게 물을 때 *

~할 수 있어요?

你能~吗?

nǐ néng ~ma

니 넝 마

□ 좀 싸게 해 주실 수 없나요?

你能便宜点儿吗?

nǐ néng pián yi diǎnr ma

니 넝 피엔 이 띠알 마

□ 오셔서 저녁 식사할 수 있겠습니까?

你能来吃晚饭吗?

nǐ néng lái chī wǎn fàn ma

니 넝 라이 츠 완 판 마

어떤 종류의 ~을 하십니까?

什么样的~?

shén me yàng de ~

션 머 양 더

□ 어떤 방을 원하십니까?　　**要什么样的房间?**

yào shén me yàng de fáng jiān

야오 션 머 양 더 팡 찌엔

□ 어떤 음식을 좋아하세요?　　**喜欢什么样的食物?**

xǐ huan shén me yàng de shí wù

시 후안 션 머 양 더 스 우

당신의 ~는 무엇인가요?

你的~是什么?

nǐ de ~shì shén me

니 더 쓰 션 머

□ 당신의 취미가 뭡니까?　　**你的爱好是什么?**

nǐ de ài hào shì shén me

니 더 아이 하오 쓰 션 머

□ 당신의 성격은 어떻습니까?　　**你的性格是什么样的?**

nǐ de xìng gé shì shén me yàng de

니 더 씽 거 쓰 션 머 양 더

* 구체적으로 물을 때 *

당신은 무엇을/언제/어디서 ~했나요?
什么/什么时候/在哪里~?
shén me /shén me shí hou /zài nǎ lǐ ~
션 머 /션 머 쓰 허우 / 짜이 나 리

▫ 뭐라고 하셨지요?

你说什么?
nǐ shuō shén me
니 슈어 션 머

▫ 그걸 언제 샀니?

什么时候买的?
shén me shí hou mǎi de
션 머 쓰 허우 마이 더

▫ 어디에 달까요?

挂在哪里?
guà zài nǎ lǐ
꾸아 짜이 나 리

* 경험에 대해 물을 때 *

~해본 적이 있습니까?
你~过吗?
nǐ ~guò ma
니 꾸어 마

▫ 해외여행을 가신 적이
있습니까?

你去国外旅行过吗?
nǐ qù guó wài lǚ xíng guò ma
니 취 꾸어 와이 뤼 싱 꾸어 마

▫ 한국음식을 먹어본 적이
있나요?

你吃过韩国菜吗?
nǐ chī guò hán guó cài ma
니 츠 꾸어 한 꾸어 차이 마

* 궁금함을 물을 때 *

무엇을/어디서/어떻게 ~할 수 있을까?

什么 / 在哪儿 / 怎么能~?

shén me /zài nǎr / zěn me néng ~

선 머 / 짜이 날 / 쩐 머 넝

□ 어떻게 해드릴까요?

我能为你做些什么?
wǒ néng wèi nǐ zuò xiē shén me
워 넝 웨이 니 쭈어 시에 선 머

□ 티켓은 어디에서 삽니까?

在哪儿买票?
zài nǎr mǎi piào
짜이 날 마이 피아오

□ 거기는 어떻게 갑니까?

怎么能去那里?
zěn me néng qù nà lǐ
쩐 머 넝 취 나 리

* 자기 감정을 말할 때 *

~해 기쁩니다.

我很高兴~

wǒ hěn gāo xìng ~

워 헌 까오 씽

□ 우연히 만나게 되어 반가워요.

偶遇你我很高兴。
ǒu yù nǐ wǒ hěn gāo xìng
어우 위 니 워 헌 까오 씽

□ 맘에 드신다니 기쁘네요.

很高兴你能喜欢。
hěn gāo xìng nǐ néng xǐ huan
헌 까오 씽 니 넝 시 후안

평소 ~하기는 하나요?

从来没有~吗? / 多久~?

cóng lái méi yǒu ~ma / duō jiǔ ~

총 라이 메이 여우 마 / 뚜어 찌여우

□ 나 보고 싶은 적 없니?

从来没有**想过我**吗?
cóng lái méi yǒu xiǎng guò wǒ ma
총 라이 메이 여우 씨앙 꾸어 워 마

□ 얼마나 자주 낚시를 가세요?

多久**去钓一次鱼**呢?
duō jiǔ qù diào yí cì yú ne
뚜어 찌여우 취 띠아오 이 츠 위 너

□ 버스는 몇 분마다 있습니까?

大巴多久**来一趟**?
dà bā duō jiǔ lái yí tàng
따 바 뚜어 찌여우 라이 이 탕

~하고 싶습니다.

我想~

wǒ xiǎng ~

워 씨앙

□ 당신과 사귀고 싶습니다.

我想**跟你交往**。
wǒ xiǎng gēn nǐ jiāo wǎng
워 씨앙 껀 니 찌아오 왕

□ 잠깐 이야기를 나누고 싶은데요.

我想**跟你聊聊**。
wǒ xiǎng gēn nǐ liáo liao
워 씨앙 껀 니 리아오 리아오

□ 두 사람 좌석을 예약하고 싶습니다.

我想**预约两个位子**。
wǒ xiǎng yù yuē liǎng ge wèi zi
워 씨앙 위 위에 리앙 거 웨이 쯔

＊ 유감을 말할 때 ＊

유감스럽게도 ～입니다.
恐怕~
kǒng pà ~
쿵 파

□ 안타깝게도 갈 수가 없네요.

我**恐怕**不能去。
wǒ kǒng pà bù néng qù
워 쿵 파 뿌 넝 취

□ 유감스럽게도 계산이 틀린 것 같습니다.

恐怕算错了。
kǒng pà suàn cuò le
쿵 파 수안 추어 러

＊ 일정을 말할 때 ＊

난 ～가 있어요.
我有~
wǒ yǒu ~
워 여우

□ 방법이 있어요.

我**有**办法。
wǒ yǒu bàn fǎ
워 여우 반 파

□ 신고해야 될 것이 있습니다.

我**有**事情要宣布。
wǒ yǒu shì qing yào xuān bù
워 여우 쓰 칭 야오 쉬엔 뿌

* **기분을 말할 때** *

~하는 기분입니다.
真想~
zhēn xiǎng ~
쩐 씨앙

□ 콧노래라도 부르고 싶
은 기분입니다.

真想**哼歌**。
zhēn xiǎng hēng gē
쩐 씨앙 헝 꺼

□ 토할 것 같습니다.

真想**吐**。
zhēn xiǎng tù
쩐 씨앙 투

□ 울고 싶어.

真想**哭**。
zhēn xiǎng kū
쩐 씨앙 쿠

* **취미를 말할 때** *

난 ~을 즐겨요.
我喜欢~
wǒ xǐ huan ~
워 시 후안

□ 저는 음악 듣는 걸 좋아
합니다.

我喜欢**听音乐**。
wǒ xǐ huan tīng yīn yuè
워 시 후안 팅 인 위에

□ 저는 미술품 수집을 좋
아합니다.

我喜欢**收集艺术品**。
wǒ xǐ huan shōu jí yì shù pǐn
워 시 후안 셔우 지 이 슈 핀

* 진행중임을 말할 때 *

~을 해오던 중이에요.

我已经~ / 我一直~

wǒ yǐ jīng ~wǒ yì zhí ~

워 이 찡 워 이 쯔

□ 벌써 30분이나 기다리
고 있습니다.

我已经等了三十分钟了。

wǒ yǐ jīng děng le sān shí fēn zhōng le

워 이 찡 덩 러 싼 스 펀 쭝 러

□ 오래전부터 뵙고 싶었
습니다.

我一直都很想见你。

wǒ yì zhí dōu hěn xiǎng jiàn nǐ

워 이 쯔 떠우 헌 씨앙 찌엔 니

* 장래 희망을 말할 때 *

난 ~했으면 좋겠어요.

我希望~

wǒ xī wàng ~

워 시 왕

□ 난 전세계를 여행하고
싶다.

我希望能环游世界。

wǒ xī wàng néng huán yóu shì jiè

워 시 왕 넝 후안 여우 쓰 찌에

□ 난 네가 웃는 것을 보고
싶다.

我希望能看到你的笑容。

wǒ xī wàng néng kàn dào nǐ de xiào róng

워 시 왕 넝 칸 따오 니 더 씨아오 룽

* 목적을 말할 때 *

난 ~을 하려고 해요.

我想~ / 我要~

wǒ xiǎng ~ wǒ yào ~

워 씨앙 워 야오

□ 난 테니스를 배우려고
해요.

我想**学打网球**。

wǒ xiǎng xué dǎ wǎng qiú

워 씨앙 쉬에 다 왕 치여우

□ 술을 줄이려고 노력 중
이에요.

我要**少喝酒**。

wǒ yào shǎo hē jiǔ

워 야오 샤오 허 찌여우

* 원하는 것을 말할 때 *

난 ~하고 싶어요.

我想~

wǒ xiǎng ~

워 씨앙

□ 주문을 취소하고 싶은
데요.

我想**取消我的订单**。

wǒ xiǎng qǔ xiāo wǒ de dìng dān

워 씨앙 취 씨아오 워 더 띵 딴

□ 머리를 갈색으로 염색
하고 싶어요.

我想**把头发染成棕色**。

wǒ xiǎng bǎ tóu fa rǎn chéng zōng sè

워 씨앙 바 터우 파 란 청 쭝 써

* 가볍게 상황을 말할 때 *

~가 있어요.

有~

yǒu ~

여우

□ 전화 왔습니다.

有你的电话。

yǒu nǐ de diàn huà

여우 니 더 띠엔 후아

□ 청구서에 잘못 된 것이 있습니다.

账单上有错。

zhàng dān shàng yǒu cuò

짱 딴 샹 여우 추어

* 공손하게 상황을 말할 때 *

~인 것 같아요.

看来~ / 似乎

kàn lái ~ / sì hū

칸 라이 / 쓰 후

□ 그런 것 같다.

看来是这样的。

kàn lai shì zhè yàng de

칸 라이 쓰 쩌 양 더

□ 그녀는 코수술한 것 같아.

她似乎做了隆鼻手术。

tā sì hū zuò le lóng bí shǒu shù

타 쓰 후 쭈어 러 룽 비 셔우 슈

* 행동에 대해 말할 때 *

내가 ~했음에 틀림없다 / ~을 것이다.
我一定~ / 我会~
wǒ yí dìng ~ / wǒ huì ~
워 이 딩 / 워 후에이

□ 제가 전화를 잘못 걸었
습니다.

我一定拨错号码了。
wǒ yí dìng bō cuò hào mǎ le
워 이 딩 보어 추어 하오 마 러

□ 그에게 사과할 수 있었
는데.

我会跟他道歉的。
wǒ huì gēn tā dào qiàn de
워 후에이 껀 타 따오 치엔 더

* 정중하게 감사함을 말할 때 *

~해줘서 고마워
谢谢你~
xiè xiè nǐ ~
씨에 씨에 니

□ 전화해 줘서 고마워.

谢谢你给我打电话。
xiè xiè nǐ gěi wǒ dǎ diàn huà
씨에 씨에 니 게이 워 다 띠엔 후아

□ 도와줘서 고마워요.

谢谢你帮助我。
xiè xiè nǐ bāng zhù wǒ
씨에 씨에 니 빵 쭈 워

*** 흔쾌히 승낙할 때 ***

그럼요, ~할 수 있어요.

当然可以~

dāng rán kě yǐ ~

땅 란 커 이

□ 그래, 그렇게 할게.

当然，我可以**做那件事**。

dāng rán, wǒ kě yǐ zuò nà jiàn shì

땅 란 워 커 이 쭈어 나 찌엔 쓰

□ 그래요, 제가 구경시켜 드릴게요.

当然，我可以**带你参观一下**。

dāng rán, wǒ kě yǐ dài nǐ cān guān yí xià

땅 란 워 커 이 따이 니 찬 꾸안 이 씨아

*** 가볍게 권유할 때 ***

~할래요?

你想~吗?

nǐ xiǎng ~ma

니 씨앙 마

□ 좀 쉴래요?

想**休息一下**吗?

xiǎng xiū xī yí xià ma

씨앙 씨여우 시 이 씨아 마

□ 우선 맥주부터 드릴까요?

想**先来点啤酒**吗?

xiǎng xiān lái diǎn pí jiǔ ma

씨앙 씨앤 라이 띠엔 피 찌여우 마

＊ 가볍게 제안할 때 ＊

우리 ～할까요?

我们为什么不~呢?

wǒ men wéi shén me bú ~ne

워 먼 웨이 션 머 부 너

□ 오늘 밤에 같이 식사하
러 나가시겠습니까?

今晚我们为什么不一起出去
吃晚餐呢?

jīn wǎn wǒ men wèi shén me bù yì qǐ chū qù
chī wǎn cān ne

찐 완 워 먼 웨이 션 머 부 이 치 추 취 츠 완 찬 너

□ 우리 조금씩 양보하는
게 어떨까요?

我们为什么不各自退让一步
呢?

wǒ men wèi shén me bú gè zì tuì ràng yí bù ne

워 먼 웨이 션 머 부 거 쯔 투에이 랑 이 뿌 너

＊ 강하게 제안할 때 ＊

～하자.

让我们~(吧)

ràng wǒ men ~ba

랑 워 먼 (빠)

□ 조만간에 한번 만나요.

让我们不久再聚一聚。

ràng wǒ men bù jiǔ zài jù yi jù

랑 워 먼 뿌 찌여우 짜이 쮜 이 쮜

□ 함께 사진을 찍읍시다.

让我们一起拍张照。

ràng wǒ men yì qǐ pāi zhāng zhào

랑 워 먼 이 치 파이 장 짜오

나도 ~할 수 있었으면 해요, 그러나 ~해요.

我希望我能~ 但是~

wǒ xī wàng wǒ néng ~ dàn shì ~

워 씨 왕 워 넝 / 딴 쓰

□ 나도 더 있으면 좋겠는데, 가야 해.

我希望我能**多待会儿，但是我得走了。**

wǒ xī wàng wǒ néng duō dài huìr, dàn shì wǒ děi zǒu le

워 씨 왕 워 넝 뚜어 따이 후얼 딴 쓰 워 데이 쩌우 러

□ 가고는 싶지만 갈 수가 없네요.

我希望我能**去，但是我去不了。**

wǒ xī wàng wǒ néng qù, dàn shì wǒ qù bù liǎo

워 씨 왕 워 넝 취 딴 쓰 워 취 뿌 리아오

~가 어떨까요?

~怎么样?

~zěn me yàng

쩐 머 양

□ 이 구두 어때요?

那双皮鞋怎么样?

nà shuāng pí xié zěn me yàng

나 슈앙 피 씨에 쩐 머 양

□ 피자 어때요?

比萨饼怎么样?

bǐ sà bǐng zěn me yàng

비 싸 빙 쩐 머 양

~해서 미안해요.

对不起~ / 我很抱歉~

duì bu qǐ ~ / wǒ hěn bào qiàn ~

뚜에이 뿌 치 / 워 헌 빠오 치엔

□ 너한테 거짓말 해서 미
안해.

对不起我说谎了。
duì bu qǐ wǒ shuō huǎng le
뚜에이 뿌 치 워 슈어 후앙 러

□ 그 점 미안합니다.

那件事情我很抱歉。
nà jiàn shì qíng wǒ hěn bào qiàn
나 찌엔 쓰 칭 워 헌 빠오 치엔

난 ~가 필요해요.

我需要~

wǒ xū yào ~

워 쉬 야오

□ 이발을 하려고 합니다.

我需要剪发。
wǒ xū yào jiǎn fà
워 쉬 야오 찌엔 파

□ 계좌에서 돈을 인출하
고 싶습니다.

**我需要从账户里取一些钱
出来。**
wǒ xū yào cóng zhàng hù lǐ qǔ yì xiē qián
chū lái
워 쉬 야오 총 짱 후 리 취 이 씨에 치엔
추 라이

＊ 자신을 부정할 때 ＊

난 ～을 하지 않았어요. / ～이 아니었어요.

我没有~ / 我不~

wǒ méi yǒu ~ / wǒ bù ~

워 메이 여우 / 워 부

□ 난 그렇게 생각하지 않습니다.

我不那样认为。

wǒ bú nà yàng rèn wéi

워 부 나 양 런 우에이

□ 난 그것은 사실이 아닌 것 같아요.

我不认为那是真的。

wǒ bú rèn wéi nà shì zhēn de

워 부 런 우에이 나 쓰 쩐 더

□ 이건 주문하지 않았습니다.

我没有点这个。

wǒ méi yǒu diǎn zhè ge

워 메이 여우 디엔 쩌 거

＊ 은근히 경고할 때 ＊

당신은 ～하는 게 좋겠죠.

你最好~

nǐ zuì hǎo ~

니 쭈에이 하오

□ 모든 컴퓨터 작업은 디스켓에 저장해 두는 게 좋습니다.

你最好把(在)电脑上做的所有工作存到磁盘上。

nǐ zuì hǎo bǎ (zài) diàn nǎo shàng zuò de suǒ yǒu gōng zuò cún dào cí pán shàng

니 쭈에이 하오 바 (짜이) 띠엔 나오 샹 쭈어 더 쑤어 여우 꿍 쭈어 추언 따오 츠 판 샹

□ 다른 분께 물어보시죠.

最好问问别人。

zuì hǎo wèn wèn bié rén

쭈에이 하오 원 원 비에 런

＊ 가볍게 동의할 때 ＊

난 ～에 동의해요.
我同意~
wǒ tóng yì ~
워 퉁 이

- 동의합니다.

我同意。
wǒ tóng yì
워 퉁 이

- 그 계획에 찬성합니다.

我同意这个计划。
wǒ tóng yì zhè gè jì huá
워 퉁 이 쩌 거 찌 후아

- 그 점에 있어서는 동의
합니다.

在那一点上我同意你的意见。
zài nà yì diǎn shàng wǒ tóng yì nǐ de yì jiàn
짜이 나 이 띠엔 상 워 퉁 이 니 더 이 찌엔

＊ 반대를 강조할 때 ＊

난 ～은 아닌 것 같아요.
我不认为~
wǒ bú rèn wéi ~
워 부 런 웨이

- 난 그렇게 생각하지 않
아요.

我不那样认为。
wǒ bú nà yàng rèn wéi
워 부 나 양 런 웨이

- 할 수 없을 것 같아요.

我不认为我能做好。
wǒ bú rèn wéi wǒ néng zuò hǎo
워 부 런 웨이 워 넝 쭈어 하오

* 강하게 조언할 때 *

난 당신이 ~해야 한다고 봐요.

我认为你应该~

wǒ rèn wéi nǐ yīng gāi ~

워 런 웨이 니 잉 까이

- 너 잠 좀 자는 게 좋겠어. **我认为你应该睡一会儿。**

  wǒ rèn wéi nǐ yīng gāi shuì yí huìr

  워 런 웨이 니 잉 까이 슈에이 이 후얼

- 속도 좀 늦춰야 할 것 같 **我认为你该减速。**
  은데.

  wǒ rèn wéi nǐ gāi jiǎn sù

  워 런 웨이 니 까이 찌엔 쑤

* 조심스럽게 조언할 때 *

나라면 ~하겠는데요.

我会~ / 我愿意~

wǒ huì ~ / wǒ yuàn yì ~

워 후에이/ 워 위엔 이

- 나라면 한번 도전해보 **我愿意尝试。**
  겠어.

  wǒ yuàn yì cháng shì

  워 위엔 이 창 쓰

- 나라면 집에서 쉬겠어. **我会在家休息。**

  wǒ huì zài jiā xiū xī

  워 후에이 짜이 찌아 씨여우 시

* 행동해야 할 때 *

~해야만 해.
我要~ / 我必须~
wǒ yào ~ / wǒ bì xū ~
워 야오/ 워 삐 쉬

□ 이제 가봐야 해요.

我要走了。
wǒ yào zǒu le
워 야오 쩌우 러

□ 제가 사과드려야 합니다.

我必须道歉。
wǒ bì xū dào qiàn
워 삐 쉬 따오 치엔

* 어떤 일을 권할 때 *

~하는 것이 좋은 거지요.
~真不错。/ ~是个好主意
~zhēn bú cuò。 / ~shì gè hǎo zhǔ yì
쩐 부 추어 / 쓰 거 하오 쭈 이

□ 물을 많이 마시는 것은
좋은 거지요.

多喝水真不错。
duō hē shuǐ zhēn bú cuò
뚜어 허 슈에이 쩐 부 추어

□ 붐비는 시간에는 지하
철 타는 것이 좋지요.

在高峰时间坐地铁真是个好
主意。
zài gāo fēng shí jiān zuò dì tiě zhēn shì gè
hǎo zhǔ yì
짜이 까오 펑 스 찌엔 쭈어 띠 티에 쩐 스 거
하오 주 이

* 흔쾌히 *

그럼요
当然
dāng rán
땅 란

□ 당연하지.

当然。
dāng rán
땅 란

□ 물론 가능하지!

当然可以!
dāng rán kě yǐ!
땅 란 커 이

* 맞장구를 칠 때 *

바로 그게 ~한 거예요.
这就是~
zhè jiù shì ~
쩌 찌여우 쓰

□ 이것이 포인트입니다.

这就是关键。
zhè jiù shì guān jiàn
쩌 찌여우 쓰 꾸안 찌엔

□ 내가 바라는 게 그거라
니까.

这就是我想要的。
zhè jiù shì wǒ xiǎng yào de
쩌 찌여우 쓰 워 씨앙 야오 더

＊ 비교할 때 ＊

~가 ~보다 ~합니다.
~比~(还) 更~
~ bǐ (hái) gèng ~
비 (하이) 껑

□ 그보다 내가 더 걱
정입니다.

我比**他**更**担心啊。**
wǒ bǐ tā gèng dān xīn a
워 비 타 껑 딴 신 아

□ 이것보다 싸요?

比**这个**还**便宜?**
bǐ zhè ge hái pián yi
비 쩌 거 하이 피앤 이

＊ 용기를 줄 때 ＊

분명히 ~일 거예요.
我确定~ / 我敢保证~
wǒ què dìng ~ / wǒ gǎn bǎo zhèng ~
워 취에 띵 / 워 깐 바오 쩡

□ 분명히 예약했는데요.

我确定**我预定过了。**
wǒ què dìng wǒ yù dìng guò le
워 취에 띵 워 위 띵 꾸어 러

□ 만족하실 거라고 확신
합니다.

我敢保证**你会满意。**
wǒ gǎn bǎo zhèng nǐ huì mǎn yì
워 깐 바오 쩡 니 후에이 만 이

~에 알레르기가 있어요.

对 ~过敏

duì ~ guò mǐn

뚜에이 꾸어 민

□ 난 우유 알레르기가 있습니다.

我对牛奶过敏。

wǒ duì niú nǎi guò mǐn

워 뚜에이 니여우 나이 꾸어 민

□ 내 남동생은 복숭아 알레르기가 있습니다.

我弟弟对桃子过敏。

wǒ dì dì duì táo zi guò mǐn

워 디 디 뚜에이 타오 즈 꾸어 민

잘 몰라요~.

我不知道~

wǒ bù zhī dào ~

워 부 쯔 따오

□ 참말일까.

我不知道是不是真的。

wǒ bù zhī dào shì bú shì zhēn de

워 부 쯔 따오 쓰 부 쓰 쩐 더

□ 그녀가 제시간에 올지 궁금하군.

我不知道她能否准时到。

wǒ bù zhī dào tā néng fǒu zhǔn shí dào

워 부 쯔 따오 타 넝 퍼우 쭈언 스 따오

일상을 소개할 때

자주, 종종
常常 ~
cháng cháng ~
창 창

□ 나는 자주 도서관에
  갑니다.

我常常去图书馆。
wǒ cháng cháng qù tú shū guǎn
워 창 창 취 투 슈 꾸안

□ 그녀는 종종 떡볶이를
  먹습니다.

她常常吃炒年糕。
tā cháng cháng chī chǎo nián gāo
타 창 창 츠 차오 니앤 까오

지난 일을 후회할 때

~했어야 했는데 / ~할 수도 있었는데
我应该~ / 我可以~
wǒ yīng gāi ~ / wǒ kě yǐ ~
워 잉 까이 / 워 커 이

□ 내가 왔어야 했는데.

我应该来的。
wǒ yīng gāi lái de
워 잉 까이 라이 더

□ 간밤에 올 수 있었을텐데.

我可以早点来的。
wǒ kě yǐ zǎo diǎn lái de
워 커 이 짜오 띠엔 라이 더

类型会话

다시 한 번 확인할 때

내 말은~
我的意思是~
wǒ de yì si shì ~
워 더 이 스 쓰

- 내 말은 아무 것도 필요 없다는 거야.
  我的意思是什么都不需要。
  wǒ de yì si shì shén me dōu bù xū yào
  워 더 이 스 쓰 션 머 떠우 뿌 쉬 야오

- 내 말은 당신을 사랑한 다는 거야.
  我的意思是我爱你。
  wǒ de yì si shì wǒ ài nǐ
  워 더 이 스 쓰 워 아이 니

은근히 걱정될 때

~하면 어떡하지?
如果~怎么办?
rú guǒ ~zěn me bàn
루 꾸어 쩐 머 빤

- 늦으면 어떡하지?
  如果晚了怎么办?
  rú guǒ wǎn le zěn me bàn
  루 꾸어 완 러 쩐 머 빤

- 우리 길을 잃어버리면 어쩌지?
  如果我们迷路了怎么办?
  rú guǒ wǒ men mí lù le zěn me bàn
  루 꾸어 워 먼 미 루 러 쩐 머 빤

* 가볍게 *

할래요
来
lái
라이

□ 내가 할게요.　　**我来吧。**
wǒ lái bā
워 라이 바

□ 내가 한 턱 낼게요.　　**我来请客。**
wǒ lái qǐng kè
워 라이 칭 커

* 둘 다 해당될 때 *

~뿐만 아니라 ~합니다.
不但~ 而且~
bú dàn ~ ér qiě ~
부 딴 얼 치에

□ 그 가게는 저렴할 뿐만 아니라 맛도 좋아요.
那家店不但便宜而且味道好。
nà jiā diàn bú dàn pián yi ér qiě wèi dào hǎo
나 지아 디엔 부 딴 피앤 이 얼 치에 웨이 따오 하오

□ 그 가이드는 친절할 뿐만 아니라 책임감도 있어요.
那个导游不但亲切, 而且有责任感。
nà gè dǎo yóu bú dàn qīn qiè ér qiě yǒu zé rèn gǎn
나 거 따오 여우 부 딴 친 치에 얼 치에 여우 저 런 깐

* 어려움을 표현할 때 *

~하기 어렵다

难 ~

nán ~

난

□ 중국어는 정말 배우기
어렵습니다.

汉语真难学。

hàn yǔ zhēn nán xué

한 위 쩐 난 쉬에

□ 그 노래는 부르기
어렵습니다.

那首歌很难唱。

nà shǒu gē hěn nán chàng

나 셔우 거 헌 난 창

* 계획을 표현할 때 *

~하려고 하다

打算 ~

dǎ suan ~

다 수안

□ 난 중국으로 여행갈
거예요.

我打算去中国旅行。

wǒ dǎsuan qù Zhōngguó lǚxíng

워 다 수안 취 쯩 꾸어 뤼 싱

□ 난 중국어를 공부할
거예요.

我打算学习汉语。

wǒ dǎ suan xué xí hàn yǔ

워 다 수안 쉬에 시 한 위

Part II

실용
회화

Chapter 01

●기본**표현**●

‡‡ 인사 ‡‡ ‡‡ ‡‡ ‡‡ ‡‡ ‡‡ ‡‡ ‡‡ ‡‡

问候

● **1. 평상시 인사**

＊ 기본 인사말 ＊

안녕?(친한 사람에게)	你好? nǐ hǎo 니 하오
안녕하세요?(오전)	早上好? zǎo shang hǎo 자오 샹 하오
안녕하세요?(오후)	下午好? xià wǔ hǎo 씨아 우 하오
안녕하세요?(저녁)	晚上好? wǎn shang hǎo 완 샹 하오
안녕히 주무세요.(밤)	晚安。 wǎn ān 완 안
잘 지내세요?	你过得好吗? nǐ guò de hǎo ma 니 꾸어 더 하오 마 你过得怎么样? nǐ guò de zěn me yàng 니 꾸어 더 쩐 머 양

잘 지내요.	我过得很好。 wǒ guò de hěn hǎo 워 꾸어 더 헌 하오 我很好。 wǒ hěn hǎo 워 헌 하오
잘 지내고 있어요, 당신은요?	挺好的。你呢? tǐng hǎo de nǐ ne 팅 하오 더 니 너
저도 잘 지내고 있어요.	我也很好。 wǒ yě hěn hǎo 워 예 헌 하오
별일 없으시죠?	一切都好吧? yī qiè dōu hǎo ba 이 치에 떠우 하오 바
요즘 어떠세요?	最近怎么样? zuì jìn zěn me yàng 쭈에이 진 쩐 머 양
요즘 뭐해요?	最近干嘛? zuì jìn gàn má 쭈에이 진 깐 마
어디 가세요?	你去哪儿? nǐ qù nǎr 니 취 날

TIP

听说로 시작하는 문장은 "듣자하니~, 듣기로는~"의 의미를 갖는다.
听说你要结婚了? (듣자하니 너 결혼한다며?)
tīng shuō nǐ yào jié hūn le
팅 슈어 니 야오 지에 훈 러

2. 만남 인사

처음 만났을때

안녕하세요, 처음 뵙겠
습니다.

你好, 初次见面。
nǐ hǎo chū cì jiàn miàn
니 하오 추 츠 찌엔 미엔

만나서 반갑습니다.

认识你很高兴。
rèn shi nǐ hěn gāo xìng
런 스 니 헌 까오 씽

낯이 많이 익습니다.

你很面熟。
nǐ hěn miàn shú
니 헌 미엔 슈

만나 뵙게 되어 영광입
니다.

认识你, 深感荣幸。
rèn shi nǐ shēn gǎn róng xìng
런 스 니 션 간 룽 씽

만나 뵙기를 고대해 왔
습니다.

一直盼着与您见面。
yì zhí pàn zhe yǔ nín jiàn miàn
이 쯔 판 저 위 닌 찌엔 미엔

오래 전부터 만나고 싶
었습니다.

我一直很想见你一面。
wǒ yì zhí hěn xiǎng jiàn nǐ yí miàn
워 이 쯔 헌 씨앙 찌엔 니 이 미엔

我一直想跟你见面。
wǒ yì zhí xiǎng gēn nǐ jiàn miàn
워 이 쯔 씨앙 껀 니 찌엔 미엔

당신에 대해 말씀 많이
들었습니다.

久闻你的名字。
jiǔ wén nǐ de míng zi
찌여우 원 니 더 밍 즈

늘 만나 뵙고 싶었습니다.

我一直想见你。
wǒ yì zhí xiǎng jiàn nǐ
워 이 쯔 씨앙 찌엔 니

전에 어디선가 당신을
본 기억이 나는데요.

以前好像在哪里见过你。
yǐ qián hǎo xiàng zài nǎ lǐ jiàn guo nǐ
이 치엔 하오 씨앙 짜이 나 리 찌엔 꾸어 니

전에 만난 적이 있는 것
같은데요?

我们好像之前见过面吧?
wǒ men hǎo xiàng zhī qián jiàn guo miàn ba
워 먼 하오 씨앙 쯔 치엔 찌엔 꾸어 미엔 바

성함만 알고 있었습니다.

我只知道你的名字。
wǒ zhǐ zhī dao nǐ de míng zi
워 쯔 쯔 따오 니 더 밍 즈

당신 이름이 귀에 익네요.

你的名字很熟悉。
nǐ de míng zi hěn shú xī
니 더 밍 즈 헌 슈 씨

성함이 뭐라고 하셨죠?

您贵姓?
nín guì xìng
닌 꾸에이 씽

你叫什么名字?
nǐ jiào shén me míng zi
니 찌아오 션 머 밍 즈

우리 전에 만난 적 있지
않나요?

我们是不是见过面啊?
wǒ men shì bu shì jiàn guò miàn a
워 먼 쓰 부 쓰 찌엔 꾸어 미엔 아

* 오랜만에 만났을 때

오랜만입니다.
오랫동안 뵙지 못했습니다.

好久不见。
hǎo jiǔ bú jiàn
하오 찌여우 부 찌엔

꽤 오랜만에 다시 만나 뵙게 되는군요.

真是好久没见你了。
zhēn shì hǎo jiǔ méi jiàn nǐ le
쩐 쓰 하우 찌여우 메이 찌엔 니 러

얼굴 잊어버리겠어요.

都快忘了你的样子了。
dōu kuài wàng le nǐ de yàng zi le
떠우 쿠아이 왕 러 니 더 양 쯔 러

하나도 변하지 않으셨 네요.

你一点都没变。
nǐ yì diǎn dōu méi biàn
니 이 띠엔 떠우 메이 삐엔

몰라보겠는데요.

我都认不出来了。
wǒ dōu rèn bu chū lái le
워 떠우 런 뿌 추 라이 러

좋아 보이시네요.

看上去很好。
kàn shang qù hěn hǎo
칸 샹 취 헌 하오

너 참 많이 변했다.

你变了很多。
nǐ biàn le hěn duō
니 삐엔 러 헌 뚜어

너 참 많이 컸구나!

你长大了很多啊!
nǐ zhǎng dà le hěn duō ā
니 장 따 러 헌 뚜어 아

✱ 우연히 만났을 때

우연히 만나게 되어 반가 워요.

能偶遇你, 我很高兴。
néng ǒu yù nǐ wǒ hěn gāo xìng
넝 어우 위 니 워 헌 까오 씽

다시 만나게 되어 기뻐요.

再次见到你, 我很高兴。
zài cì jiàn dào nǐ wǒ hěn gāo xìng
짜이 츠 찌엔 따오 니 워 헌 까오 씽

세상 참 좁네요.	这世界真小啊。 zhè shì jiè zhēn xiǎo à 쩌 쓰 찌에 쩐 씨아오 아
여기서 만나게 되어 정말 반가워요.	在这里见到你，我很高兴。 zài zhè li jiàn dào nǐ wǒ hěn gāo xìng 짜이 쩌 리 찌엔 따오 니 워 헌 까오 씽
어디를 그렇게 서둘러 가세요?	这样匆忙地去哪儿? zhè yàng cōng máng de qù nǎr 쩌 양 충 망 더 취 날
가족들은 모두 안녕하세요?	家人都好吗? jiā rén dōu hǎo ma 찌아 런 떠우 하오 마
네, 모두 잘 지내고 있어요.	他们都很好。 tā men dōu hěn hǎo 타 먼 떠우 헌 하오
가족에게 안부 전해 주세요.	请替我向你家人问好。 qǐng tì wǒ xiàng nǐ jiā rén wèn hǎo 칭 티 워 씨앙 니 지아 런 원 하오
장민 씨가 당신에게 안부 전해 달래요.	张民让我替他给你问好。 zhāng mín ràng wǒ tì tā gěi nǐ wèn hǎo 짱 민 랑 워 티 타 게이 니 원 하오
저도 그 사람 소식을 못 들었어요.	我也没听说他的消息。 wǒ yě méi tīng shuō tā de xiāo xi 워 예 메이 팅 슈어 타 더 씨아오 씨
여긴 웬일이세요?	在这儿有什么事吗? zài zhèr yǒu shén me shì ma 짜이 쩔 여우 션 머 쓰 마

• 3. 안부 인사

상대방의 안부를 물을 때

| 어떻게 지냈어요? | 怎么过的?
zěn me guo de
쩐 머 꾸어 더 |

| 그동안 어디 있었어요? | 那段时间在哪儿了?
nà duàn shí jiān zài nǎr le
나 뚜안 스 찌엔 짜이 날 러 |

| 요즘 뭘 하고 지냈어요? | 最近在忙什么?
zuì jìn zài máng shén me
쭈에이 찐 짜이 망 썬 머 |

| 사업은 잘 되세요? | 你事业顺利吗?
nǐ shì yè shùn lì ma
니 쓰 예 슌 리 마 |

| 가족들은 다 안녕하시죠? | 你家人都好吧?
nǐ jiā rén dōu hǎo ba
니 찌아 런 떠우 하오 바 |

| 모두들 잘 지내시나요? | 大家都好吗?
dà jiā dōu hǎo ma
따 찌아 떠우 하오 마 |

| 요즘 건강하세요? | 最近身体好吗?
zuì jìn shēn tǐ hǎo ma
쭈에이 진 션 티 하오 마 |

| 무슨 일 있어? | 怎么了?
zěn me le
쩐 머 러 |

✳ 상대방의 안부에 답할 때

그저 그래요.

一般吧。
yì bān ba
이 빤 바

马马虎虎。
mǎ mǎ hū hū
마 마 후 후

당신 부모님께 안부 전
해 주세요.

请代我向你的父母问好。
qǐng dài wǒ xiàng nǐ de fù mǔ wèn hǎo
칭 따이 워 씨앙 니 더 푸 무 원 하오

그동안 어떻게 지내는지
궁금했습니다.

想知道这段时间你过得怎么样?
xiǎng zhī dào zhè duàn shí jiān nǐ guò dé zěn
me yàng
씨앙 쯔 따오 쩌 뚜안 스 찌엔 니 꾸어 더 전 머 양

늘 마찬가지죠.

还是老样子。
hái shì lǎo yàng zi
하이 쓰 라오 양 쯔

시간 참 빠르네요.

时间过得真快。
shí jiān guò de zhēn kuài
스 찌엔 꾸어 더 쩐 쿠아이

정말 잘 지내요.

我过得非常好。
wǒ guò de fēi cháng hǎo
워 꾸어 더 페이 창 하오

我真的过得很好。
wǒ zhēn de guò de hěn hǎo
워 쩐 더 꾸어 더 헌 하오

최근에 바빴어요.

最近很忙。
zuì jìn hěn máng
쭈에이 진 헌 망

아주 좋아요. 모든 일이 다 잘 되고 있어요.	非常好。一切都很好。 fēi cháng hǎo yí qiè dōu hěn hǎo 페이 창 하오 이 치에 떠우 헌 하오
덕분에 잘 지내요.	托你的福，我过得很好。 tuō nǐ de fú wǒ guò de hěn hǎo 투어 니 더 푸 워 꾸어 더 헌 하오
친구 기다리는 중이에요.	我在等朋友呢。 wǒ zài děng péng you ne 워 짜이 덩 펑 여우 너
양친 모두 건강하십니다.	父母都很健康。 fù mǔ dōu hěn jiàn kāng 푸 무 떠우 헌 찌엔 캉
핸드폰 번호 바꿨습니다.	最近换了电话号。 zuì jìn huàn le diàn huà hào 쭈에이 진 후안 러 디엔 화 하오
취직했어요.	我找到工作了。 wǒ zhǎo dào gōng zuò le 워 쟈오 따오 꿍 쭈어 러
아이가 생겼어요.	我怀孕了。 wǒ huái yùn le 워 화이 윈 러
몸이 안 좋았어요.	我身体不太好。 wǒ shēn tǐ bú tài hǎo 워 션 티 부 타이 하오

4. 작별 인사

❋ 헤어질 때 ❋

안녕히 계세요(가세요).

再见。
zài jiàn
짜이 찌엔

잘 가.

拜拜。
bái bái
빠이 빠이

나 간다.

我走了。
wǒ zǒu le
워 저우 러

내일 봐요.

明天见。
míng tiān jiàn
밍 티엔 찌엔

다음 주에 봐요.

下周见。
xià zhōu jiàn
씨아 쩌우 찌엔

조만간 또 봅시다.

回见。
huí jiàn
후에이 찌엔

좋은 하루 되세요.

希望你度过愉快的一天。
xī wàng nǐ dù guo yú kuài de yì tiān
씨 왕 니 뚜 꾸어 위 쿠아이 더 이 티엔

좋은 여행 되세요.

一路顺风。
yí lù shùn fēng
이 루 슌 펑

✳ 헤어질 때 ✳

좋은 주말 보내세요.

周末愉快!
zhōu mò yú kuài
쩌우 모어 위 쿠아이

즐거운 휴가 보내세요.

假期愉快!
jià qī yú kuài
찌아 치 위 쿠아이

몸 조심해요.

请多多保重。
qǐng duō duō bǎo zhòng
칭 뚜어 뚜어 바오 쭝

또 봐요. 연락할게요.

再见, 再联系。
zài jiàn zài lián xì
짜이 찌엔 짜이 리엔 씨

초면에 실례가 많았습니다

初次见面, 多多视力(多有视力)。
chū cì jiàn miàn duō duō shì lì(duō yǒu shì lì)
추 츠 찌엔 미엔 뚜어 뚜어 스 리(뚜어 여우 스 리)

이제 가봐야 해요.

我该走了。
wǒ gāi zǒu le
워 까이 저우 러

다음에 같이 식사해요.

下次一起吃饭吧。
xià cì zài yì qǐ chī fàn ba
씨아 츠 짜이 이 치 츠 판 바

나중에 연락해요.

到时候再联系吧。
dào shí hòu zài lián xì ba
따오 쓰 허우 짜이 리앤 시 바

5. 소개 인사

자기를 소개할 때

제 소개를 하겠습니다.

我来介绍一下。
wǒ lái jiè shào yí xià
워 라이 찌에 샤오 이 씨아

제 이름은 손정입니다.

我的名字叫孙静。
wǒ de míng zi jiào sūn jìng
워 더 밍 즈 찌아오 쑤언 찡

저는 L사의 김국중이라
고 합니다.

我是L公司的职员，叫金国中?
wǒ shì L gōng sī de zhí yuán jiào jīn guó zhōng
워 스 엘 꿍 스 더 즈 위엔 찌아오 찐 꾸어 쭝

저는 서울에서 태어나고
자랐어요.

我生长在首尔。
wǒ shēng zhǎng zài shǒu ěr
워 성 장 짜이 셔우 얼

다른 사람을 소개할 때

이쪽은 제 친구입니다.

这是我的朋友。
zhè shì wǒ de péng yǒu
쩌 스 워 더 펑 여우

제 친구를 소개드렸으면
하는데요.

我想给你介绍我的朋友。
wǒ xiǎng gěi nǐ jiè shào wǒ de péng yǒu
워 씨앙 게이 니 찌에 샤오 워 더 펑 여우

저에게 소개시켜 주십
시오.

请帮我引荐一下。
qǐng bāng wǒ yǐn jiàn yí xià
칭 빵 워 인 찌엔 이 씨아

이분은 저의 아버님이십
니다.

这位是我的父亲。
zhè wèi shì wǒ de fù qīn
쩌 웨이 쓰 워 더 푸 친

다른 사람을 소개할 때

샤오왕, 이쪽은 내친구 김국중이야.

小王, 这是我的朋友金国中。
xiǎo wáng zhè shì wǒ de péng yǒu jīn guó zhōng
씨아오 왕 쩌 스 워 더 펑 여우 찐 꾸어 쭝

제 동료를 소개할까요?

我可以介绍一下我的同事吗?
wǒ kě yǐ jiè shào yí xià wǒ de tóng shì ma
워 커 이 찌에 샤오 이 씨아 워 더 퉁 쓰 마

이 선생님 제가 샤오진을 소개해 드리겠습니다.

李先生, 我想给你介绍一下小金。
lǐ xiān shēng wǒ xiǎng gěi nǐ jiè shào yí xià xiǎo jīn
리 씨엔 셩 워 씨앙 게이 니 찌에 샤오 이 씨아 씨아오 찐

서로에 대해 알고 싶을 때

어디에서 오셨어요?

你是从哪里来的?
nǐ shì cóng nǎ lǐ lái de
니 쓰 총 나 리 라이 더

한국에 무슨 일로 오셨 어요?

来韩国有什么事吗?
lái hán guó yǒu shén me shì ma
라이 한 꾸어 여우 션 머 쓰 마

샤오왕을 소개해 드려도 될까요?

我想给你介绍一下小王, 可以吗?
wǒ xiǎng gěi nǐ jiè shào yí xià xiǎo wáng kě yǐ ma
워 씨앙 게이 니 찌에 샤오 이 씨아 씨아오 왕 커 이 마

휴가차 오셨나요?

是趁放假来这儿的吗?
shì chèn fàng jià lái zhèr de ma
쓰 천 팡 찌아 라이 쩔 더 마

샤오왕에게 저를 소개시 켜줄 수 있습니까?

能不能向小王介绍一下我呢?
néng bu néng xiàng xiǎo wáng jiè shao yí xià wǒ ne
넝 뿌 넝 씨앙 씨아오 왕 찌에 샤오 이 씨아 워 너

장 선생님의 소개로 왔습니다.	我是张先生介绍过来的。 wǒ shì zhāng xiān sheng jiè shào guò lái de 워 쓰 짱 씨엔 셩 찌에 샤오 꾸어 라이 더
두 사람 전에 인사 나눈 적 있으세요?	你们两个人以前见过面吗? nǐ men liǎng ge rén yǐ qián jiàn guo miàn ma 니 먼 리앙 거 런 이 치엔 찌엔 꾸어 미엔 마
낯이 익은 것 같아요.	你看上去很面熟。 nǐ kàn shang qù hěn miàn shú 니 칸 샹 취 헌 미엔 슈
어딘가에서 본 것 같은 생각이 들어요.	我好像在哪儿见过你。 wǒ hǎo xiàng zài nǎr jiàn guo nǐ 워 하오 씨앙 짜이 날 찌엔 꾸어 니
그냥 수진이라고 부르세요.	请叫我秀真好了。 qǐng jiào wǒ xiù zhēn hǎo le 칭 찌아오 워 씨여우 쩐 하오 러
말씀 많이 들었어요.	久仰您的大名。 jiǔ yǎng nín de dà míng 찌여우 양 닌 더 따 밍
우리 좀 더 자주 만나요.	我们经常见面吧。 wǒ men jīng cháng jiàn miàn ba 워 먼 찡 창 찌엔 미엔 바
당신과 더 친해졌으면 좋겠어요.	我希望我们能相处得更好。 wǒ xī wàng wǒ men néng xiāng chù de gèng hǎo 워 씨 왕 워 먼 넝 씨앙 추 더 껑 하오

TIP

중국에서는 상대적으로 나이가 많은 사람에게 성 앞에 老(lǎo)를 붙이고,
나이가 적은 사람은 小(xiǎo)를 붙여 부르는 습관이 있다.

Chapter 02

●기본표현●

‡‡ 인간 관계 ‡‡ ‡‡ ‡‡ ‡‡ ‡‡
人际关系

● 1. 축하·감사

＊ 축하할 때 ＊

축하합니다.	恭喜。 gōng xǐ 꽁 씨
생일 축하합니다.	祝你生日快乐。 zhù nǐ shēng rì kuài lè 쭈 니 셩 르 쿠아이 러
성공을 축하드립니다.	祝你成功。 zhù nǐ chéng gōng 쭈 니 청 꽁
졸업을 축하드립니다.	恭喜毕业。 gōng xǐ bì yè 꽁 시 삐 예
승진을 축하합니다.	恭喜晋升。 gōng xǐ jìn shēng 꽁 시 찐 셩
출산을 축하합니다.	恭贺喜得贵子。 gōng hè xǐ dé guì zǐ 꽁 허 씨 더 꾸에이 쯔
합격을 축하합니다.	恭喜通过考试。 gōng xǐ tōng guò kǎo shì 꽁 시 통 꾸어 카오 쓰

결혼을 축하합니다.	恭贺新婚。 gōng hè xīn hūn 꿍 허 씬 훈
행복하시길 빌어요.	祝你幸福。 zhù nǐ xìng fú 쭈 니 씽 푸
행복하시길 진심으로 빕니다.	真心希望你能幸福。 zhēn xīn xī wàng nǐ néng xìng fú 쩐 신 씨 왕 니 넝 씽 푸
결혼기념일을 축하합니다.	恭喜结婚纪念日。 gōng xǐ jié hūn jì niàn rì 꿍 씨 지에 훈 찌 니엔 르
당신의 스무 번째 생일을 축하드립니다.	祝你二十岁生日快乐。 zhù nǐ èr shí suì shēng rì kuài lè 쭈 니 얼 쓰 쑤에이 셩 르 쿠아이 러
좀 이르긴 하지만 축하해요.	提前祝贺你了。 tí qián zhù hè nǐ le 티 치엔 쭈 허 니 러
여러분 모두 축하드립니다.	大家都恭喜恭喜。 dà jiā dōu gōng xǐ gōng xǐ 따 지아 떠 우 꿍 씨 꿍 씨
유종의 미를 거둔 것에 대해 격려와 축하를 드립니다.	祝你完美地完成任务。 zhù nǐ wán měi de wán chéng rèn wù 쭈 니 완 메이 더 완 청 런 우
축하의 의미로 술이라도 한잔 합시다.	为了庆祝, 我们喝一杯吧。 wèi le qìng zhù wǒ men hē yī bēi ba 웨이 러 칭 쭈 워 먼 허 이 뻬이 빠

※ 축하할 때 ※

건배!

干杯!
gān bēi!
깐 뻬이

당신의 미래를 위하여!

为了你的明天, 干杯!
wéi le nǐ de míng tiān gàn bēi
웨이 러 니 더 밍 티앤 깐 뻬이

※ 감사할 때 ※

고맙습니다.

谢谢。
xiè xie
씨에 씨에

정말 고맙습니다.

太谢谢你了。
tài xiè xie nǐ le!
타이 씨에 씨에 니 러

모든 것에 감사드립니다.

这一切都要感谢你。
zhè yí qiè dōu yào gǎn xiè nǐ
쩌 이 치에 떠우 야오 간 씨에 니

큰 도움이 되었습니다.

给我帮助很大。
gěi wǒ bāng zhù hěn dà
게이 워 빵 쭈 헌 따

给我的帮助很大。
gěi wǒ de bāng zhù hěn dà
게이 워 더 빵 쭈 헌 따

给了我很大的帮助。
gěi le wǒ hěn dà de bāng zhù
게이 러 워 헌 따 더 빵 쭈

어쨌든 고맙습니다.

无论如何, 我都要感谢你。
wú lùn rú hé wǒ dōu yào gǎn xiè nǐ
우 루언 루 허 워 떠우 야오 간 씨에 니

도와주셔서 감사합니다.

谢谢你的帮助。
xiè xiè nǐ de bāng zhù
씨에 씨에 니 더 빵 쭈

칭찬해 주셔서 고맙습니다.

谢谢你的夸奖。
xiè xie nǐ de kuā jiǎng
씨에 씨에 니 더 쿠아 찌앙

호의를 베풀어주신 데 대해 감사드립니다.

谢谢你的友好。
xiè xie nǐ de yǒu hǎo
씨에 씨에 니 더 여우 하오

谢谢你的好意。
xiè xie nǐ de hǎo yì
씨에 씨에 니 더 하오 이

정말 친절하시네요.

你真的很亲切。
nǐ zhēn de hěn qīn qiè
니 쩐 더 헌 친 치에

당신의 친절에 감사드립니다.

谢谢你的热情。
xiè xie nǐ de rè qíng
씨에 씨에 니 더 러 칭

당신께 매우 감사하고 있습니다.

我真的很感谢你。
wǒ zhēn de hěn gǎn xiè nǐ
워 쩐 더 헌 간 씨에 니

어떻게 보답할 수 있을까요?

不知道该怎样报答你才好。
bù zhī dào gāi zěn yàng bào dá nǐ cái hǎo
뿌 즈 따오 까이 전 양 빠오 따 니 차이 하오

뭐라고 감사를 드려야 할지 모르겠네요.

真不知道该怎样感谢你。
zhēn bù zhī dào gāi zěn yàng gǎn xiè nǐ
쩐 뿌 즈 따오 까이 전 양 간 씨에 니

격려해 주셔서 감사합니다.

谢谢你的鼓励。
xiè xie nǐ de gǔ lì
씨에 씨에 니 더 구 리

2. 감탄과 칭찬

정말 잘했어!	做得不错! zuò de bú cuò 쭈어 더 부 추어
훌륭하게 해냈어요.	你做得很完美。 nǐ zuò de hěn wán měi 니 쭈어 더 헌 완 메이
멋지네요!	做得很棒! zuò de hěn bàng 쭈어 더 헌 빵
당신 이번엔 특별히 잘 했어요.	你这次做得特别好。 nǐ zhè cì zuò de tè bié hǎo 니 쩌 츠 쭈어 더 트어 비에 하오
아주 재미있어요!	真有意思! zhēn yǒu yì si 쩐 여우 이 쓰
당신 아주 인상적이네요.	你给我的印象很深刻。 nǐ gěi wǒ de yìn xiàng hěn shēn kè 니 게이 워 더 인 씨앙 헌 션 커
정말 보기 좋아요.	真好看。 zhēn hǎo kàn 쩐 하오 칸
그 옷 참 근사하네요.	那件衣服真好看。 nà jiàn yī fu zhēn hǎo kàn 나 찌엔 이 푸 쩐 하오 칸

당신과 잘 어울려요.

很适合你。
hěn shì hé nǐ
헌 쓰 허 니

그 옷이 당신한테 잘 어울립니다.

那件衣服很适合你。
nà jiàn yī fu hěn shì hé nǐ
나 찌엔 이 푸 헌 쓰 허 니

새로 산 옷이 잘 어울립니다.

新买的衣服很适合你。
xīn mǎi de yī fú hěn shì hé nǐ
씬 마이 더 이 푸 헌 쓰 허 니

파란색이 당신한테 아주 잘 어울리네요.

蓝色很适合你。
lán sè hěn shì hé nǐ
란 써 헌 쓰 허 니

무엇이든 당신에게는 잘 어울립니다.

什么都很适合你。
shén me dōu hěn shì hé nǐ
션 머 떠우 헌 쓰 허 니

안경이 잘 어울리네요.

眼镜很适合你。
yǎn jìng hěn shì hé nǐ
얜 찡 헌 쓰 허 니

이 구두가 어울리는데요.

这双皮鞋很适合你。
zhè shuāng pí xié hěn shì hé nǐ
쩌 슈앙 피 씨에 헌 쓰 허 니

당신 넥타이가 양복과 잘 어울립니다.

你戴的领带和这身西装很配。
nǐ dài de lǐng dài hé zhè shēn xi zhuāng hěn pèi
니 따이 더 링 따이 허 쩌 션 시 쭈앙 헌 페이

아주 잘하고 있어요.

你做得很好。
nǐ zuò de hěn hǎo
니 쭈어 더 헌 하오

능력이 대단하시군요.

你真有能力。
nǐ zhēn yǒu néng lì
니 쩐 여우 넝 리

당신은 상 받을 자격이
있어요.

这个奖是你应得的。
zhè ge jiǎng shì nǐ yīng dé de
쩌 거 지앙 쓰 니 잉 더 더

상 받으신 것 축하드려요.

恭喜获奖。
gōng xǐ huò jiǎng
꿍 시 후어 찌앙

결혼 축하합니다!

恭喜你结婚!
gōng xǐ nǐ jié hūn
꿍 시 니 지에 훈

두 분 잘 어울려요.

你们俩真般配。
nǐ men liǎ zhēn bān pèi
니 먼 리아 쩐 반 페이

정말 잘 생겼네요.

长得真帅。
zhǎng de zhēn shuài
장 더 쩐 슈아이

훌륭해요,
아주 잘해 주셨어요.

太棒了, 你做得非常好。
tài bàng le nǐ zuò de fēi cháng hǎo
타이 빵 러 니 쭈어 더 페이 창 하오

참 잘하는군요.

你做得好极了。
nǐ zuò de hǎo jí le
니 쭈어 더 하오 지 러

한국말 잘하시네요.

您韩语说得真好。
nín hán yǔ shuō dé zhēn hǎo
닌 한 위 슈어 더 쩐 하오

3. 격려와 위로

기운 내!(힘내!)	加油! jiā yóu 찌아 여우
행운을 빕니다.	祝你好运! zhù nǐ hǎo yùn 쭈 니 하오 윈
포기하지 마!	别放弃! bié fàng qì 비예 팡 치
최선을 다해!	尽力而为! jìn lì ér wéi 찐 리 얼 웨이
염려하지 마세요.	别担心。 bié dān xīn 비에 딴 씬
당신 잘하고 있어요!	你做得不错! nǐ zuò de bú cuò 니 쭈어 더 부 추어
당신은 할 수 있어요!	你能做到! nǐ néng zuò dào 니 넝 쭈어 따오
조금만 용기를 내면 돼요.	再拿出点勇气来。 zài ná chū diǎn yǒng qì lái 짜이 나 추 띠앤 융 치 라이

빨리 해결되길 바랍니다.	希望能尽快解决。 xī wàng néng jìn kuài jiě jué 씨 왕 넝 찐 콰이 찌에 줴
다 잘 될 거예요.	一切都会好的。 yí qiè dōu huì hǎo de 이 치에 떠우 후에이 하오 더
그 말을 들으니 유감스럽습니다.	听到那个消息，我感到很遗憾。 tīng dào nà ge xiāo xi wǒ gǎn dào hěn yí hàn 팅 따오 나 거 씨아오 시 워 간 따오 헌 이 한
애석하군요.	真可惜。 zhēn kě xī 쩐 커 시
당신 심정 알아요.	我理解你的心情。 wǒ lǐ jiě nǐ de xīn qíng 워 리 찌에 니 더 씬 칭
삼가 조의를 표합니다.	请接受我的慰问。 qǐng jiē shòu wǒ de wèi wèn 칭 찌에 셔우 워 더 웨이 원 请接受我诚挚的慰问。 qǐng jiē shòu wǒ chéng zhì de wèi wèn 칭 찌에 셔우 워 청 쯔 더 웨이 원 请接受我真诚的，深切的慰问。 qǐng jiē shòu wǒ zhēn chéng de shēn qiē de wèi wèn 칭 찌에 셔우 워 쩐 청 더 션 치에 더 웨이 원
용기를 잃지 말고 기운 내세요.	不要失去勇气，加油。 bú yào shī qù yǒng qì, jiā yóu 뿌 야오 쓰 취 융 치 찌아 여우
당신이 해낼 거라고 믿어요.	我相信你一定能成功。 wǒ xiàng xìn nǐ yí dìng néng chéng gōng 워 씨앙 씬 니 이 띵 넝 청 꿍

4. 사과와 용서

❋ 사과할 때 ❋

| 미안합니다. | 对不起。
duì bu qǐ
뚜에이 부 치 |

| 실례합니다. | 不好意思。
bù hǎo yì si
뿌 하오 이 쓰 |

| 대단히 죄송합니다. | 真的对不起。
zhēn de duì bu qǐ
쩐 더 뚜에이 부 치 |

| 사과드립니다. | 我很抱歉。
wǒ hěn bào qiàn
워 헌 빠오 치엔 |

| 늦어서 죄송합니다. | 对不起, 我迟到了。
duì bu qǐ wǒ chí dào le
뚜에이 부 치 워 츠 따오 러 |

| 기다리게 해서 죄송합니다. | 不好意思, 让你久等了。
bù hǎo yì si ràng nǐ jiǔ děng le
뿌 하오 이 쓰 랑 니 찌여우 덩 러 |

| 방해해서 죄송합니다. | 对不起, 打扰你了。
duì bu qǐ dǎ rǎo nǐ le
뚜에이 부 치 다 라오 니 러 |

| 이렇게 폐를 끼쳐서 죄송합니다. | 对不起, 给你添麻烦了。
duì bu qǐ gěi nǐ tiān má fan le
뚜에이 부 치 게이 니 티엔 마 판 러 |

✳ 용서를 구할 때 ✳

저를 용서해 주시겠습니까?

可以原谅我吗?
kě yǐ yuán liàng wǒ ma
커 이 위엔 리앙 워 마

고의로 그런 것은 아니에요. 죄송합니다.

我不是故意的, 对不起。
wǒ bú shì gù yì de duì bu qǐ
워 부 스 꾸 이 더 뚜에이 부 치

용서해 주세요.

请原谅我。
qǐng yuán liàng wǒ
칭 위엔 리앙 워

약속 못 지킨 걸 용서해 주세요.

我没有守约, 请原谅我。
wǒ méi yǒu shǒu yuē qǐng yuán liàng wǒ
워 메이 여우 셔우 위에 칭 위엔 리앙 워

미안합니다. 제가 요일을 혼동했어요.

对不起, 我看错日期了。
duì bu qǐ wǒ kàn cuò rì qī le
뚜에이 부 치 워 칸 추어 르 치 러

제가 실수를 했습니다.

我犯错了。
wǒ fàn cuò le
워 판 추어 러

제가 말을 잘못했어요.

我说错话了。
wǒ shuō cuò huà le
워 쑤어 추어 화 러

이번 한번만 봐주시겠어요?

原谅我这一次, 好吗?
yuán liàng wǒ zhè yí cì hǎo ma
위엔 리앙 워 쩌 이 츠 하오 마

한번만 봐 주세요.

就原谅我这一次吧。
jiù yuán liàng wǒ zhè yí cì ba
찌여우 위앤 리앙 워 쩌 이 츠 바

어떻게 하면 당신 마음
이 풀리지요?

怎么做才能让你消气呢?
zěn me zuò cái néng ràng nǐ xiāo qì ne
쩐 머 쭈어 차이 넝 랑 니 씨아오 치 너

미안해요.

不好意思。
bù hǎo yì sī
뿌 하오 이 스

정말 죄송해요.

真是很抱歉。
zhēn shì hěn bào qiàn
쩐 쓰 헌 빠오 치앤

기분 나빴다면 미안해요.

对不起冒犯你了。
duì bu qǐ mào fàn nǐ le
뚜에이 뿌 치 마오 판 니 러

일부러 그런 게 아니었
어요.

我不是有意那样做的。
wǒ bù shì yǒu yì nà yàng zuò de
워 부 쓰 여우 이 나 양 쭈어 더

사과에 응답할 때

뭘요, 괜찮습니다.

没关系。
méi guān xi
메이 꾸안 씨

유감스럽지만, 당신 사과
를 받아들일 수 없어요.

很遗憾, 我不能接受你的道歉。
hěn yí hàn wǒ bù néng jiē shòu nǐ de dào qiàn
헌 이 한 워 뿌 넝 지에 셔우 니 더 따오 치엔

그를 용서할 수 없어요.

我不能原谅他。
wǒ bù néng yuán liàng tā
워 뿌 넝 위엔 리앙 타

어떻게 나에게 이럴 수
있어요?

你怎么能这样对我?
nǐ zěn me néng zhè yàng duì wǒ
니 전 머 넝 쩌 양 뚜에이 워

변명하지 마세요.	不要解释。 bú yào jiě shì 부 야오 지에 쓰
당신이 사과할 필요는 없어요.	你没有必要道歉。 nǐ méi yǒu bì yào dào qiàn 니 메이 여우 비 야오 따오 치앤
당신이 진심으로 사과하 니까, 이번은 넘어가겠습 니다.	看你诚心认错，就原谅你这次 吧。 kàn nǐ chéng xīn rèn cuò jiù yuán liàng nǐ zhè cì ba 칸 니 청 신 런 추어 찌우 위앤 리앙 니 쩌 츠 바
괜찮아요. 그럴 수도 있죠.	没什么。 méi shén me 메이 션 머
당신의 사과를 받아드릴 게요.	我接受你的道歉。 wǒ jiē shòu nǐ de dào qiàn 워 찌에 써우 니 더 따오 치엔
앞으로는 조심하세요.	以后要注意。 yǐ hòu yào zhù yì 이 호우 야오 쭈 이
다시는 이런 일이 없도 록 해주세요.	不许再有下回。 bù xǔ zài yǒu xià huí 뿌 쉬 짜이 여우 씨아 후에이

5. 고마움을 말할 때

✳ 고마움을 표현할 때

대단히 감사합니다.

非常感谢。
fēi cháng gǎn xiè
페이 창 간 씨에

太谢谢你了。
tài xiè xiè nǐ le
타이 씨에 씨에 니 러

당신에게 매우 감사하고
있어요.

我非常感谢你。
wǒ fēi cháng gǎn xiè nǐ
워 페이 창 간 씨에 니

고맙다는 말을 전하고
싶었어요.

我很想说声谢谢你。
wǒ hěn xiǎng shuō shēng xiè xiè nǐ
워 헌 씨앙 슈어 셩 씨에 씨에 니

다들 고마워하고 있어요.

大家都非常感谢你。
dà jiā dōu fēi cháng gǎn xiè nǐ
따 찌아 떠우 페이 창 간 씨에 니

감사의 의미로 다음에
한 턱 내겠습니다.

作为感谢的意义，下次我请客。
zuò wéi gǎn xiè de yì yì xià cì wǒ qǐng kè
쭈어 웨이 간 시에 더 이 이 씨아 츠 워 칭 커

감사합니다, 이건 제 작
은 성의입니다.

谢谢，这是我的一点儿小意思。
xiè xiè zhè shì wǒ de yì diǎnr xiǎo yì sī
씨에 씨에 쩌 스 워 더 이 디알 씨아오 이 스

✳ 특별한 감사를 전할 때

도와주신 데 대해 감사
드립니다.

谢谢你的帮助。
xiè xiè nǐ de bāng zhù
씨에 씨에 니 더 빵 쭈

배려해 주신 데 대해 감
사드립니다.

谢谢你的细心关怀。
xiè xiè nǐ de xì xin guān huái
씨에 씨에 니 더 씨 씬 꾸안 후아이

칭찬해 주셔서 감사합
니다.

谢谢你的夸奖。
xiè xiè nǐ de kuā jiǎng
씨에 씨에 니 더 쿠아 지앙

저를 위해 애써주셔서
감사드립니다.

谢谢你对我的关心(关怀)照顾。
xiè xiè nǐ duì wǒ de guān xin (guān huái) zhào gù
씨에 씨에 니 뚜에이 워 더 꾸안 신 (꾸안 후아이)
짜오 꾸

생일선물 주셔서 감사합
니다.

谢谢送我生日礼物。
xiè xie sòng wǒ shēng rì lǐ wù
씨에 씨에 송 워 셩르 리 우

응원 감사합니다.

谢谢你的支持。
xiè xie nǐ de zhī chí
씨에 씨에 니 더 즈 츠

초대해주셔서 감사합니다.

谢谢你的邀请。
xiè xie nǐ de yāo qǐng
씨에 씨에 니 더 야오 칭

＊ 고마움에 답할 때 ＊

천만에요.

不要客气。
bú yào kè qi
부 야오 커 치

도움이 됐다니 저도 기
뻐요.

我很高兴能帮助你。
wǒ hěn gāo xing néng bāng zhù nǐ
워 헌 까오 씽 넝 빵 쭈 니

과찬의 말씀입니다.

你过奖了。
nǐ guò jiǎng le
니 꾸어 지앙 러

인
간
관
계

제가 오히려 고맙지요.	我应该谢谢你才对。 wǒ yīng gāi xiè xiè nǐ cái duì 워 잉 까이 씨에 씨에 니 차이 뚜에이
제가 마땅히 해야 할 일 입니다.	这是我应该做的。 zhè shì wǒ yīng gāi zuò de 쩌 스 워 잉 까이 쭈어 더
다음에도 제가 도와드리 겠습니다.	下次也我来帮助你。 xiàcì yě wǒ lái bāng zhù nǐ 씨아 츠 예 워 라이 빵 주 니

A: 샤오왕, 생일선물 줘서 고마워.

小王, 谢谢你送我生日礼物。
xiǎo wáng xiè xie nǐ sòng wǒ shēng rì lǐ wù
시아오 왕 씨에 씨에 니 송 워 셩 르 리 우

B: 뭘, 당연한 건데.

不要客气, 这是我应该做的。
bú yào kè qi zhè shì wǒ yīng gāi zuò de
부 야오 커 치 쩌 스 워 잉 가이 쭈어 더

TIP

칭찬을 들었을 때, 겸손의 의미를 담은 표현을 사용하고 싶다면
哪儿啊, 哪里哪里, 不敢当, 过奖了 등이 있다.
nǎr a / nǎ lǐ nǎ lǐ / bù gǎn dāng/ guò jiǎng le

6. 부탁과 양해를 구할 때

⁂ 부탁할 때

부탁을 해도 될까요?

我可以请你帮忙吗?
wǒ kě yǐ qǐng nǐ bāng máng ma
워 커 이 칭 니 빵 망 마

꼭 부탁드릴 게 있어요.

我有事请你一定要帮我。
wǒ yǒu shì qǐng nǐ yí dìng yào bāng wǒ
워 여우 쓰 칭 니 이 띵 야오 빵 워

개인적인 부탁 하나 해도 될까요?

我可以请你帮个忙吗?
wǒ kě yǐ qǐng nǐ bāng gè máng ma
워 커 이 칭 니 빵 거 망 마

당신에게 꼭 부탁할 게 있는데요.

有件事请你一定要帮我。
yǒu jiàn shì qǐng nǐ yí dìng yào bāng wǒ
여우 찌엔 쓰 칭 니 이 띵 야오 빵 워

펜을 좀 빌릴 수 있나요?

我可以借一下你的笔吗?
wǒ kě yǐ jiè yí xià nǐ de bǐ ma
워 커 이 찌에 이 씨아 니 더 비 마

이 짐을 운반해 주세요.

请帮我搬运一下这个行李。
qǐng bāng wǒ bān yùn yí xià zhè gè xíng lǐ
칭 빵 워 빤 윈 이 씨아 쩌 거 싱 리

⁂ 승낙할 때

물론이죠. 말만 하세요.

当然可以, 你尽管说。
dāng rán kě yǐ nǐ jǐn guǎn shuō
땅 란 커 이 니 찐 구안 슈어

말씀해 보세요. 기꺼이 해 드릴게요.

你说吧, 我一定帮你。
nǐ shuō ba wǒ yí dìng bāng nǐ
니 슈어 바 워 이 띵 빵 니

어떻게 당신 부탁을 거절 하겠어요?	我怎么能拒绝你的请求呢? wǒ zěn me néng jù jué nǐ de qǐng qiú ne 워 쩐 머 넝 쮜 쥐에 니 더 칭 치여우 너
당신을 돕게 돼서 기뻐요.	我很高兴能够帮你。 wǒ hěn gāo xìng néng gòu bāng nǐ 워 헌 까오 씽 넝 꺼우 빵 니

❋ 부탁을 거절할 때 ❋

안 되겠어요.	不行。 bù xíng 뿌 싱
미안하지만, 지금은 안 되겠어요.	不好意思, 我现在不行。 bù hǎo yì si, wǒ xiàn zài bù xíng 뿌 하오 이 스 워 씨앤 짜이 뿌 싱
제가 바빠서 당신 부탁을 들어줄 시간이 없군요.	我很忙, 帮不了你。 wǒ hěn máng, bāng bù liǎo nǐ 워 헌 망 빵 뿌 리아오 니
그것은 내 능력으로는 무리입니다.	那对我的能力来说有些勉强。 nà duì wǒ de néng lì lái shuō yǒu xiē miǎn qiǎng 나 뚜에이 워 더 넝 리 라이 슈어 여우 시에 미앤 치앙
지금은 시간이 없어요.	现在没有时间。 xiàn zài méi yǒu shí jiān 씨앤 짜이 메이 여우 스 찌엔

❋ 양해를 구할 때 ❋

여기 앉아도 될까요?	我可以坐这儿吗? wǒ kěyǐ zuò zhèr ma 워 커이 쭈어 쩔 마

이것을 좀 빌릴 수 있어요?

这个我可以借一下吗?
zhè gè wǒ kěyǐ jiè yī xià ma
쩌 거 워 커이 찌에 이 씨아 마

실례지만, 옆으로 좀 가 주시겠어요?

不好意思, 请靠边一点儿?
bù hǎo yì si, qǐng kào biān yì diǎnr
뿌 하오 이 스 칭 카오 삐앤 이 띠알

✱ 양해를 구할 때

담배를 피워도 될까요?

我可以抽烟吗?
wǒ kě yǐ chōu yān ma
워 커 이 처우 얜 마

전화 좀 써도 될까요?

可以用一下电话吗?
kě yǐ yòng yí xià diàn huà ma
커 이 용 이 씨아 띠엔 후아 마

잠시 자리를 비워도 될까요?

我可以暂时离开座位吗?
wǒ kě yǐ zàn shí lí kāi zuò wèi ma
워 커 이 잔 스 리 카이 쭈어 웨이 마

✱ 도움을 청할 때

저를 좀 도와주시겠어요?

请帮我一下, 好吗?
qǐng bāng wǒ yí xià, hǎo ma
칭 빵 워 이 씨아 하오 마

당신의 도움이 꼭 필요해요.

我非常需要你的帮助。
wǒ fēi cháng xū yào nǐ de bāng zhù
워 페이 창 쉬 야오 니 더 빵 쭈

이 일 좀 도와주실래요?

这件事请你帮我, 好吗?
zhè jiàn shì qǐng nǐ bāng wǒ , hǎo ma
쩌 찌앤 쓰 칭 니 빵 워 하오 마

인
간
관
계

✱ 도와줄 때 ✱

| 제가 도와 드릴게요. | 我来帮你。
wǒ lái bāng nǐ
워 라이 빵 니 |

| 기꺼이 도와 드릴게요. | 我很乐意帮你。
wǒ hěn lè yì bāng nǐ
워 헌 러 이 빵 니 |

| 제가 할 수 있는 건 할 게요. | 要是我能做我就做。
yào shì wǒ néng zuò wǒ jiù zuò
야오 쓰 워 넝 쭈어 워 찌여우 쭈어 |

| 제가 필요하면 언제든지 부르세요. | 你有事, 请随时叫我。
nǐ yǒu shì, qǐng suí shí jiào wǒ
니 여우 쓰 칭 쑤에이 스 찌아오 워 |

✱ 도움을 거절할 때 ✱

| 저 혼자 할 수 있어요. | 我能自己做。
wǒ néng zì jǐ zuò
워 넝 쯔 지 쭈어 |

| 제가 해야 할 일인데요. | 这是 我 应该做 的。
zhè shì wǒ yīng gāi zuò de
쩌 쓰 워 잉 까이 쭈어 더 |

| 괜찮아요.
말이라도 고마워요. | 不用了。谢谢你。
bú yòng le xiè xiè nǐ
부 용 러 씨에 씨에 니 |

:: 일상 생활 ::
日常生活

● 1. 일상대화

* 간단한 질문 *

지금 바쁘세요?	现在忙吗? xiàn zài máng ma 씨앤 짜이 망 마
지금 뭐하세요?	你现在干什么? nǐ xiàn zài gàn shén me 니 씨앤 짜이 간 션 머
그는 결혼했나요?	他结婚了吗? tā jié hūn le ma 타 지에 후언 러 마
그 옷은 아름답나요?	那件衣服漂亮吗? nà jiàn yī fu piào liang ma 나 찌엔 이 푸 피아오 리앙 마
이건 누구 겁니까?	这是谁的? zhè shì shuí de 쩌 스 슈에이 더
이거 네 책이지, 그렇지 않니?	这本书是你的, 不是吗? zhè běn shū shì nǐ de bú shì ma 쩌 번 슈 쓰 니 더 뿌 쓰 마
그는 야구를 할 수 있습니까?	他会打棒球吗? tā huì dǎ bàng qiú ma 타 후에이 다 빵 치여우 마

컴퓨터를 가지고 있나요?	有电脑吗? yǒu diàn nǎo ma 여우 띠엔 나오 마
그녀는 음악감상을 좋아합니까?	她喜欢听音乐吗? tā xǐ huān tīng yīn yuè ma 타 씨 후안 팅 인 위에 마
그들은 진실을 알고 있습니까?	他们知道真相吗? tā men zhī dào zhēn xiàng ma 타 먼 쯔 따오 쩐 씨앙 마
그들은 어제 그를 만났습니까?	昨天他们见面了吗? zuó tiān tā men jiàn miàn le ma 쭈어 티엔 타 먼 찌엔 미엔 러 마
샤오리가 이 보고서를 썼습니까?	小李草拟了这份报告吗? xiǎo lǐ cǎo nǐ le zhè fèn bào gào ma 씨아오 리 차오 니 러 쩌 펀 빠오 까오 마
당신은 우유를 좋아합니까?	你喜欢牛奶吗? nǐ xǐ huan niú nǎi ma 니 씨 후안 니여우 나이 마
당신은 그렇게 생각하지 않으세요?	你不这样认为吗? nǐ bú zhè yàng rèn wéi ma 니 뿌 쩌 양 런 웨이 마 你不这样想吗? nǐ bú zhè yàng xiǎng ma 니 뿌 쩌 양 씨앙 마

✽ 긍정의 대답 ✽

그렇습니다.	对。 duì 뚜에이

일
상
생
활

응.	是啊。 shì ā 쓰 아
그럼요.	当然了。 dāng rán le 땅 란 러
그럴 거라고 생각합니다.	我也是那样想的。 wǒ yě shì nà yàng xiǎng de 워 예 쓰 나 양 씨앙 더
물론.	没问题。 méi wèn tí 메이 원 티
문제 없습니다. 반드시 가겠습니다.	没问题, 我一定去。 méi wèn tí wǒ yí dìng qù 메이 원 티 워 이 띵 취
틀림없어.	没错。 méi cuò 메이 추어
알겠습니다.	好的。 hǎo de 하오 더
나도 그래요./나도 좋아 해요.	我也是 / 我也喜欢。 wǒ yě shì / wǒ yě xǐ huan 워 예 쓰 / 워 예 씨 후안
좋아요.	好。 hǎo 좋아요.

* 부정의 대답 *

아니오, 그렇지 않습니다.	不, 不是的。 bù bú shì de 뿌 뿌 쓰 더
모르겠습니다.	不知道。 bù zhī dào 뿌 즈 따오.
그게 아니에요.	不是这样的。 bú shì zhè yàng de 부 쓰 쩌 양 더
아니오, 그렇게 생각지 않아요.	不, 我不这样想。 bú wǒ bú zhè yàng xiǎng 뿌 워 뿌 쩌 양 씨앙
저도 그래요.	我也是。 wǒ yě shì 워 예 스
기억이 나지 않습니다.	我想不起来了。 wǒ xiǎng bú qǐ lái le 워 씨앙 뿌 치 라이 러
내가 아는 바가 아닙니다.	这不在我知道的范围内。 zhè bù zài wǒ zhī dào de fàn wéi nèi 쩌 부 짜이 워 쯔 따오 더 판 웨이 네이
잘 모르겠는데요.	不太懂。 bú tài dǒng 뿌 타이 뚱 不太清楚。 bú tài qīng chǔ 뿌 타이 칭 추 不太明白。 bú tài míng bái 뿌 타이 밍 빠이

그건 무리인데요.	那太过分了。 nà tài guò fèn le 나 타이 꾸어 펀 러
그게 그렇게 간단치가 않습니다.	没有那么简单。 méi yǒu nà me jiǎn dān 메이 여우 나 머 찌엔 단

* 부정의 대답 *

그렇게 좋지는 않았어.	不怎么好。 bú zěn me hǎo 뿌 쩐 머 하오.
그만 두는 게 좋을 것 같아.	你还是死心好了。 nǐ hái shì sǐ xīn hǎo le 니 하이 쓰 스 신 하오 러

* 맞장구 *

뭔데?	什么事? shén me shì 션 머 쓰
알아 맞춰봐!	猜猜看? cāi cāi kàn 차이 차이 칸
정말?	真的吗? zhēn de ma 쩐 더 마
듣고 있어.	我在听。 wǒ zài tīng 워 짜이 팅
농담하지 마.	不要开玩笑。 bú yào kāi wán xiào 부 야오 카이 완 씨아오

그러네.	是啊。 shì ā 쓰 아
아, 그러세요?	哦, 是吗? ò shì ma 오 쓰 마?
그러세요?	是嘛? shì ma 쓰 마
오, 맙소사.	哦, 天啊。 ò tiān ā 오 티엔 아
그러게 말이야!	就是啊! jiù shì a 찌여우 쓰 아

✱ 되묻기 ✱

다시 한 번 말씀해 주시겠어요?	请再说一遍? qǐng zài shuō yí biàn 칭 짜이 슈어 이 삐엔
뭐라고 하셨지요?	你刚才说什么了? nǐ gāng cái shuō shén me le 니 깡 차이 슈어 션 머 러
잘 못 들었습니다.	我听错了。 wǒ tīng cuò le 워 팅 추어 러
무슨 말씀이신지 잘 모르겠습니다.	我听不懂你说的话。 wǒ tīng bù dǒng nǐ shuō de huà 워 팅 뿌 뚱 니 슈어 더 후아

저는 중국어를 조금밖에 못합니다.	我会说一点汉语。 wǒ huì shuō yì diǎn hàn yǔ 워 후에이 슈어 이 띠엔 한 위
좀더 큰소리로 말씀해 주시겠어요?	请你再说得大声一点。 qǐng nǐ zài shuō dé dà shēng yì diǎn 칭 니 짜이 슈어 따 셩 이 띠엔
여긴 너무 시끄럽네요.	这儿太吵了。 zhèr tài chǎo le 쩔 타이 차오 러
좀더 천천히 말씀해 주세요.	请你再说慢一点儿。 qǐng nǐ zài shuō màn yì diǎnr 칭 니 짜이 슈어 더 만 이 띠알
좀더 간단히 말씀해 주세요.	请你再说得简单一点儿。 qǐng nǐ zài shuō dé jiǎn dān yì diǎnr 칭 니 짜이 슈어 더 찌엔 단 이 띠알
무엇에 대해 얘기하시는 거예요?	你说的是关于什么的内容呢? nǐ shuō de shì guān yú shén me de nèi róng ne 니 슈어 더 쓰 꾸안 위 션 머 더 네이 룽 너
요점이 뭐죠?	重点是什么? zhòng diǎn shì shén me 쭝 띠엔 쓰 션 머
요점을 말씀하십시오.	请说重点。 qǐng shuō zhòng diǎn 칭 슈어 쭝 띠엔
좀더 똑똑하게 말씀해 주시겠어요?	请你再说得清楚一点, 好吗? qǐng nǐ zài shuō dé qīng chǔ yì diǎn hǎo ma 칭 니 짜이 슈어 더 칭 추 이 띠엔 하오 마

좀더 자세히 말씀해 주시겠어요?	请说得详细一点, 好吗? qǐng shuō dé xiáng xì yì diǎn hǎo ma 칭 슈어 더 씨앙 씨 이 띠엔 하오 마
그 말이 무슨 뜻이죠?	那句话是什么意思? nà jù huà shì shén me yì si 나 쮜 화 쓰 션 머 이 쓰
다른 말로 설명해 주시겠어요?	请用别的话再说明一下, 好吗? qǐng yòng bié de huà zài shuō míng yí xià hǎo ma 칭 용 비에 더 화 짜이 슈어 밍 이 씨아 하오 마
다시 한 번 설명해 주시겠어요?	请再说明一下好吗? qǐng zài shuō míng yí xià hǎo ma 칭 짜이 슈어 밍 이 씨아 하오 마
여기에 좀 써 주십시오.	请在这里写一下。 qǐng zài zhè lǐ xiě yí xià 칭 짜이 쩌 리 씨에 이 씨아
무슨 말이에요?	你什么意思? nǐ shén me yì si 니 션 머 이 스
이해가 돼요?	明白了吗? míng bái le ma 밍 바이 러 마
이해가 안 돼요. 좀 더 쉽게 말씀해 주세요.	不明白。请说得再简单点。 bù míng bái qǐng shuō de zài jiǎn dān diǎn 부 밍 바이 칭 슈어 더 짜이 찌엔 단 띠엔
구체적으로 답변해 주세요.	请具体回答一下。 qǐng jù tǐ huí dá yí xià 칭 쮜 티 후에이 다 이 씨아

일상생활

2. 길 묻기

길 좀 가르쳐 주실래요?	能给我指路吗? néng gěi wǒ zhǐ lù ma 넝 게이 워 즈 루 마
길을 잃었습니다.	我迷路了。 wǒ mí lù le 워 미 루 러
시청을 찾는 중입니다.	我要去市政厅。 wǒ yào qù shì zhèng tīng 워 야오 취 쓰 쩡 팅
역으로 가는 길 좀 가르쳐 주시겠어요?	能告诉我车站怎么走吗? néng gào sù wǒ chē zhàn zěn me zǒu ma 넝 까오 쑤 워 처 짠 쩐 머 저우 마
지도를 그려줄 수 있습니까?	能帮我画地图吗? néng bāng wǒ huà dì tú ma 넝 빵 워 후아 띠 투 마
지금 있는 장소는 이 지도의 어디입니까?	现在我们在这张地图上的哪个位置呢? xiàn zài wǒ men zài zhè zhāng dì tú shàng de nǎ gè wèi zhì ne 씨엔 짜이 워 먼 짜이 쩌 장 띠 투 샹 더 나 거 웨이 쯔 너
저기서 왼쪽으로 도세요.	在那边向左拐。 zài nà biān xiàng zuǒ guǎi 짜이 나 삐엔 씨앙 쭈어 꾸아이

두 구역 내려가서 우회 전하세요.	过两个街区后向右拐。 guò liǎng gè jiē qū hòu xiàng yòu guǎi 꾸어 리앙 거 찌에 취 허우 씨앙 여우 꾸아이
찾기 쉬운가요?	容易找吗? róng yì zhǎo ma 룽 이 짜오 마
여기서 가깝습니까?	离这儿近吗? lí zhèr jìn ma 리 쩔 찐 마
걸어서 몇 분 걸립니까?	走路的话要多长时间? zǒu lù de huà yào duō cháng shí jiān 저우 루 더 후아 야오 뚜어 창 스 찌엔
오래 걸리지 않을 거예요.	用不了多久。 yòng bù liǎo duō jiǔ 용 뿌 리아오 뚜어 찌여우
걸어서 갈 수 있는 거리 입니까?	是可以走着去的距离吗? shì kě yǐ zǒu zhe qù de jù lí ma 쓰 커 이 저우 저 취 더 쮜 리 마
저도 여기는 모릅니다.	我也不太了解这里。 wǒ yě bú tài liǎo jiě zhè lǐ 워 예 부 타이 리아오 찌에 쩌 리
지하철이 버스보다 빠를 거에요.	地铁比公共汽车好像更快。 dì tiě bǐ gōng gòng qì chē hǎo xiàng gèng kuài 디 티에 비 꿍 꿍 치 처 하오 씨앙 껑 쿠아이
여기서 가장 가까운 편 의점이 어디 있습니까?	离这儿最近的便利店在哪儿? lí zhèr zuì jìn de biàn lì diàn zài nǎr 리 쩔 쭈에이 찐 더 비앤 리 띠엔 짜이 날

일
상
생
활

3. 시간과 날짜

몇 시입니까?	几点了？ jǐ diǎn le 지 띠엔 러
5시 반입니다.	五点半。 wǔ diǎn bàn 우 띠엔 빤
2시 35분입니다.	两点三十五分。 liǎng diǎn sān shí wǔ fēn 리앙 띠엔 싼 스 우 펀
5시 15분 전이에요.	现在差一刻五点。 xiàn zài chà yí kè wǔ diǎn 씨엔 짜이 차 이 커 우 띠엔
7시 15분이에요.	现在是七点一刻。 xiàn zài shì qī diǎn yí kè 씨엔 짜이 쓰 치 띠엔 이 커
9시 5분이에요.	九点零五分。 jiǔ diǎn líng wǔ fēn 찌여우 띠엔 링 우 펀
9시 10분 전이에요.	差十分九点。 chà shí fēn jiǔ diǎn 차 쓰 펀 찌여우 띠엔
제 시계는 5분 빠릅니다. (느립니다.)	我的表快(慢)五分钟。 wǒ de biǎo kuài (màn) wǔ fēn zhōng 워 더 삐아오 쿠아이 (만) 우 펀 중

제 시계는 정확합니다.	我的表很准。 wǒ de biǎo hěn zhǔn 워 더 삐아오 헌 주언
북경의 시간이 어떻게 되죠?	你知道北京现在的时间吗? nǐ zhī dào běi jīng xiàn zài de shí jiān ma 니 쯔 따오 베이 징 씨엔 짜이 더 쓰 찌엔 마
현지 시간은 몇시죠?	当地时间是几点? dāng dì shí jiān shì jǐ diǎn 당 띠 스 찌엔 쓰 찌 띠엔
한국과는 시차가 얼마나 나지요?	韩国跟中国时差是多少? hán guó gēn zhōng guó shí chā shì duō shǎo 한 꾸어 껀 쭝 꾸어 스 차 쓰 뚜어 샤오
7시간 빠릅니다.	比这儿快七个小时。 bǐ zhèr kuài qī ge xiǎo shí 비 쩔 콰이 치 거 씨아오 스
7시간 느립니다.	比这儿晚七个小时。 bǐ zhèr wǎn qī gè xiǎo shí 비 쩔 완 치 거 씨아오 스
오늘이 며칠이죠?	几天几号? jīn tiān jǐ hào 찐 티엔 지 하오
오늘이 무슨 요일이죠?	今天星期几? jīn tiān xīng qī jǐ 찐 티엔 씽 치 지
공휴일이 일요일과 겹쳐 버렸어요.	法定节假日和星期天重叠了。 fǎ dìng jié jià rì hé xīng qī tiān chóng dié le 파 띵 찌에 찌아 르 허 씽 치 티엔 충 띠에 러

4. 계절과 날씨

오늘 날씨 어때요?	今天天气怎么样? jīn tiān tiān qì zěn me yàng 찐 티엔 티엔 치 쩐 머 양
날씨가 참 좋아요!	天气不错! tiān qì bú cuò 티엔 치 부 추어
시원합니다./따뜻합니다.	凉快。/ 暖和。 liáng kuài / nuǎn huo 리앙 쿠아이 / 누안 후어
덥습니다./쌀쌀합니다./ 춥습니다./흐립니다.	热 / 凉 / 冷 / 阴天 rè / liáng / lěng / yīn tiān 러 / 리앙 / 렁 / 인 티엔
비가 내립니다. / 날씨가 습합니다. / 무척 무덥습 니다.	下雨。/ 天气很湿。/ 热得要命。 xià yǔ / tiān qì hěn shī / rè de yào mìng 씨아 위 / 티엔 치 헌 쓰 / 러 더 야오 밍
추워지고 있어요. / 굉장 히 춥습니다.	天气渐渐变冷了。/ 冷得要命。 tiān qì jiàn jiàn biàn lěng le / lěng de yào mìng 티엔 치 찌엔 찌엔 삐엔 렁 러 / 렁 더 야오 밍
오늘은 바람이 세군요. / 흐리고 바람이 붑니다.	今天风很大。/ 阴天又刮风。 jīn tiān fēng hěn dà / yīn tiān yòu guā fēng 진 티엔 펑 헌 따 / 인 티엔 여우 꽈 펑
바람이 잔잔해지고 있 어요.	风渐渐变小了。 fēng jiàn jiàn biàn xiǎo le 펑 찌엔 찌엔 삐엔 시아오 러

날씨가 맑아오는군요.	天气晴朗了。 tiān qì qíng lǎng le 티엔 치 칭 랑 러
날씨가 많이 풀렸습니다.	天气暖和起来了。 tiān qì nuǎn huo qǐ lái le 티엔 치 누안 후어 치 라이 러
비가 올 것 같습니다.	好像要下雨了。 hǎo xiàng yào xià yǔ le 하오 씨앙 야오 씨아 위 러
오늘 일기예보는 어때요?	今天的天气预报怎么样? jīn tiān de tiān qì yù bào zěn me yàng 찐 티엔 더 티엔 치 위 빠오 쩐 머 양
장마가 끝났습니다.	雨季已经过去了。 yǔ jì yǐ jīng guò qù le 위 찌 이 찡 꾸어 취 러
가장 좋아하는 계절은 언제인가요?	你最喜欢哪个季节? nǐ zuì xǐ huan nǎ gè jì jié 니 쭈에이 씨 환 나 거 찌 찌에
여름이 한풀 꺾이고 있습니다.	夏天渐渐过去。 xià tiān jiàn jiàn guò qù 씨아 티엔 찌엔 찌엔 꾸어 취
겨울이 가고 봄이 오고 있네요.	冬天过去了, 春天来了。 dōng tiān guò qù le chūn tiān lái le 뚱 티엔 꾸어 취 러 춘언 티엔 라이 러
요즘 미세먼지가 많아요.	最近微尘太多了。 zuì jìn wēi chén tài duō le 쭈에이 진 웨이 천 타이 뚜어 러

Chapter 04

⁑ 만남 ⁑

相遇

•기본표현•

• 1. 방문의 표현

오신 것을 환영합니다.

欢迎光临。
huān yíng guāng lín
환 잉 꾸앙 린

어서 들어오세요.

请进。
qǐng jìn
칭 찐

와 주셔서 감사합니다.

感谢光顾。
gǎn xiè guāng gù
간 씨에 꾸앙 꾸

와주셔서 정말 기쁩니다.

你能来我太高兴了。
nǐ néng lái wǒ tài gāo xìng le
니 넝 라이 워 타이 까오 씽 러

코트는 저를 주세요.

把外套给我吧。
bǎ wài tào gěi wǒ ba
바 와이 타오 게이 워 빠

약소하지만 받아주세요.

这是我的一点小心意, 请收下。
zhè shì wǒ de yì diǎn xiǎo xīn yì, qǐng shōu xià
쩌 스 워 더 이 띠엔 씨아오 씬 이 칭 셔우 씨아

별거 아닙니다.

那算不了什么。
nà suàn bú liǎo shén me
나 쑤안 뿌 리아오 션 머

마음에 들었으면 좋겠습니다.	希望你能喜欢。 xī wàng nǐ néng xǐ huan 씨 왕 니 넝 씨 후안
맘에 드신다니 기쁘네요.	我很高兴你能喜欢。 wǒ hěn gāo xìng nǐ néng xǐ huan 워 헌 까오 씽 니 넝 씨 후안
자 어서 들어와 앉으세요.	快请进来坐。 kuài qǐng jìn lái zuò 쿠아이 칭 찐 라이 쭈어
편하게 하세요.	别客气。 bié kè qi 삐에 커 치
저녁식사 준비가 되었습니다.	晚饭准备好了。 wǎn fàn zhǔn bèi hǎo le 완 판 준 뻬이 하오 러
마음껏 드세요.	请随意用餐。 qǐng suí yì yòng cān 칭 쑤에이 이 용 찬
좀 더 드시겠어요?	再吃点好吗? zài chī diǎn hǎo ma 짜이 츠 띠엔 하오 마
쿠키 좀 드세요.	请吃点饼干。 qǐng chī diǎn bǐng gān 칭 츠 띠엔 빙 깐
아주 맛있는 식사였습니다.	真是一顿美餐。 zhēn shì yí dùn měi cān 쩐 쓰 이 뚠 메이 찬

만
남

2. 약속

※ 약속을 제안할 때 ※

오늘밤에 시간 있어요?

今天晚上有时间吗?
jīn tiān wǎn shàng yǒu shí jiān ma
찐 티엔 완 샹 여우 스 찌엔 마

퇴근 후에 시간 있어요?

下班后有时间吗?
xià bān hòu yǒu shí jiān ma
씨아 빤 허우 여우 스 찌엔 마

이번 토요일에 시간 있어요?

这周六有时间吗?
zhè zhōu liù yǒu shí jiān ma
쩌 쩌우 리여우 여우 스 찌엔 마

이번 주말에 바쁘세요?

这周末忙吗?
zhè zhōu mò máng ma
쩌 쩌우 모어 망 마

언제 시간이 괜찮아요?

什么时候有空?
shén me shí hòu yǒu kòng
션 머 쓰 허우 여우 쿵

금요일 빼고 언제든 좋습니다.

除了星期五, 哪天都可以。
chú le xīng qī wǔ nǎ tiān dōu kě yǐ
추 러 씽 치 우 나 티엔 떠우 커 이

당신한테 데이트신청해도 되요?

可以约你吗?
kě yǐ yuē nǐ ma
커 이 위에 니 마

지금 당장 당신을 만날 수 있을까요?

现在可以马上见你吗?
xiàn zài kě yǐ mǎ shàng jiàn nǐ ma
씨엔 짜이 커 이 마 샹 찌엔 니 마

언제가 편하십니까?	什么时候方便?
	shén me shí hòu fāng biàn
	션 머 쓰 허우 팡 삐엔

몇 시에 만날까요?	我们几点见?
	wǒ men jǐ diǎn jiàn
	워 먼 찌 띠엔 찌엔

5시에 가능합니까?	五点好吗?
	wǔ diǎn hǎo ma
	우 띠엔 하오 마

5시에 만납시다.	五点见吧。
	wǔ diǎn jiàn ba
	우 띠엔 찌엔 바

어디서 만날까요?	在哪儿见呢?
	zài nǎr jiàn ne
	짜이 날 찌엔 너

제가 5시에 데리러 갈 게요.	我五点去接你。
	wǒ wǔ diǎn qù jiē nǐ
	워 우 띠엔 취 찌에 니

금요일이 괜찮겠습니까?	星期五好吗?
	xīng qī wǔ hǎo ma
	씽 치 우 하오 마

다음 주 화요일에 방문해도 될까요?	我可以下周二去拜访你吗?
	wǒ kě yǐ xià zhōu èr qù bài fǎng nǐ ma
	워 커 이 씨아 쩌우 얼 취 빠이 팡 니 마

강남역 3번 출구에서 봐요.	我门在江南站3号出口见面吧。
	wǒ mén zài jiāng nán zhàn sān hào chū kǒu jiàn miàn bà
	워 먼 짜이 지앙 난 짠 산 하오 추 커우 찌엔 미앤 바

만
남

우리 오늘(주말) 뭐 할까요?

我门今天(周末)做什么呢?
wǒ mén jīn tiān (zhōu mò) zuò shén me ne
워 먼 진 티앤 (저우 모어) 쭈어 션 머 너

이번 주 토요일에 시간 있어요?

这个星期六您有时间吗?
zhè ge xīng qī liù nín yǒu shí jiān ma
쩌거 싱 치 리여우 닌 여우 스 지앤 마

다른 요일에 만날 수 있어요?

改天能见吗?
gǎi tiān néng jiàn ma
가이 티앤 넝 지앤 마

다음 주 월요일엔 괜찮아요.

下个星期一可以。
xià gè xīng qī yī kě yǐ
씨아 거 싱 치 이 커 이

약속시간에 늦었을 때

몇 시에 도착했어요?

几点到的?
jǐ diǎn dào de
지 띠엔 따오 더

너 도대체 어디야? 빨리 와.

你到底在哪儿呢? 快点来。
nǐ dào dǐ zài nǎr ne kuài diǎn lái
니 따오 디 짜이 날 너 쿠아이 띠엔 라이

오래 기다렸니?

等了很久了吧?
děng le hěn jiǔ le ba
덩 러 헌 찌여우 러 바

제 시간에 오셨습니까?

准时到的吗?
zhǔn shí dào de ma
준 쓰 따오 더 마

저는 제시간에 왔습니다.

我准时到的。
wǒ zhǔn shí dào de
워 준 쓰 따오 더

여기에 3시 정각에 왔습니다.	我三点到的。 wǒ sān diǎn dào de 워 싼 띠엔 따오 더
저는 30분 전에 도착했습니다.	我在三十分钟前就已经到了。 wǒ zài sān shí fēn zhōng qián jiù yǐ jīng dào le 워 짜이 싼 스 펀 쭝 치엔 찌여우 이 징 따오 러
왜 그렇게 늦었어요?	为什么来得这么晚? wèi shén me lái dé zhè me wǎn 웨이 션 머 라이 더 쩌 머 완
기다리게 해서 죄송합니다.	对不起, 让你久等了。 duì bu qǐ ràng nǐ jiǔ děng le 뚜에이 부 치 랑 니 찌여우 덩 러
앞으로는 시간을 잘 지키겠습니다.	以后我会遵守时间的。 yǐ hòu wǒ huì zūn shǒu shí jiān de 이 허우 워 후에이 쭌 셔우 스 찌엔 더
시간 꼭 지키세요.	请一定守时。 qǐng yí dìng shǒu shí 칭 이 띵 셔우 스
앞으로는 제시간에 오도록 하겠습니다.	以后我一定准时来。 yǐ hòu wǒ yí dìng zhǔn shí lái 이 허우 워 이 띵 준 스 라이

만
남

TIP

马上은 '곧, 금방'의 뜻을 갖고 있는 단어로, 정확한 시간은 문맥과 상황에 따라 다를 수 있다.

3. 초대와 방문

✽ 초대에 대해 ✽

오늘 무슨 날이에요?

今天是什么日子？
jīn tiān shì shén me rì zi
찐 티엔 쓰 션 머 르 즈

저희 결혼 10주년이거든요.

今天是我们结婚十周年纪念日。
jīn tiān shì wǒ men jié hūn shí zhōu nián jì niàn rì
찐 티엔 쓰 워 먼 지에 훈 스 쩌우 니엔 찌 니엔 르

무슨 특별한 날이에요?

今天是什么特别的日子吗？
jīn tiān shì shén me tè bié de rì zi ma
찐 티엔 쓰 션 머 터 삐에 더 르 쯔 마

내일은 내 친구 샤오왕의 생일이에요.

明天是我的朋友小王的生日。
míng tiān shì wǒ de péng yǒu xiǎo wáng de shēng rì
밍 티엔 쓰 워 더 펑 여우 씨아오 왕 더 성 르

그를 위한 환영 파티를 준비했어요.

为了他我准备了这次派队。
wèi le tā wǒ zhǔn bèi le zhè cì pài duì
웨이 러 타 워 준 뻬이 러 쩌 츠 파이 뚜에이

집들이를 할 거야.

我们打算办乔迁宴。
wǒ men dǎ suàn bàn qiáo qiān yàn
워 먼 다 쑤안 빤 치아오 치엔 얜

파티는 언제 엽니까?

派队是什么时候？
pài duì shì shén me shí hòu
파이 뚜에이 쓰 션 머 쓰 허우

파티는 7시에 시작돼요.

晚上七点开始。
wǎn shang qī diǎn kāi shǐ
완 상 치 띠엔 카이 쓰

크리스마스를 기념하기 위해 파티를 하기로 했어요.	为了庆祝圣诞，我们打算举行派队。
	wéi le qìng zhù shèng dàn wǒ men dǎ suàn jǔ háng pài duì
	웨이 러 칭 쭈 셩 딴 워 먼 따 쑤안 쥐 싱 파이 뚜에이

몇 시에 가면 될까요?	几点去？
	jǐ diǎn qù
	지 띠엔 취

몇 명이나 옵니까?	有多少人参加？
	yǒu duō shǎo rén cān jiā
	여우 뚜어 샤오 런 찬 찌아

깜짝 파티입니다.	这是一个惊喜聚会。
	zhè shì yí gè jīng xǐ jù huì
	쩌 쓰 이 거 찡 씨 쮜 후에이

격식을 차리는 만찬입니다.	这是正式的晚宴。
	zhè shì zhèng shì de wǎn yàn
	쩌 쓰 쩡 쓰 더 완 얜

아무렇게나 입으세요.	穿便装就行。
	chuān biàn zhuāng jiù xíng
	추안 삐엔 쭈앙 찌여우 싱

❋ 초대의 승낙과 거절

가고 싶어요.	我想参加。
	wǒ xiǎng cān jiā
	워 씨앙 찬 찌아

초대해 주셔서 감사합니다.	谢谢你的邀请。
	xiè xie nǐ de yāo qǐng
	씨에 씨에 니 더 야오 칭

만
남

좋아요. 갈게요.	好，我去。 hǎo wǒ qù 하오 워 취
나도 끼워줘. 갈게.	算我一个，我也去。 suàn wǒ yí gè wǒ yě qù 쑤안 워 이 거 워 예 취
물론 내가 가야지.	当然，我一定会去的。 dāng rán wǒ yí dìng huì qù de 땅 란 워 이 띵 후에이 취 더
그래 곧 갈게.	好，我马上就去。 hǎo wǒ mǎ shàng jiù qù 하오 워 마 상 찌여우 취
그래 곧 갈게. 십분 후면 도착할 거야.	我马上就去，大概十分钟后到。 wǒ mǎ shàng jiù qù, dà gài shí fēn zhōng hòu dào 워 마 상 찌여우 취 따 까이 스 펀 쭝 허우 따오
재미있을 것 같군요.	听起来很有趣。 tīng qǐ lái hěn yǒu qù 팅 치 라이 헌 여우 취
고맙습니다. 기꺼이 그 러죠.	谢谢，非常乐意。 xiè xiè fēi cháng lè yì 씨에 씨에 페이 창 러 이
기꺼이 가겠습니다.	我非常愿意去。 wǒ fēi cháng yuàn yì qù 워 페이 창 위엔 이 취
초대에 기꺼이 응하겠습 니다.	感谢你的邀请。 gǎn xiè nǐ de yāo qǐng 간 씨에 니 더 야오 칭

제가 뭘 좀 가져올까요?

要不要我拿些东西去?
yào bú yào wǒ ná xiē dōng xi qù
야오 부 야오 워 나 시 뚱 시 취

안타깝게도 갈 수가 없네요.

真可惜, 我去不了。
zhēn kě xī wǒ qù bù liǎo
쩐 커 시 워 취 뿌 리아오

다음 기회에 하죠.

下次吧。
xià cì ba
씨아 츠 빠

다음에 하면 어떨까요?

改天怎么样?
gǎi tiān zěn me yàng
까이 티엔 쩐 머 양

고맙지만, 갈 수 없어요.

谢谢, 不过我还是不能去。
xiè xiè bú guò wǒ hái shì bù néng qù
씨에 씨에 부 꾸어 워 하이 쓰 뿌 넝 취

갈 수 없을 것 같아요.

看来我是去不了了。
kàn lái wǒ shì qù bù liǎo le
칸 라이 워 쓰 취 뿌 리아오 러

가고는 싶지만 갈 수가 없네요.

我想去, 但是去不了。
wǒ xiǎng qù dàn shì qù bù liǎo
워 씨앙 취 딴 스 취 뿌 리아오

미안하지만 선약이 있어서요.

对不起, 我已经有约了。
duì bu qǐ wǒ yǐ jīng yǒu yuē le
뚜에이 부 치 워 이 찡 여우 위에 러

죄송하지만 갈 수 없습니다.

不好意思, 我不能去。
bù hǎo yì si wǒ bù néng qù
뿌 하오 이 쓰 워 뿌 넝 취

＊ 초대에 권유할 때 ＊

우리 집에 오실래요?

你愿意来我家吗?
nǐ yuàn yi lái wǒ jiā ma
니 위엔 이 라이 워 찌아 마

저녁 식사하러 오세요.

来我家吃顿晚饭吧。
lái wǒ jiā chī dùn wǎn fàn ba
라이 워 찌아 츠 뚜언 완 판 빠

오셔서 저녁 식사할 수 있겠습니까?

有时间来我家一起吃顿晚饭吗?
yǒu shí jiān lái wǒ jiā yì qǐ chī dùn wǎn fàn ma
여우 쓰 찌엔 라이 워 찌아 이 치 츠 뚜언 완 판 빠

저녁을 대접하게 해주세요.

我想请你吃个晚饭。
wǒ xiǎng qǐng nǐ chī gè wǎn fàn
워 씨앙 칭 니 츠 거 완 판

제가 접대하게 해주십시오.

让我请客吧。
ràng wǒ qǐng kè ba
랑 워 칭 커 빠

이것은 제가 내겠습니다.

这次我请客。
zhè cì wǒ qǐng kè
쩌 츠 워 칭 커

제가 한 잔 사겠습니다.

我想请你喝一杯。
wǒ xiǎng qǐng nǐ hē yì bēi
워 씨앙 칭 니 허 이 뻬이

저희 집으로 초대하고 싶습니다.

我想请你来我家。
wǒ xiǎng qǐng nǐ lái wǒ jiā
워 씨앙 칭 니 라이 워 찌아

파티에 초대하고 싶습니다.

我想请你来参加派对。
wǒ xiǎng qǐng nǐ lái cān jiā pài duì
워 씨앙 칭 니 라이 찬 찌아 파이 뚜에이

제 생일 파티에 당신을
초대하고 싶습니다.

我想请你来参加我的生日宴。
wǒ xiǎng qǐng nǐ lái cān jiā wǒ de shēng rì yàn
워 씨앙 칭 니 라이 찬 찌아 워 더 셩 르 앤

당신이 와주셨으면 해요.

我希望你能来。
wǒ xī wàng nǐ néng lái
워 씨 왕 니 넝 라이

함께 하시겠어요?

能和我们一起吗?
néng hé wǒ men yì qǐ ma
넝 허 워 먼 이 치 마

파티에 올 거지요, 그렇
지요?

你会来参加派对吧, 是吧?
nǐ huì lái cān jiā pài duì ba shì ba
니 후에이 라이 찬 찌아 파이 뚜에이 바 쓰 빠

샤오왕과 샤오창도 초대
했어요.

我还邀请了小王和小强。
wǒ hái yāo qǐng le xiǎo wáng hé xiǎo qiáng
워 하이 야오 칭 러 씨아오 왕 허 씨아오 치앙

생일파티에 올래요?

你来参加生日宴吗?
nǐ lái cān jiā shēng rì yàn ma
니 라이 찬 찌아 셩 르 앤 마

수요일에 저희 집에 오
시겠어요?

星期三来我家, 怎么样?
xīng qī sān lái wǒ jiā zěn me yàng
씽 치 산 라이 워 지아 쩐 머 양

당신들을 위해 저녁을
준비했습니다.

我为了你们准备了晚餐。
wǒ wèi le nǐ men zhǔn bèi le wǎn cān
워 웨이 러 니 먼 준 뻬이 러 완 찬

저녁 여덟시에 오세요.

晚上8点来吧。
wǎn shàng bā diǎn lái ba
완 상 바 띠엔 라이 바

4. 취소와 변경

다른 날 약속하는 게 좋을 것 같군요.

我觉得还是改天吧。
wǒ jué de hái shì gǎi tiān ba
워 줴 더 하이 쓰 까이 티엔 빠

선약이 있습니다.

我已经有约了。
wǒ yǐ jīng yǒu yuē le
워 이 징 여우 위에 러

제가 지금 몹시 바쁜데요.

我现在很忙。
wǒ xiàn zài hěn máng
워 씨엔 짜이 헌 망

제가 내일 전화 드릴게요.

明天我给你打电话。
míng tiān wǒ gěi nǐ dǎ diàn huà
밍 티엔 워 게이 니 다 띠엔 후아

이번 주말까지 시간이 없어요.

一直到这个周末我都没有时间。
yì zhí dào zhè gè zhōu mò wǒ dōu méi yǒu shí jiān
이 쯔 따오 쩌 거 저우 모어 워 떠우 메이 여우 쓰 찌엔

다음으로 미룰 수 있을까요?

能改天吗?
néng gǎi tiān ma
넝 까이 티엔 마

바쁠 것 같은데요.

应该很忙吧。
yīng gāi hěn máng ba
잉 까이 헌 망 빠

다음으로 미룹시다.

那就下次吧。
nà jiù xià cì ba
나 찌여우 씨아 츠 빠

한 시간 늦게 만납시다.	晚一个小时见吧。 wǎn yí gè xiǎo shí jiàn ba 완 이 거 씨아오 스 찌엔 빠
한 시간 빨리 만납시다.	提前一个小时见吧。 tí qián yí gè xiǎo shí jiàn ba 티 치엔 이 거 씨아오 스 찌엔 빠
약속을 취소해야겠습니다.	得取消约会了。 děi qǔ xiāo yuē huì le 데이 취 씨아오 위에 후에이 러
약속을 연기해야겠습니다.	得延后约会了。 děi yán hòu yuē huì le 데이 얜 허우 위에 후에이 러
갑자기 일이 생겼습니다.	突然有急事了。 tū rán yǒu jí shì le 투 란 여우 지 쓰 러
그렇다면, 내일은 어때요?	那样的话，明天怎么样? nà yàng de huà míng tiān zěn me yàng 나 양 더 후아 밍 티엔 전 머 양?
약속시간을 변경할 수 있을까요?	可以更改约会的时间吗? kě yǐ gēng gǎi yuē huì de shí jiān ma 커 이 껑 까이 위에 후에이 더 쓰 찌엔 마
약속시간을 좀 당기면 어떨까요?	可以提前约会时间吗? kě yǐ tí qián yuē huì shí jiān ma 커 이 티 치엔 위에 후에이 쓰 찌엔 마
그 날은 시간이 없습니다.	那天没有时间。 nà tiān méi yǒu shí jiān 나 티앤 메이 여우 스 찌엔

감정표현
情感表现

● 1. 기쁨과 즐거움

행복해요.

我很幸福。
wǒ hěn xìng fú
워 헌 씽 푸

너무 행복해요.

我非常幸福。
wǒ fēi cháng xìng fú
워 페이 창 씽 푸

그 말을 들으니 기뻐요.

听到那个消息我很高兴。
tīng dào nà ge xiāo xi wǒ hěn gāo xìng
팅 따오 나 거 씨아오 씨 워 헌 까오 씽

너무 흥분돼요.

我非常激动。
wǒ fēi cháng jī dòng
워 페이 창 지 뚱

我太激动了。
wǒ tài jī dòng le
워 타이 지 뚱 러

기분이 너무 좋아요.

心情太好了。
xīn qíng tài hǎo le.
신 칭 타이 하오 러

구름 위에 뜬 기분이에요.

我好像飘在云端。
wǒ hǎo xiàng piāo zài yún duān
워 하오 씨앙 피아오 짜이 윈 뚜안

꿈꾸는 듯한 기분이에요.	好像在做梦一样。 hǎo xiàng zài zuò mèng yí yàng 하오 씨앙 짜이 쭈어 멍 이 양
나는 눈이 오면 행복해요.	下雪会让我感到幸福。 xià xuě huì ràng wǒ gǎn dào xìng fú 씨아 쉬에 후에이 랑 워 간 따오 씽 푸
졸업을 하게 되어 무척 기뻐요.	毕业了，我很高兴。 bì yè le, wǒ hěn gāo xìng 삐 예 러 워 헌 까오 씽
저는 결과에 만족해요.	我很满意这个结果。 wǒ hěn mǎn yì zhè ge jié guǒ 워 헌 만 이 쩌 거 찌에 꾸어
당신 행복해 보여요.	你看上去很开心。 nǐ kàn shàng qù hěn kāi xīn 니 칸 상 취 헌 카이 신
지금 제가 얼마나 행복한지 말로 표현할 수 없어요.	我无法用言语来表达我此刻的幸福。 wǒ wú fǎ yòng yán yǔ lái biǎo dá wǒ cǐ kè de xìng fú 워 우 파 용 얜 위 라이 삐아오 따 워 츠 커 더 씽 푸
기분이 끝내줘요.	心情好极了。 xīn qíng hǎo jí le 씬 칭 하오 찌 러
당신이 잘 돼서 저도 기뻐요.	你成功了，我真高兴。 nǐ chéng gōng le wǒ zhēn gāo xìng 니 청 꽁 러 워 쩐 까오 씽
정말 행복한 시간이었어요.	我玩儿得很愉快。 wǒ wánr de hěn yú kuài 워 왈 더 헌 위 콰이

더 이상 기쁠 수는 없을 거예요.	我开心到极点了。 wǒ kāi xīn dào jí diǎn le 워 카이 씬 따오 지 띠엔 러
내 생애 최고의 날이에요.	是我一生中最棒的一天。 shì wǒ yì shēng zhōng zuì bàng de yì tiān 스 워 이 셩 쭝 쭈에이 방 더 이 티앤
듣던 중 반가운 소리네요.	是最令人高兴的消息。 shì zuì lìng rén gāo xìng de xiāo xi 스 쭈에이 링 런 까오 싱 더 시아오 시
기뻐서 어쩔 줄 모르겠어요.	高兴得不得了。 gāo xìng dé bù dé liǎo 까오 싱 더 부 더 리아오
하하하, 너무 재미있었어요.	哈哈哈, 太有意思了! hā hā hā tài yǒu yì sī le 하 하 하 타이 여우 이 스 러
너무 웃었더니 배가 아파요.	笑得肚子疼。 xiào de dù zǐ téng 시아오 더 두 즈 텅
시간 가는 줄 모르고 있어요.	不知不觉时间就过去了。 bù zhī bù jué shí jiān jiù guò qù le 부 즈 부 쮀 스 지앤 찌여우 꾸어 취 러
아이 신나!	哎呀 好兴奋! āi yā hǎo xìng fèn 아이 야 하오 씽 펀

> **TIP**
>
> **不知不觉**[bù zhī bù jué]는 일반적으로 문장 맨 앞에 쓰요 '나도 모르는 사이에', '어쩌다가'의 의미로 전체 문장을 수식한다.

• 2. 슬픔과 우울

슬퍼요.	我很难过。 wǒ hěn nán guò 워 헌 난 꾸어
그거 슬프군요.	很悲伤。 hěn bēi shāng 헌 뻬이 샹 很伤心。 hěn shāng xīn 헌 샹 신
정말 슬픈 일이군요.	真是件让人难过的事。 zhēn shì jiàn ràng rén nán guò de shì 쩐 쓰 찌엔 랑 런 난 꾸어 더 쓰
너무 마음이 아파요.	我感到很难过。 wǒ gǎn dào hěn nán guò 워 간 따오 헌 난 꾸어
가슴이 미어지는 것 같아.	心痛不已。 xīn tòng bù yǐ 신 퉁 뿌 이
울고 싶어.	我想哭。 wǒ xiǎng kū 워 씨앙 쿠
슬퍼서 울고 싶은 심정이에요.	难过得想哭。 nán guò de xiǎng kū 난 꾸어 더 씨앙 쿠

당신 우울해 보여요.	你看上去情绪很低落。 nǐ kàn shàng qù qíng xù hěn dī luò 니 칸 상 취 칭 쉬 헌 띠 루어
기분이 우울해요.	我心情不好。 wǒ xīn qíng bù hǎo 워 씬 칭 뿌 하오
절망감이 들어요.	我很绝望。 wǒ hěn jué wàng 워 헌 쮀 왕
조금 슬픕니다.	我有点儿难过。 wǒ yǒu diǎnr nán guò 워 여우 띠알 난 꾸어
오늘은 왠지 우울해요.	今天不知道为什么心情有些 低落。 jīn tiān bù zhī dào wèi shén me xīn qíng yǒu xiē dī luò 찐 티엔 뿌 즈 따오 웨이 션 머 신 칭 여우 씨에 디 뤄
비참한 기분이에요.	觉得自己很悲惨。 jué de zì jǐ hěn bēi cǎn 쮀 더 쯔 지 헌 베이 찬 感觉自己很悲惨。 gǎn jué zì jǐ hěn bēi cǎn 간 쮀 쯔 지 헌 베이 찬
기분이 우울해. 혼자 있게 해줘.	我心情很压抑, 让我自己待会儿。 wǒ xīn qíng hěn yā yì ràng wǒ zì jǐ dài huìr 워 씬 칭 헌 야 이 랑 워 쯔 지 따이 후얼
아무것도 하고 싶지 않아요.	我什么都不想做。 wǒ shén me dōu bù xiǎng zuò 워 션 머 떠우 뿌 씨앙 쭈어

완전히 우울증에 빠졌어요.	忧郁笼罩着我。 yōu yù lǒng zhào zhe wǒ 여우 위 룽 짜오 쩌 워
눈앞이 캄캄해요.	我眼前一片茫然。 wǒ yǎn qián yí piàn máng rán 워 얜 치엔 이 피엔 망 란 我眼前一片漆黑。 wǒ yǎn qián yí piàn qī hēi 워 얜 치엔 이 피엔 치 헤이
이보다 더 나쁜 일은 없을 거예요.	没有什么比这个更糟糕的了。 méi yǒu shén me bǐ zhè ge gèng zāo gāo de le 메이 여우 선 머 비 쩌 거 껑 짜오 까오 더 러 没有比这更糟糕的事了。 méi yǒu bǐ zhè gèng zāo gāo de shì le 메이 여우 비 쩌 껑 짜오 까오 더 쓰 러
삼가 깊은 조의를 표합니다.	表示深切的哀悼。 biǎo shì shēn qiè de āi dào 삐아오 쓰 션 치에 더 아이 따오
그 이야기 들으셨어요? 너무 속상해요.	您听说那件事了吗? 我真难过。 nín tīng shuō nà jiàn shì le ma wǒ zhēn nán guò 닌 팅 슈어 나 지앤 스 러 마 워 쩐 난 꾸어
네, 저도 그 생각만 하면 가슴이 아파요.	是啊, 我也是一想起来就心疼。 shì a wǒ yě shì yì xiǎng qǐ lái jiù xīn téng 스 아 워 예 스 이 씨앙 치 라이 찌여우 씬 텅
슬퍼요.	很伤心。 hěn shāng xīn 헌 상 신

3. 놀라움과 충격

놀랍군요!	真是出人意料! zhēn shì chū rén yì liào 쩐 쓰 추 런 이 리아오
이거 참 뜻밖이군요!	真是很意外! zhēn shì hěn yì wài 쩐 쓰 헌 이 와이
놀랍군!	真惊人! zhēn jīng rén 쩐 찡 런
멋지네요!	好极了! hǎo jí le 하오 찌 러
굉장하군요!	真是妙极了! zhēn shì miào jí le 쩐 쓰 미아오 찌 러
믿을 수가 없어!	令人难以置信! lìng rén nán yǐ zhì xìn 링 런 난 이 쯔 씬
농담하시는 거예요?	你在开玩笑吗? nǐ zài kāi wán xiào ma 니 짜이 카이 완 씨아오 마
놀랐잖아.	吓死我了。 xià sǐ wǒ le 씨아 쓰 워 러

그것은 금시초문인데요.	这真是闻所未闻啊。 zhè zhēn shì wén suǒ wèi wén ā 쩌 쩐 쓰 원 쑤어 웨이 원 아
정말 절 놀라게 하시네요.	你吓死我了。 nǐ xià sǐ wǒ le 니 씨아 쓰 워 러
그럴 리가 없어요.	这不可能是真的。 zhè bù kě néng shì zhēn de 쩌 뿌 커 넝 쓰 쩐 더
내 귀를 믿을 수가 없어요.	我不能相信自己的耳朵。 wǒ bú néng xiāng xìn zì jǐ de ěr duǒ 워 뿌 넝 씨앙 씬 쯔 지 더 얼 뚜어
야, 정말 놀랐습니다.	哟，真是让我吃惊。 yō zhēn shì ràng wǒ chī jīng 요 쩐 쓰 랑 워 츠 찡
충격적이에요.	震惊了。 zhèn jīng le 쩐 찡 러
정말 당황스럽네요.	真让人不知如何是好。 zhēn ràng rén bù zhī rú hé shì hǎo 쩐 랑 런 뿌 쯔 루 허 쓰 하오
그 말을 듣고서 너무 놀랐습니다.	听了那个消息让我感到很吃惊。 tīng le nà gè xiāo xī ràng wǒ gǎn dào hěn chī jīng 팅 러 나 거 씨아오 시 랑 워 간 따오 헌 츠 찡
어안이 벙벙하네요.	蒙住了。 mēng zhù le 멍 쭈 러

감
정
표
현

무슨 말을 해야 할지 모르겠습니다.	我不知道该说什么好。 wǒ bù zhī dào gāi shuō shén me hǎo 워 뿌 쯔 따오 까이 슈어 션 머 하오
생각지도 못했습니다.	我连想也没想到。 wǒ lián xiǎng yě méi xiǎng dào 워 리엔 씨앙 예 메이 씨앙 따오
어떻게 그런 일이 생겼죠?	怎么会发生那种事? zěn me huì fā shēng nà zhǒng shì 쩐 머 후에이 파 셩 나 쭝 쓰
진짜예요?	真的吗? zhēn de ma 쩐 더 마
깜짝 놀랐잖아요!	吓了我一大跳! xià le wǒ yí dà tiào 씨아 러 워 이 다 티아오
저런, 세상에! 정말요?	哎呀, 天啊, 是真的吗? āi yā tiān a shì zhēn de ma 아이 야 티앤 아 스 쩐 더 마
네, 그렇대요, 정말 말도 안 돼요.	对, 是真的。真不敢相信。 duì shì zhēn de zhēn bú gǎn xiāng xìn 뚜에이 스 쩐 더 쩐 부 간 씨앙 신
어머나!	哎呀! āi yā 아이 야
도대체 무슨 일이에요?	到底是什么事啊? dào dǐ shì shén me shì a 따오 디 스 션 머 스 아

4. 실망과 분노

당신한테 실망했어요.	我对你很失望。 wǒ duì nǐ hěn shī wàng 워 뚜에이 니 헌 쓰 왕
너무 화가 난다.	我很生气。 wǒ hěn shēng qì 워 헌 성 치
저를 몹시 화나게 하는군요.	的确让我很生气。 dí què ràng wǒ hěn shēng qì 띠 취에 랑 워 헌 성 치
당신한테 화가 나요.	你让我很生气。 nǐ ràng wǒ hěn shēng qì 니 랑 워 헌 성 치
그는 나를 실망시켰어요.	他让我很失望。 tā ràng wǒ hěn shī wàng 타 랑 워 헌 쓰 왕
제가 한 행동이 부끄러워요.	我对自己所做的事感到羞愧。 wǒ duì zì jǐ suǒ zuò de shì gǎn dào xiū kuì 워 뚜에이 쯔 지 쑤어 쭈어 더 쓰 간 따오 씨여우 쿠에이
살얼음을 밟는 기분이에요.	我感到自己置身于危险的境地。 wǒ gǎn dào zì jǐ zhì shēn yú wēi xiǎn de jìng dì 워 간 따오 즈 지 쯔 션 위 웨이 씨엔 더 찡 띠
뒤통수를 한 대 얻어맞은 기분입니다.	我感到脑后受到了重重一击。 wǒ gǎn dào nǎo hòu shòu dào le zhòng zhòng yì jī 워 간 따오 나오 허우 셔우 따오 러 쭝 쭝 이 지

정말, 망쳤어요.

真是糟糕透顶。
zhēn shì zāo gāo tòu dǐng
쩐 스 짜오 까오 터우 띵

뻔뻔하군요.

真不要脸。
zhēn bú yào liǎn
쩐 부 야오 리엔

당신을 견딜 수가 없어요.

我对你忍无可忍。
wǒ duì nǐ rěn wú kě rěn
워 뚜에이 니 런 우 커 런

창피해요.

真丢人。
zhēn diū rén
쩐 띠여우 런

창피한 줄 아세요.

不要不知羞愧。
bú yào bù zhī xiū kuì
부 야오 뿌 쯔 씨여우 쿠에이

지금 농담할 기분 아니
에요.

我现在没心情开玩笑。
wǒ xiàn zài méi xīn qíng kāi wán xiào
워 씨엔 짜이 메이 신 칭 카이 완 씨아오

---

mini 회화

A : 너 왜 노인분을 도와드리지 않은 거야? 정말 실망이야.

你为什么不帮那位老人阿? 我对你很失望。
nǐ wèi shén me bù bāng nà wèi lǎo rén ā   wǒ duì nǐ hěn shī wàng
니 웨이 선 머 부 방 나 웨이 라오 런 아   워 뚜에이 니 헌 스 왕

B : 보질 못 해서 못 도와드렸지.

我没有看到他, 所以没帮他。
wǒ méi yǒu kàn dào tā suǒ yǐ méi bāng tā
워 메이 여우 칸 따오 타 수어 이 메이 방 타

5. 긴장과 두려움

어, 너무 긴장돼.	啊, 太紧张了。 ā tài jǐn zhāng le 아 타이 진 짱 러
긴장을 푸세요.	你别紧张。 nǐ bié jǐn zhāng 니 삐에 진 짱 放松点。 fàng sōng diǎn 팡 쑹 띠엔 放松放松。 fàng sōng fàng sōng 팡 쑹 팡 쑹
마음이 조마조마합니다.	提心吊胆。 tí xīn diào dǎn 티 씬 띠아오 단
가슴이 막 두근거려.	心砰砰跳。 xīn pēng pēng tiào 신 펑 펑 티아오
긴장하지 말아요.	别紧张。 bié jǐn zhāng 삐에 진 짱
걱정거리는 뒤로 제쳐 두세요.	担心的事情放一边。 dān xīn de shì qíng fàng yì biān 딴 신 더 쓰 칭 팡 이 삐엔
내일 걱정은 내일 해도 되잖아요.	明天的事明天再想。 míng tiān de shì míng tiān zài xiǎng 밍 티엔 더 쓰 밍 티엔 짜이 씨앙

긴장 풀고 평소대로 해.	放松一点，按平时去做就好了。
	fàng sōng yì diǎn àn píng shí qù zuò jiù hǎo le
	팡 쑹 이 띠엔 안 핑 스 취 쭈어 찌여우 하오 러

긴장된 분위기예요.	很紧张的气氛。
	hěn jǐn zhāng de qì fēn
	헌 진 짱 더 치 펀

너무 긴장되어서 한숨도 못 잤어.	我太紧张了，昨晚一宿没睡。
	wǒ tài jǐn zhāng le zuó wǎn yì xiǔ méi shuì
	워 타이 진 짱 러 쭈어 완 이 씨여우 메이 슈에이

너무 떨려서 말이 안 나와요.	紧张得说不出话来。
	jǐn zhāng de shuō bù chū huà lái
	진 짱 더 슈어 뿌 추 화 라이

걱정 말아요.	别愁。
	bié chóu
	삐에 처우

아, 입술이 바짝바짝 타네요.	啊，我的嘴唇发干了。
	a wǒ de zuǐ chún fā gān le
	아 워 더 쭈에이 춘 파 간 러

너무 긴장돼요.	我太紧张了。
	wǒ tài jǐn zhāng le
	워 타이 진 장 러

마음이 조마조마해요.	我心里忐忑不安。
	wǒ xīn lǐ tǎn tè bù ān
	워 신 리 탄 터 부 안

초조해서 미칠 것 같아요.	我焦急得快疯了。
	wǒ jiāo jí de kuài fēng le
	워 지아오 지 더 쿠아이 펑 러

Chapter 06

⁂ 관광 ⁂ ⁂ ⁂ ⁂ ⁂ ⁂ ⁂ ⁂ ⁂
•기본표현•

旅游

• 1. 관광 안내소에서

관광 안내소는 어디에 있습니까?	哪里有旅行咨询处? nǎ lǐ yǒu lǚ xíng zī xún chù 나 리 여우 뤼 싱 즈 쉰 추
관광객을 위한 안내서가 있습니까?	有游客的旅行指南书吗? yǒu yóu kè de lǚ xíng zhǐ nán shū ma 여우 여우 커 더 뤼 싱 쯔 난 슈 마
한국어 팸플릿 있습니까?	有韩语宣传册吗? yǒu hán yǔ xuān chuán cè ma 여우 한 위 쉬엔 추안 처 마
이 도시의 관광 지도를 구할 수 있을까요?	我能买到这个城市的旅游地图吗? wǒ néng mǎi dào zhè gè chéng shì de lǚ yóu dì tú ma 워 넝 마이 따오 저 거 청 쓰 더 뤼 여우 띠 투 마
번화한 곳에 가보고 싶습니다.	我要去繁华区。 wǒ yào qù fán huá qū 워 야오 취 판 후아 취
관광코스를 추천해 주시겠습니까?	能推荐一些旅游景点吗? néng tuī jiàn yì xiē lǚ yóu jǐng diǎn ma 넝 투에이 찌엔 이 시에 뤼 여우 징 띠엔 마
구경하기에 제일 좋은 곳이 어디입니까?	最值得去一看的地方是哪里? zuì zhí dé qù yí kàn de dì fāng shì nǎ lǐ 쭈에이 즈 더 취 이 칸 더 띠 팡 쓰 나 리

관광

사적지가 있습니까?

有名胜古迹吗?
yǒu míng shèng gǔ jì ma
여우 밍 셩 구 찌 마

벼룩시장 같은 것이 있나요?

有像跳蚤市场一样的地方吗?
yǒu xiàng tiào zǎo shì chǎng yí yàng de dì fāng ma
여우 씨앙 티아오 자오 쓰 창 이 양 더 띠 팡 마

여행 기간은 얼마나 됩니까?

旅途要多久?
lǚ tú yào duō jiǔ
뤼 투 야오 뚜어 찌여우

경치가 좋은 곳을 아십니까?

知道哪里有美丽的风景吗?
zhī dào nǎ lǐ yǒu měi lì de fēng jǐng ma
즈 따오 나 리 여우 메이 리 더 펑 징 마

이곳은 경치가 아름답기로 유명합니다.

这个地方的景色闻名。
zhè gè dì fāng de jǐng sè wén míng
쩌 거 띠 팡 더 징 써 원 밍

구경할 곳이 아주 많습니다.

有很多可以观看的地方。
yǒu hěn duō kě yǐ guān kàn de dì fāng
여우 헌 뚜어 커 이 꾸안 칸 더 띠 팡

이 지역의 관광지는 어디입니까?

这个城市的观光地在哪儿?
zhè gè chéng shì de guān guāng dì zài nǎr
쩌 거 청 쓰 더 꾸안 꾸앙 디 짜이 날

그곳은 이 지도의 어디지요?

在地图上的哪个位置?
zài dì tú shàng de nǎ gè wèi zhì
짜이 띠 투 샹 더 나 거 웨이 쯔

가이드를 고용할 수 있습니까?

可以请导游吗?
kě yǐ qǐng dǎo yóu ma
커 이 칭 따오 여우 마

• 2. 입장권 구입

티켓은 어디에서 삽니까?	在哪里能买到票? zài nǎ lǐ néng mǎi dào piào 짜이 나 리 넝 마이 따오 피아오
입장은 유료입니까?	入场是要收费的吗? rù chǎng shì yào shōu fèi de ma 루 창 쓰 야오 셔우 페이 더 마
입장료는 얼마입니까?	入场费是多少钱? rù chǎng fèi shì duō shǎo qián 루 창 페이 쓰 뚜어 샤오 치엔
박물관 입장료는 얼마지요?	博物馆门票多少钱? bó wù guǎn mén piào duō shǎo qián 뿌어 우 꾸안 먼 피아오 뚜어 샤오 치엔
어른 표는 얼마죠?	成人票多少钱? chéng rén piào duō shǎo qián 청 런 피아오 뚜어 샤오 치엔
어린이 표는 얼마죠?	儿童票多少钱? ér tóng piào duō shǎo qián 얼 퉁 피아오 뚜어 샤오 치엔
대학생은 할인됩니까?	学生可以打折吗? xué shēng kě yǐ dǎ zhé ma 쉬에 셩 커 이 다 쩌 마

관
광

TIP

像 ~ 一样/似的 [xiàng-yí yàng/shì de] 은 '~와 같은', '~와 비슷한'의 의미로 사용된다.

노인 할인 가격이 있나요?	老年人可以打折吗？ lǎo nián rén kě yǐ dǎ zhé ma 라오 니엔 런 커 이 다 쩌 마
어른 두 장 주세요. / 어린이 다섯 장 주세요.	两张成人票。/ 五张儿童票。 liǎng zhāng chéng rén piào / wǔ zhāng ér tóng piào 리앙 장 청 런 피아오 / 우 짱 얼 퉁 피아오
둘러보는 데 얼마나 걸립니까?	绕一圈要多长时间？ rào yì quān yào duō cháng shí jiān 라오 이 취엔 야오 뚜어 창 쓰 찌엔
기념품은 어디에서 팝니까?	纪念品商店在哪儿？ jì niàn pǐn shāng diàn zài nǎr 찌 니엔 핀 샹 띠엔 짜이 날
재입관할 수 있습니까?	可以再次入场吗？ kě yǐ zài cì rù chǎng ma 커 이 짜이 츠 루 창 마
어디에 제 짐을 맡길 수 있습니까?	哪里能保存行李？ nǎ lǐ néng bǎo cún xíng lǐ 나 리 넝 바오 추언 싱 리
가방을 들고 들어가실 수 없습니다.	不能带包入内。 bù néng dài bāo rù nèi 뿌 넝 따이 빠오 루 네이
이 가방을 맡겨야 하나요?	我要存包吗？ wǒ yào cún bāo ma 워 야오 추언 빠오 마
귀중품은 라커에 두지 마십시오.	请不要把贵重物品放在保管箱内。 qǐng bú yào bǎ guì zhòng wù pǐn fàng zài bǎo guǎn xiāng nèi 칭 부 야오 바 꾸에이 쭝 우 핀 팡 짜이 바오 꾸안 씨앙 네이

3. 시내 관광

시내 관광이 있습니까?	有市内观光吗? yǒu shì nèi guān guāng ma 여우 쓰 네이 꾸안 꾸앙 마
투어는 매일 있습니까?	每天都有行程吗? měi tiān dōu yǒu xíng chéng ma 메이 티엔 떠우 여우 싱 청 마
오늘 관광이 있습니까?	今天有观光吗? jīn tiān yǒu guān guāng ma 찐 티엔 여우 꾸안 꾸앙 마
어떤 관광 상품이 있습니까?	有什么观光产品? yǒu shén me guān guāng chǎn pǐn 여우 션 머 꾸안 꾸앙 찬 핀
야간 관광은 있습니까?	有夜间观光吗? yǒu yè jiān guān guāng ma 여우 예 찌엔 꾸안 꾸앙 마
시내 관광에 참여하고 싶습니다.	我想要参加市内观光游。 wǒ xiǎng yào cān jiā shì nèi guān guāng yóu 워 씨앙 야오 찬 지아 쓰 네이 꾸안 꾸앙 여우
출발은 어디에서 합니까?	在哪里出发? zài nǎ lǐ chū fā 짜이 나 리 추 파
몇 시에 돌아옵니까?	几点回来? jǐ diǎn huí lái 지 띠엔 후에이 라이

이 관광은 몇 시간 걸립 니까?	**这次旅游要多长时间?** zhè cì lǚ yóu yào duō cháng shí jiān 쩌 츠 뤼 여우 야오 뚜어 창 스 찌엔
호텔까지 데려다 줍니까?	**送我们回酒店吗?** sòng wǒ men huí jiǔ diàn ma 송 워 먼 후에이 찌여우 띠엔 마
점심식사는 포함되어 있 습니까?	**包含午餐吗?** bāo hán wǔ cān ma 바오 한 우 찬 마
한국인 가이드가 있습니 까?	**有韩国导游吗?** yǒu hán guó dǎo yóu ma 여우 한 꾸어 다오 여우 마
이 관광에서는 무엇을 보게 됩니까?	**这次旅游中能观看哪些内容?** zhè cì lǚ yóu zhōng néng guān kàn nǎ xiē nèi róng 쩌 츠 뤼 여우 쭝 넝 꾸안 칸 나 시에 네이 룽
여기서 표를 살 수 있습 니까?	**在这里能买票吗?** zài zhè lǐ néng mǎi piào ma 짜이 쩌 리 넝 마이 피아오 마
우전으로 가는 패키지 투어가 있습니까?	**去乌镇的旅行团吗?** qù wū zhèn de lǚ xíng tuán ma 취 우 쩐 더 뤼 싱 투안 마
관광 안내서가 있습니 까?	**有旅游指南吗?** yǒu lǚ yóu zhǐ nán ma 여우 뤼 여우 쯔 난 마

TIP

'마중나가다'는 **接**[jiē]이고 '배웅하다, 데려다주다'는 **送**[sòng]을 쓴다.

我明天去接你。 wǒ míng tiān qù jiē nǐ (내일 마중 나갈게.)

我送你回家。 wǒ sòng nǐ huí jiā (내가 집에 데려다 줄게.)

4. 단체 관광

단체할인은 있습니까?	有团体折扣吗?
	yǒu tuán tǐ zhé kòu ma
	여우 투안 티 쩌 커우 마

표를 30장 주십시오.	我要30张票。
	wǒ yào sān shí zhāng piào
	워 야오 싼 스 짱 피아오

어른 20명과 어린이 10명 주세요.	20张成人的, 10张儿童的。
	èr shí zhāng chéng rén de shí zhāng ér tóng de
	얼 스 짱 청 런 더 스 짱 얼 퉁 더

경로우대 티켓으로 10장 주시겠어요?	我要10张老人票。
	wǒ yào shí zhāng lǎo rén piào
	워 야오 스 짱 라오 런 피아오

모두 오셨습니까?	都来了吗?
	dōu lái le ma
	떠우 라이 러 마

몇 분인지 세어 봅시다.	我点一下人数。
	wǒ diǎn yí xià rén shù
	워 띠엔 이 씨아 런 슈

우리 팀에 누군가가 없습니다.	有人掉队了。
	yǒu rén diào duì le
	여우 런 띠아오 뚜에이 러

잠시만 기다려 주시겠습니까?	能稍等一下吗?
	néng shāo děng yí xià ma
	넝 샤오 덩 이 씨아 마

여기에서 얼마나 머뭅니까?	我们要在这里呆多长时间? wǒ men yào zài zhè lǐ dāi duō cháng shí jiān 워 먼 야오 짜이 쩌 리 다이 뚜어 창 스 찌엔
우리는 여기서 한 시간 동안 있을 겁니다.	我们要在这儿呆一个小时。 wǒ men yào zài zhèr dāi yí gè xiǎo shí 워 먼 야오 짜이 쩔 다이 이 꺼 씨아오 스
몇시에 버스로 돌아와야 하나요?	我们几点回到巴士上去? wǒ men jǐ diǎn huí dào bā shì shàng qù 워 먼 지 띠엔 후에이 따오 바 쓰 상 취
이 투어에서 우리는 어디를 방문하게 되나요?	这次的行程中, 我们要参观哪些地方? zhè cì de xíng chéng zhōng wǒ men yào cān guān nǎ xiē dì fāng 쩌 츠 더 싱 청 쭝 워 먼 야오 찬 꾸안 나 씨에 띠 팡
코스가 어떻게 됩니까?	是什么线路? shì shén me xiàn lù 쓰 션 머 씨엔 루
스케줄을 자세히 말씀해 주시겠어요?	能详细地告诉我具体行程吗? néng xiáng xì de gào sù wǒ jù tǐ xíng chéng ma 넝 씨앙 씨 더 까오 쑤 워 쮜 티 씽 청 마
투어 중에 자유 시간이 있습니까?	旅行中有自由时间吗? lǚ xíng zhōng yǒu zì yóu shí jiān ma 뤼 싱 쭝 여우 즈 여우 스 찌엔 마
티엔안먼(천안문)에서 자유시간을 갖게 됩니까?	到了天安门后我们有自由时间吗? dào le tiān ān mén hòu wǒ men yǒu zì yóu shí jiān ma 따오 러 티엔 안 먼 허우 워 먼 여우 즈 여우 스 찌엔 마

관광중에는 셔츠에 이 핀을 꽂아 주십시오.	旅行中请把这个胸牌别在衬衫上。 lǚ xíng zhōng qǐng bǎ zhè gè xiōng pái bié zài chèn shān shàng 뤼 싱 쭝 칭 바 쩌 거 씨옹 파이 비에 짜이 천 샨 샹
할인 티켓은 있나요?	有打折票吗? yǒu dǎ zhé piào ma 여우 따 저 피아오 마
어른 2장 주세요.	请给我两张成人票。 qǐng gěi wǒ liǎng zhāng chéng rén piào 칭 께이 워 리앙 짱 청 런 피아오
어떤 관광이 인기가 있나요?	什么样的观光更流行啊? shén me yàng de guān guāng gèng liú xíng a 션 머 양 더 꾸안 꾸앙 껑 리여우 싱 아
거기서 볼거리는 어떤게 있나요?	这里有什么可看的? zhè lǐ yǒu shén me kě kàn de 쩌 리 여우 션 머 커 칸 더
어디를 먼저 가야 할까요?	应该先去哪儿啊? yīng gāi xiān qù nǎr a 잉 까이 씨앤 취 날 아
야간 투어를 하고 싶어요.	我想夜间旅行。 wǒ xiǎng yè jiān lǚ xíng 워 시앙 예 찌앤 뤼 싱
가장 인기 있는 투어는 뭔가요?	最流行的旅行是什么? zuì liú xíng de lǚ xíng shì shén me 쭈에이 리여우 싱 더 뤼 싱 쓰 션 머
여행 안내소는 어디에 있나요?	旅行咨询处在哪儿啊? lǚ xíng zī xún chù zài nǎr a 뤼 싱 쯔 쉰 추 짜이 날 아

관광 지도를 주세요.

请给我旅行地图。
qǐng gěi wǒ lǚ xíng dì tú
칭 게이 워 뤼 싱 띠 투

여기서 여행 예약을 할 수 있나요?

可以在这里办旅行预订吗?
kě yǐ zài zhè lǐ bàn lǚ xíng yù dìng ma
커 이 짜이 쩌 리 빤 뤼 싱 위 띵 마

한국어를 하는 가이드가 있나요?

有讲韩文的导游吗?
yǒu jiǎng hán wén de dǎo yóu ma
여우 지앙 한 원 더 따오 여우 마

유람선 타는 곳은 어디 인가요?

坐游船的地方在哪儿?
zuò yóu chuán de dì fāng zài nǎr
쭈어 여우 추안 더 띠 팡 짜이 날

시내 관광버스가 있나 요?

有市内观光客车吗?
yǒu shì nèi guānguāng kè chē ma
여우 쓰 네이 꾸안 꾸앙 커 처 마

택시 좀 불러주시겠어 요?

请帮我叫辆出租车好吗?
qǐng bāng wǒ jiào liàng chū zū chē hǎo ma
칭 빵 워 찌아오 리앙 추 쭈 처 하오 마

입장료는 얼마인가요?

门票是多少钱?
mén piào shì duō shǎo qián
먼 피아오 쓰 뚜어 샤오 치앤

단체 할인은 있나요?

有没有集体打折?
yǒu méi yǒu jí tǐ dǎ zhé
여우 메이 여우 지 티 따 져

무료 팸플릿은 있습니 까?

有免费的小册吗?
yǒu miǎn fèi de xiǎo cè ma
여우 미엔 페이 더 샤오 처 마

5. 관광을 하면서

저것은 무엇입니까?
那是什么?
nà shì shén me
나 쓰 션 머

저건 무슨 산입니까?
那是什么山?
nà shì shén me shān
나 쓰 션 머 샨

이 건물은 왜 유명합니까?
这座建筑为什么闻名?
zhè zuò jiàn zhù wèi shén me wén míng
쩌 쭈어 찌엔 쭈 웨이 션 머 원 밍

이 조각품은 언제 만들어진 겁니까?
这个雕塑是什么时候的作品?
zhè gè diāo sù shì shén me shí hòu de zuò pǐn
쩌 거 띠아오 쑤 쓰 션 머 쓰 허우 더 쭈어 핀

박물관은 몇 시에 닫습니까?
博物馆几点关门?
bó wù guǎn jǐ diǎn guān mén
뽀어 우 꾸안 지 띠엔 꾸안 먼

내부를 볼 수 있습니까?
我能进去看一下吗?
wǒ néng jìn qù kàn yí xià ma
워 넝 찐 취 칸 이 씨아 마

방문객을 위한 입구는 어디에 있습니까?
游客的入口在哪儿?
yóu kè de rù kǒu zài nǎr
여우 커 더 루 커우 짜이 날

표를 구입하셔야 합니다.
需要买票。
xū yào mǎi piào
쉬 야오 마이 피아오

이 티켓으로 모든 전시를 볼 수 있습니까?	这票能看所有的展览吗?
	zhè piào néng kàn suǒ yǒu de zhǎn lǎn ma
	쩌 피아오 넝 칸 쑤어 여우 더 잔 란 마

무료 팸플릿은 있습니까?	有免费宣传册吗?
	yǒu miǎn fèi xuān chuán cè ma
	여우 미엔 페이 쒸엔 추안 처 마

특별한 전시회들이 있습니까?	有什么特别的展览会吗?
	yǒu shén me tè bié de zhǎn lǎn huì ma
	여우 션 머 터 삐에 더 잔 란 후에이 마

이 그림은 누가 그렸습니까?	这幅画是谁画的?
	zhè fú huà shì shuí huà de
	쩌 푸 후아 쓰 슈에이 후아 더

시간이 더 있었으면 좋겠습니다.	要是有更多的时间就好了。
	yào shì yǒu gèng duō de shí jiān jiù hǎo le
	야오 쓰 여우 껑 뚜어 더 쓰 지엔 찌여우 하오 러

박물관 주변을 산책하고 싶습니다.	我想在博物馆周边散散步。
	wǒ xiǎng zài bó wù guǎn zhōu biān sàn sàn bù
	워 씨앙 짜이 뽀어 우 꾸안 쩌우 삐엔 싼 싼 뿌

이 도시의 전경을 한눈에 보고 싶습니다.	我想鸟瞰这城市的全景。
	wǒ xiǎng niǎo kàn zhè chéng shì de quán jǐng
	워 씨앙 니아오 칸 쩌 청 쓰 더 취엔 징

전망이 너무 훌륭합니다!	这里的风景太美了!
	zhè lǐ de fēng jǐng tài měi le
	쩌 리 더 펑 찡 타이 메이 러

TIP

免费 [miǎn fèi] : 무료의

付费 [fù fèi], **收费** [shōu fèi] : 유료의

• 6. 공연 관람

7시 걸로 두 장 주세요.	我要两张七点的票。 wǒ yào liǎng zhāng qī diǎn de piào 워 야오 량 짱 치 디엔 더 피아오
9시 표는 있습니까?	有九点的票吗? yǒu jiǔ diǎn de piào ma 여우 찌여우 디엔 더 피아오 마
어떤 좌석으로 드릴까요?	要什么样的座位? yào shén me yàng de zuò wèi 야오 션 머 양 더 쭈어 웨이
제 자리 좀 봐 주시겠어요?	能帮我看一下我的座位吗? néng bāng wǒ kàn yí xià wǒ de zuò wèi ma 넝 빵 워 칸 이 씨아 워 더 쭈어 웨이 마
댁의 좌석이신가요?	是您的座位吗? shì nín de zuò wèi ma 쓰 닌 더 쭈어 웨이 마
제 자리에 앉아 있으신 것 같습니다.	您好像坐在了我的位子上。 nín hǎo xiàng zuò zài le wǒ de wèi zǐ shàng 닌 하오 씨앙 쭈어 짜이 러 워 더 웨이 즈 샹
몇 시에 시작합니까?	几点开始? jǐ diǎn kāi shǐ 지 디엔 카이 쓰
어디에서 티켓을 살 수 있습니까?	在哪儿能买到票? zài nǎr néng mǎi dào piào 짜이 날 넝 마이 따오 피아오

지금 표를 살 수 있을까요?	**现在能买票吗?** xiàn zài néng mǎi piào ma 씨엔 짜이 넝 마이 피아오 마
L석으로 두 장 주세요.	**给我两张L座位的票。** gěi wǒ liǎng zhāng Lzuò wèi de piào 게이 워 리앙 짱 L쭈어 웨이 더 피아오
티켓은 얼마입니까?	**一张票多少钱?** yì zhāng piào duō shǎo qián 이 짱 피아오 뚜어 샤오 치엔
중간에 휴식시간이 있습니까?	**中间有休息时间吗?** zhōng jiān yǒu xiū xī shí jiān ma 쭝 찌엔 여우 씨여우 시 쓰 찌엔 마
이 티켓으로 모든 전시를 볼 수 있습니까?	**这票能看所有的展览吗?** zhè piào néng kàn suǒ yǒu de zhǎn lǎn ma 쩌 피아오 넝 칸 쑤어 여우 더 잔 란 마
프로그램과 가격표를 보여주세요.	**请给我看看节目单和价格表。** qǐng gěi wǒ kàn kàn jié mù dān hé jià gé biǎo 칭 게이 워 칸 칸 지에 무 단 허 지아 거 비아오
네, 이걸 참고하세요.	**好,请参考这个。** hǎo qǐng cān kǎo zhè ge 하오 칭 찬 카오 쩌 거
어떤 좌석이 있어요?	**都有什么座位?** dōu yǒu shén me zuò wèi 떠우 여우 션 머 쭈어 웨이
R석만 남은 상태입니다.	**只有R席了。** zhǐ yǒu R xí le 쯔 여우 알 시 러

7. 렌터카를 이용할 때

어디서 차를 빌릴 수 있습니까?	哪里可以租借车辆? nǎ lǐ kě yǐ zū jiè chē liàng 나 리 커 이 쭈 찌에 처 리앙
렌터카 회사가 이 근처에 있습니까?	汽车租赁公司在这附近吗? qì chē zū lìn gōng sī zài zhè fù jìn ma 치 처 쭈 린 꿍 스 짜이 쩌 푸 찐 마
차를 1대 빌리고 싶습니다.	我要租一辆车。 wǒ yào zū yí liàng chē 워 야오 쭈 이 리앙 처
어떤 차가 있습니까?	有什么车? yǒu shén me chē 여우 션 머 처
렌터카 목록을 보여주시겠어요?	我可以看一下出租汽车的目录吗? wǒ kě yǐ kàn yí xià chū zū qì chē de mù lù ma 워 커 이 칸 이 씨아 추 쭈 치 처 더 무 루 마
소형차를 원합니다.	我想租小型车。 wǒ xiǎng zū xiǎo xíng chē 워 씨앙 쭈 시아오 싱 처
스포츠카를 찾고 있습니다.	我在找跑车。 wǒ zài zhǎo pǎo chē 워 짜이 짜오 파오 처
차를 보고 싶습니다만.	我想看一下车。 wǒ xiǎng kàn yí xià chē 워 씨앙 칸 이 씨아 처

보험은 포함되어 있습니까?	这里包含保险费吗? zhè lǐ bāo hán bǎo xiǎn fèi ma 쩌 리 빠오 한 바오 씨엔 페이 마
요금은 하루 얼마입니까?	一天多少钱? yì tiān duō shǎo qián 이 티엔 뚜어 샤오 치엔
좀 싸게 안 될까요?	能再优惠点吗? néng zài yōu huì diǎn ma 넝 짜이 여우 후에이 띠엔 마
얼마나 오랫동안 빌릴 겁니까?	要租多长时间? yào zū duō cháng shí jiān 야오 주 뚜어 창 스 찌엔
선불이 필요합니까?	需要预付吗? xū yào yù fù ma 쉬 야오 위 푸 마
보증금은 얼마입니까?	定金是多少? dìng jīn shì duō shǎo 띵 찐 쓰 뚜어 샤오
반납하려 합니다.	我要返还租车。 wǒ yào fǎn huán zū chē 워 야오 판 후안 주 처
차의 상태를 확인하겠습니다.	我来确认车的状态。 wǒ lái què rèn chē de zhuàng tài 워 라이 췌 런 처 더 쭈앙 타이

> **TIP**
>
> **还**은 '아직'이라는 의미의 hái와 '돌려주다'의 의미의 huán까지 다양한 병음을 갖고 있다. (중국어로 **多音字**라고 함.)

8. 사진관에서

* 사진찍을 때 *

이곳에서 사진을 찍어도
됩니까?

我可以在这儿拍照吗?
wǒ kě yǐ zài zhèr pāi zhào ma
워 커 이 짜이 쩔 파이 짜오 마

비디오 촬영을 해도 됩
니까?

我可以摄像吗?
wǒ kě yǐ shè xiàng ma
워 커 이 셔 씨앙 마

관내에서 사진을 찍어도
됩니까?

可以在里面拍照吗?
kě yǐ zài lǐ miàn pāi zhào ma
커 이 짜이 리 미엔 파이 짜오 마

저랑 같이 사진찍으실래
요?

能跟你拍张照吗?
néng gēn nǐ pāi zhāng zhào ma
넝 껀 니 파이 장 짜오 마

사진을 찍어주시겠습니
까?

能给我拍张照片吗?
néng gěi wǒ pāi zhāng zhào piàn ma
넝 게이 워 파이 장 짜오 피엔 마

전 카메라를 잘 다룰 줄
모르는데요.

我不太会用照相机。
wǒ bú tài huì yòng zhào xiàng jī
워 부 타이 후에이 용 짜오 씨앙 찌

셔터만 누르시면 됩니다.

只按快门就可以了。
zhǐ àn kuài mén jiù kě yǐ le
즈 안 쿠아이 먼 찌여우 커 이 러

이 카메라는 자동초점기
능이 있습니다.

这相机是自动调聚焦的。
zhè xiàng jī shì zì dòng tiáo jù jiāo de
쩌 씨앙 찌 쓰 쯔 뚱 티아오 쮜 지아오 더

이것은 완전 자동카메라 입니다.	这是全自动照相机。 zhè shì quán zì dòng zhào xiàng jī 쩌 쓰 취엔 쯔 뚱 짜오 씨앙 지
찍습니다. "치즈(가지)" 하세요.	照了, 说 "茄子"。 zhào le shuō "qié zǐ" 짜오 러 슈어 치에 쯔
한 장 더 부탁합니다.	请再帮我们拍一张。 qǐng zài bāng wǒ men pāi yì zhāng 칭 짜이 빵 워 먼 파이 이 짱
비디오 좀 찍어 주시겠 습니까?	能帮我摄像吗? néng bāng wǒ shè xiàng ma 넝 빵 워 셔 씨앙 마
저는 비디오카메라 만질 줄을 모르는데요.	我不会用摄像机。 wǒ bú huì yòng shè xiàng jī 워 부 후에이 용 셔 씨앙 찌
카메라를 들이대고 이 단추만 눌러 주시면 됩 니다.	只要按下这个按钮就可以了。 zhǐ yào àn xià zhè gè àn niǔ jiù kě yǐ le 즈 야오 안 씨아 쩌 거 안 니여우 찌여우 커 이 러

✳ 사진을 찾을 때 ✳

사진을 찾으러 왔는데요.	我来取照片。 wǒ lái qǔ zhào piàn 워 라이 취 짜오 피엔
사진이 다 나왔습니까?	照片洗出来了吗? zhào piàn xǐ chū lái le ma 짜오 피엔 씨 추 라이 러 마
다섯시반에 될 것 같습 니다.	估计五点半能洗好。 gū jì wǔ diǎn bàn néng xǐ hǎo 꾸 지 우 띠엔 빤 넝 씨 하오

사진이 모두 나오지는 않았습니다.	不是所有的照片都出来了。 bú shì suǒ yǒu de zhào piàn dōu chū lái le 부 스 쑤어 여우 더 짜오 피엔 떠우 추 라이 러
이 사진은 근사하게 나왔네요.	这张拍得很好。 zhè zhāng pāi de hěn hǎo 쩌 짱 파이 더 헌 하오
이 사진들 당신이 직접 찍으셨나요?	这些照片都是你自己拍的吗? zhè xiē zhào piàn dōu shì nǐ zì jǐ pāi de ma 쩌 시에 짜오 피엔 떠우 쓰 니 쯔 지 파이 더 마
사진콘테스트에 응모 해 보셨나요?	参加过摄影大赛吗? cān jiā guo shè yǐng dà sài ma 찬 찌아 꾸어 셔 잉 따 싸이 마
이 사진은 흐릿합니다.	这张照片很模糊。 zhè zhāng zhào piàn hěn mó hu 쩌 짱 짜오 피엔 헌 모어 후
잘못 나온 사진은 돈을 받지 않습니다.	洗出来效果不好的照片我们不收钱。 xǐ chū lái xiào guǒ bú hǎo de zhào piàn wǒ men bù shōu qián 씨 추 라이 씨아오 꾸어 뿌 하오 더 짜오 피엔 워 먼 뿌 셔우 치엔
빛에 과다 노출된 사진은 돈을 받지 않습니다.	过度曝光的照片我们不收钱。 guò dù bào guāng de zhào piàn wǒ men bù shōu qián 꾸어 뚜 빠오 꾸앙 더 짜오 피엔 워 먼 뿌 셔우 치엔
잘못 되었는데요, 이건 제 사진이 아닙니다.	弄错了, 这不是我的照片。 nòng cuò le zhè bú shì wǒ de zhào piàn 눙 추어 러 쩌 뿌 쓰 워 더 짜오 피엔

관광

* 필름 구입 *

필름 한 통 넣어 주세요.	请放入一卷胶卷。
	qǐng fàng rù yì juǎn jiāo juǎn
	칭 팡 루 이 쮜엔 찌아오 쮜엔

36장짜리 필름을 2통 주세요.

请给我两卷36张的胶卷。
qǐng gěi wǒ liǎng juǎn sān shí liù zhāng de jiāo juǎn
칭 게이 워 리앙 쮜엔 싼 스 리여우 짱 더 찌아오 쮜엔

이 카메라에 맞는 필름을 주세요.

请给我这个相机型号的胶卷。
qǐng gěi wǒ zhè gè xiàng jī xíng hào de jiāo juǎn
칭 게이 워 쩌 거 씨앙 지 씽 하오 더 찌아오 쮜엔

흑백필름 있습니까?

有黑白胶卷吗?
yǒu hēi bái jiāo juǎn ma
여우 헤이 바이 찌아오 쮜엔 마

감도가 높은 필름을 주세요.

给我一个高敏度胶卷。
gěi wǒ yí ge gāo mǐn dù jiāo juàn
게이 워 이 거 까오 민 뚜 찌아오 쮜엔

필름을 어떻게 넣는 거죠?

胶卷要怎样放进去?
jiāo juǎn yào zěn yàng fàng jìn qù
찌아오 쮜엔 야오 쩐 양 팡 찐 취

* 카메라 수리 *

이 카메라의 건전지를 갈아주시겠어요?

能换一下这个相机的电池吗?
néng huàn yí xià zhè gè xiàng jī de diàn chí ma
넝 후안 이 씨아 쩌 거 씨앙 찌 더 띠엔 츠 마

카메라가 고장이 났습니다.

照相机坏了。
zhào xiàng jī huài le
짜오 씨앙 찌 후아이 러

이 카메라 고칠 수 있을까요?	能修好这个相机吗? néng xiū hǎo zhè ge xiàng jī ma 넝 씨여우 하오 쩌 거 씨앙 지 마

* 사진촬영 *

어떤 사이즈의 사진을 찍고 싶습니까?	要拍多大尺寸的照片? yào pāi duō dà chǐ cùn de zhào piàn 야오 파이 뚜어 따 츠 춘 더 짜오 피엔
컬러사진과 흑백사진이 있습니다.	我们这儿有彩照和黑白照。 wǒ men zhèr yǒu cǎi zhào hé hēi bái zhào 워 먼 쩔 여우 차이 짜오 허 헤이 빠이 짜오
비용이 얼마나 들죠?	多少钱? duō shao qián 뚜어 샤오 치엔
몇 장을 원하세요?	要几张? yào jǐ zhāng 야오 지 짱
알겠습니다. 이쪽으로 오세요.	好的, 这边请。 hǎo de, zhè biān qǐng 하오 더 쩌 삐엔 칭
배경은 어떤 걸 원하세요?	要哪种背景? yào nǎ zhǒng bèi jǐng 야오 나 쭝 뻬이 징
사진에 쓰일 배경 좀 골라주세요.	请选一下照片需要的背景。 qǐng xuǎn yí xià zhào piàn xū yào de bèi jǐng 칭 쒸엔 이 씨아 짜오 피엔 쉬 야오 더 뻬이 징

관
광

배경 앞에 서세요.	请站在背景布前边。 qǐng zhàn zài bèi jīng bù qián biān 칭 짠 짜이 뻬이 징 뿌 치엔 삐엔
카메라를 준비할 테니 잠시 기다리세요.	请稍等, 我准备一下相机。 qǐng shāo děng, wǒ zhǔn bèi yí xià xiàng jī 칭 샤오 덩 워 준 뻬이 이 씨아 씨앙 지
멋진 포즈 좀 잡아주세요.	摆一个漂亮的姿势。 bǎi yí gè piào liàng de zī shì 바이 이 거 피아오 리앙 더 즈 쓰
카메라를 보고 웃어주 세요.	对着镜头笑一下。 duì zhe jìng tóu xiào yi xià 뚜에이 저 찡 터우 씨아오 이 씨아
하나, 둘 치즈(가지)~	1, 2 茄子~ yī èr qiézi 이 얼 치에즈
남자 분 여자 분 어깨에 손 좀 올려주시겠어요?	先生, 你可以把手放在旁边女 士的肩膀上吗? xiān sheng, nǐ kě yǐ bǎ shǒu fàng zài páng biān nǚ shì de jiān bǎng shàng ma 씨엔 성 니 커 이 빠 셔우 팡 짜이 팡 삐엔 뉘 쓰 더 찌엔 방 샹 마
움직이지 마세요.	不要动。 bú yào dòng 부 야오 뚱
카메라 렌즈를 봐 주세요.	请看镜头。 qǐng kàn jìng tóu 칭 칸 찡 터우

이번엔 눈을 감지 마세요.	不要闭眼。 bú yào bì yǎn 부 야오 삐 얜
원하시는 사진 사이즈를 골라주세요.	挑选一下您需要的尺寸。 tiāo xuǎn yí xià nín xū yào de chǐ cùn 티아오 쉬엔 이 씨아 닌 쉬 야오 더 츠 추언
수정 다 됐습니다. 마음에 드세요?	照片修好了, 还满意吗? zhào piàn xiū hǎo le, hái mǎn yì ma 짜오 피앤 씨여우 하오 러 하이 만 이 마
다시 찍어주세요.	重新给我拍一下。 chóng xīn gěi wǒ pāi yí xià 총 씬 게이 워 파이 이 씨아
사진파일을 이메일로 보내주실 수 있나요?	你可以发送照片文件吗? nǐ kě yǐ fā sòng zhào piàn wén jiàn ma 니 커 이 파 송 짜오 피앤 원 지앤 마 你可以将照片文件发送到我的 邮箱吗? nǐ kě yǐ jiāng zhào piàn wén jiàn fā sòng dào wǒ de yóu xiāng ma 니 커 이 찌앙 짜오 피앤 원 지앤 파 송 따오 워 더 여우 씨앙 마

✽ 필름을 맡길 때 ✽

이 필름 현상해 주세요.	请帮我洗一下这个胶卷。 qǐng bāng wǒ xǐ yí xià zhè gè jiāo juǎn 칭 빵 워 시 이 씨아 쩌 거 찌아오 쥐엔
이 필름을 인화하고 싶 습니다.	我想把这个胶卷洗一下。 wǒ xiǎng bǎ zhè ge jiāo juǎn xǐ yí xià 워 씨앙 바 쩌 거 찌아오 쥐엔 시 이 씨아

이 필름을 현상하고 인화해 주세요.	请帮我冲洗这个胶卷。 qǐng bāng wǒ chōng xǐ zhè ge jiāo juǎn 칭 빵 워 충 시 쩌 거 찌아오 쥐엔
한 장씩 더 뽑아 주시겠습니까?	可以每张再洗一张吗? kě yǐ měi zhāng zài xǐ yì zhāng ma 커 이 메이 짱 짜이 시 이 짱 마
이것 좀 확대해 주시겠어요?	能帮我放大吗? néng bāng wǒ fàng dà ma 넝 방 워 팡 따 마
이 필름을 5×7로 해 주세요.	这张底片我要洗成5X7的。 zhè zhāng dī piàn wǒ yào xǐ chéng wǔ chéng qī de 쩌 짱 디 피엔 워 야오 시 청 우 청 치 더
얼마나 걸릴까요?	需要多久? xū yào duō jiǔ 쉬 야오 뚜어 찌여우
이 필름 현상하는 데 시간이 얼마나 걸립니까?	洗这个胶卷需要用多久? xǐ zhè ge jiāo juǎn xū yào yòng duō jiǔ 시 쩌 거 찌아오 쥐엔 쉬 야오 용 뚜어 찌여우
하루 만에 할 수 있습니까?	一天就可以吗? yì tiān jiù kě yǐ le 이 티엔 찌여우 커 이 마
언제까지 필요하시죠?	你什么时候要? nǐ shén me shí hou yào 니 션 머 쓰 허우 야오
토요일 아침까지 인화가 될까요?	能在星期六早上洗出来吗? néng zài xīng qī liù zǎo shàng xǐ chū lái ma 넝 짜이 씽 치 리여우 짜오 상 시 추 라이 마

두 장씩 빼 주세요.	我要各洗两张。 wǒ yào gè xǐ liǎng zhāng 워 야오 거 시 리앙 짱
각각 세장씩 뽑고 싶습 니다.	我要各洗三张。 wǒ yào gè xǐ sān zhāng 워 야오 거 시 싼 짱
사람 숫자대로 뽑아 주 세요.	根据照片上的人头数洗。 gēn jù zhào piàn shàng de rén tóu shù xǐ 껀 쮜 짜오 피엔 샹 더 런 터우 슈 시
잘된 것만 인화해 주십 시오.	只洗那些曝光效果好的。 zhǐ xǐ nà xiē bào guāng xiào guǒ hǎo de 즈 시 나 씨에 빠오 꾸앙 씨아오 꾸어 하오 더
이것들을 슬라이드로 만 들어 주실 수 있습니까?	能把这些照片做成幻灯片吗？ néng bǎ zhè xiē zhào piàn zuò chéng huàn dēng piàn ma 넝 바 쩌 씨에 짜오 피엔 쭈어 청 후안 떵 피엔 마
디지털 인화는 얼마죠?	数码冲洗是多少钱呢？ shù mǎ chōng xǐ shì duō shǎo qián ne 슈 마 충 시 쓰 뚜어 샤오 치엔 너
6촌 한장에 1원입니다.	6英寸是一张一块钱。 liù yīng cùn shì yì zhāng yí kuài qián 리여우 잉 추언 쓰 이 짱 이 쿠아이 치엔
이 사진을 어떤 사이즈로 확대해 드릴까요?	要把这张照片放大到多大尺寸？ yào bǎ zhè zhāng zhào piàn fàng dà dào duō dà chǐ cùn 야오 빠 쩌 장 짜오 피엔 팡 따 따오 뚜어 따 츠 추언

9. 면세품 구입

기내에서 면세품을 팝니까?	机内卖免税品吗? jī nèi mài miǎn shuì pǐn ma 찌 네이 마이 미엔 슈에이 핀 마
기내 쇼핑용 카탈로그 보시겠어요?	您要看机内购物指南吗? nín yào kàn jī nèi gòu wù zhǐ nán ma 닌 야오 칸 지 네이 꺼우 우 즈 난 마
술은 어떤 종류가 있습니까?	有什么酒? yǒu shén me jiǔ 여우 선 머 찌여우
위스키 두 병을 사고 싶습니다.	我想要两瓶威士忌。 wǒ xiǎng yào liǎng píng wēi shì jì 워 씨앙 야오 리앙 핑 웨이 쓰 찌
몇 병까지 면세를 받을 수 있습니까?	几瓶可以免税呢? jǐ píng kě yǐ miǎn shuì ne 지 핑 커 이 미엔 슈에이 너
얼마까지 면세가 됩니까?	我可以买多少免税品? wǒ kě yǐ mǎi duō shǎo miǎn shuì pǐn 워 커 이 마이 뚜어 샤오 미엔 슈에이 핀
화장품 세트도 있습니까?	有化妆品套装吗? yǒu huà zhuāng pǐn tào zhuāng ma 여우 후아 쭈앙 핀 타오 쭈앙 마
담배를 사고 싶습니다.	我想要买烟。 wǒ xiǎng yào mǎi yān 워 씨앙 야오 마이 옌

향수 좀 보여 주세요.	请给我看一下香水。 qǐng gěi wǒ kàn yí xià xiāng shuǐ 칭 게이 워 칸 씨아 씨앙 슈에이
어떤 담배가 있습니까?	有哪种烟? yǒu nǎ zhǒng yān 여우 나 쭝 얜
캔트 있습니까?	有KENT吗? yǒu KENTma 여우 KENT 마
몇 보루 사시겠어요?	需要几条? xū yào jǐ tiáo 쉬 야오 지 티아오
담배 한 보루를 사고 싶습니다.	我想买一条烟。 wǒ xiǎng mǎi yì tiáo yān 워 씨앙 마이 이 티아오 얜
말보로 두 보루 사고 싶습니다.	我想要两条万宝路。 wǒ xiǎng yào liǎng tiáo wàn bǎo lù 워 야오 리앙 티아오 완 빠오 루
면세품 리스트 한 장 얻을 수 있을까요?	能给我一张免税品清单吗? néng gěi wǒ yì zhāng miǎn shuì pǐn qīng dān ma 넝 게이 워 이 짱 미엔 슈에이 핀 칭 딴 마
MP3 플레이어도 있습니까?	有MP3播放器吗? yǒu MPsān bō fàng qì ma 여우 MP싼 뿨어 팡 치 마
이것도 필요하세요?	这个也要吗? zhè gè yě yào ma 쩌 거 예 야오 마

얼마죠?

多少钱?
duō shǎo qián
뚜어 샤오 치엔

한국 돈은 받습니까?

收韩元吗?
shōu hán yuán ma
셔우 한 위엔 마

여행자수표도 받습니까?

可以用旅行支票吗?
kě yǐ yòng lǚ xíng zhī piào ma
커 이 용 뤼 싱 쯔 피아오 마

홍삼 제품 뭐가 있나요?

红参产品有什么呢?
hóng shēn chǎn pǐn yǒu shén me ne
홍 션 찬 핀 여우 션 머 너

한국산인가요?

是韩国产的?
shì Hán guó chǎn de
쓰 한 꾸어 찬 더

홍삼액과 홍삼절편이 있
습니다.

有红参汁和红参切片。
yǒu hóng shēn zhī hé hóng shēn qiē piàn
여우 홍 션 쯔 허 홍 션 치에 피앤

홍삼 함유량이 어떻게
되나요?

红参含量是如何的呢?
hóng shēn hán liàng shì rú hé de ne
홍 션 한 리앙 쓰 루 허 더 너

이 홍삼제품은 스틱형이
라 휴대하기 좋습니다.

这种红参产品是棒型的, 所以
携带很方便。
zhè zhǒng hóng shēn chǎn pǐn shì bàng xíng de
suǒ yǐ xié dài hěn fāng biàn
쩌 쭝 홍 션 찬 핀 스 방 싱 더 쑤어 이 시에 다이
헌 팡 비앤

Chapter 07

●기본표현●

‡‡ 교육 ‡‡ ‡‡ ‡‡ ‡‡ ‡‡ ‡‡ ‡‡ ‡‡

教育

1. 학교

* 학교생활 *

우리 학교는 8시에 시작 됩니다.

我们八点上课。
wǒ men bā diǎn shàng kè
워 먼 빠 띠엔 샹 커

우리 학교는 남녀공학입 니다.

我们学校是男女同校。
wǒ men xué xiào shì nán nǚ tóng xiào
워 먼 쉬에 씨아오 쓰 난 뉘 퉁 씨아오

학교에서는 교복을 입어 야 합니다.

在学校得穿校服。
zài xué xiào děi chuān xiào fú
짜이 쉬에 씨아오 데이 추안 씨아오 푸

학교 수업은 아침 8시부터 오후 6시까지 있습니다.

上课时间是早上八点到下午 六点。
shàng kè shí jiān shì zǎo shàng bā diǎn dào xià wǔ liù diǎn
샹 커 쓰 찌엔 쓰 자오 상 빠 띠엔 따오 씨아 우 리여우 띠엔

우리 학교는 머리에 대 해 교칙이 아주 엄격합 니다.

我们学校对头发要求非常严格。
wǒ men xué xiào duì tóu fā yāo qiú fēi cháng yán gé
워 먼 쉬에 씨아오 뚜에이 터우 파 야오 치여우 페이 창 얜 꺼

우리 학교는 폭력으로부 터 안전합니다.

我们学校杜绝暴力。
wǒ men xué xiào dù jué bào lì
워 먼 쉬에 씨아오 뚜 쥐에 빠오 리

교육

학교생활은 재미있나요?	学校生活有意思吗？
	xué xiào shēng huó yǒu yì si ma
	쉬에 씨아오 셩 후어 여우 이 쓰 마

우리 학교는 매년 10월에 축제가 있습니다.	每年十月我们学校都会举行庆典。
	měi nián shí yuè wǒ men xué xiào dōu huì jǔ xíng qìng diǎn
	메이 니엔 스 위에 워 먼 쉬에 씨아오 떠우 후에이 쥐 싱 칭 띠엔

우리 학교는 다양한 동아리가 있습니다.	在我们学校有各种各样的俱乐部。
	zài wǒ men xué xiào yǒu gè zhǒng gè yàng de jù lè bù
	짜이 워 먼 쉬에 씨아오 여우 거 중 거 양 더 쮜 러 뿌

우리 학교는 6시에 끝납니다.	我们六点下课。
	wǒ men liù diǎn xià kè
	워 먼 리여우 띠엔 씨아 커

그 교수님의 수업을 전에 들은 적이 있나요?	之前听过那位教授的课吗？
	zhī qián tīng guò nà wèi jiào shòu de kè ma
	쯔 치엔 팅 꾸어 나 웨이 찌아오 셔우 더 커 마

그 교수님은 괜찮은데 출석에 아주 엄격해요.	那位教授很好, 对出席要求很严。
	nà wèi jiào shòu hěn hǎo, duì chū xí yāo qiú hěn yán
	나 웨이 찌아오 셔우 헌 하오 뚜에이 추 시 야오 치여우 헌 얜

그는 9시 정각에 출석을 부릅니다.	他一般九点整开始点名。
	tā yì bān jiǔ diǎn zhěng kāi shǐ diǎn míng
	타 이 빤 찌여우 띠엔 정 카이 스 띠엔 밍

그 교수님은 학점이 너무 짭니다.	那个教授给分很刻薄。
	nà gè jiào shòu gěi fēn hěn kè bó
	나 거 찌아오 셔우 게이 펀 헌 커 보어

그 교수는 학점이 후합니다.	那个教授给分很大方。 nà ge jiào shòu gěi fēn hěn dà fāng 나 거 찌아오 셔우 게이 펀 헌 따 팡
졸업하고 무엇을 하시겠습니까?	毕业后有什么打算? bì yè hòu yǒu shén me dǎ suàn 삐 예 허우 여우 션 머 다 쑤안
대학원에 진학하고 싶습니다.	我想考研。 wǒ xiǎng kǎo yán 워 씨앙 카오 얜
다음 학기에는 휴학을 할 겁니다.	我想下学期休学。 wǒ xiǎng xià xué qī xiū xué 워 씨앙 씨아 쉬에 치 씨여우 쉬에
졸업 후의 계획은 아직 없습니다.	我还没有毕业后的打算。 wǒ hái méi yǒu bì yè hòu de dǎ suàn 워 하이 메이 여우 삐 예 허우 더 다 쑤안
학교를 졸업하자마자 취업을 할 계획입니다	毕业后想直接参加工作。 bì yè hòu xiǎng zhí jiē cān jiā gōng zuò 삐 예 허우 씨앙 쯔 찌에 찬 찌아 꿍 쭈어

✻ 학교와 학년 ✻

저는 고등학교 2학년입니다.	我上高二。 wǒ shàng gāo èr 워 샹 까오 얼
어느 학교에 다니세요?	在哪个学校上学? zài nǎ ge xué xiào shàng xué 짜이 나 거 쉬에 씨아오 샹 쉬에
저는 대학생입니다.	我是大学生。 wǒ shì dà xué shēng 워 쓰 따 쉬에 성

어느 대학에 다닙니까?	在哪所大学? zài nǎ suǒ dà xué 짜이 나 쑤어 따 쉬에
북경 대학에 다닙니다.	我在北京大学。 wǒ zài běi jīng dà xué 워 짜이 뻬이 찡 따 쉬에
몇 학년입니까?	几年级? jǐ nián jí 지 니엔 찌
우리는 동창입니다.	我们是同学。 wǒ men shì tóng xué 워 먼 쓰 퉁 쉬에
나는 그와 대학 동창입니다.	我跟他是大学同学。 wǒ gēn tā shì dà xué tóng xué 워 껀 타 쓰 따 쉬에 퉁 쉬에
어느 학교 졸업하셨어요?	你毕业于哪所学校? nǐ bì yè yú nǎ suǒ xué xiào 니 삐 예 위 나 쑤어 쉬에 씨아오
어느 고등학교에 다니셨습니까?	哪个高中毕业的? nǎ gè gāo zhōng bì yè de 나 거 까오 쭝 삐 예 더
그 사람은 제 2년 선배입니다.	他是高我两个年级的学长。 tā shì gāo wǒ liǎng gè nián jí de xué zhǎng 타 쓰 까오 워 리앙 거 니엔 지 더 쉬에 장
그 사람은 제 2년 후배입니다.	他是低我两个年级的后辈。 tā shì dī wǒ liǎng gè nián jí de hòu bèi 타 쓰 디 워 리앙 거 니엔 지 더 허우 뻬이

제 아이가 이번에 우수 고등학교에 입학했어요.	我的孩子考上重点高中了。 wǒ de hái zǐ kǎo shàng zhòng diǎn gāo zhōng le 워 더 하이 즈 카오 샹 쫑 띠엔 까오 쭝 러
제 아이가 곧 중학교에 갑니다.	我的孩子马上上初中了。 wǒ de hái zǐ mǎ shàng shàng chū zhōng le 워 더 하이 즈 마 샹 샹 추 쭝 러
저는 2학년입니다. / 3학년입니다.	我是二年级。/我是三年级。 wǒ shì èr nián jí /wǒ shì sān nián jí 워 쓰 얼 니엔 지/ 워 쓰 싼 니엔 지

＊ 시험과 성적 ＊

시험을 잘 봤습니다.	考得不错。 kǎo dé bú cuò 카오 더 부 추어
시험을 망쳤습니다.	考砸了。 kǎo zá le 카오 자 러
수학 시험을 통과 못했어.	数学没通过。 shù xué méi tōng guò 슈 쉬에 메이 퉁 꾸어
시험 성적은 어때요?	考试成绩怎么样? kǎo shì chéng jì zěn me yàng 카오 스 청 찌 쩐 머 양
이번 학기의 학점은 어때요?	这学期学分是多少? zhè xué qī xué fēn shì duō shǎo 쩌 쉬에 치 쉬에 펀 쓰 뚜어 샤오
시험이 내가 예상했던 것과는 많이 달랐어요.	考试和我预想的差很多。 kǎo shì hé wǒ yù xiǎng de chà hěn duō 카오 스 허 워 위 씨앙 더 차 헌 뚜어

이번 시험은 논술형인가요, 아니면 사지선다형인가요?	这次考试是论述还是多项选择形式？ zhè cì kǎo shì shì lùn shù hái shì duō xiàng xuǎn zé xíng shì 쩌 츠 카오 스 스 루언 슈 하이 쓰 뚜어 씨앙 쒸엔 저 씽스
오늘 큰 시험을 치렀어요.	今天我考了一次大考。 jīn tiān wǒ kǎo le yí cì dà kǎo 찐 티엔 워 카오 러 이 츠 따 카오
오늘 학교에서 수학시험 만점을 받았어요.	今天学校数学考试, 我得了满分。 jīn tiān xué xiào shù xué kǎo shì, wǒ dé le mǎn fēn 찐 티엔 쉬에 씨아오 슈 쉬에 카오 쓰 워 더 러 만 펀
시험이 끝나니 홀가분하다.	考试结束了, 感觉真轻松。 kǎo shì jié shù le, gǎn jué zhēn qīng sōng 카오 스 지에 슈 러 간 줴 쩐 칭 쑹
내일은 영어 시험이 있어서 긴장됩니다.	明天有英语考试, 我很紧张。 míng tiān yǒu yīng yǔ kǎo shì, wǒ hěn jǐn zhāng 밍 티엔 여우 잉 위 카오 쓰 워 헌 찐 장
시험이 객관식이에요, 주관식이에요?	考试是选择(题)式还是问答式？ kǎo shì shì xuǎn zé (tí) shì hái shì wèn dá shì 카오 스 스 쒸엔 저 (티) 쓰 하이 스 원 따 쓰
시험은 나에게 많은 스트레스를 줍니다.	考试让我觉得有很大压力。 kǎo shì ràng wǒ jué de yǒu hěn dà yā lì 카오 스 랑 워 줴 더 여우 헌 따 야 리
밤새워 벼락공부를 했습니다.	熬夜突击学习。 áo yè tū jī xué xí 아오 예 투 찌 쉬에 씨

이번 학기에 한 과목 낙제했습니다.	这学期有一门不及格。 zhè xué qī yǒu yì mén bù jí gé 쩌 쉬에 치 여우 이 먼 뿌 지 거
이번 학기에 성적이 향상되었습니다.	这学期成绩有进步。 zhè xué qī chéng jì yǒu jìn bù 쩌 쉬에 치 청 찌 여우 찐 뿌

* 전공과 강의 *

전공이 뭔가요?	专业是什么? zhuān yè shì shén me 쭈안 예 스 션 머
교육학을 전공하고 있습니다.	我主修教育学。 wǒ zhǔ xiū jiào yù xué 워 주 씨여우 찌아오 위 쉬에
영문학을 전공하고 있습니다.	我主修英语文学。 wǒ zhǔ xiū yīng yǔ wén xué 워 주 씨여우 잉 위 원 쉬에
저는 대학에서 경제학을 전공했습니다.	我在大学里主修经济学。 wǒ zài dà xué lǐ zhǔ xiū jīng jì xué 워 짜이 따 쉬에 리 주 씨여우 찡 찌 쉬에
저는 심리학을 전공으로 법학을 부전공으로 하고 있습니다.	我主修心理学, 副修法学。 wǒ zhǔ xiū xīn lǐ xué, fù xiū fǎ xué 워 주 씨여우 신 리 쉬에 푸 씨여우 파 쉬에
역사와 철학을 복수전공하고 있습니다.	我在攻读历史和哲学双学位。 wǒ zài gōng dú lì shǐ hé zhé xué shuāng xué wèi 워 짜이 꽁 두 리 스 허 쩌 쉬에 슈앙 쉬에 웨이
저는 전공을 바꾸고 싶습니다.	我想换专业。 wǒ xiǎng huàn zhuān yè 워 씨앙 후안 쭈안 예

전공을 정했습니까?

选好专业了吗?
xuǎn hǎo zhuān yè le ma
쒸엔 하오 쭈안 예 러 마

수업 일정이 어떻게 됩니까?

你的课程时间是怎么安排的?
nǐ de kè chéng shí jiān shì zěn me ān pái de
니 더 커 청 스 찌엔 스 쩐 머 안 파이 더

이번 학기에는 15학점을 이수할 겁니다.

这学期我要取得15学分。
zhè xué qī wǒ yào qǔ dé shí wǔ xué fèn
쩌 쉬에 치 워 야오 취 더 스 우 쉬에 펀

너 수강 신청 했니?

你选课了吗?
nǐ xuǎn kè le ma
니 쒸엔 커 러 마

수강 신청이 꽉 찼어.

已经排满了。
yǐ jīng pái mǎn le
이 찡 파이 만 러

몇 학점을 수강하세요?

听几学分呢?
tīng jǐ xué fèn ne
팅 지 쉬에 펀 너

이번 학기에는 몇 과목이나 수강신청을 했습니까?

这学期选修几门课?
zhè xué qī xuǎn xiū jǐ mén kè
쩌 쉬에 치 쒸엔 씨여우 지 먼 커

이번 학기 강의 시간이 어떻게 돼요?

这学期的课程时间怎么样?
zhè xué qī de kè chéng shí jiān zěn me yàng
쩌 쉬에 치 더 커 청 스 찌엔 쩐 머 양

매주 13시간의 강의가 있습니다.

每周要听13课时的课。
měi zhōu yào tīng shí sān kè shí de kè
메이 쩌우 야오 팅 스 싼 커 스 더 커

---

2. 도서관에서

* 대여와 반납 *

이 책(들)을 대출하고 싶습니다.	我想借这(些)本书。 wǒ xiǎng jiè zhè (xiē) běn shū 워 씨앙 찌에 쩌 (시에) 번 슈
이 책을 찾고 싶습니다.	我想找这本书。 wǒ xiǎng zhǎo zhè běn shū 워 씨앙 자오 저 번 슈
도서관 카드나 신분증 좀 주실래요?	给我看一下你的图书馆会员卡或者身份证。 gěi wǒ kàn yí xià nǐ de tú shū guǎn huì yuán kǎ huò zhě shēn fèn zhèng 게이 워 칸 이 씨아 니 더 투 슈 꾸안 후에이 위엔 카 후어 저 션 펀 쩡
이 책 언제까지 반납해야 하나요?	这本书什么时候能还? zhè běn shū shén me shí hòu néng huán 쩌 번 슈 션 머 쓰 허우 넝 후안
이 책을 대출할 수 있습니까?	可以借这本书吗? kě yǐ jiè zhè běn shū ma 커 이 찌에 쩌 번 슈 마
이 책들은 열람만 가능합니다.	这些书只供参考阅读的。 zhè xiē shū zhǐ gòng cān kǎo yuè dú de 쩌 시에 슈 즈 꽁 찬 카오 위에 뚜 더
이 책들의 대출을 연장하고 싶습니다.	我要延续借书日期。 wǒ yào yán xù jiè shū rì qī 워 야오 얜 쒸 찌에 슈 르 치

✳ 대여와 반납 ✳

빌려간 책을 반납하러
왔습니다.

我来还书。
wǒ lái huán shū
워 라이 후안 슈

책 반납일을 연기할 수
있습니까?

我能延长借书日期吗?
wǒ néng yán cháng jiè shū rì qī ma
워 넝 앤 창 찌에 슈 르 치 마

기한을 한 주 넘겼습니다.

过期限已经一个星期了。
guò qī xiàn yǐ jīng yí gè xīng qī le
꾸어 치 씨엔 이 찡 이 거 씽 치 러

벌금이 있습니까?

我要交罚款吗?
wǒ yào jiāo fá kuǎn ma
워 야오 찌아오 파 쿠안 마

책을 늦게 반납하면 벌
금이 얼마입니까?

过还书期限的话, 要交多少罚
款呢?
guò huán shū qī xiàn de huà, yào jiāo duō shǎo
fá kuǎn ne
꾸어 후안 슈 치 씨엔 더 후아 야오 찌아오 뚜어
샤오 파 쿠안 너

연체료는 얼마입니까?

延期费是多少?
yán qī fèi shì duō shǎo
앤 치 페이 쓰 뚜어 샤오

연체료 15달러가 있으시
군요.

延期费是15美元。
yán qī fèi shì shí wǔ měi yuán
앤 치 페이 쓰 스 우 메이 위엔

나중에 내도 됩니까?

我能晚点交吗?
wǒ néng wǎn diǎn jiāo ma
워 넝 완 띠엔 찌아오 마

책을 예약하고 싶습니다.

我想预定一些书。
wǒ xiǎng yù dìng yì xiē shū
워 씨앙 위 띵 이 씨에 슈

이 책이 언제 반납될 예
정인지 알 수 있습니까?

能告诉我还书预期是什么时
候吗?
néng gào sù wǒ huán shū yù qī shì shén me shí
hou ma
넝 까오 쑤 워 후안 슈 위 치 쓰 션 머 쓰 허우 마

부록도 대여하고 싶습
니다.

我想借一个附录。
wǒ xiǎng jiè yí gè fù lù
워 씨앙 지에 이 거 푸 루

택배로 반납이 가능합니
까?

可以通过快递还书吗?
kě yǐ tōng guò kuài dì huán shū ma
커 이 통 꾸어 쿠아이 디 후안 슈 마

휴관일이 언제입니까?

休馆日是什么时候?
xiū guǎn rì shì shén me shí hòu
씨여우 꾸안 르 쓰 션 머 쓰 허우

＊ 도서카드발급

책을 대출 받으려면 어
떻게 해야 하나요?

我怎样才能租借书呢?
wǒ zěn yàng cái néng zū jiè shū ne
워 쩐 양 차이 넝 쭈 찌에 슈 너

그것이 도서관의 방침입
니다.

这是图书馆的规定。
zhè shì tú shū guǎn de guī dìng
쩌 쓰 투 슈 꾸안 더 꾸에이 띵

이 도서관에서는 카드
없이는 아무것도 할 수
가 없습니다.

在图书馆里如果没有图书卡
就什么都做不了。
zài tú shū guǎn lǐ rú guǒ méi yǒu tú shū kǎ jiù
shén me dōu zuò bú liǎo
짜이 투 슈 꾸안 리 루 꾸어 메이 여우 투 슈 카
찌여우 션 머 떠우 쭈어 뿌 리아오

대출카드를 발급 받았으면 합니다.	我想要办一张借书卡。 wǒ xiǎng yào bàn yì zhāng jiè shū kǎ 워 씨앙 야오 빤 이 짱 찌에 슈 카
카드를 만드는데 무엇이 필요합니까?	办卡需要什么？ bàn kǎ xū yào shén me 빤 카 쒸 야오 션 머
사진이 붙은 신분증과 거주지 증명이 필요합니다.	需要附带照片的身份证和居住证明。 xū yào fù dài zhào piàn de shēn fèn zhèng hé jū zhù zhèng míng 쒸 야오 푸 따이 짜오 피엔 더 션 펀 쩡 허 쥐 쭈 쩡 밍
도서관 대출카드를 만드려면 어떻게 해야 하나요?	我怎样才能办图书馆借书卡呢？ wǒ zěn yàng cái néng bàn tú shū guǎn jiè shū kǎ ne 워 쩐 양 차이 넝 빤 투 슈 꾸안 찌에 슈 카 너
카드를 만드는데 돈을 내야 하나요?	办卡需要付钱吗？ bàn kǎ xū yào fù qián ma 빤 카 쒸 야오 푸 치엔 마
한 번에 몇 권까지 빌릴 수 있나요?	一次能借多少本书？ yí cì néng jiè duō shǎo běn shū 이 츠 넝 찌에 뚜어 샤오 번 슈
대출기한은 얼마인가요?	能租借多久？ néng zū jiè duō jiǔ 넝 주 찌에 뚜어 찌여우
반납기일 안에 책을 반납해주지 않으면, 연체료를 내야 합니다.	如果在到期后未还书，需要交延期费。 rú guǒ zài dào qī hòu wèi huán shū xū yào jiāo yán qī fèi 루 꾸어 짜이 따오 치 허우 웨이 후안 슈 쒸 야오 찌아오 얜 치 페이

| 회원증을 재발급 받고 싶습니다 | 我想重新办理会员证。
wǒ xiǎng chóng xīn bàn lǐ huì yuán zhèng
워 씨앙 총 씬 반 리 후에이 위앤 쩡 |
| 인터넷으로 회원가입이 가능한가요? | 通过网上可以登录为会员吗?
tōng guò wǎng shàng kěyǐ dēng lù wéi huì yuán ma
퉁 꾸어 왕 샹 커이 덩 루 웨이 후에이 위앤 마 |

* 책찾기 *

책 몇 권 좀 대출하려고 하는데요.	我想借几本书。 wǒ xiǎng jiè jǐ běn shū 워 씨앙 지에 지 번 슈
검색대는 어디 있습니까?	检查台在哪儿? jiǎnchá tái zài nǎer 지앤 차 타이 짜이 날
도서 신청은 어떻게 합니까?	图书申请怎么办? tú shū shēn qǐng zěn me bàn 투 슈 션 칭 쩐 머 빤
검색해서 나온 위치에 책이 없습니다 .	搜索出来的位置上没有书。 sōu suǒ chū lái de wèi zhi shàng méi yǒu shū 서우 수어 츄 라이 더 웨이 즈 샹 메이 여우 슈
예약한 책을 빌리고 싶습니다.	我想借预订的书。 wǒ xiǎng jiè yù dìng de shū 워 씨앙 지에 위 딩 더 슈
신간 도서는 어디에 진열되어 있습니까?	新书在哪儿摆放? xīn shū zài nǎr bǎi fàng 신 슈 짜이 날 바이 팡

교
육

'일리아스'라는 책을 찾고 있어요.	我在找叫《伊利亚斯》的书。 wǒ zài zhǎo jiào yī lì yà sī de shū 워 짜이 쟈오 찌아오 이 리 야 스 더 슈
이 책이 잇는지 확인해 주세요.	请确认一下有没有这本书。 qǐng què rèn yí xià yǒu méi yǒu zhè běn shū 칭 췌 런 이 씨아 여우 메이 여우 쩌 번 슈
잠시만요, 그 책은 2층 열람실에 있어요.	请稍等, 那本书在2楼阅览室。 qǐng shāo děng nà běn shū zài èr lóu yuè lǎn shì 칭 샤오 덩 나 번 슈 짜이 얼 러우 위에 란 스
저자의 이름을 말씀해 주세요.	请告诉我作者的名字。 qǐng gào sù wǒ zuò zhě de míng zi 칭 까오 수 워 쭈어 쩌 더 밍즈
비소설은 어느 코너에 있어요?	非小说类图书在哪里? fēi xiǎo shuō lèi tú shū zài nǎ lǐ 페이 씨아오 슈어 레이 투 슈 짜이 나 리
사서는 어디에 있어요?	图书管理员在哪里? tú shū guǎn lǐ yuán zài nǎ lǐ 투 슈 꾸안 리 위앤 짜이 나 리
죄송해요, 현재 대출 가능한 책이 없어요.	对不起, 现在没有可以借阅的书。 duì bu qǐ xiàn zài méi yǒu kě yǐ jiè yuè de shū 뚜에이 부 치 씨앤 짜이 메이 여우 커 이 지에 위에 더 슈

> **TIP**
>
> **对不起**[duì bu qǐ]는 공식석상이나 정말 죄송할 때 사용하고, 일반적인 사과의 의미로는 **不好意思**[bù hǎo yì si]를 쓴다.

3. 컴퓨터 활용

컴퓨터에 대해

컴퓨터 사용할 줄 아십니까?	你会用电脑吗? nǐ huì yòng diàn nǎo ma 니 후에이 용 띠엔 나오 마
컴퓨터를 켜고 끄는 법을 아세요?	知道怎样开机和关机吗? zhī dào zěn yàng kāi jī hé guān jī ma 쯔 따오 쩐 양 카이 찌 허 꾸안 지 마
나는 컴퓨터에 능숙합니다.	我使用电脑很熟练。 wǒ shǐ yòng diàn nǎo hěn shú liàn 워 스 용 띠엔 나오 헌 슈 리엔
저는 컴퓨터에 대해서 많은 것을 알고 있습니다.	我很懂电脑。 wǒ hěn dǒng diàn nǎo 워 헌 뚱 띠엔 나오
저는 컴퓨터에 관심이 매우 많습니다.	我对电脑很感兴趣。 wǒ duì diàn nǎo hěn gǎn xìng qù 워 뚜에이 띠엔 나오 헌 간 씽 취
컴퓨터에 보내는 시간이 많아졌습니다.	花在电脑上的时间多起来了。 huā zài diàn nǎo shàng de shí jiān duō qǐ lái le 후아 짜이 띠엔 나오 샹 더 스 찌엔 뚜어 치 라이 러
컴퓨터에 중독된 것 같습니다.	我好像玩电脑上瘾了。 wǒ hǎo xiàng wán diàn nǎo shàng yǐn le 워 하오 씨앙 완 띠엔 나오 샹 인 러
PC를 다룰 줄 아십니까?	你会使用个人计算机吗? nǐ huì shǐ yòng gè rén jì suàn jī ma 니 후에이 스 용 거 런 찌 쑤안 찌 마

교
육

CD를 넣고 뺄 줄 아십니까?	你会插入和取出CD吗? nǐ huì chā rù hé qǔ chū CD ma 니 후에이 차 루 허 취 추 CD 마
저는 컴퓨터를 어떻게 작동시키는지 모릅니다.	我不知道怎样启动电脑。 wǒ bù zhī dào zěn yàng qǐ dòng diàn nǎo 워 뿌 즈 따오 전 양 치 뚱 띠엔 나오
컴퓨터하고는 거리가 멉니다.	我不太了解电脑。 wǒ bù tài liǎo jiě diàn nǎo 워 부 타이 리아오 찌에 띠엔 나오
워드프로세서 정도 사용할 줄 압니다.	我知道怎样使用文字处理器。 wǒ zhī dào zěn yàng shǐ yòng wén zì chù lǐ qì 워 즈 따오 전 양 스 융 원 쯔 추 리 치
저는 컴퓨터에 대해서 요모조모 잘 알고 있습니다.	我知道很多有关电脑方面的知识。 wǒ zhī dào hěn duō yǒu guān diàn nǎo fāng miàn de zhī shi 워 즈 따오 헌 뚜어 여우 꾸안 띠엔 나오 팡 미엔 더 쯔 스
저는 컴퓨터 하드 웨어를 생산하는 회사에 근무합니다.	我在一家生产电脑硬件的公司工作。 wǒ zài yì jiā shēng chǎn diàn nǎo yìng jiàn de gōng sī gōng zuò 워 짜이 이 찌아 셩 찬 띠엔 나오 잉 찌엔 더 꿍 스 꿍 쭈어
저는 컴맹입니다.	我是电脑盲。 wǒ shì diàn nǎo máng 워 쓰 띠엔 나오 망
당신 컴퓨터는 무슨 기종입니까?	你的电脑是什么机种? nǐ de diàn nǎo shì shén me jī zhǒng 니 더 띠엔 나오 쓰 션 머 찌 중

어떤 종류의 프린터를 가지고 있습니까?	你有哪种打印机? nǐ yǒu nǎ zhǒng dǎ yìn jī 니 여우 나 중 다 인 찌
내 컴퓨터 부팅하는 데 너무 오래 걸려요.	我的电脑启动需要很长时间。 wǒ de diàn nǎo qǐ dòng xū yào hěn cháng shí jiān 워 더 띠엔 나오 치 똥 쉬 야오 헌 창 스 찌엔
예전에는 아주 빨랐습니다.	之前速度很快。 zhī qián sù dù hěn kuài 즈 치엔 쑤 뚜 헌 쿠아이
도구 중에 디스크 조각 모음을 실행시켜 봐요.	可以运行工具中的软盘块聚集。 kě yǐ yùn xíng gōng jù zhōng de ruǎn pán kuài jù jí 커 이 윈 싱 꿍 쮜 중 더 루안 판 쿠아이 쮜 지

✽ pc통신 ✽

전자우편(email) 계정을 가지고 있습니까?	你有电子邮箱吗? nǐ yǒu diàn zǐ yóu xiāng ma 니 여우 띠엔 즈 여우 씨앙 마
전자우편(email) 주소가 어떻게 되세요?	你的电子邮箱地址是什么? nǐ de diàn zǐ yóu xiāng dì zhǐ shì shén me 니 더 띠엔 즈 여우 씨앙 띠 즈 쓰 션 머
어떻게 연락을 할까요?	怎么联系你? zěn me lián xì nǐ 쩐 머 리엔 씨 니
웨이보하세요?	你在玩微博吗? nǐ zài wán wēi bó ma 니 짜이 완 웨이 뽀어 마
MSN을 사용하세요?	你用MSN吗? nǐ yòng MSN ma 니 용 MSN 마

교
육

그냥 MSN으로 보내지 그래요?	通过MSN发给我吧? tōng guò MSN fā gěi wǒ ba 퉁 꾸어 MSN 파 게이 워 바
위챗아이디 있으세요?	你有微信用户名吗? nǐ yǒu wēi xìn yòng hù míng ma 니 여우 웨이 씬 융 후 밍 마
인터넷에 접속되어 있으세요?	连上网了吗? lián shàng wǎng le ma 리엔 샹 왕 러 마
그 파일 지금 저한테 보내주시겠어요?	现在能把那个文件发给我吗? xiàn zài néng bǎ nà ge wén jiàn fā gěi wǒ ma 씨엔 짜이 넝 바 나 거 원 찌엔 파 게이 워 마
그럼 MSN으로 보내주세요. 지금 온라인이거든요.	通过MSN发给我吧, 我现在上线。 tōng guò MSN fā gěi wǒ ba wǒ xiàn zài shàng xiàn 퉁 꾸어 MSN 파 게이 워 바 워 씨엔 짜이 샹 씨엔
이메일에 첨부해주신 파일을 열 수 없습니다.	我打不开你发来的邮件附件。 wǒ dǎ bù kāi nǐ fā lái de yóu jiàn fù jiàn 워 다 뿌 카이 니 파 라이 더 여우 찌엔 푸 찌엔
당신 메일의 글씨가 깨졌습니다.	邮件无法读取。 yóu jiàn wú fǎ dú qǔ 여우 찌엔 우 파 두 취
제게 다시 메일을 보내주세요.	能再给我发一遍邮件吗。 néng zài gěi wǒ fā yí biàn yóu jiàn ma 넝 짜이 게이 워 파 이 삐엔 여우 찌엔 마
당신의 메일로 한국어를 볼 수 있나요?	邮件可以显示韩国语吗? yóu jiàn kě yǐ xiǎn shì hán guó yǔ ma 여우 찌엔 커 이 씨엔 쓰 한 꾸어 위 마

스팸이에요.	是垃圾邮件。 shì lā jī yóu jiàn 쓰 라 찌 여우 찌엔
낯선 사람으로부터 온 이메일을 열어보면 안 됩니다.	不要打开陌生人发来的邮件。 bú yào dǎ kāi mò shēng rén fā lái de yóu jiàn 부 야오 따 카이 무어 성 런 파 라이 더 여우 찌엔
새 메일 계정을 만드는 게 어때요?	申请一个新的邮箱地址怎么样? shēn qǐng yí ge xīn de yóu xiāng dì zhǐ zěn me yàng 션 칭 이 거 씬 더 여우 씨앙 띠 즈 쩐 머 양
무료 e메일 계정을 얻을 수 있는 사이트가 많이 있습니다.	有很多网站可以免费申请邮箱。 yǒu hěn duō wǎng zhàn kě yǐ miǎn fèi shēn qǐng yóu xiāng 여우 헌 뚜어 왕 짠 커 이 미엔 페이 션 칭 여우 씨앙

＊ 데이터

컴퓨터를 주로 무슨 일에 사용하십니까?	经常用电脑做些什么? jīng cháng yòng diàn nǎo zuò xiē shén me 찡 창 융 띠엔 나오 쭈어 시에 션 머
어떤 프로그램 사용하세요?	用哪些程序? yòng nǎ xiē chéng xù 융 나 시에 청 쉬
프린트할 줄 아세요?	会用打印机吗? huì yòng dǎ yìn jī ma 후에이 융 다 인 찌 마
이 문서를 두 장씩 프린터해 주세요.	请帮我打印两份这个文件。 qǐng bāng wǒ dǎ yìn liǎng fèn zhè gè wén jiàn 칭 빵 워 다 인 리앙 펀 쩌 거 원 찌엔

컴퓨터에 작성한 것을 프린트해 주시겠어요?	能帮我把在电脑上草拟的文件打印出来吗?

néng bāng wǒ bǎ zài diàn nǎo shàng cǎo nǐ de
wén jiàn dǎ yìn chū lái ma

넝 빵 워 바 짜이 띠엔 나오 샹 차오 니 더 원 찌엔
다 인 추 라이 마

모든 컴퓨터 작업은 usb에 저장해 두는 게 좋습니다.	最好把在电脑上做的所有工作内容都存到U盘上。

zuì hǎo bǎ zài diàn nǎo shàng zuò de suǒ yǒu
gōng zuò nèi róng dōu cún dào Upán shàng

쭈에이 하오 바 짜이 띠엔 나오 샹 쭈어 더 쑤어
여우 꿍 쭈어 네이 룽 떠우 추언 따오 U판 샹

당신 컴퓨터의 자료가 필요합니다.	需要你电脑上的资料。

xū yào nǐ diàn nǎo shàng de zī liào

쉬 야오 니 띠엔 나오 샹 더 즈 리아오

이것 좀 복사할 수 있습니까?	我可以复制一下吗?

wǒ kě yǐ fù zhì yí xià ma

워 커 이 푸 쯔 이 씨아 마

자료를 저장하실 건가요?	要存一下这个资料吗?

yào cún yí xià zhè gè zī liào ma

야오 추언 이 씨아 쩌 거 즈 리아오 마

그것을 제 usb에 복사해 주세요.	请把这个考到我的U盘上。

qǐng bǎ zhè gè kǎo dào wǒ de Upán shàng

칭 바 쩌 거 카오 따오 워 더 U판 샹

모든 자료가 날아갔습니다.	所有的资料都没有了。

suǒ yǒu de zī liào dōu méi yǒu le

쑤어 여우 더 즈 리아오 떠우 메이 여우 러

그래서 자주 저장을 해야 합니다.	所以要随时存。

suǒ yǐ yào suí shí cún

쑤어 이 야오 쑤에이 스 추언

실수로 자료를 모두 지워버렸습니다.	我不小心把所有的资料都删了。 wǒ bù xiǎo xīn bǎ suǒ yǒu de zī liào dōu shān le 워 뿌 시아오 씬 바 쑤어 여우 더 즈 리아오 떠우 샨 러
백업 파일을 만들어 두셨습니까?	做了备份文件吗? zuò le bèi fèn wén jiàn ma 쭈어 러 뻬이 펀 원 찌엔 마
이 컴퓨터는 메모리가 충분치 않습니다.	这台电脑没有足够的储存空间。 zhè tái diàn nǎo méi yǒu zú gòu de chǔ cún kōng jiān 쩌 타이 띠엔 나오 메이 여우 주 꺼우 더 추 추언 쿵 찌엔
저는 더 이상 그 자료가 필요 없습니다.	我不再需要那些资料了。 wǒ bú zài xū yào nà xiē zī liào le 워 부 짜이 쉬 야오 나 시에 즈 리아오 러
이 파일을 지우세요.	请删除这个文件。 qǐng shān chú zhè gè wén jiàn 칭 샨 추 쩌 거 원 찌엔

❋ 소프트웨어 ❋

자료를 입력할 줄 아세요?	你会输入资料吗? nǐ huì shū rù zī liào ma 니 후에이 슈 루 즈 리아오 마
그림 스캔 받는 법을 아세요?	你会扫描图片吗? nǐ huì sǎo miáo tú piàn ma 니 후에이 싸오 미아오 투 피엔 마
컴퓨터에 프린터를 연결할 줄 아세요?	你会把打印机连接到电脑上吗? nǐ huì bǎ dǎ yìn jī lián jiē dào diàn nǎo shàng ma 니 후에이 바 다 인 찌 리엔 찌에 따오 띠엔 나오 샹 마

당신이 가지고 있는 소
프트웨어는 무슨 버전인
가요?

你用的软件是什么版本？
nǐ yòng de ruǎn jiàn shì shén me bǎn běn
니 용 더 루안 찌엔 쓰 션 머 반 번

이건 정말 멋진 워드 프
로세서 소프트웨어네요.

这是很棒的文字软件。
zhè shì hěn bàng de wén zi ruǎn jiàn
쩌 스 헌 빵 더 원 쯔 루안 찌엔

이 소프트웨어 사용법을
알려주실래요?

能教我这个软件的使用方法吗？
néng jiāo wǒ zhè gè ruǎn jiàn de shǐ yòng fāng fǎ ma
넝 찌아오 워 쩌 거 루안 찌엔 더 스 용 팡 파 마

프로그램 까는 법을 아
세요?

知道装程序的方法吗？
zhī dào zhuāng chéng xù de fāng fǎ ma
쯔 따오 쭈앙 청 쉬 더 팡 파 마

프로그램 다운 받는 법
을 아세요?

知道下载程序的方法吗？
zhī dào xià zǎi chéng xù de fāng fǎ ma
쯔 따오 씨아 짜이 청 쉬 더 팡 파 마

이 소프트웨어를 사용하
려면 패스워드가 필요합
니까?

要想用这个软件的话，需要密
码吗？
yào xiǎng yòng zhè gè ruǎn jiàn de huà, xū yào mì mǎ ma
야오 씨앙 용 쩌 거 루안 찌엔 더 후아 쉬 야오 미 마 마

이 프로그램을 어떻게
설치하면 되죠?

怎样安装这个程序呢？
zěn yàng ān zhuāng zhè gè chéng xù ne
쩐 양 안 쭈앙 쩌 거 청 쉬 너

이 소프트웨어는 약간
복잡합니다.

这个软件有些复杂。
zhè gè ruǎn jiàn yǒu xiē fù zá
쩌 거 루안 찌엔 여우 시에 푸 자

당신의 하드디스크는 거
의 다 찼어요.

你的硬盘差不多都满了。
nǐ de yìng pán chà bu duō dōu mǎn le
니 더 잉 판 차 부 뚜어 떠우 만 러

하드 드라이브에서 오래 된 파일을 삭제하세요.	把硬盘驱动器上很久前的文 件全删掉。 bǎ yìng pán qū dòng qì shàng hěn jiǔ qián de wén jiàn quán shān diào 바 잉 판 취 뚱 치 상 헌 찌여우 치엔 더 원 찌엔 취엔 샨 띠아오
소프트웨어 프로그램은 매번 업그레이드를 해줘 야 하나요?	每次都要升级软件程序吗? měi cì dōu yào shēng jí ruǎn jiàn chéng xù ma 메이 츠 떠우 야오 성 지 루안 찌엔 청 쉬 마
이 소프트웨어에는 편리 한 기능이 많이 있어요.	这个软件有很多便利的功能。 zhè gè ruǎn jiàn yǒu hěn duō biàn lì de gōng néng 쩌 거 루안 찌엔 여우 헌 뚜어 삐엔 리 더 꿍 넝
내가 기억하기에는 너무 복잡해요.	我记得是很复杂。 wǒ jì dé shì hěn fù zá 워 찌 더 쓰 헌 푸 자
작동법을 잊어버렸어요.	忘了启动方法。 wàng le qǐ dòng fāng fǎ 왕 러 치 뚱 팡 파
저는 이 프로그램을 제 거해야 합니다.	我要卸载这个程序。 wǒ yào xiè zǎi zhè gè chéng xù 워 야오 씨에 짜이 쩌 거 청 쉬

❋ 이상이 있을 때 ❋

컴퓨터가 망가졌어요.	我的电脑坏了。 wǒ de diàn nǎo huài le 워 더 띠엔 나오 후아이 러
컴퓨터에 무슨 문제 있 나요?	电脑出了什么毛病? diàn nǎo chū le shén me máo bìng 띠엔 나오 추 러 션 머 마오 삥
키보드가 말을 안 들어요.	键盘不好使了。 jiàn pán bù hǎo shǐ le 찌엔 판 뿌 하오 스 러

교
육

당신 시스템이 바이러스에 걸린 것 같은데요.	我觉得你的系统进了病毒。 wǒ jué de nǐ de xì tǒng jìn le bìng dú 워 줴 더 니 더 씨 퉁 찐 러 삥 두
컴퓨터가 다운됐어요.	电脑死机了。 diàn nǎo sǐ jī le 띠엔 나오 스 찌 러
시스템에 장애가 생겼어요.	系统出故障了。 xì tǒng chū gù zhàng le 씨 퉁 추 꾸 짱 러
프린터가 고장입니다.	打印机坏了。 dǎ yìn jī huài le 다 인 찌 후아이 러
컴퓨터를 고쳐야 되겠어요.	电脑得修一下。 diàn nǎo děi xiū yí xià 띠엔 나오 데이 씨여우 이 씨아
고치려면 어떻게 해야 합니까?	怎样才能维修？ zěn yàng cái néng wéi xiū 쩐 양 차이 넝 웨이 씨여우
컴퓨터를 재부팅해서 다시 시도해 보세요.	重新启动一下电脑试试。 chóng xīn qǐ dòng yí xià diàn nǎo shì shì 충 씬 치 뚱 이 씨아 띠엔 나오 쓰 쓰
재부팅하면 모든 데이터를 잃게 될 거예요.	如果重启电脑，所有的数据都会丢失的。 rú guǒ chóng qǐ diàn nǎo suǒ yǒu de shù jù dōu huì diū shī de 루 꾸어 충 치 띠엔 나오 쑤어 여우 더 슈 쮜 떠우 후에이 디여우 쓰 더
당신이 할 수 있는 건 재부팅뿐이에요.	你能做的只有重启了。 nǐ néng zuò de zhǐ yǒu chóng qǐ le 니 넝 쭈어 더 쯔 여우 충 치 러

혹시 누군가와 디스켓 바꿔 쓴 적 있어요?	跟谁换磁盘用过吗? gēn shuí huàn cí pán yòng guò ma 껀 슈에이 후안 츠 판 용 꾸어 마
이 컴퓨터는 바이러스에 감염되었습니다.	这台电脑感染上病毒了。 zhè tái diàn nǎo gǎn rǎn shàng bìng dú le 쩌 타이 띠엔 나오 간 란 샹 삥 두 러
바이러스 제거하는 법을 아십니까?	知道消除病毒的方法吗? zhī dào xiāo chú bìng dú de fāng fǎ ma 쯔 따오 씨아오 추 삥 두 더 팡 파 마
컴퓨터가 바이러스에 걸리지 않도록 매우 주의해야 합니다.	应该非常注意别让电脑染上病毒。 yīng gāi fēi cháng zhù yì bié ràng diàn nǎo rǎn shàng bìng dú 잉 까이 페이 창 쭈 이 삐에 랑 띠엔 나오 란 샹 삥 두
이 게임 막 새로 샀는데 전혀 반응이 없어요.	刚刚买了这个新游戏, 可一点反应都没有。 gāng gāng mǎi le zhè gè xīn yóu xì, kě yì diǎn fǎn yīng dōu méi yǒu 깡 깡 마이 러 쩌 거 씬 여우 씨 커 이 띠엔 판 잉 떠우 메이 여우
호환성 문제인 것 같습니다.	好像是兼容问题。 hǎo xiàng shì jiān róng wèn tí 하오 씨앙 스 찌엔 룽 원 티
가장 좋은 방법이 뭡니까?	最好的方法是什么呢? zuì hǎo de fāng fǎ shì shén me ne 쭈에이 하오 더 팡 파 쓰 션 머 너
백신프로그램이 깔려있습니까?	安装了杀毒软件吗? ān zhuāng le shā dú ruǎn jiàn ma 안 쭈앙 러 샤 두 루안 찌앤 마

＊ 인터넷 ＊

인터넷에서 이 자료를 수집했습니다.

这资料我是在网上搜集来的。
zhè zī liào wǒ shì zài wǎng shàng sōu jí lái de
쩌 즈 리아오 워 쓰 짜이 왕 샹 써우 지 라이 더

인터넷을 사용하세요?

你上网吗?
nǐ shàng wǎng ma
니 샹 왕 마

제 주관심사는 인터넷입니다.

我最感兴趣的就是上网。
wǒ zuì gǎn xìng qù de jiù shì shàng wǎng
워 쭈에이 간 씽 취 더 찌여우 쓰 샹 왕

제가 올린 글 조회수가 200을 넘어요.

我在网上发的帖子点击数已经超过了200次。
wǒ zài wǎng shàng fā de tiē zi diǎn jī shù yǐ jīng chāo guò le liǎng bǎi cì
워 짜이 왕 샹 파 더 티에 즈 띠엔 찌 슈 이 징 차오 꾸어 러 리앙 빠이 츠

그냥 인터넷 훑어보고 있는 중이야.

只是在网上随便看看。
zhǐ shì zài wǎng shàng suí biàn kàn kàn
쯔 스 짜이 왕 샹 쑤에이 삐엔 칸 칸

하루 종일 인터넷 서핑을 했어.

我上了一整天的网。
wǒ shàng le yì zhěng tiān de wǎng
워 샹 러 이 쩡 티엔 더 왕

인터넷 서핑하는 법을 아세요?

你知道怎样网上冲浪吗?
nǐ zhī dào zěn yàng wǎng shàng chōng làng ma
니 쯔 따오 쩐 양 왕 샹 충 랑 마

어떻게 하면 접속을 할 수 있죠?

怎样才能连接上呢?
zěn yàng cái néng lián jiē shàng ne
쩐 양 차이 넝 리앤 찌에 샹 너

인터넷에 접속하는 법을 가르쳐줄래요?	能教我连网的方法吗? néng jiāo wǒ lián wǎng de fāng fǎ ma 넝 찌아오 워 리앤 왕 더 팡 파 마
인터넷 서비스 제공 회사에 알아보셔야 해요.	要找一下网络服务公司。 yào zhǎo yi xià wǎng luò fú wù gōng sī 야오 짜오 이 씨아 왕 루어 푸 우 꿍 쓰
전 인터넷을 통해 친구들과 연결되어 있어요.	我在网上跟朋友联系。 wǒ zài wǎng shàng gēn péng yǒu lián xì 워 짜이 왕 샹 껀 펑 여우 리엔 씨
우리는 때때로 인터넷에서 서로 채팅하기도 해요.	我们有时候上网聊天。 wǒ men yǒu shí hòu shàng wǎng liáo tiān 워 먼 여우 쓰 허우 샹 왕 리아오 티엔
인터넷에 접속하는데 시간이 많이 걸려요.	连网需要很长时间。 lián wǎng xū yào hěn cháng shí jiān 리앤 왕 쉬 야오 헌 창 쓰 찌엔
당신 컴퓨터로 자료를 다운 받으려면 시간이 오래 걸려요.	如果你要下载文件, 需要很长时间。 rú guǒ nǐ yào xià zǎi wén jiàn, xū yào hěn cháng shí jiān 루 구어 니 야오 씨아 짜이 원 찌엔 쉬 야오 헌 창 쓰 찌엔
고속 모뎀을 사용하지 않아서 그래요.	是因为你没有用高速调节器的原因。 shì yīn wéi nǐ méi yǒu yòng gāo sù tiáo jié qì de yuán yīn 쓰 인 웨이 니 메이 여우 융 까오 쑤 티아오 찌에 치 더 위엔 인
대부분의 사람들은 자신들의 웹 페이지를 가지고 있지요.	大多数人都有自己的网页。 dà duō shù rén dōu yǒu zì jǐ de wǎng yè 따 뚜어 슈 런 떠우 여우 쯔 지 더 왕 예

Chapter 08

쇼핑

●기본표현●

购物

1. 가게를 찾을 때

근처에 백화점이 있습니까?	这附近有百货商店吗? zhè fù jìn yǒu bǎi huò shāng diàn ma 쩌 푸 찐 여우 빠이 후어 샹 띠엔 마
쇼핑센터는 어디에 있습니까?	购物中心在哪儿? gòu wù zhōng xīn zài nǎr 꺼우 우 쭝 신 짜이 날
이 도시에 쇼핑할 만한 곳은 어디 있습니까?	这城市里可以购物的地方在哪儿? zhè chéng shì li kě yǐ gòu wù de dì fang zài nǎr 쩌 청 쓰 리 커 이 꺼우 우 더 띠 팡 짜이 날
여기에서 멉니까?	离这儿远吗? lí zhèr yuǎn ma 리 쩔 위엔 마
면세점은 있습니까?	有免税店吗? yǒu miǎn shuì diàn ma 여우 미엔 슈에이 띠엔 마
할인점은 어디에 있습니까?	廉价商店在哪儿? lián jià shāng diàn zài nǎr 리엔 지아 샹 띠엔 짜이 날
그 가게는 오늘 열려 있습니까?	那个商店今天开门营业吗? nà ge shāng diàn jīn tiān kāi mén yíng yè ma 나 거 샹 띠엔 찐 티엔 카이 먼 잉 예 마

그 가게 개점시간은 몇 시입니까?	那个商店的营业时间是几点? nà ge shāng diàn de yíng yè shí jiān shì jǐ diǎn 나 거 샹 띠엔 더 잉 예 쓰 찌엔 쓰 지 띠엔
여성복은 몇 층입니까?	女装在几楼? nǚ zhuāng zài jǐ lóu 뉘 쭈앙 짜이 찌 러우
이 건물에 스포츠 용품 점이 있습니까?	这座大厦里有运动用品店吗? zhè zuò dà shà lǐ yǒu yùn dòng yòng pǐn diàn ma 쩌 쭈어 따 샤 리 여우 윈 뚱 융 핀 띠엔 마
전자제품코너는 어디입니까?	电器柜台在哪里? diàn qì guì tái zài nǎ lǐ 띠엔 치 꾸에이 타이 짜이 나 리
서적 코너는 어디입니까?	图书专柜在哪里? tú shū zhuān guì zài nǎ lǐ 투 슈 쭈안 꾸에이 짜이 나 리
문구 매장을 찾고 있습니다.	我正在找文具店。 wǒ zhèng zài zhǎo wén jù diàn 워 쩡 짜이 자오 원 쮜 띠엔
신사복 매장은 어디입니까?	男装卖场在哪里? nán zhuāng mài chǎng zài nǎ lǐ 난 쭈앙 마이 창 짜이 나 리
이 상점에서는 책을 팝니까?	这家商场里卖书吗? zhè jiā shāng chǎng lǐ mài shū ma 쩌 찌아 샹 창 리 마이 슈 마
몇 층에 식당이 있습니까?	餐厅在几层? cān tīng zài jǐ céng 찬 팅 짜이 지 청

쇼
핑

2. 물건을 찾을 때

손님, 무엇을 도와드릴까요?	先生, 我能帮你做些什么吗? xiān sheng wǒ néng bāng nǐ zuò xiē shén me ma 씨앤 셩 워 넝 빵 니 쭈어 씨에 션 머 마
뭘 찾으십니까?	你在找什么? nǐ zài zhǎo shén me 니 짜이 짜오 션 머
그냥 보는 거예요.	我只是随便看看。 wǒ zhǐ shì suí biàn kàn kàn 워 즈 스 슈에이 삐앤 칸 칸
도움이 필요하시면 알려주세요.	如果需要帮助的话, 请告诉我。 rú guǒ xū yào bāng zhù de huà qǐng gào sù wǒ 루 꾸어 쉬 야오 빵 쭈 더 후아 칭 까오 쑤 워
여기 잠깐 봐 주시겠어요?	能帮我看一下吗? néng bāng wǒ kàn yí xià ma 넝 빵 워 칸 이 씨아 마
아버지 선물을 찾고 있어요.	我想选一件给父亲的礼物。 wǒ xiǎng xuǎn yí jiàn gěi fù qīn de lǐ wù 워 씨앙 쒸앤 이 찌앤 게이 푸 친 더 리 우
어떤 종류를 찾고 계신가요?	你想找哪个种类的? nǐ xiǎng zhǎo nǎ gè zhǒng lèi de 니 씨앙 짜오 나 거 쭝 레이 더
남성용 화장품을 보고 싶습니다.	我想看一下男士化妆品。 wǒ xiǎng kàn yí xià nán shì huà zhuāng pǐn 워 씨앙 칸 이 씨아 난 스 후아 쭈앙 핀

어디에서 살 수 있습니까?	在哪里可以买到呢? zài nǎ lǐ kě yǐ mǎi dào ne 짜이 나 리 커 이 마이 따오 너
이건 여성용인가요?	这是女士专用吗? zhè shì nǚ shì zhuān yòng ma 쩌 스 뉘 쓰 쭈안 융 마
집사람에게 줄 선물을 찾고 있습니다.	我想选一件送给我妻子的礼物。 wǒ xiǎng xuǎn yí jiàn sòng gěi wǒ qī zǐ de lǐ wù 워 씨앙 쉬앤 이 찌엔 송 게이 워 치 즈 더 리 우
어떤 종류의 액세서리가 있습니까?	有哪个种类的饰品呢? yǒu nǎ ge zhǒng lèi de shì pǐn ne 여우 나 거 쫑 레이 더스 핀 너
향수 좀 보여 주세요.	请给我看一下香水。 qǐng gěi wǒ kàn yí xià xiāng shuǐ 칭 게이 워 칸 이 씨아 씨앙 슈에이
이것과 같은 것은 있습니까?	有跟这个一样的吗? yǒu gēn zhè ge yí yàng de ma 여우 껀 쩌 거 이 양 더 마
그건 지금 없습니다.	现在已经都卖完了。 xiàn zài yǐ jīng dōu mài wán le 씨엔 짜이 이 징 떠우 마이 완 러
언제 다시 갖다 놓을 건가요?	什么时候再进货呢? shén me shí hòu zài jìn huò ne 션 머 쓰 허우 짜이 찐 후어 너

TIP

선크림 : 防晒霜 [fáng shài shuāng] 팡 샤이 슈앙
자외선 차단지수 : 紫外线阻挡指数 [zǐ wài xiàn zǔ dǎng zhǐ shù]
　　　　　　　　　　　즈 와이 씨앤 주 당 쯔 슈

3. 계산과 흥정

계산할 때

이걸로 주세요.	我要买这个。 wǒ yào mǎi zhè ge 워 야오 마이 쩌 거
계산은 어디에서 합니까?	在哪里交款? zài nǎ lǐ jiāo kuǎn 짜이 나 리 찌아오 쿠안
전부 얼마입니까?	一共多少钱? yí gòng duō shǎo qián 이 꿍 뚜어 샤오 치엔
좀 비싸군요.	有点贵。 yǒu diǎn guì 여우 띠엔 꾸에이
세금이 포함된 가격입니까?	价格里含税吗? jià gé lǐ hán shuì ma 찌아 거 리 한 슈에이 마
좀 싸게 해 주실 수 없나요?	不能再便宜点儿吗? bù néng zài pián yi diǎnr ma 뿌 넝 짜이 피엔 이 띠알 마
깎아주면 사겠습니다.	便宜点儿的话, 我就买。 pián yi diǎnr de huà, wǒ jiù mǎi 피엔 이 띠알 더 후아 워 찌유 마이
지금 세일 중입니까?	现在正在打折吗? xiàn zài zhèng zài dǎ zhé ma 씨엔 짜이 쩡 짜이 따 저 마

할부로 살 수 있습니까?

我可以分期付款吗?
wǒ kě yǐ fēn qī fù kuǎn ma
워 커 이 펀 치 푸 쿠안 마

3개월 할부로 하고 싶습니다.

我想分三个月付款。
wǒ xiǎng fēn sān gè yuè fù kuǎn
워 씨앙 펀 싼 거 위에 푸 쿠안

카드로 지불해도 되죠?

可以刷信用卡吗?
kě yǐ shuā xìn yòng kǎ ma
커 이 슈아 씬 용 카 마

세금 환불 받는 방법을 알려주세요?

请告诉我怎样才可以退税呢?
qǐng gào sù wǒ zěn yàng cái kě yǐ tuì shuì ne
칭 까오 쑤 워 쩐 양 차이 커 이 투에이 슈에이 너

말씀 좀 묻겠는데요.

我想请问一下
wǒ xiǎng qǐng wèn yí xià
워 씨앙 칭 원 이 씨아

가격은 모두 똑같은가요?

价格都一样吗?
jià gé dōu yí yàng ma
찌아 거 떠우 이 양 마

좀더 싼 걸로 보여 주세요.

给我看一下更便宜点儿的。
gěi wǒ kàn yí xià gèng pián yi diǎnr de
게이 워 칸 이 씨아 껑 피엔 이 띠알 더

또 다른 것은 없나요?

还有别的吗?
hái yǒu bié de ma
하이 여우 삐에 더 마

이것은(모두) 얼마입니까?

这个(一共)多少钱?
zhè gè (yí gòng) duō shǎo qián
쩌 거(이꿍) 뚜어 샤오 치엔

계산해 주세요.	付款。 fù kuǎn 푸 쿠안
여기서 계산하나요?	是在这儿交款吗? shì zài zhèr jiāo kuǎn ma 쓰 짜이 쩔 찌아오 쿠안 마
포인트 카드 있습니까?	有积分卡吗? yǒu jī fēn kǎ ma 여우 찌 펀 카 마
선불입니다.	请先付款。 qǐng xiān fù kuǎn 칭 씨엔 푸 쿠안
이건 무슨 금액인가요?	这是什么商品的价钱? zhè shì shén me shāng pǐn de jià qián 쩌 쓰 션 머 상 핀 더 찌아 치엔
계산이 틀린 것 같습니다.	好像算错帐了。 hǎo xiàng suàn cuò zhàng le 하오 씨앙 쑤안 추어 쨩 러
봉사료는 포함되어 있습니까?	这里包含服务费吗? zhè lǐ bāo hán fú wù fèi ma 쩌 리 빠오 한 푸 우 페이 마
각자 지불로 합시다.	AA制吧。 AAzhì ba AA 쯔 바
따로따로 지불하고 싶은데요.	我想AA制。 wǒ xiǎng AAzhì 워 씨앙 AA 쯔

계산서를 나눠 주시겠습니까?	把账单分别给我们好吗? bǎ zhàng dān fēn bié gěi wǒ men hǎo ma 바 짱 단 펀 삐에 게이 워 먼 하오 마
이건 제가 내겠습니다.	这个我来付。 zhè gè wǒ lái fù 쩌 거 워 라이 푸
신용카드도 받나요?	这里可以刷卡吗? zhè li kě yǐ shuā kǎ ma 쩌 리 커 이 슈아 카 마
현금으로 하시겠어요, 카드로 하시겠어요?	要付现金还是刷卡? yào fù xiàn jīn hái shì shuā kǎ 야오 푸 씨엔 찐 하이 쓰 슈아 카
영수증을 주세요.	请给我收据。 qǐng gěi wǒ shōu jù 칭 게이 워 셔우 쮜
거스름돈이 틀린 것 같은데요.	好像找错钱了。 hǎo xiàng zhǎo cuò qián le 하오 씨앙 짜오 추어 치엔 러
팁은 얼마를 줘야 하나요?	要给多少小费呢? yào gěi duō shǎo xiǎo fèi ne 야오 게이 뚜어 샤오 씨아오 페이 너
제 몫은 얼마입니까?	我要付多少钱? wǒ yào fù duō shǎo qián 워 야오 푸 뚜어 샤오 치엔
이 쿠폰 쓸 수 있어요?	这个优惠券可以用吗? zhè ge yōu huì quàn kě yǐ yòng ma 쩌 거 여우 후에이 취앤 커 이 용 마

이거랑 같은 걸로 주세요.

请给我和这个一样的。
qǐng gěi wǒ hé zhè ge yí yàng de
칭 게이 워 허 쩌 거 이 양 더

포장 됩니까?

可以打包吗?
kě yǐ dǎ bāo ma
커 이 따 빠오 마

선물이니까 포장해 주세요.

这是要送人的, 请帮我包一下。
zhè shì yào sòng rén de qǐng bāng wǒ bāo yí xià
쩌 쓰 야오 송 런 더 칭 빵 워 빠오 이 씨아

따로따로 쇼핑백에 넣어 주십시오.

请分别装在购物袋里。
qǐng fēn bié zhuāng zài gòu wù dài lǐ
칭 펀 삐에 쭈앙 짜이 꺼우 우 따이 리

아뇨, 그냥 주세요.
(포장이 필요없을 때)

不用了, 直接给我吧。
bú yòng le zhí jiē gěi wǒ ba
부 용 러 쯔 찌에 게이 워 바

알리페이(즈푸바오), 위챗 페이 모두 가능하지요?

支付宝微信都可以吗?
zhī fù bǎo wēi xìn dōu kě yǐ ma
쯔 푸 바오 웨이 씬 떠우 커 이 마

앱으로 QR코드를 스캔 하여 계산하세요.

请使用APP扫码支付。
qǐng shǐ yòng app sǎo mǎ zhī fù
칭 쓰 용 앱 싸오 마 쯔 푸

결제 확인했습니다.

确认结算了。
què rèn jié suàn le
췌 런 지에 쑤안 러

TIP

먹고 남은 음식을 포장하는 건 '打包[dǎ bāo]', 새 음식을 포장하는 건(테이크 아웃) '带走[dài zǒu]'라고 한다.

4. 포장과 배송

봉지를 주시겠어요?

请给我一个袋子好吗?
qǐng gěi wǒ yí gè dài zi hǎo ma
칭 게이 워 이 거 따이 즈 하오 마

선물용으로 포장해 주세요.

请帮我打礼物包装。
qǐng bāng wǒ dǎ lǐ wù bāo zhuāng
칭 빵 워 따 리 우 빠오 쭈앙

가격표를 떼 주시겠어요?

可以把价签拿掉吗?
kě yǐ bǎ jià qiān ná diào ma
커 이 바 찌아 치엔 나 띠아오 마

이것들을 따로따로 싸 주십시오.

请帮我把这些分开包装。
qǐng bāng wǒ bǎ zhè xiē fēn kāi bāo zhuāng
칭 빵 워 바 쩌 시에 펀 카이 빠오 쭈앙

같이 포장해 주세요.

一起打包吧。
yì qǐ dǎ bāo ba
이 치 다 빠오 바

종이백에 넣어주세요.

放在纸袋里吧。
fàng zài zhǐ dài lǐ ba
팡 짜이 즈 따이 리 바

이거 넣을 박스 좀 얻을 수 있을까요?

能给我一个装东西的箱子吗?
néng gěi wǒ yí gè zhuāng dōng xī de xiāng zǐ ma
넝 게이 워 이 거 쭈앙 뚱 시 더 씨앙 즈 마

포장하여 배송해 줄 수 있습니까?

可以打包后快递吗?
kě yǐ dǎ bāo hòu kuài dì ma
커 이 다 빠오 허우 쿠아이 띠 마

제 호텔까지 배달해 줄 수 있습니까?	**能帮我快递送到我住的酒店吗?** néng bāng wǒ kuài dì sòng dào wǒ zhù de jiǔ diàn ma 넝 빵 워 쿠아이 띠 송 따오 워 쭈 더 찌여우 띠엔 마
내일까지 배달해주었으면 하는데요.	**最好明天能送到。** zuì hǎo míng tiān néng sòng dào 쭈에이 하오 밍 티엔 넝 송 따오
한국으로 부쳐주실 수 있습니까?	**能寄到韩国吗?** néng jì dào hán guó ma 넝 찌 따오 한 꾸어 마
배달 가능합니까?	**可以送货吗?** kě yǐ sòng huò ma 커 이 송 후어 마
항공편으로 얼마나 듭니까?	**空运多少钱?** kōng yùn duō shǎo qián 쿵 윈 뚜어 샤오 치엔
별도의 요금이 듭니까?	**需要附加费用吗?** xū yào fù jiā fèi yòng ma 쒸 야오 푸 찌아 페이 용 마
언제 배달해 주시겠습니까?	**什么时候能到?** shén me shí hòu néng dào 션 머 쓰 허우 넝 따오
항공편으로 보내주세요.	**请帮我空邮。** qǐng bāng wǒ kōng yóu 칭 빵 워 쿵 여우
이 주소로 보내주세요.	**请寄到这个地址。** qǐng jì dào zhè gè dì zhǐ 칭 찌 따오 쩌 거 띠 즈

이 메모를 첨부해서 보내주세요.	请附上这个信息条。 qǐng fù shàng zhè gè xìn xī tiáo 칭 푸 샹 쩌 거 씬 시 티아오
구입한 게 아직 배달되지 않았습니다.	我买的东西还没有送到。 wǒ mǎi de dōng xi hái méi yǒu sòng dào 워 마이 더 똥 시 하이 메이 여우 송 따오
구입한 물건하고 다릅니다.	这不是我买的东西。 zhè bú shì wǒ mǎi de dōng xi 쩌 부 쓰 워 마이 더 똥 시
부재시 연락주세요.	不在的话请联系我。 bù zài de huà qǐng lián xì wǒ 부 짜이 더 후아 칭 리앤 씨 워
부재시 경비실에 맡겨주세요.	不在的话请交给警卫室。 bù zài de huà qǐng jiāo gěi jīng wèi shì 부 짜이 더 후아 칭 찌아오 게이 징 웨이 쓰
배달 당일 다시 전화해주세요.	送货当天请再打电话联系。 sòng huò dàng tiān qǐng zài dǎ diàn huà lián xì 송 후어 당 티앤 칭 짜이 다 띠엔 후아 리앤 시
그 날은 집에 사람이 없어요.	那天家里没人。 nà tiān jiā lǐ méi rén 나 티엔 지아 리 메이 런
다음 주까지 그 제품을 받아야 해요.	到下周为止我得拿到那个产品。 dào xià zhōu wéi zhǐ wǒ děi ná dào nà gè chǎn pǐn 따오 씨아 쩌우 웨이 즈 워 데이 나 따오 나 거 찬 핀
물건을 문 앞에 놓아주세요.	请把东西放在门前。 qǐng bǎ dōng xi fàng zài mén qián 칭 바 똥 시 팡 짜이 먼 치앤

5. 교환과 반품

환불이 가능한가요?

可以退款吗?
kě yǐ tuì kuǎn ma
커 이 투에이 쿠안 마

교환할 수 있습니까?

可以退换吗?
kě yǐ tuì huàn ma
커 이 투에이 후안 마

이 셔츠를 바꾸고 싶은 데요.

我想换一件这衬衫。
wǒ xiǎng huàn yí jiàn zhè chèn shān
워 씨앙 후안 이 찌엔 쩌 천 샨

얼룩이 있습니다.

这里有污点。
zhè lǐ yǒu wū diǎn
쩌 리 여우 우 띠엔

치수 좀 바꿔 주세요?

我能换尺寸吗?
wǒ néng huàn chǐ cùn ma
워 넝 환 츠 추언 마

셔츠를 다른 것과 교환 하시겠습니까?

你要把这件衬衫换其他衣服吗?
nǐ yào bǎ zhè jiàn chèn shān huàn qí tā yī fú ma
니 야오 바 쩌 찌엔 천 샨 후안 치 타 이 푸 마

교환해 주세요.

请给我换一下。
qǐng gěi wǒ huàn yí xià
칭 게이 워 후안 이 샤

반품해 주세요.

我想退货。
wǒ xiǎng tuì huò
워 씨앙 투에이 후어

작동되지 않습니다.	不好使了。 bù hǎo shǐ le 뿌 하오 스 러
긁힌 자국이 있습니다.	这里有刮痕。 zhè li yǒu guā hén 쩌 리 여우 꾸아 헌
이것은 파손되어 있습니다.	这个已经坏了。 zhè ge yǐ jīng huài le 쩌 거 이 징 후아이 러
영수증 가지고 계십니까?	你带发票了吗? nǐ dài fā piào le ma 니 따이 파 피아오 러 마
영수증은 갖고 있지 않습니다.	我没带发票。 wǒ méi dài fā piào 워 메이 따이 파 피아오
얼마 주고 사셨는지 기억하세요?	记得是付了多少钱买的吗? jì de shì fù le duō shao qián mǎi de ma 찌 더 쓰 푸 러 뚜어 샤오 치엔 마이 더 마
꽤 오래 전에 사셨군요.	这个已经买了很久了。 zhè ge yǐ jīng mǎi le hěn jiǔ le 쩌 거 이 징 마이 러 헌 찌여우 러
이 카메라를 교환할 수 있을까요?	这个照相机可以退换吗? zhè ge zhào xiàng jī kě yǐ tuì huàn ma 쩌 거 짜오 씨앙 지 커 이 투에이 후안 마
이건 잘 작동하지 않습니다.	这个东西不好用。 zhè ge dōng xi bù hǎo yòng 쩌 거 뚱 시 뿌 하오 용

죄송합니다, 저희 가게는 규정상 환불을 하지 않습니다.	非常抱歉, 我们这里有规定不可以退款。 fēi cháng bào qiàn wǒ men zhè lǐ yǒu guī dìng bú kě yǐ tuì kuǎn 페이 창 빠오 치엔 워 먼 쩌 리 여우 구에이 띵 뿌 커 이 투에이 쿠안
이것은 흠이 나 있어요.	这里有个瑕疵。 zhè li yǒu ge xiá cī 쩌 리 여우 거 씨아 츠
좀 전에 막 샀습니다.	刚刚买的。 gāng gāng mǎi de 깡 깡 마이 더
좀 큰 것 같은데요.	有点儿大。 yǒu diǎnr dà 여우 띠알 따
스커트의 길이가 너무 짧아요. / 길어요.	裙子太短了。/ 太长了。 qún zǐ tài duǎn le / tài cháng le 췬 즈 타이 뚜안 러 / 타이 창 러
AS는 받을 수 있습니까?	有售后服务吗? yǒu shòu hòu fú wù ma 여우 셔우 허우 푸 우 마
입어보니 맞지 않습니다.	我穿着不合适。 wǒ chuān zhe bù hé shì 워 추안 져 부 허 스
꽉 껴요.	太紧了。 tài jǐn le 타이 진 러

6. 쇼핑상가

※ 의류를 구입할 때 ※

어떤 스타일을 찾으세요?

您在找哪种风格的商品?
nín zài zhǎo nǎ zhǒng fēng gé de shāng pǐn
닌 짜이 짜오 나 중 펑 거 더 샹 핀

특별히 찾는 게 있습니까?

有什么特别想要找的款式吗?
yǒu shén me tè bié xiǎng yào zhǎo de kuǎn shì ma
여우 션 머 터 삐에 씨앙 야오 짜오 더 쿠안 스 마

저것을 보여 주세요.

请给我看一下那个。
qǐng gěi wǒ kàn yí xià nà gè
칭 게이 워 칸 이 씨아 나 거

진열장 안에 있는 저 블라
우스를 볼 수 있을까요?

可以给我看一下柜台里的那件
衬衫吗?
kě yǐ gěi wǒ kàn yí xià guì tái lǐ de nà jiàn chèn
shān ma
커 이 게이 워 칸 이 씨아 구에이 타이 리 더 나
찌엔 천 샨 마

이건 좀 너무 화려하군요.

这件太花哨了。
zhè jiàn tài huā shao le
쩌 찌엔 타이 후아 샤오 러

이것보다 수수한 것을
원합니다만.

我喜欢素雅一些的。
wǒ xǐ huan sù yǎ yì xiē de
워 씨 후완 쑤 야 이 시에 더

사이즈가 얼마죠?

你穿多大尺码的?
nǐ chuān duō dà chǐ mǎ de
니 추안 뚜어 따 츠 마 더

쇼
핑

한 번 입어 보세요.

请试穿一下。
qǐng shì chuān yí xià
칭 스 추안 이 씨아

사이즈를 잘 모르는데요.

我不知道自己的尺码。
wǒ bù zhī dào zì jǐ de chǐ mǎ
워 뿌 쯔 따오 쯔 지 더 츠 마

입어 봐도 될까요?

我可以试试这件衣服吗?
wǒ kě yǐ shì shì zhè jiàn yī fú ma
워 커 이 스 스 쩌 찌엔 이 푸 마

탈의실이 어디죠?

试衣间在哪儿?
shì yī jiān zài nǎr
스 이 찌엔 짜이 날

좀 더 작은 사이즈 있습니까?

还有再小一点的吗?
hái yǒu zài xiǎo yì diǎn de ma
하이 여우 짜이 씨아오 이 띠엔 더 마

이 블라우스는 나한테 안 맞아요.

这件衬衫不适合我。
zhè jiàn chèn shān bú shì hé wǒ
쩌 찌엔 천 샨 부 스 허 워

너무 큰데요. / 너무 헐렁해요.

太大了。/ 太松了。
tài dà le / tài sōng le
타이 따 러 / 타이 쑹 러

이것은 어떠세요?

这件怎么样?
zhè jiàn zěn me yàng
쩌 찌엔 쩐 머 양

손님한테 어울릴 것 같은데요.

我觉得这件衣服很适合你。
wǒ jué de zhè jiàn yī fú hěn shì hé nǐ
워 줴 더 쩌 찌엔 이 푸 헌 스 허 니

다른 색상으로 보여 주세요.	我想看看其他颜色的。 wǒ xiǎng kàn kàn qí tā yán sè de 워 씨앙 칸 칸 치 타 앤 써 더
다른 디자인으로 보여 주세요.	请给我看一看其他款式的。 qǐng gěi wǒ kàn yī kàn qí tā kuǎn shì de 칭 게이 워 칸 이 칸 치 타 쿠안 스 더

전자제품을 구입할때

좀 봐도 될까요?	我可以看看吗? wǒ kě yǐ kàn kan ma 워 커 이 칸 칸 마
디지털 카메라를 보여 주세요.	请给我看看数码相机。 qǐng gěi wǒ kàn kàn shù mǎ xiàng jī 칭 게이 워 칸 칸 슈 마 씨앙 지
이 디지털 카메라의 화소는 2200만입니다.	这款数码相机是拥有2200万像素。 zhè kuǎn shù mǎ xiàng jī shì yōng yǒu liǎng qiān liǎng bǎi wàn xiàng sù 쩌 쿠안 슈 마 씨앙 지 쓰 용 여우 리앙 치앤 리앙 바이 완 씨앙 쑤
노트북을 보여 주세요.	请给我看看笔记本电脑。 qǐng gěi wǒ kàn kàn bǐ jì běn diàn nǎo 칭 게이 워 칸 칸 비 찌 번 띠엔 나오
한국산 TV를 취급하나요?	这里有韩国产的电视吗? zhè lǐ yǒu hán guó chǎn de cǎi sè diàn shì ma 쩌 리 여우 한 꾸어 찬 더 띠엔 스 마
어느 나라에서 만들어진 것입니까?	这是哪里制造的? zhè shì nǎ lǐ zhì zào de 쩌 스 나 리 쯔 짜오 더

이것은 일본제입니까?

这是日本制造吗?
zhè shì rì běn zhì zào ma
쩌 스 르 번 쯔 짜오 마

소재는 무엇입니까?

用的是什么材料?
yòng de shì shén me cái liào
융 더 쓰 션 머 차이 리아오

보증(A/S)은 얼마나 됩니까?

保修期是多久?
bǎo xiū qī shì duō jiǔ
바우 씨여우 치 스 뚜어 찌여우

이것은 최신 상품입니다.

这是我们的最新产品。
zhè shì wǒ men de zuì xīn chǎn pǐn
쩌 스 워 먼 더 쭈에이 씬 찬 핀

이것은 인기상품입니다.

这是畅销产品。
zhè shì chàng xiāo chǎn pǐn
쩌 스 창 씨아오 찬 핀

질은 괜찮습니까?

质量还可以吗?
zhì liang hái kě yǐ ma
쯔 리앙 하이 커 이 마

좀더 좋은 것으로 보여주세요.

请给我更好一些的。
qǐng gěi wǒ gèng hǎo yì xiē de
칭 게이 워 껑 하오 이 시에 더

얼마까지 면세가 됩니까?

我可以买多少免税商品?
wǒ kě yǐ mǎi duō shǎo miǎn shuì shāng pǐn
워 커 이 마이 뚜어 샤오 미엔 슈에이 샹 핀

(TIP)

一些[yì xiē]는 약간, 조금의 의미로, 복수의 수량 및 횟수를 나타낼 때 사용하는 표현이다.

Chapter 09 ‖ 병원 ‖ ‖ ‖ ‖ ‖ ‖ ‖ ‖ ‖ ‖

医院

1. 몸이 아플 때

오늘 왜 그렇게 시무룩 해요?	为什么今天这样憔悴? wèi shén me jīn tiān zhè yàng qiáo cuì 웨이 션 머 찐 티엔 쩌 양 치아오 추에이
어디가 아픈가요?	哪里不舒服吗? nǎ lǐ bù shū fú ma 나 리 뿌 슈 푸 마
요즘 독감이 유행하고 있어요.	最近流行感冒。 zuì jìn liú xíng gǎn mào 쭈에이 찐 리여우 싱 간 마오
당신한테 감기가 옮은 것 같아요.	我想我的感冒是你传染给我的。 wǒ xiǎng wǒ de gǎn mào shì nǐ chuán rǎn gěi wǒ de 워 씨앙 워 더 간 마오 스 니 추안 란 게이 워 더
이번 감기는 잘 떨어지 지 않아요.	这次感冒不爱好。 zhè cì gǎn mào bú ài hǎo 쩌 츠 간 마오 뿌 아이 하오
당신은 좀 쉬어야 해요.	你需要休息。 nǐ xū yào xiū xi 니 쉬 야오 씨여우 시
좀 누워있는 게 어때요?	躺一下怎么样? tǎng yí xià zěn me yàng 탕 이 씨아 쩐 머 양

몸을 따뜻하게 해요.	注意保暖。 zhù yì bǎo nuǎn 쭈 이 바오 누안
약은 먹었어요?	吃药了吗? chī yào le ma 츠 야오 러 마
쾌유를 빌어요.	希望你能尽快康复。 xī wàng nǐ néng jǐn kuài kāng fù 씨 왕 니 넝 찐 쿠아이 캉 푸
의사한테 가 봤나요?	去看过医生吗? qù kàn guo yī shēng ma 취 칸 꾸어 이 성 마
병원에 가 봐요.	去医院看看吧。 qù yī yuàn kàn kàn ba 취 이 위앤 칸 칸 빠
뭘 해드릴까요?	我能帮你做些什么? wǒ néng bāng nǐ zuò xiē shén me 워 넝 빵 니 쭈어 시에 션 머
조퇴해도 될까요?	我可以早退吗? wǒ kě yǐ zǎo tuì ma 워 커 이 짜오 투에이 마
약을 사다 줄게요.	我来给你买药。 wǒ lái gěi nǐ mǎi yào 워 라이 게이 니 마이 야오
언제부터 아팠나요?	从什么时候开始疼的? cóng shén me shí hòu kāi shǐ téng de 총 션 머 쓰 허우 카이 스 텅 더

2. 진료 예약

그곳 의사 선생님을 만나보려면 예약이 필요합니까?	要想见那位医生的话，需要预约吗? yào xiǎng jiàn nà wèi yī shēng de huà, xū yào yù yuē ma 야오 씨앙 찌엔 나 웨이 이 셩 더 후아 쉬 야오 위 위에 마
한국어를 하실 수 있는 의사분이 계신가요?	有没有会说韩国语的医生呢? yǒu méi yǒu huì shuō hán guó yǔ de yī shēng ne 여우 메이 여우 후에이 슈어 한 꾸어 위 더 이 셩 너
장 선생님 사무실입니다. 무엇을 도와드릴까요?	这里是张先生的办公室，有什么需要帮助的吗? zhè lǐ shì zhāng xiān sheng de bàn gōng shì, yǒu shén me xū yào bāng zhù de ma 쩌 리 쓰 짱 씨엔 셩 더 빤 궁 쓰 여우 션 머 쉬 야오 빵 쭈 더 마
전에 오신 적이 있습니까?	以前来过吗? yǐ qián lái guò ma 이 치엔 라이 꾸어 마
얼마나 빨리 뵐 수 있을까요?	多快才能进去呢? duō kuài cái néng jìn qù ne 뚜어 쿠아이 차이 넝 찐 취 너
가능하면 빨리 진찰을 받고 싶습니다.	我想尽快进行检查。 wǒ xiǎng jìn kuài jìn xíng jiǎn chá 워 씨앙 진 쿠아이 찐 싱 찌엔 차
오늘 오후에 그 분이 시간이 되시나요?	他下午有时间吗? tā xià wǔ yǒu shí jiān ma 타 씨아 우 여우 쓰 찌엔 마

그보다 더 빨리는 안 될까요?	不能再早一些了吗? bú néng zài zǎo yì xiē le ma 뿌 넝 짜이 짜오 이 시에 러 마
죄송합니다. 예약이 다 되었습니다.	对不起, 我(们)的预约已经排满了。 duì bu qǐ wǒ (men) de yù yuē yǐ jīng pái mǎn le 뚜에이 부 치 워 (먼) 더 위에 이 징 파이 만 러
내일 오후라면 가능합니다.	明天下午可以。 míng tiān xià wǔ kě yǐ 밍 티엔 씨아 우 커 이
그때 들르시겠습니까?	那时能来吗? nà shí néng lái ma 나 스 넝 라이 마
내일 뵙겠습니다.	明天见。 míng tiān jiàn 밍 티엔 찌엔
장민 선생님께 진료 예약을 하고 싶어요.	我想预约张民大夫看病。 wǒ xiǎng yù yuē zhāng mín dài fu kàn bìng 워 씨앙 위 위에 장 민 다이 푸 칸 빙
그 날은 휴진입니다.	那天休息。 nà tiān xiū xi 나 티앤 씨여우 시
종합 검진을 받고 싶어요.	我想做综合体检。 wǒ xiǎng zuò zōng hé tǐ jiǎn 워 씨앙 쭈어 중 허 티 지앤

(TIP)

병원에 가서 수속을 밟는 것을 **挂号**[guà hào]라고 한다.

3. 대기실

의사선생님을 뵙고 싶습니다.	我想去看医生。 wǒ xiǎng qù kàn yī shēng 워 씨앙 취 칸 이 셩
의사 선생님은 지금 계신가요?	医生现在在吗? yī shēng xiàn zài zài ma 이 셩 씨엔 짜이 짜이 마
의사 선생님과 진료 예약을 했습니다.	我已经挂号预约了。 wǒ yǐ jīng guà hào yù yuē le 워 이 징 꾸아 하오 위 위에 러
그와 약속을 하셨습니까?	跟他约好了吗? gēn tā yuē hǎo le ma 껀 타 위에 하오 러 마
이름을 알려주시겠습니까?	请告诉我您的名字, 好吗? qǐng gào se wǒ nín de míng zì, hǎo ma 칭 까오 쑤 워 닌 더 밍즈 하오 마
예약이 되어 있지 않은데요, 너무 급합니다.	我没有预约, 但是我很急。 wǒ méi yǒu yù yuē, dàn shì wǒ hěn jí 워 메이 여우 위 위에 딴 스 워 헌 찌
이번이 처음입니다.	这是我第一次来。 zhè shì wǒ dì yī cì lái 쩌 스 워 띠 이 츠 라이
의사 선생님을 만나려면 얼마나 기다려야 할까요?	我要等多久才能见到医生? wǒ yào děng duō jiǔ cái néng jiàn dào yī shēng 워 야오 덩 뚜어 찌여우 차이 넝 찌엔 따오 이 셩

저를 제일 먼저 봐 주시 겠어요?

能第一个给我看吗?
néng dì yì gè gěi wǒ kàn ma
넝 띠 이 거 게이 워 칸 마

보험에 가입하셨습니까?

有保险吗?
yǒu bǎo xiǎn ma
여우 바오 씨엔 마

어떤 보험에도 들지 않 았는데요.

我没有任何保险。
wǒ méi yǒu rèn hé bǎo xiǎn
워 메이 여우 런 허 바오 씨엔

보험증을 주세요.

请给我看看保险证。
qǐng gěi wǒ kàn kàn bǎo xiǎn zhèng
칭 게이 워 칸 칸 바오 씨앤 쩡

성함을 부를 때까지 저 기서 기다려 주세요.

叫到您的名字之前, 请到那边 等候。
jiào dào nín de míng zi zhī qián qǐng dào nà biān děng hòu
찌아오 따오 닌 더 밍 즈 쯔 치앤 칭 따오 나 비앤 덩 허우

저는 정기 검진 환자예요.

我来做定期检查。
wǒ lái zuò dìng qī jiǎn chá
워 라이 쭈어 딩 치 지앤 차

의사 선생님께서 곧 부 르실 거예요.

医生马上就会叫您的。
yī shēng mǎ shàng jiù huì jiào nín de
이 성 마 상 찌여우 후에이 찌아오 닌 더

보험을 위해 진단서와 영수증을 받고 싶어요.

我想开诊断书和收据申请保 险。
wǒ xiǎng kāi zhěn duàn shū hé shōu jù shēn qǐng bǎo xiǎn
워 씨앙 카이 쩐 뚜안 슈 허 셔우 쥐 션 칭 바오 씨앤

4. 약 구입

진통제를 주시겠어요?	可以给我点止疼药吗?
	kě yǐ gěi wǒ diǎn zhǐ téng yào ma
	커 이 게이 워 띠엔 즈 텅 야오 마

두통약 있습니까?	有头痛药吗?
	yǒu tóu tòng yào ma
	여우 터우 퉁 야오 마

독감약 좀 주세요.	我想要流行感冒药。
	wǒ xiǎng yào liú xíng gǎn mào yào
	워 씨앙 야오 리여우 싱 간 마오 야오

아스피린을 주십시오.	请给我阿司匹林。
	qǐng gěi wǒ ā sī pǐ lín
	칭 게이 워 아 쓰 피 린

설사약 좀 주십시오.	请给我治拉肚子的药。
	qǐng gěi wǒ zhì lā dù zǐ de yào
	칭 게이 워 쯔 라 뚜 즈 더 야오

일회용 반창고 있습니까?	有一次性创可贴吗?
	yǒu yí cì xìng chuàng kě tiē ma
	여우 이 츠 씽 추앙 커 티에 마

식염수를 주시겠어요?	可以给我一些盐水吗?
	kě yǐ gěi wǒ yì xiē yán shuǐ ma
	커 이 게이 워 이 시에 얜 슈에이 마

소화제를 사고 싶습니다.	我想要消化药。
	wǒ xiǎng yào xiāo huà yào
	워 씨앙 야오 씨아오 후아 야오

두통에는 뭐가 좋습니까?	治头痛哪种药比较好? zhì tóu tòng nǎ zhǒng yào bǐ jiào hǎo 쯔 터우 퉁 나 중 야오 비 찌아오 하오
안약을 사러 왔습니다.	我来买眼药。 wǒ lái mǎi yǎn yào 워 라이 마이 얜 야오
변비에 잘 듣는 약 있습니까?	治便秘什么药比较好? zhì biàn mì shén me yào bǐ jiào hǎo 쯔 삐엔 미 션 머 야오 비 찌아오 하오
둘 사이에 무슨 차이가 있습니까?	它们俩有什么不一样吗? tā men liǎ yǒu shén me bù yí yàng ma 타 먼 랴 여우 션 머 뿌 이 양 마
이 약을 먹으면 나을 겁니다.	吃了这药就会好了。 chī le zhè yào jiù huì hǎo le 츠 러 쩌 야오 찌여우 후에이 하오 러
부작용은 있습니까?	有副作用吗? yǒu fù zuò yòng ma 여우 푸 쭈어 용 마
감기약에도 처방전이 필요해요?	感冒药也需要处方吗? gǎn mào yào yě xū yào chù fāng ma 간 마오 야오 예 쒸 야오 추 팡 마
지사제 주세요.	请给我止泻药。 qǐng gěi wǒ zhǐ xiè yào 칭 게이 워 즈 시에 야오
파스있어요?	有药贴吗? yǒu yào tiē ma 여우 야오 티에 마

5. 복용법

이 약은 어떻게 먹습니까?
这个药要怎么吃?
zhè ge yào yào zěn me chī
쩌 거 야오 야오 쩐 머 츠

1회 복용량이 얼마죠?
一次服用多少?
yí cì fú yòng duō shǎo
이 츠 푸 용 뚜어 샤오

이 약은 얼마나 자주 복용해야 합니까?
这药多长时间吃一次?
zhè yào duō cháng shí jiān chī yí cì
쩌 야오 뚜어 창 스 찌엔 츠 이 츠

매일 밤 두 알씩 드세요.
每天晚上吃两粒。
měi tiān wǎn shang chī liǎng lì
메이 티엔 완 샹 츠 리앙 리

1일 3회, 식전에 복용하세요.
每天三次, 饭前吃。
měi tiān sān cì, fàn qián chī
메이 티엔 싼 츠 판 치엔 츠

8시간마다 드셔야 합니다.
每八个小时吃一次。
měi bā gè xiǎo shí chī yí cì
메이 빠 거 씨아오 스 츠 이 츠

이 약의 사용법을 알려주시겠습니까?
能告诉我这药的服用方法吗?
néng gào su wǒ zhè yào de fú yòng fāng fǎ ma
넝 까오 쑤 워 쩌 야오 더 푸 용 팡 파 마

하루 세 번 식후에 드세요.
一天三次, 饭后吃。
yì tiān sān cì, fàn hòu chī
이 티엔 싼 츠 판 허우 츠

라벨에 있는 지시를 따르세요.	按说明书上的说明服用。 àn shuō míng shū shang de shuō míng fú yòng 안 슈어 밍 슈 상 더 슈어 밍 푸 용
권장된 복용량을 초과하지 마세요.	不要过量服用。 bú yào guò liàng fú yòng 부 야오 꾸어 량 푸 용
이 연고를 피부에 발라봐요.	将药擦在皮肤表层。 jiāng yào cā zài pí fū biǎo céng 쨩 야오 차 짜이 피 푸 삐아오 청
소독은 해야 합니다.	要进行消毒。 yào jìn xíng xiāo dú 야오 찐 싱 씨아오 두
매 여섯 시간마다 다량의 물과 함께 복용하세요.	每六个小时服用一次, 要多喝水。 měi liù ge xiǎo shí fú yòng yí cì yào duō hē shuǐ 메이 리여우 거 씨아오 스 푸 용 이 츠 야오 뚜어 허 슈에이
아니면 약이 별로 잘 들지 않을 겁니다.	否则药效不好。 fǒu zé yào xiào bù hǎo 퍼우 저 야오 씨아오 뿌 하오
이 약은 뜨거운 물에 타서 드셔야 합니다.	这药要用热水冲服。 zhè yào yào yòng rè shuǐ chōng fú 쩌 야오 야오 용 러 슈에이 총 푸
이 약은 취침 전에 드셔야 합니다.	要在睡前服用这个药。 yào zài shuì qián fú yòng zhè ge yào 야오 짜이 슈에이 치앤 푸 용 쩌 거 야오

TIP

중국에선 규모가 작은 병원을 진료소, **诊所**[zhěn suǒ] 라고 한다.

6. 안과

당신의 시력은 어떻게 되십니까?	你的视力怎么样? nǐ de shì lì zěn me yàng 니 더 스 리 쩐 머 양
저는 시력이 나쁩니다.	我的视力不好。 wǒ de shì lì bù hǎo 워 더 스 리 뿌 하오
저는 근시입니다. / 저는 원시입니다.	我近视。/ 我远视。 wǒ jìn shì / wǒ yuǎn shì 워 찐 스 / 워 위엔 스
저는 난시예요.	我眼睛散光。 wǒ yǎn jīng sǎn guāng 워 얜 징 싼 꾸왕
시력 검사를 하러 왔습니다.	我来做视力检查。 wǒ lái zuò shì lì jiǎn chá 워 라이 쭈어 스 리 찌엔 차
내 눈에 무언가 문제가 있는 것 같습니다.	我的眼睛好像有什么问题。 wǒ de yǎn jīng hǎo xiàng yǒu shén me wèn ti 워 더 얜 징 하오 씨앙 여우 션 머 원 티
마지막으로 시력 검사를 받은 게 언제입니까?	最后一次做视力检查是什么时候? zuì hòu yí cì zuò shì lì jiǎn chá shì shén me shí hòu 쭈에이 허우 이 츠 쭈어 스 리 찌엔 차 스 션 머 쓰 허우
시력검사표를 보세요.	请看视力检查表。 qǐng kàn shì lì jiǎn chá biǎo 칭 칸 스 리 찌엔 차 삐아오

네 번째 줄을 읽으실 수 있습니까?	能看清楚第四行吗？ néng kàn qīng chǔ dì sì háng ma 넝 칸 칭 추 띠 쓰 항 마
눈병이 났습니다.	我得了眼病。 wǒ dé le yǎn bìng 워 더 러 앤 삥
오른 쪽 눈에 다래끼가 났습니다.	我的右眼得了针眼。 wǒ de yòu yǎn dé le zhēn yǎn 워 더 여우 앤 더 러 쩐 앤
눈이 쓰라리고 아파요.	我的眼睛刺痛。 wǒ de yǎn jīng cì tòng 워 더 앤 징 츠 퉁
눈이 가렵습니다.	眼睛发痒。 yǎn jīng fā yǎng 앤 징 파 양
눈이 침침하고 안 보이는데요.	眼睛看不清楚东西。 yǎn jīng kàn bù qīng chǔ dōng xī 앤 징 칸 뿌 칭 추 뚱 시
왼쪽 눈이 많이 아파요.	我的左眼很疼。 wǒ de zuǒ yǎn hěn téng 워 더 쭈어 앤 헌 텅
시력이 떨어지는 것만 같아요.	视力好像越来越差了。 shì lì hǎo xiàng yuè lái yuè chà le 스 리 하오 씨앙 위에 라이 위에 차 러
안경을 바꿔야 할 것 같습니다.	需要换眼镜了。 xū yào huàn yǎn jìng le 쒸 야오 후안 앤 징 러

7. 이비인후과

귀에 염증이 난 것 같습니다.	耳朵好像发炎了。 ěr duo hǎo xiàng fā yán le 얼 두어 하오 씨앙 파 앤러
귀가 멍합니다.	我耳朵都蒙了。 wǒ ěr duo dōu mēng le 워 얼 두어 떠우 멍 러
귀가 잘 안 들립니다.	耳朵听不清楚。 ěr duǒ tīng bù qīng chǔ 얼 두어 팅 부 칭 추
고막이 터진 것 같아요.	鼓膜好像破裂了。 gǔ mó hǎo xiàng pò liè le 구 모어 하오 씨앙 포어 리에 러
이어폰 사용을 줄여야 합니다.	应该减少使用耳机。 yīng gāi jiǎn shǎo shǐ yòng ěr jī 잉 가이 지앤 샤오 쓰 용 얼 지
코가 막힙니다.	鼻子堵上了。 bí zi dǔ shàng le 비 즈 두 샹 러
콧물이 나옵니다.	流鼻涕了。 liú bí tì le 리여우 비 티 러
축농증입니다.	是鼻窦炎。 shì bí dòu yán 쓰 비 떠우 앤

약물치료로 완치가 안 되니, 수술 받으셔야 합니다.	药物治疗无法根治，需手术治疗。
	yào wù zhì liáo wú fǎ gēn zhì xū shǒu shù zhì liáo
	야오 우 쯔 리아오 우 파 껀 쯔 쉬 셔우 슈 쯔 리아오

입을 벌려 보시겠어요?	张嘴我看一下？
	zhāng zuǐ wǒ kàn yí xià
	짱 주에이 워 칸 이 씨아

비염이 심합니다.	鼻炎太严重了。
	bí yán tài yán zhòng le
	비 앤 타이 앤 쭝 러

만성 비염입니다.	是慢性鼻炎。
	shì màn xìng bí yán
	쓰 만 씽 비 앤

만성 비염은 재발하기 쉽습니다.	慢性鼻炎容易再犯。
	màn xìng bí yán róng yì zài fàn
	만 씽 비 앤 롱 이 짜이 판

코세척을 자주 해주세요, 좋아질 겁니다.	常常清洗鼻子吧。应该会好的。
	cháng cháng qīng xǐ bí zi ba yīng gāi huì hǎo de
	창 창 칭 시 비 즈 바 잉 까이 후에이 하오 더

환절기에 특히 조심하세요.	换季时要特别小心。
	huàn jì shí yào tè bié xiǎo xīn
	후안 지 스 야오 터 비에 씨아오 씬

TIP

급성 : **急性**[jí xìng] 지 싱
만성 : **慢性**[màn xìng] 만 싱

8. 외과

요리를 하다가 손을 데었습니다.	做饭的时候把手烫伤了。 zuò fàn de shí hòu bǎ shǒu tàng shāng le 쭈어 판 더 쓰 허우 바 셔우 탕 샹 러
캔을 따다가 손가락을 베었습니다.	开罐头的时候划伤了手指。 kāi guàn tóu de shí hòu huá shāng le shǒu zhǐ 카이 꾸안 터우 더 쓰 허우 후아 샹 러 셔우 즈
응급조치가 필요합니다.	需要应急措施。 xū yào yìng jí cuò shī 쉬 야오 잉 찌 추어 스
다리가 부어올랐습니다.	我的腿肿了。 wǒ de tuǐ zhǒng le 워 더 투에이 쭝 러
전신에 멍이 들었습니다.	身上都是乌青。 shēn shàng dōu shì wū qīng 션 샹 떠우 스 우 칭
여기가 아픕니다.	这里很疼。 zhè lǐ hěn téng 쩌 리 헌 텅
여기를 만지면 아픈가요?	摸这里的时候疼吗? mō zhè lǐ de shí hou téng ma 모어 쩌 리 더 쓰 허우 텅 마
낫는 데 얼마나 걸릴까요?	多久可以痊愈呢? duō jiǔ kě yǐ quán yù ne 뚜어 찌여우 커 이 취엔 위 너

병
원

주사 한 대 놓겠습니다.

给你打一针。
gěi nǐ dǎ yì zhēn
게이 니 다 이 쩐

2도 화상을 입으셨네요.

您是二级烧伤。
nín shì èr jí shāo shāng
닌 쓰 얼 지 샤오 샹

진통제를 처방해 드릴
게요.

我给你开点儿止疼药。
wǒ gěi nǐ kāi diǎnr zhǐ téng yào
워 게이 니 카이 디알 즈 텅 야오

저는 항생제 알레르기가
있습니다.

我对抗生素过敏。
wǒ duì kàng shēng sù guò mǐn
워 뚜에이 캉 셩 쑤 꾸어 민

흉터가 남을 것 같습니다.

可能会留疤痕。
kě néng huì liú bā hén
커 넝 후에이 리여우 빠 헌

✦ 정형외과 ✦

축구 경기를 하다가 발
목을 삔 것 같아요.

在踢足球的时候崴了脚。
zài tī zú qiú de shí hòu wǎi le jiǎo
짜이 티 주 치여우 더 쓰 허우 와이 러 찌아오

계단에서 넘어져서 다리
가 부러졌습니다.

从楼梯上摔下来, 腿摔折了。
cóng lóu tī shàng shuāi xià lái tuǐ shuāi shé le
총 러우 티 샹 슈아이 씨아 라이 투에이 슈아이 셔 러

깁스를 해야겠습니다.

需要打石膏。
xū yào dǎ shí gāo
쉬 야오 다 스 까오

TIP

对~过敏[duì guò mǐn]은 ~에 대해 알레르기가 있다는 의미로 사용된다.

9. 내과

어디가 아프십니까?	哪里不舒服? nǎ lǐ bù shū fú 나 리 뿌 슈 푸	

목이 아픕니다.	我嗓子疼。 wǒ sǎng zi téng 워 상 쯔 텅

배가 아픕니다.	我肚子疼。 wǒ dù zi téng 워 뚜 즈 텅

설사가 납니다.	我拉肚子。 wǒ lā dù zi 워 라 뚜 즈

몸살이 났어요.	我全身酸痛。 wǒ quán shēn suān tòng 워 취엔 션 쑤안 퉁

현기증이 납니다. / 오한 이 납니다.	我头晕目眩。/ 我打冷颤。 wǒ tóu yūn mù xuàn / wǒ dǎ lěng zhàn 워 터우 윈 무 쒸앤 / 워 다 렁 짠

열이 있고 기침이 납니다.	我发烧咳嗽。 wǒ fā shāo ké sou 워 파 샤오 커 써우

머리가 심하게 아픕니다.	我头很疼。 wǒ tóu hěn téng 워 터우 헌 텅

소화가 안 됩니다.	消化不好。 xiāo huà bù hǎo 씨아오 후아 부 하오
체온을 재보겠습니다.	我帮你量一下体温。 wǒ bāng nǐ liáng yí xià tǐ wēn 워 빵 니 리앙 이 씨아 티 원
진찰을 해 보겠습니다.	我来给你检查一下。 wǒ lái gěi nǐ jiǎn chá yí xià 워 라이 게이 니 찌엔 차 이 씨아
옷을 벗으세요.	请脱掉衣服。 qǐng tuō diào yī fú 칭 투어 띠아오 이 푸
셔츠 좀 걷어 올려 보실 래요?	请把衣服拉上去一点? qǐng bǎ yī fú lā shàng qù yì diǎn 칭 바 이 푸 라 상 취 이 띠엔
몇 가지 검사를 해봐야 겠는데요.	要做几项检查。 yào zuò jǐ xiàng jiǎn chá 야오 쭈어 지 씨앙 찌엔 차
입원해야 합니까?	我需要住院吗? wǒ xū yào zhù yuàn ma 워 쉬 야오 쭈 위엔 마
상태가 심각한가요?	很严重吗? hěn yán zhòng ma 헌 얜 쭝 마
어디가 아프십니까?	哪里疼? nǎ lǐ téng 나 리 텅

10. 치과

| 이가 몹시 아픕니다. | 我的牙疼得很厉害。
wǒ de yá téng de hěn lì hài
워 더 야 텅 더 헌 리 하이 |

| 잇몸에서 피가 납니다. | 牙龈在流血。
yá yín zài liú xiě / xuè
야 인 짜이 리여우 시에 / 쉬에 |

| 스케일링을 받고 싶습니다. | 我想洗牙。
wǒ xiǎng xǐ yá
워 씨앙 시 야 |

| 이가 흔들립니다. | 我有颗牙齿松动了。
wǒ yǒu kē yá chǐ sōng dòng le
워 여우 커 야 츠 쑹 뚱 러 |

| 야구하다가 치아가 부러졌습니다. | 打棒球的时候牙齿断了。
dǎ bàng qiú de shí hou yá chǐ duàn le
다 빵 치여우 더 스 허우 야 츠 뚜안 러 |

| 통증이 있나요? | 有痛感吗?
yǒu tòng gǎn ma
여우 퉁 간 마 |

| 지난주부터 아파서 처음엔 진통제를 복용했어요. | 从上星期开始疼, 一开始的时候服用了止疼片。
cóng shàng xīng qī kāi shǐ téng, yì kāi shǐ de shí hòu fú yòng le zhǐ téng piàn
총 상 씽 치 카이 스 텅 이 카이 스 더 쓰 허우 푸 융 러 즈 텅 피엔 |

| 식사할 때 이가 아픕니다. | 吃东西的时候牙就疼。
chī dōng xi de shí hòu yá jiù téng
츠 뚱 시 더 스 허우 야 찌여우 텅 |

볼이 부어 밤에 잠도 이루지 못합니다.	脸肿得晚上睡不着。 liǎn zhǒng de wǎn shàng shuì bù zháo 리앤 쭝 더 완 샹 슈에이 뿌 자오
제 충치를 때워야 할 것 같습니다.	我好像得补虫牙。 wǒ hǎo xiàng děi bǔ chóng yá 워 하오 씨앙 데이 부 충 야
입을 크게 벌리세요.	请张大嘴巴。 qǐng zhāng dà zuǐ ba 칭 장 따 쭈에이 바
뽑아버려야 될 것 같습니다.	得拔掉牙齿。 děi bá diào yá chǐ 데이 바 띠아오 야 츠
통증을 없앨 수 있나요?	能止疼吗? néng zhǐ téng ma 넝 즈 텅 마
이를 규칙적으로 닦으세요.	建议你有规律的刷牙。 jiàn yì nǐ yǒu guī lǜ de shuā yá 찌엔 이 니 여우 꾸에이 뤼 더 슈아 야
적어도 하루에 두 번은 이를 닦아야 합니다.	至少一天要刷两次牙。 zhì shǎo yì tiān yào shuā liǎng cì yá 쯔 샤오 이 티엔 야오 슈아 리앙 츠 야
사랑니가 났어요.	长智牙了。 zhǎng zhì yá le 장 쯔 야 러

TIP

否则 [fǒu zé]와 같은 뜻의 표현으로는 不然 [bù rán]이 있으며, 회화상으로는 不然이 더 자주 쓰인다.

Chapter 10

교통

交通

•기본표현•

🔖 1. 길안내

길 좀 가르쳐 주실래요?	能给我指路吗? néng gěi wǒ zhǐ lù ma 넝 게이 워 즈 루 마
길을 잃었나요?	我迷路了? wǒ mí lù le 워 미 루 러
시청을 찾는 중입니다.	我要去市政厅。 wǒ yào qù shì zhèng tīng 워 야오 취 스 쩡 팅
역으로 가는 길 좀 가르쳐 주시겠어요?	能告诉我车站怎么走吗? néng gào sù wǒ chē zhàn zěn me zǒu ma 넝 까오 쑤 워 처 짠 쩐 머 저우 마
지도를 그려줄 수 있습니까?	能帮我画地图吗? néng bāng wǒ huà dì tú ma 넝 빵 워 후아 띠 투 마
지금 있는 장소는 이 지도의 어디입니까?	现在我们在这张地图上的哪个位置呢? xiàn zài wǒ men zài zhè zhāng dì tú shàng de nǎ gè wèi zhì ne 씨엔 짜이 워 먼 짜이 쩌 짱 띠 투 샹 더 나 거 웨이 쯔 너

저기서 왼쪽으로 도세요.	在那边向左拐。
	zài nà biān xiàng zuǒ guǎi
	짜이 나 삐엔 씨앙 주어 꾸아이

두 구역 내려가서 우회 전하세요.	过两个街区后向右拐。
	guò liǎng gè jiē qū hòu xiàng yòu guǎi
	꾸어 리앙 거 찌에 취 허우 씨앙 여우 꾸아이

찾기 쉬운가요?	容易找吗?
	róng yì zhǎo ma
	룽 이 쟈오 마

여기서 가깝습니까?	离这儿近吗?
	lí zhèr jìn ma
	리 쩔 찐 마

걸어서 몇 분 걸립니까?	走路的话要多长时间?
	zǒu lù de huà yào duō cháng shí jiān
	저우 루 더 후아 야오 뚜어 창 스 찌엔

오래 걸리지 않을 거예요.	用不了多久。
	yòng bù liǎo duō jiǔ
	용 뿌 리아오 뚜어 찌여우

걸어서 갈 수 있는 거리 입니까?	是可以走着去的距离吗?
	shì kě yǐ zǒu zhe qù de jù lí ma
	쓰 커 이 저우 저 취 더 쮜 리 마

저도 여기는 모릅니다.	我也不太了解这里。
	wǒ yě bú tài liǎo jiě zhè lǐ
	워 예 부 타이 리아오 찌에 쩌 리

(TIP)

직진한다는 **往前走**[wǎng qián zǒu]나 **直走**[zhí zǒu] 둘 다 사용할 수 있다.

2. 버스를 이용할 때

버스정류장은 어디입니까?	公共汽车站在哪里? gōng gòng qì chē zhàn zài nǎ lǐ 꿍 꿍 치 처 짠 짜이 나 리
여기서 가까운 버스정류장은 어디에 있습니까?	最近的公共汽车站在哪里? zuì jìn de gōng gòng qì chē zhàn zài nǎ lǐ 쭈에이 찐 더 꿍 꿍 치 처 짠 짜이 나 리
상해행 버스는 어디에서 탑니까?	去上海的大巴站在哪里? qù shàng hǎi de dà bā zhàn zài nǎ lǐ 취 샹 하이 더 따 바 짠 짜이 나 리
여기가 버스 기다리는 줄인가요?	这是等公交车的队吗? zhè shì děng gōng jiāo chē de duì ma 쩌 쓰 덩 꿍 지아오 처 더 뚜에이 마
박물관행 버스는 몇 번입니까?	去博物馆的公交车是几路? qù bó wù guǎn de gōng jiāo chē shì jǐ lù 취 보어 우 꾸안 더 꿍 찌아오 처 쓰 지 루
몇 번 버스를 타면 됩니까?	应该坐几路大巴? yīng gāi zuò jǐ lù dà bā 잉 까이 쭈어 지 루 따 바
표는 어디에서 살 수 있습니까?	哪里可以买票? nǎ lǐ kě yǐ mǎi piào 나 리 커 이 마이 피아오
요금은 얼마입니까?	多少钱? duō shǎo qián 뚜어 샤오 치엔

이 버스는 박물관 행입니까?	这是去博物馆的车吗? zhè shì qù bó wù guǎn de chē ma 쩌 쓰 취 보어 우 꾸안 더 처 마
길 건너편에서 40번 버스를 타세요.	在路对面坐40路大巴。 zài lù duì miàn zuò sì shí lù dà bā 짜이 루 뚜에이 미엔 쭈어 쓰 스 루 따 바
얼마나 걸립니까?	需要多长时间? xū yào duō cháng shí jiān 쉬 야오 뚜어 창 스 찌엔
여기서 몇 정거장이에요?	离这儿要几站? lí zhèr yào jǐ zhàn 리 쩔 야오 지 짠
다음 정거장이 천안문인가요?	下一站是天安门广场吗? xià yí zhàn shì tiān ān mén guǎng chǎng ma 씨아 이 짠 스 티앤 안 먼 꾸앙 창 마
중앙박물관에 가려면 어디서 내려야 해요?	去中央博物馆在哪儿下车? qù zhōng yāng bó wù guǎn zài nǎr xià chē 취 쭝 양 보어 우 꾸안 짜이 날 씨아 처
상해로 가는 첫 버스는 언제 떠나요?	去上海的首班车什么时候出发? qù Shàng hǎi de shǒu bān chē shén me shí hòu chū fā 취 상 하이 더 셔우 반 처 션 머 쓰 허우 추 파
상해엔 언제쯤 도착할까요?	几点左右到达上海? jǐ diǎn zuǒ yòu dào dá Shàng hǎi 지 띠엔 쭈어 여우 따오 다 상 하이
막차는 몇 시에 옵니까?	末班车几点到? mò bān chē jǐ diǎn dào 모어 반 처 지 띠엔 따오

3. 기차를 이용할 때

샹하이 가는 표를 주십시오.	给我一张去上海的票。 gěi wǒ yì zhāng qù shàng hǎi de piào 게이 워 이 짱 취 샹 하이 더 피아오
급행으로 부탁합니다.	请给我快车票。 wǒ yào kuài chē piào 칭 게이 워 쿠아이 처 피아오
샹하이까지 왕복 2장 주십시오.	两张去上海的往返票。 liǎng zhāng qù shàng hǎi de wǎng fǎn piào 리앙 짱 취 샹 하이 더 왕 판 피아오
급행열차가 샹하이 역에서 섭니까?	快车在上海站停吗? kuài chē zài shàng hǎi zhàn tíng ma 쿠아이 처 짜이 샹 하이 짠 팅 마
더 이른 기차 있습니까?	有更早的火车吗? yǒu gèng zǎo de huǒ chē ma 여우 껑 자오 더 후어 처 마
침대칸/일반석으로 주세요.	我要软卧 / 硬座。 wǒ yào ruǎn wò yìng zuò 워 야오 루안 워 / 잉 쭈어
첫 차로 주세요.	我要首班车。 wǒ yào shǒu bān chē 워 야오 셔우 빤 처
기차표 좌측 상단에 개찰구에 관한 정보가 있습니다.	火车票面左上角有检票口的信息。 huǒ chē piào miàn zuǒ shàng jiǎo yǒu jiǎn piào kǒu de xìn xī 후어 처 피아오 미앤 쭈어 샹 찌아오 여우 찌앤 피아오 커우 더 씬 시

마지막 기차 시간이 어떻게 됩니까?	末班车是几点? mò bān chē shì jǐ diǎn 모어 반 처 쓰 지 띠엔
내가 탈 기차는 몇 번 트랙에서 떠납니까?	我要坐的火车在哪个站台呢? wǒ yào zuò de huǒ chē zài nǎ gè zhàn tái ne 워 야오 쭈어 더 후어 처 짜이 나 거 짠 타이 너
이 열차 맞습니까?	是这趟列车吗? shì zhè tàng liè chē ma 쓰 쩌 탕 리에 처 마
이곳이 상하이행 승강구가 맞나요?	这是上海方面列车的站台吗? zhè shì shàng hǎi fāng miàn liè chē de zhàn tái ma 쩌 스 상 하이 팡 미엔 리에 처 더 짠 타이 마
상하이까지 몇 시간 걸립니까?	到上海需要几个小时? dào shàng hǎi xū yào jǐ gè xiǎo shí 따오 샹 하이 쉬 야오 지 거 씨아오 스
여기에서부터 몇 번째 역입니까?	从这里的第几站? cóng zhè lǐ de dì jǐ zhàn 총 쩌 리 더 띠 지 짠
어디서 기차를 갈아타야 합니까?	在哪里换乘火车? zài nǎ lǐ huàn chéng huǒ chē 짜이 나 리 후안 청 후어 처
그곳에 가려면 기차를 몇 번이나 갈아타야 합니까?	要去那里的话, 得换乘几次火车? yào qù nà lǐ de huà děi huàn chéng jǐ cì huǒ chē 야오 취 나 리 더 후아 데이 후안 청 지 츠 후어 처
기차를 놓쳤어요.	我没有赶上火车。 wǒ méi yǒu gǎn shàng huǒ chē 워 메이 여우 간 샹 후어 처

4. 자동차를 이용할 때

도로 지도를 갖고 싶습니다.	我想要一张路面地图. wǒ xiǎng yào yì zhāng lù miàn dì tú 워 씨앙 야오 이 짱 루 미엔 띠 투
실례합니다만 좀 여쭙겠습니다.	不好意思, 我想请问一下. bù hǎo yì si, wǒ xiǎng qǐng wèn yí xià 뿌 하오 이 쓰 워 씨앙 칭 원 이 씨아
시청으로 가는 방향이 어느 쪽인가요?	去市政厅是哪个方向? qù shì zhèng tīng shì nǎ gè fāng xiàng 취 쓰 쩡 팅 쓰 나 거 팡 씨앙
어느 정도 걸립니까?	需要多长时间? xū yào duō cháng shí jiān 쉬 야오 뚜어 창 스 찌엔
중앙공원은 어느 길로 가면 됩니까?	去中央公园应该走哪条路? qù zhōng yāng gōng yuán yīng gāi zǒu nǎ tiáo lù 취 쭝 양 꿍 위엔 잉 까이 저우 나 티아오 루
이 길을 따라 30분 동안 운전해 가세요.	沿这条路开30分钟. yán zhè tiáo lù kāi sān shí fèn zhōng 옌 쩌 티아오 루 카이 싼 스 펀 쭝
여기서 두 구획을 가시면 있습니다.	从这里过两个区就可以了. cóng zhè lǐ guò liǎng gè qū jiù kě yǐ le 총 쩌 리 꾸어 리앙 꺼 취 찌여우 커 이 러
교차로에서 좌회전 하세요.	在交叉路口向左拐. zài jiāo chā lù kǒu xiàng zuǒ guǎi 짜이 찌아오 차 루 커우 씨앙 쭈어 꾸아이

첫 번째 모퉁이에서 좌회전하세요.	第一个拐角处向左拐。 dì yī gè guǎi jiǎo chù xiàng zuǒ guǎi 띠 이 거 꾸아이 지아오 추 씨앙 쭈어 꾸아이
두 번째 모퉁이를 지나 계속해서 가십시오.	过了第二个拐角处直走。 guò le dì èr gè guǎi jiǎo chù zhí zǒu 꾸어 러 띠 얼 거 꾸아이 지아오 추 쯔 쩌우
여기저기에 표지판이 있을 거예요.	到处都能看见路标。 dào chù dōu néng kàn jiàn lù biāo 따오 추 떠우 넝 칸 찌엔 루 삐아오
다른 분께 물어보시죠.	最好问一下别人。 zuì hǎo wèn yí xià bié rén 쭈에이 하오 원 이 씨아 비에 런
이 길을 따라가면 나옵니다.	沿这条路走就能看到了。 yán zhè tiáo lù zǒu jiù néng kàn dào le 앤 쩌 티아오 루 저우 찌여우 넝 칸 따오 러
신호등이 나올 때까지 곧장 가세요.	一直走，走到看到红绿灯为止。 yì zhí zǒu zǒu dào kàn dào hóng lǜ dēng wéi zhǐ 이 쯔 저우 저우 따오 칸 따오 훙 뤼 떵 웨이 쯔
세 번째 신호등에서 오른쪽으로 도십시오.	在第三个红绿灯向右拐。 zài dì sān gè hóng lǜ dēng xiàng yòu guǎi 짜이 띠 싼 거 훙 뤼 떵 씨앙 여우 꾸아이
중앙공원까지 몇 킬로입니까?	到中央公园有多少公里？ dào zhōng yāng gōng yuán yǒu duō shǎo gōng lǐ 따오 쭝 양 꿍 위엔 여우 뚜어 샤오 꿍 리

5. 지하철을 이용할 때

지하철역은 어디에 있습니까?	地铁站在哪儿? dì tiě zhàn zài nǎr 띠 티에 짠 짜이 날
지하철 노선도를 주세요?	给我一张地铁路线图好吗? gěi wǒ yì zhāng dì tiě lù xiàn tú hǎo ma 칭 게이 워 이 짱 띠 티에 루 씨엔 투 하오 마
지하철로 그 곳에 갈 수 있습니까?	我可以坐地铁去那里吗? wǒ kě yǐ zuò dì tiě qù nà lǐ ma 워 커 이 쭈어 띠 티에 취 나 리 마
지하철이 얼마나 자주 다니는지 아십니까?	地铁几分钟来一趟? dì tiě jǐ fēn zhōng lái yí tàng 띠 티에 지 펀 쭝 라이 이 탕
표는 어디에서 살 수 있습니까?	在哪里买票? zài nǎ lǐ mǎi piào 짜이 나 리 마이 피아오
자동매표기는 어디에 있습니까?	自动售票机在哪儿? zì dòng shòu piào jī zài nǎr 쯔 뚱 셔우 피아오 지 짜이 날
이 자동매표기 사용법을 가르쳐 주시겠습니까?	能教我怎么用自动售票机吗? néng jiao wǒ zěn me yòng zì dòng shòu piào jī ma 넝 찌아오 워 쩐 머 융 쯔 뚱 셔우 피아오 찌 마
공원에 가려면 몇 호선을 타면 됩니까?	去公园的话要坐几号线呢? qù gōng yuán de huà yào zuò jǐ hào xiàn ne 취 꿍 위엔 더 후아 야오 쭈어 지 하오 씨엔 너

다음은 어디입니까?

下一站是什么站?
xià yí zhàn shì shén me zhàn
씨아 이 짠 스 션 머 짠

어느 쪽으로 내려야 합니까?

在哪边下车?
zài nǎ biān xià chē
짜이 나 삐엔 씨아 처

상하이 역은 몇 번째입니까?

去上海站的话要坐几站?
qù shàng hǎi zhàn de huà yào zuò jǐ zhàn
취 샹 하이 짠 더 후아 야오 쭈어 지 짠

다음이 샹하이 역입니까?

下站是上海站吗?
xià zhàn shì shàng hǎi zhàn ma
씨아 짠 스 샹 하이 짠 마

몇 호선이 시청역 가요?

几号线去市政府站?
jǐ hào xiàn qù shì zhèng fǔ zhàn
지 하오 시앤 취 스 정 푸 짠

시장으로 가려면 몇 번 출구로 나가야 해요?

去市场要从几号出口出去?
qù shì chǎng yào cóng jǐ hào chū kǒu chū qù
취 스 창 야오 총 지 하오 추 커우 추 취

지하철 입구가 어디예요?

地铁入口在哪儿?
dì tiě rù kǒu zài nǎr
디 티에 루 커우 짜이 날

어느 역에서 갈아타야 해요?

要在哪站换车?
yào zài nǎ zhàn huàn chē
야오 짜이 나 짠 후안 청

지금 안내 방송에서 무슨 역이라고 했어요?

现在广播里说是哪一站?
xiàn zài guǎng bō lǐ shuō shì nǎ yí zhàn
씨앤 짜이 꾸앙 보어 리 슈어 스 나 이 짠

6. 택시를 이용할 때

택시 승강장은 어디입니까?	出租车站在哪儿?
	chū zū chē zhàn zài nǎr
	추 쭈 처 짠 짜이 날

택시를 불러주시겠습니까?	能帮我叫一辆出租车吗?
	néng bāng wǒ jiào yí liàng chū zū chē ma
	넝 빵 워 찌아오 이 리앙 추 쭈 처 마

짐을 실어 드릴까요?	要我帮您装一下行李吗?
	yào wǒ bāng nín zhuāng yí xià xíng lǐ ma
	야오 워 빵 닌 쭈앙 이 씨아 싱 리 마

어디까지 가십니까?	去哪里?
	qù nǎ lǐ
	취 나 리

상하이역으로 가주세요.	请拉我去上海站。
	qǐng lā wǒ qù shàng hǎi zhàn
	칭 라 워 취 샹 하이 짠

호텔 앞에 내려 주시겠습니까?	能停在酒店门口吗?
	néng tíng zài jiǔ diàn mén kǒu ma
	넝 팅 짜이 찌여우 띠엔 먼 커우 마

이 주소로 가주십시오.	请带我去这个地方。
	qǐng dài wǒ qù zhè gè dì fāng
	칭 따이 워 취 쩌 거 띠 팡

서둘러 주시겠어요?	能快点吗?
	néng kuài diǎn ma
	넝 쿠아이 띠엔 마

가장 가까운 길로 가 주세요.	请走最近的路。 qǐng zǒu zuì jìn de lù 칭 저우 쭈에이 찐 더 루
5시까지 갈 수 있을까요?	我能在五点前到那里吗? wǒ néng zài wǔ diǎn qián dào nà lǐ ma 워 넝 짜이 우 띠엔 치엔 따오 나 리 마
조금 더 빨리 갈 수 없을까요?	请快一点好吗? qǐng kuài yì diǎn hǎo ma 칭 쿠아이 이 띠엔 하오 마
저기 건물 앞에 세워주세요.	在这个大厦前面停一下。 zài zhè gè dà shà qián miàn tíng yí xià 짜이 쩌 거 따 샤 치엔 미엔 팅 이 씨아
여기에서 오른쪽으로 돌아주세요.	在这儿向右拐。 zài zhèr xiàng yòu guǎi 짜이 쩔 씨앙 여우 꾸아이
여기에서 세워주세요.	请在这儿停车。 qǐng zài zhèr tíng chē 칭 짜이 쩔 팅 처
좀 더 앞까지 가주시겠어요?	能再往前停停吗? néng zài wǎng qián tíng tíng ma 넝 짜이 왕 치엔 팅 팅 마
거스름돈은 됐습니다.	不用找了。 bú yòng zhǎo le 부 용 짜오 러

TIP

'거스름돈을 받다'는 **找零钱**[zhǎo líng qián] 이라고 표현한다.

7. 주유와 정비

근처에 주유소가 있습니까?	附近有加油站吗? fù jìn yǒu jiā yóu zhàn ma 푸 찐 여우 찌아 여우 짠 마
주유소는 어디입니까?	加油站在哪儿? jiā yóu zhàn zài nǎr 찌아 여우 짠 짜이 날
20리터 넣어 주세요.	请加20升。 qǐng jiā èr shí shēng 칭 찌아 얼 스 셩
어떤 걸로 넣어 드릴까요?	加哪种油? jiā nǎ zhǒng yóu 찌아 나 쫑 여우
보통이요, 고급이요?	普通的还是高级的? pǔ tōng de hái shì gāo jí de 푸 퉁 더 하이 쓰 까오 지 더
가득 넣어주세요.	请加满。 qǐng jiā mǎn 칭 찌아 만
주유구를 열어주시겠어요?	把油箱盖打开好吗? bǎ yóu xiāng gài dǎ kāi hǎo ma 바 여우 씨앙 까이 다 카이 하오 마
기름이 떨어졌습니다.	没油了。 méi yóu le 메이 여우 러
여기에 주차할 수 있습니까?	我能把车停这儿吗? wǒ néng bǎ chē tíng zhèr ma 워 넝 바 처 팅 쩔 마

차가 움직이지 못하게 되었습니다.	车动不了了。 chē dòng bù liǎo le 처 뚱 뿌 리아오 러	
시동이 걸리지 않습니다.	发动不了了。 fā dòng bù liǎo le 파 뚱 뿌 리아오 러	
배터리가 떨어졌습니다.	没电池了。 méi diàn chí le 메이 띠엔 츠 러	
근처에 수리 공장이 있습니까?	附近有汽车维修厂吗? fù jìn yǒu qì chē wéi xiū chǎng ma 푸 찐 여우 치 처 웨이 씨여우 창 마	
브레이크가 잘 안 듣습니다.	刹车不好使了。 shā chē bù hǎo shǐ le 샤 처 뿌 하오 쓰 러	
여기서 세차를 해줍니까?	这里能洗车吗? zhè lǐ néng xǐ chē ma 쩌 리 넝 시 처 마	
오일을 점검해 주시겠어요?	能检查一下汽油吗? néng jiǎn chá yí xià qì yóu ma 넝 찌엔 차 이 씨아 치 여우 마	
부동액을 점검해 주시겠어요?	能检查一下防冻液吗? néng jiǎn chá yí xià fáng dòng yè ma 넝 찌엔 차 이 씨아 팡 뚱 예 마	
무엇이 문제입니까?	出了什么毛病? chū le shén me máo bìng 추 러 션 머 마오 삥	

8. 긴급 상황 대치

도와주세요.	请帮帮我。 qǐng bāng bāng wǒ 칭 빵 빵 워
위급합니다!	非常紧急! fēi cháng jǐn jí 페이 창 진 지
경찰서 좀 대 주세요.	请转到警察局。 qǐng zhuǎn dào jǐng chá jú 칭 쭈안 따오 징 차 쥐
무슨 일입니까?	发生什么事了? fā shēng shén me shì le 파 셩 션 머 쓰 러
교통사고가 났어요.	出车祸了。 chū chē huò le 추 처 후어 러
자동차에 치였습니다.	我被汽车撞了。 wǒ bèi qì chē zhuàng le 워 뻬이 치 처 쭈앙 러
시청 근처의 거리에 있습니다.	我们在市政厅附近的大街上。 wǒ men zài shì zhèng tīng fù jìn de dà jiē shàng 워 먼 짜이 쓰 쩡 팅 푸 찐 더 따 찌에 샹
괜찮습니까?	没事吗? méi shì ma 메이 쓰 마
제 친구가 피를 흘립니다.	我的朋友在流血。 wǒ de péng yǒu zài liú xiě 워 더 펑 여우 짜이 리여우 시에

피를 많이 흘렸어요.	流了很多的血。 liú le hěn duō de xiě 리여우 러 헌 뚜어 더 씨에
여기 다친 사람이 있습니다.	这里有人受伤了。 zhè lǐ yǒu rén shòu shāng le 쩌 리 여우 런 셔우 샹 러
구급차를 부를게요.	我叫救护车来。 wǒ jiào jiù hù chē lái 워 찌아오 찌여우 후 처 라이
팔이 부러진 것 같아요.	我看我的胳膊折了。 wǒ kàn wǒ de gē bó shé le 워 칸 워 더 꺼 보어 셔 러
다행히 아무도 안 다쳤습니다.	幸好没有人受伤。 xìng hǎo méi yǒu rén shòu shāng 씽 하오 메이 여우 런 셔우 쌍
여긴 위험합니다.	这里很危险。 zhè li hěn wēi xiǎn 쩌 리 헌 웨이 씨앤
대피하세요!	快点避开吧! kuài diǎn bì kāi bā 쿠아이 띠엔 비 카이 바
환자를 들것에 실으세요.	把病人放在担架上。 bǎ bìng rén fàng zài dān jià shàng 바 빙 런 팡 짜이 단 지아 샹
함부로 환자를 건드려서는 안 됩니다.	不能随便惹病人。 bù néng suí biàn rě bìng rén 부 넝 수에이 비앤 러 빙 런

식당

餐厅

1. 식당을 찾을 때

이 도시에 괜찮은 식당이 있습니까?	这个城市里有不错的餐馆吗? zhè gè chéng shì lǐ yǒu bú cuò de cān guǎn ma 쩌 거 청 스 리 여우 뿌 추어 더 찬 꾸안 마
이 지역에서 유명한 곳인가요?	是在这里很有名的地方吗? shì zài zhè lǐ hěn yǒu míng de dì fāng ma 스 짜이 쩌 리 헌 여우 밍 더 띠 팡 마
점심은 무엇을 먹고 싶습니까?	午饭想吃什么? wǔ fàn xiǎng chī shén me 우 판 씨앙 츠 션 머
특별히 가고 싶은 식당이 있나요?	有特别想去的饭店吗? yǒu tè bié xiǎng qù de fàn diàn ma 여우 터 삐에 씨앙 취 더 판 띠엔 마
패스트푸드 어때요?	吃快餐怎么样? chī kuài cān zěn me yàng 츠 쿠아이 찬 쩐 머 양
이 지방의 명물 요리를 먹고 싶어요.	我想尝一下这个地方的特色菜。 wǒ xiǎng cháng yí xià zhè gè dì fāng de tè sè cài 워 씨앙 창 이 씨아 쩌 거 띠 팡 더 터 써 차이
맛있는 중국 음식을 먹었으면 좋겠어요.	我想吃一顿美味的中餐。 wǒ xiǎng chī yí dùn měi wèi de zhōng cān 워 씨앙 츠 이 뚜언 메이 웨이 더 쭝 찬

잘하는 레스토랑 알아요?

知道哪里有地道的西餐厅吗?
zhī dào nǎ lǐ yǒu dì dào de xī cān tīng ma
쯔 따오 나 리 여우 띠 따오 더 시 찬 팅 마

음식 맛이 기가 막힌 곳을 알고 있어요.

我知道一家相当美味地道的饭店。
wǒ zhī dào yì jiā xiàng dāng měi wèi dì dào de fàn diàn
워 쯔 따오 이 찌아 씨앙 땅 메이 웨이 띠 따오 더 판 띠엔

그 식당은 이 도시에서 유명해요.

那家饭店在这里非常有名。
nà jiā fàn diàn zài zhè lǐ fēi cháng yǒu míng
나 찌아 판 띠엔 짜이 쩌 리 페이 창 여우 밍

그 곳 음식이 아주 맛있습니다.

那里的菜非常好吃。
nà lǐ de cài fēi cháng hǎo chī
나 리 더 차이 페이 창 하오 츠

그 집 동파육은 정말 일품이지요.

那家餐馆的东坡肉很好吃。
nà jiā cān guǎn de dōng pō ròu hěn hǎo chī
나 찌아 찬 꾸안 더 뚱 포어 러우 헌 하오 츠

그들은 매우 신선한 해산물을 사용해요.

他们用非常新鲜的海鲜来做菜。
tā men yòng fēi cháng xīn xiān de hǎi xiān lái zuò cài
타 먼 용 페이 창 씬 씨앤 더 하이 씨엔 라이 쭈어 차이

가장 가까운 식당은 어디입니까?

最近的一家餐馆在哪儿?
zuì jìn de yì jiā cān guǎn zài nǎr
쭈에이 찐 더 이 찌아 찬 꾸안 짜이 날

이곳에 한국 식당은 있습니까?

这里有没有韩国餐馆?
zhè lǐ yǒu méi yǒu hán guó cān guǎn
쩌 리 여우 메이 여우 한 꾸어 찬 꾸안

식당이 많은 곳은 어디입니까?	哪里的餐馆比较多? nǎ lǐ de cān guǎn bǐ jiào duō 나 리 더 찬 꾸안 비 찌아오 뚜어
이 시간에 문을 연 가게가 있습니까?	这个时间有还在营业的餐馆吗? zhè gè shí jiān yǒu hái zài yíng yè de cān guǎn ma 쩌 거 스 찌엔 여우 하이 짜이 잉 예 더 찬 꾸안 마
걸어서 갈 수 있습니까?	可以走着去吗? kě yǐ zǒu zhe qù ma 커 이 저우 저 취 마
패스트푸드 배달시킵시다.	我们叫快餐外卖吧。 wǒ men jiào kuài cān wài mài ba 워 먼 찌아오 쿠아이 찬 와이 마이 바
이탈리안 레스토랑이 좋아요.	我喜欢意大利餐厅。 wǒ xǐ huan yì dà lì cān tīng 워 씨 후안 이 따 리 찬 팅
전화로 시켜 먹읍시다.	打电话叫外卖吃吧。 dǎ diàn huà jiào wài mài chī ba 다 띠엔 후아 찌아오 와이 마이 츠 바
피자 먹으러 갈까요?	去吃比萨饼, 怎么样? qù chī bǐ sà bǐng zěn me yàng 취 츠 비 사 빙 쩐 머 양
건너편에 있는 베트남 식당이 괜찮아요.	对面的越南餐厅不错。 duì miàn de yuè nán cān tīng bú cuò 뚜에이 미앤 더 위에 난 찬 팅 부 추어

TIP

베지테리안을 위한 식당은 **素餐厅**[sù cān tīng] 이라고 한다.

식
당

2. 식당 예약

예약이 필요한가요?	需要预约吗? xū yào yù yuē ma 쉬 야오 위 위에 마
그 식당을 예약해 주세요.	请帮我预约那家餐馆。 qǐng bāng wǒ yù yuē nà jiā cān guǎn 칭 빵 워 위 위에 나 찌아 찬 꾸안
내가 예약할게요.	我来预约吧。 wǒ lái yù yuē ba 워 라이 위 위에 바
여기서 예약할 수 있나요?	在这儿可以预约吗? zài zhèr kě yǐ yù yuē ma 짜이 쩔 커 이 위 위에 마
오늘밤 예약을 하고 싶습니다.	我想预约在今天晚上。 wǒ xiǎng yù yuē zài jīn tiān wǎn shàng 워 씨앙 위 위에 짜이 찐 티엔 완 샹
일행은 몇 분이십니까?	一共几个人? yí gòng jǐ gè rén 이 꿍 지 거 런
몇 시가 좋으시겠습니까?	几点好? jǐ diǎn hǎo 지 띠엔 하오
금연석이 있습니까?	有无烟区吗? yǒu wú yān qū ma 여우 우 얜 취 마

거기는 어떻게 갑니까?	去那里怎么走? qù nà lǐ zěn me zǒu 취 나 리 쩐 머 저우
복장에 규제는 있습니까?	对着装有要求吗? duì zhuó zhuāng yǒu yāo qiú ma 뚜에이 주어 쭈앙 여우 야오 치여우 마
정장을 해야 합니까?	要穿西装吗? yào chuān xī zhuāng nú 야오 추안 씨 쭈앙 마
미안합니다. 예약을 취소하고 싶습니다.	对不起, 我想取消预约。 duì bu qǐ, wǒ xiǎng qǔ xiāo yù yuē 뚜에이 뿌 치 워 씨앙 취 씨아오 위 위에
몇 시라면 자리가 납니까?	几点能有空位呢? jǐ diǎn néng yǒu kòng wèi ne 지 띠엔 넝 여우 쿵 웨이 너
토요일 자리 예약 가능한가요?	可以预约星期六的位子吗? kě yǐ yù yuē xīng qī liù de wèi zi ma 커 이 위 위에 씽 치 리여우 더 웨이 쯔 마
몇시까지 영업하나요?	到几点开门? dào jǐ diǎn kāi mén 따오 지 띠엔 카이 먼

TIP

일반적으로 중국식장에 도착하면 **欢迎光临**[huān yíng guāng lín] (어서오세요)로 인사한 후 **几位?**[jǐ wèi] (몇 분이세요?)라는 질문으로 인원을 확인한다.

3. 자리 요청과 배정

예약했습니다.	预约了。 yù yuē le 위 위에 러
자리 있습니까?	有座位吗? yǒu zuò wèi ma 여우 쭈어 웨이 마
예약을 하지 않았습니다.	没有预约。 méi yǒu yù yuē 메이 여우 위 위에
3인용 자리 있나요?	有三人的座位吗? yǒu sān rén de zuò wèi ma 여우 싼 런 더 쭈어 웨이 마
다른 데로 갈까요?	要不要去别的地方? yào bú yào qù bié de dì fāng 야오 부 야오 취 삐에 더 띠 팡
한잔 하면서 기다리죠.	边喝边等吧。 biān hē biān děng ba 삐앤 허 삐앤 덩 바
흡연석으로 주세요.	请给我吸烟区的座位。 qǐng gěi wǒ xī yān qū de zuò wèi 칭 게이 워 씨 앤 취 더 쭈어 웨이
얼마나 기다려야 하나요?	要等多久? yào děng duō jiǔ 야오 덩 뚜어 찌여우

바다가 내려다보이는 테이블을 원하십니까?	您想要能看到海景的座位吗? nín xiǎng yào néng kàn dào hǎi jǐng de zuò wèi ma 닌 씨앙 야오 넝 칸 따오 하이 징 더 쭈어 웨이 마
조용한 안쪽 자리로 부탁합니다.	请给我个安静的座位。 qǐng gěi wǒ gè ān jìng de zuò wèi 칭 게이 워 거 안 찡 더 쭈어 웨이
창가 자리로 부탁합니다.	请给我靠窗的座位。 qǐng gěi wǒ kào chuāng de zuò wèi 칭 게이 워 카오 추앙 더 쭈어 웨이
이쪽으로 오세요.	请这边请。 qǐng zhè biān qǐng 칭 쩌 삐엔 칭
저기 빈 테이블로 옮겨도 되겠습니까?	我能换到那边的空座位去吗? wǒ néng huàn dào nà biān de kōng zuò wèi qù ma 워 넝 후안 따오 나 삐엔 더 쿵 쭈어 웨이 취 마
보다 큰 테이블 있나요?	有大一点的座位吗? yǒu dà yì diǎn de zuò wèi ma 여우 따 이 띠엔 더 쭈어 웨이 마
단독룸을 주세요.	我要包间。 wǒ yào bāo jiān 워 야오 바오 지앤
번호표를 어디서 받나요?	在哪儿拿个号? zài nǎr ná gè hào 짜이 날 나 거 하오
어린이 의자를 준비해 주세요.	请给我准备一个儿童座椅。 qǐng gěi wǒ zhǔn bèi yí gè ér tóng zuò yǐ 칭 게이 워 준 뻬이 이 거 얼 퉁 쭈어 이

4. 식사 주문

지금 주문을 하시겠습니까?

现在点菜吗?
xiàn zài diǎn cài ma
씨엔 짜이 띠엔 차이 마

한국어로 된 메뉴가 있나요?

有韩国语菜谱吗?
yǒu hán guó yǔ cài pǔ ma
여우 한 꾸어 위 차이 푸 마

주문하셨습니까?

点菜了吗?
diǎn cài le ma
띠엔 차이 러 마

아직 결정하지 못했습니다.

不, 还没有定下来。
bù, hái méi yǒu dìng xià lái
뿌 하이 메이 여우 띵 씨아 라이

이것은 무슨 요리입니까?

这是什么菜?
zhè shì shén me cài
쩌 스 션 머 차이

이 집에서 특히 잘하는 음식이 뭡니까?

这家店的招牌菜是什么?
zhè jiā diàn de zhāo pái cài shì shén me
쩌 찌아 띠엔 더 짜오 파이 차이 스 션 머

요리재료는 뭡니까?

这道菜的材料是什么?
zhè dào cài de cái liào shì shén me
쩌 따오 차이 더 차이 리아오 쓰 션 머

빨리 되는 것 있습니까?

有上得快的菜吗?
yǒu shàng de kuài de cài ma
여우 상 더 쿠아이 더 차이 마

그것으로 하겠습니다.	我要点那个。 wǒ yào diǎn nà gè 워 야오 띠엔 나 거
같은 것으로 주세요.	我也要一样的。 wǒ yě yào yí yàng de 워 예 야오 이 양 더
스테이크를 어떻게 구워 드릴까요?	牛排要几分熟的? niú pái yào jǐ fēn shú de 니여우 파이 야오 지 펀 슈 더
빨리 좀 해주세요.	请快点。 qǐng kuài diǎn 칭 쿠아이 띠엔
이것과 저것은 무엇이 다릅니까?	这个和那个有什么不同? zhè ge hé nà gè yǒu shén me bù tóng 쩌 거 허 나 거 여우 션 머 부 퉁
이 요리는 얼마나 걸리죠?	这个菜多长时间能做好? zhè ge cài duō cháng shí jiān néng zuò hǎo 쩌 거 차이 뚜어 창 스 찌엔 넝 쭈어 하오
이건 양이 많아요?	这个量多吗? zhè ge liàng duō ma 쩌 거 리앙 뚜어 마
이것은 어떻게 먹는 거 에요?	这个怎么吃? zhè ge zěn me chī 쩌 거 쩐 머 츠
마실 건 무엇으로 하시 겠습니까?	您要喝什么饮料? nín yào hē shén me yǐn liào 닌 야오 허 션 머 인 리아오

5. 식사하면서

이 식당 아주 좋네요.
这家餐厅(or 餐馆)不错。
zhè jiā cān tīng (or cān guǎn) bú cuò
쩌 찌아 찬 팅 (or 찬 꾸안) 부 추어

단골이에요.
我是老客户(or 顾客)了。
wǒ shì lǎo kè hù (or gù kè) le
워 스 라오 커 후 (or 꾸 커) 러

냄새 좋은데요.
味儿真香。
wèir zhēn xiāng
우얼 쩐 씨앙

맛은 어떻습니까?
味道怎么样?
wèi dào zěn me yàng
웨이 따오 쩐 머 양

이 음식 이름은 뭐예요?
这道菜的名字是什么?
zhè dào cài de míng zì shì shén me
쩌 따오 차이 더 밍즈 스 션 머

소금과 후추를 건네주시
겠습니까?
请给我一些盐和胡椒好吗?
qǐng gěi wǒ yì xiē yán hé hú jiāo hǎo ma
칭 게이 워 이 시에 앤 허 후 찌아오 하오 마

밥을 좀 더 먹을 수 있을
까요?
再来一点米饭好吗?
zài lái yì diǎn mǐ fàn hǎo ma
짜이 라이 이 띠엔 미 판 하오 마

이 고기는 무엇인가요?
这是什么肉?
zhè shì shén me ròu
쩌 스 션 머 러우

이거 맛 좀 볼래요?	尝一尝这道菜吧。 cháng yi cháng zhè dào cài ba 창 이 창 쩌 따오 차이 바
여기요. 웨이터!	这儿, 服务员! zhèr, fú wù yuán！ 쩔 푸 우 위엔
후식은 무엇이 있습니까?	有什么甜点? yǒu shén me tián diǎn 여우 션 머 티엔 띠엔
배부르지 않다면 더 시켜요.	没吃饱, 再吃点吧。 méi chī bǎo zài chī diǎn ba 메이 츠 바오 짜이 츠 띠엔 바
메뉴 다시 주세요.	请再给我菜单。 qǐng zài gěi wǒ cài dān 칭 짜이 게이 워 차이 단
나눠 먹어요.	我们分着吃吧。 wǒ men fēn zhe chī ba 워 먼 펀 저 츠 바
그릇 주세요, 음식 덜어 드릴게요.	请给我你的盘子。我帮你盛吧。 qǐng gěi wǒ nǐ de pán zi wǒ bāng nǐ chéng ba 칭 게이 워 니 더 판 즈 워 빵 니 청 바
소스를 곁들여 드세요.	请配上调料吃。 qǐng pèi shàng tiáo liào chī 칭 페이 샹 티아오 리아오 츠
더 못 먹겠어요.	不能再吃了。 bù néng zài chī le 부 넝 짜이 츠 러

6. 식성과 음식

뭐 먹고 싶어요?	想吃点儿什么? xiǎng chī diǎnr shén me 씨앙 츠 띠알 션 머
어떤 음식을 좋아하세요?	你喜欢吃什么? nǐ xǐ huan chī shén me 니 씨 후안 츠 션 머
특별히 좋아하는 음식이 있나요?	有没有特别喜欢吃的菜? yǒu méi yǒu tè bié xǐ huan chī de cài 여우 메이 여우 터 삐에 시 후안 츠 더 차이
저는 뭐든지 다 잘 먹어요.	我什么都喜欢吃。 wǒ shén me dōu xǐ huan chī 워 션 머 떠우 씨 후안 츠
저는 식성이 까다롭지 않습니다.	我不挑食。 wǒ bù tiāo shí 워 뿌 티아오 스
저는 식성이 까다로운 편입니다.	我有些偏食。 wǒ yǒu xiē piān shí 워 여우 씨에 피엔 스
저는 기름진 음식은 싫습니다.	我不喜欢吃油腻的东西。 wǒ bù xǐ huan chī yóu nì de dōng xī 워 부 시 후안 츠 여우 니 더 뚱 시
저는 달고 매운 음식을 좋아합니다.	我喜欢又甜又辣的东西。 wǒ xǐ huan yòu tián yòu là de dōng xī 워 씨 후안 여우 티엔 여우 라 더 뚱 시

이 음식은 내게 맞지 않습니다.	我吃不习惯这道菜。 wǒ chī bù xí guàn zhè dào cài 워 츠 뿌 시 꾸안 쩌 따오 차이
불고기 어때요?	想不想吃烤肉？ xiǎng bu xiǎng chī kǎo ròu 씨앙 뿌 씨앙 츠 카오 러우
한국 음식이 입에 맞습니까?	韩国菜和你的口味吗？ hán guó cài hé nǐ de kǒu wèi ma 한 꾸어 차이 허 니 더 커우 웨이 마
죄송합니다만 매운 음식은 제 입에 맞지 않습니다.	不好意思，我不太习惯吃辣。 bù hǎo yì si, wǒ bú tài xí guàn chī là 뿌 하오 이 쓰 워 부 타이 시 꾸안 츠 라
한국음식을 먹어본 적이 있나요?	吃过韩国菜吗？ chī guò hán guó cài ma 츠 꾸어 한 꾸어 차이 마
한국인들은 주로 무얼 먹나요?	韩国人平时喜欢吃什么？ hán guó rén píng shí xǐ huan chī shén me 한 꾸어 런 핑 스 씨 후안 츠 션 머
한국요리 좋아하세요?	喜欢吃韩国菜吗？ xǐ huan chī hán guó cài ma 씨 후안 츠 한 꾸어 차이 마
불고기를 드셔보셨나요?	吃过韩国烤肉吗？ chī guo hán guó kǎo ròu ma 츠 꾸어 한 꾸어 카오 러우 마

(TIP)

~의 입에 맞다 : 和~的口味 [hé de kǒu wèi]
입맛이 없다, 식욕이 없다 : 没有胃口 [méi yǒu wèi kǒu]

7. 트러블

우리가 주문한 음식은 어떻게 된 거죠?	我们点的菜怎么样了? wǒ men diǎn de cài zěn me yàng le 워 먼 띠엔 더 차이 쩐 머 양 러
주문한 요리가 아직 나오지 않았습니다.	我点的菜还没有上。 wǒ diǎn de cài hái méi yǒu shàng 워 띠엔 더 차이 하이 메이 여우 샹
이 음식점은 너무 바쁘군요.	这家店太忙了。 zhè jiā diàn tài máng le 쩌 찌아 띠엔 타이 망 러
어느 정도 기다려야 합니까?	要等多久呢? yào děng duō jiǔ ne 야오 덩 뚜어 찌여우 너
벌써 30분이나 기다리고 있습니다.	我已经等了三十分钟了。 wǒ yǐ jīng děng le sān shí fēn zhōng le 워 이 찡 덩 러 싼 스 펀 쭝 러
주문을 확인해 주시겠어요?	确认一下点的菜好吗? què rèn yí xià diǎn de cài hǎo ma 취에 런 이 씨아 띠엔 더 차이 하오 마
주문을 취소하고 싶은데요.	我想取消点的菜。 wǒ xiǎng qǔ xiāo diǎn de cài 워 씨앙 취 씨아오 띠엔 더 차이
주문을 바꿔도 될까요?	可以换菜吗? kě yǐ huàn cài ma 커 이 후완 차이 마

좀 서둘러 주시겠어요?	请快点好吗? qǐng kuài diǎn hǎo ma 칭 쿠아이 띠엔 하오 마
이건 주문하지 않았는데요.	这不是我点的菜。 zhè bú shì wǒ diǎn de cài 쪄 부 스 워 띠엔 더 차이
컵이 더럽습니다.	杯子太脏了。 bēi zi tài zāng le 뻬이 즈 타이 짱 러
국에 뭐가 들어 있습니다.	汤里有东西。 tāng lǐ yǒu dōng xī 탕 리 여우 뚱 시
새것으로 바꿔 주세요.	帮我换个新的。 bāng wǒ huàn ge xīn de 빵 워 후안 거 씬 더
이건 너무 짭니다.	这菜太咸了。 zhè cài tài xián le 쪄 차이 타이 씨엔 러
요리가 덜 된 것 같습니다.	我觉得这道菜没做熟。 wǒ jué de zhè dào cài méi zuò shú 워 줴 더 쪄 따오 차이 메이 쭈어 슈
이 요리를 데워 주세요.	请把这道菜热一下。 qǐng bǎ zhè dào cài rè yí xià 칭 바 쪄 따오 차이 러 이 씨아

TIP

熟[shú]의 정확한 발음은 [shú]이지만 다수의 중국인이 습관적으로 [shóu]라고 발음하기도 한다.

8. 계산할 때

계산서 좀 가져다 주시
겠어요?

可以给我账单吗?
kě yǐ gěi wǒ zhàng dān ma
커 이 게이 워 짱 단 마

합계가 얼마입니까?

一共多少钱?
yí gòng duō shǎo qián
이 꿍 여우 뚜어 샤오 치엔

여기서 계산하나요?

在这里结账吗?
zài zhè lǐ jié zhàng ma
짜이 쩌 리 지에 짱 마

카드로 할인되는 서비스
는 있습니까?

有没有用卡可以打折的服
务?
yǒu méi yǒu yòng kǎ kě yǐ dǎ zhé de fú wù
여우 메이 여우 용 카 커 이 다 저 더 푸 우

선불입니다.

是先付款的。
shì xiān fù kuǎn de
쓰 씨엔 푸 쿠안 더

이건 무슨 금액인가요?

这是什么东西的价格?
zhè shì shén me dōng xi de jià gé
쩌 쓰 션 머 뚱 씨 더 찌아 거

이것은 제가 주문한 게
아닙니다.

这不是我点的。
zhè bù shì wǒ diǎn de
쩌 부 쓰 워 띠엔 더

봉사료는 포함되어 있습
니까?

这包括服务费吗?
zhè bāo kuò fú wù fèi ma
쩌 빠오 쿠어 푸 우 페이 마

팁은 지불해야 하나요?

要付小费吗?
yào fù xiǎo fèi ma
야오 푸 씨아오 페이 마

제 몫은 얼마입니까?

我要付多少?
wǒ yào fù duō shǎo
워 야오 푸 뚜어 샤오

이건 제가 내겠습니다.

这个我请客。
zhè ge wǒ qǐng kè
쩌 거 워 칭 커

신용카드는 받나요?

这里能刷卡吗?
zhè lǐ néng shuā kǎ ma
쩌 리 넝 슈아 카 마

현금으로 하시겠어요,
카드로 하시겠어요?

现金还是刷卡?
xiàn jīn hái shì shuā kǎ
씨엔 진 하이 쓰 슈아 카

100위안 밖에 없는데,
잔돈 있으세요?

我只有100元的, 你有零钱吗?
wǒ zhǐ yǒu yì bǎi yuán de nǐ yǒu líng qián ma
워 쯔 여우 이 바이 위엔 더 니 여우 링 치엔 마

거스름돈이 틀린 것 같
은데요.

好像找错钱了。
hǎo xiàng zhǎo cuò qián le
하오 씨앙 짜오 추어 치엔 러

TIP

패스트푸드 중국명칭

麦当劳 [mài dāng láo] 맥도날드

汉堡王 [hàn bǎo wáng] 버거킹

肯德基 [kěn dé jī] KFC

必胜客 [bì shèng kè] 피자헛

9. 패스트푸드점에서

어디에서 주문합니까?

在哪儿点菜?
zài nǎr diǎn cài
짜이 날 띠엔 차이

새로운 메뉴 있나요?

有新的菜谱吗?
yǒu xīn de cài pǔ ma
여우 씬 더 차이 푸 마

어떤 게 가장 인기가 있나요?

这里的拿手菜是什么?
zhè lǐ de ná shǒu cài shì shén me
쩌 리 더 나 셔우 차이 쓰 션 머

3번 세트로 주세요.

我要三号套餐。
wǒ yào sān hào tào cān
워 야오 싼 하오 타오 찬

햄버거 두 개 주세요.

给我两个汉堡。
gěi wǒ liǎng ge hàn bǎo
게이 워 리앙 거 한 빠오

아이스커피 있습니까?

有冰咖啡吗?
yǒu bīng kā fēi ma
여우 삥 카 페이 마

리필 되나요?

可以续杯吗?
kě yǐ xù bēi ma
커 이 쒸 뻬이 마

여기에서 드실 건가요, 포장하실 건가요?

在这里吃还是拿走?
zài zhè lǐ chī hái shì ná zǒu
짜이 쩌 리 츠 하이 쓰 나 저우

포장해 주세요. / 여기에서 먹을 거예요.

请给我打包。/ 在这儿吃。
qǐng gěi wǒ dǎ bāo / zài zhèr chī
칭 게이 워 다 빠오 / 짜이 쩔 츠

겨자를 발라 주세요.

请帮我涂点芥末。
qǐng bāng wǒ tú diǎn jiè mò
칭 빵 워 투 띠엔 찌에 모어

케첩을 주세요.

请给我番茄酱。
qǐng gěi wǒ fān qié jiàng
칭 게이 워 판 치에 찌앙

콜라에 얼음은 빼주세요.

帮我去掉可乐里的冰块。
bāng wǒ qù diào kě lè lǐ de bīng kuài
빵 워 취 띠아오 커 러 리 더 삥 쿠아이

어느 사이즈로 하시겠습니까?

要多大杯的?
yào duō dà bēi de
야오 뚜어 따 뻬이 더

큰 컵으로 콜라 두 개 주세요.

来两杯大可乐。
lái liǎng bēi dà kě lè
라이 리앙 뻬이 따 커 러

얼음 많이 넣어주세요.

给我加多点冰块。
gěi wǒ jiā duō diǎn bīng kuài
게이 워 찌아 뚜어 띠엔 삥 쿠아이

5분정도 걸리니, 잠시만 기다려 주세요.

请稍等五分钟。
qǐng shāo děng wǔ fēn zhōng
칭 샤오 덩 우 펀 쭝

마요네즈를 바르시겠습니까?

要不要蛋黄酱?
yào bu yào dàn huáng jiàng
야오 부 야오 딴 후앙 찌앙

햄버거와 튀긴 감자를 싸 주세요.

请帮我打包汉堡和薯条。
qǐng bāng wǒ dǎ bāo hàn bǎo hé shǔ tiáo
칭 빵 워 다 빠오 한 바오 허 슈 티아오

10. 술집에서

술은 어떤 종류가 있습니까?	**有什么酒呢?** yǒu shén me jiǔ ne 여우 션 머 찌여우 너
가장 좋아하는 술은 뭡니까?	**你最喜欢喝哪种酒?** nǐ zuì xǐ huan hē nǎ zhǒng jiǔ 니 쭈에이 씨 후안 허 나 중 찌여우
무엇을 마시고 싶으세요?	**你想喝点什么?** nǐ xiǎng hē diǎn shén me 니 씨앙 허 띠엔 션 머
맥주는 어떤 것으로 하시겠습니까?	**要哪一种啤酒呢?** yào nǎ yì zhǒng pí jiǔ ne 야오 나 이 쫑 피 찌여우 너
맥주 한 병 주십시오.	**请给我一瓶啤酒。** qǐng gěi wǒ yì píng pí jiǔ 칭 게이 워 이 핑 피 찌여우
생맥주 두 잔 주세요.	**请给我来两杯扎啤。** qǐng gěi wǒ lái liǎng bēi zhā pí 칭 게이 워 라이 리앙 뻬이 짜 피
한 병 더 주시겠습니까?	**请再给我一瓶好吗?** qǐng zài gěi wǒ yì píng hǎo ma 칭 짜이 게이 워 이 핑 하오 마
맥주가 별로 차갑지 않네요.	**这啤酒不是很凉。** zhè pí jiǔ bú shì hěn liáng 쩌 피 찌여우 뿌 스 헌 리앙
더 마실래요?	**再喝一点儿吗?** zài hē yì diǎnr ma 짜이 허 이 띠알 마

가기 전에 딱 한잔 더 하는 게 어때요?	出发之前再喝最后一杯怎么样? chū fā zhī qián zài hē zuì hòu yì bēi zěn me yàng 추 파 쯔 치엔 짜이 허 쭈에이 허우 이 뻬이 쩐 머 양
와인 목록 있습니까?	有红酒菜单吗? yǒu hóng jiǔ cài dān ma 여우 훙 찌여우 차이 딴 마
와인 한 잔 주십시오.	请给我一杯红酒。 qǐng gěi wǒ yì bēi hóng jiǔ 칭 게이 워 이 뻬이 훙 찌여우
글라스로 주문됩니까?	我可以点一杯酒吗? wǒ kě yǐ diǎn yì bēi jiǔ ma 워 커 이 띠엔 이 뻬이 찌여우 마
이 지방의 특유의 술입니까?	这是这个地区的特产酒吗? zhè shì zhè ge dì qū de tè chǎn jiǔ ma 쩌 스 쩌 거 띠 취 더 터 찬 찌여우 마
뭘 위해 건배할까요?	为了什么干杯呢? wèi le shén me gàn bēi ne 웨이 러 션 머 깐 뻬이 너
모두의 건강을 위하여, 건배!	为了大家的健康, 干杯! wèi le dà jiā de jiàn kāng gàn bēi ! 웨이 러 따 찌아 더 찌엔 캉 깐 뻬이
약간 취기가 있어요.	我有点醉了。 wǒ yǒu diǎn zuì le 워 여우 띠엔 쭈에이 러
너무 많이 마신 거 같아요.	喝得太多了。 hē de tài duō le 허 더 타이 뚜어 러

意见

• 1. 의견을 제안할 때

제 의견은 이렇습니다.	我的意见就是这样。 wǒ de yì jiàn jiù shì zhè yàng 워 더 이 찌엔 찌여우 스 쩌 양
이렇게 하는 건 어떨까요?	这样做怎么样? zhè yàng zuò zěn me yàng 쩌 양 쭈어 쩐 머 양
그렇게 하느니 차라리 이렇게 하는 게 어떨까요?	与其那样还不如这样做呢? yǔ qí nà yàng hái bù rú zhè yàng zuò ne 위 치 나 양 하이 부 루 쩌 양 쭈어 너
처음부터 다시 생각해봅시다.	从头再来考虑吧。 cóng tóu zài lái kǎo lǜ ba 총 터우 짜이 라이 카오 뤼 바
저에게 좋은 생각이 있습니다.	我有好主意。 wǒ yǒu hǎo zhǔ yi 워 여우 하오 쭈 이
다른 사람의 의견을 들어보는 것이 좋겠습니다.	最好听听别人的意见。 zuì hǎo tīng tīng bié rén de yì jiàn 쭈에이 하오 팅 팅 비에런 더 이 찌엔
의견을 제시해도 될까요?	我可以提一点意见吗? wǒ kě yǐ tí yì diǎn yì jiàn ma 워 커 이 티 이 디엔 이 찌엔 마

• 2. 의견을 물을 때

그렇게 생각하십니까?	你那样认为吗? nǐ nà yàng rèn wéi ma 니 나 양 런 웨이 마
어떻게 생각하세요?	你怎么想? nǐ zěn me xiǎng 니 쩐 머 씨앙
당신은 어때요?	你觉得呢? nǐ jué de ne 니 줴 더 너
당신의 입장은 어떻습니까?	你的观点是什么? nǐ de guān diǎn shì shén me 니 더 꾸안 띠엔 스 션 머
찬성입니까? 반대입니까?	是赞成还是反对? shì zàn chéng hái shì fǎn duì 스 짠 청 하이 쓰 판 뚜에이
당신의 의견을 듣고 싶습니다.	我想听听你的意见。 wǒ xiǎng tīng tīng nǐ de yì jiàn 워 씨앙 팅 팅 니 더 이 찌엔
당신은 누구 편입니까?	你站在哪边? nǐ zhàn zài nǎ biān 니 짠 짜이 나 삐엔
의견을 말씀해 주세요.	请说一下你的想法。 qǐng shuō yí xià nǐ de xiǎng fǎ 칭 슈어 이 씨아 니 더 씨앙 파

왜 그렇게 생각하세요?	你为什么那么想？ nǐ wèi shén me nà me xiǎng 니 웨이 션 머 나 머 씨앙
제가 이 일을 해낼 수 있을 거라고 생각해요?	你认为我能做好这个工作吗 nǐ rèn wéi wǒ néng zuò hǎo zhè gè gōng zuò ma 니 런 웨이 워 넝 쭈어 하오 쩌 거 꿍 쭈어 마
당신은 내가 어떻게 해야 할지 말해줘야 돼요.	你得告诉我应该怎么做？ nǐ děi gào sù wǒ yīng gāi zěn me zuò 니 데이 까오 쑤 워 잉 까이 쩐 머 쭈어
그것이 뭐라고 생각해요?	你觉得那是什么？ nǐ jué de nà shì shén me 니 쮀 더 나 쓰 션 머
그걸 어떻게 하겠다는 거죠?	那个要怎么做？ nà gè yào zěn me zuò 나 거 야오 쩐 머 쭈어
대충만 말해줘요.	大概说一下。 dà gài shuō yí xià 따 까이 슈어 이 씨아
이것이 많이 불공평한가요?	这个很不公平吗？ zhè gè hěn bù gōng píng ma 쩌 거 헌 뿌 꿍 핑 마
그렇게 생각지 않나요?	不是那样想的吗？ bú shì nà yàng xiǎng de ma 부 쓰 나 양 씨앙 더 마

TIP

중국어 맞장구 표현

그렇구나 : **这样啊** [zhè yàng a] 쩌 양 아　　그러니까 : **就是** [jiù shì] 찌여우 쓰

맞아! : **对呀** [duì yā] 뚜에이 야

3. 의견을 표현할 때

상대의 생각을 물을 때

당신은 어떻게 생각하세요?

你是怎么想的?
nǐ shì zěn me xiǎng de
니 쓰 쩐 머 씨앙 더

좋은 의견이 있으신가요?

有没有什么好主意?
yǒu méi yǒu shén me hǎo zhǔ yì
여우 메이 여우 션 머 하오 주 이

우리가 어떻게 해야 할까요?

你说我们应该怎么办呢?
nǐ shuō wǒ men yīng gāi zěn me bàn ne
니 슈어 워 먼 잉 까이 쩐 머 빤 너

이 건에 대한 당신 생각은 무엇인가요?

对于这件事你是怎么看的?
duì yú zhè jiàn shì nǐ shì zěn me kàn de
뚜에이 위 쩌 찌엔 쓰 니 쓰 쩐 머 칸 더

의견을 말해주세요.

请告诉我你的意见。
qǐng gào su wǒ nǐ de yì jiàn
칭 까오 쑤 워 니 더 이 지앤

솔직히 말해주세요.

请你说实话!
qǐng nǐ shuō shí huà
칭 니 슈어 스 후아

자신의 의견을 말할 때

제가 한 마디 해도 될까요?

我可以说一句吗?
wǒ kě yǐ shuō yī jù ma
워 커 이 슈어 이 쮜 마

제게 좋은 생각이 있어요.

我有一个好主意。
wǒ yǒu yí gè hǎo zhǔ yì
워 여우 이 거 하오 주 이

제 소견을 말씀드리겠 어요.	我来发表一下我的意见。 wǒ lái fā biǎo yí xià wǒ de yì jiàn 워 라이 파 삐아오 이 씨아 워 더 이 찌엔
한 가지 제안을 드려도 될까요?	我可以提一个建议吗? wǒ kě yǐ tí yī gè jiàn yì ma 워 커 이 티 이 거 찌엔 이 마
제게 좋은 수가 있어요.	我有一个好办法。 wǒ yǒu yí gè hǎo bàn fǎ 워 여우 이 거 하오 빤 파
제 의견은 이렇습니다.	我的意见就是这样。 wǒ de yì jiàn jiù shì zhè yàng 워 더 이 찌엔 찌여우 스 쩌 양

결심이나 결정할 때

그 결심 잘 하셨어요.	这个决定你做得好。 zhè gè jué dìng nǐ zuò dé hǎo 쩌 거 쮀 띵 니 쭈어 더 하오
저는 제 방식대로 하겠 어요.	我要按照我的方式去做。 wǒ yào àn zhào wǒ de fāng shì qù zuò 워 야오 안 짜오 워 더 팡 쓰 취 쭈어
어려운 결심을 하셨군요.	你做了一个艰难的决定。 nǐ zuò le yí gè jiān nán de jué dìng 니 쭈어 러 이 거 찌엔 난 더 쮀에 띵
결심했어요!	我决定了! wǒ jué dìng le 워 쮀 딩 러

* 찬성이나 동의할 때 *

당신 의견에 동의해요.

我同意你的想法。
wǒ tóng yì nǐ de xiǎng fǎ
워 퉁 이 니 더 씨앙 파

저도 그렇게 생각해요.

我也那么想。
wǒ yě nà me xiǎng
워 예 나 머 씨앙

좋아요. 그거 멋진 생각
이네요.

好的, 是个好主意。
hǎo de shì gè hǎo zhǔ yì
하오 더 쓰 거 하오 쭈 이

당신은 저와 의견이 통하
는군요.

你跟我意见相同。
nǐ gēn wǒ yì jiàn xiāng tóng
니 껀 워 이 찌엔 씨앙 퉁

* 반대할 때 *

당신 의견에 반대해요.

我不同意你的意见。
wǒ bù tóng yì nǐ de yì jiàn
워 뿌 퉁 이 니 더 이 찌엔

저는 그렇게 생각하지
않아요.

我不那样想。
wǒ bú nà yàng xiǎng
워 부 나 양 씨앙

그것은 납득할 수 없어요.

我不那么(or 样)想。
wǒ bú nà me (or yàng) xiǎng
워 부 나 머 (or 양) 씨앙

* 추측과 판단할 때 *

내가 그럴 줄 알았어요.

我就知道会那样。
wǒ jiù zhī dào huì nà yàng
워 찌여우 쯔 따오 후에이 나 양

의
견

당신은 틀림없이 잘할 거예요.

你一定会做得很好。
nǐ yí dìng huì zuò dé hěn hǎo
니 이 띵 후에이 쭈어 더 헌 하오

예감이 좋지 않군요.

预感不太好。
yù gǎn bú tài hǎo
위 간 부 타이 하오

이것은 예상 밖이군요.

这真是意料之外。
zhè zhēn shì yì liào zhī wài
쩌 쩐 쓰 이 리아오 쯔 와이

과연 예상대로예요.

果然不出所料。
guǒ rán bù chū suǒ liào
꾸어 란 부 추 수어 리아오

※ 생각을 유보할 때 ※

다시 생각해 보세요.

请再考虑考虑吧。
qǐng zài kǎo lǜ kǎo lǜ ba
칭 짜이 카오 뤼 카오 뤼 바

우리 나중에 얘기해요.

我们改天再谈吧。
wǒ men gǎi tiān zài tán ba
워 먼 가이 티엔 짜이 탄 바

왜 마음을 바꾸셨어요?

你怎么改变主意了呢?
nǐ zěn me gǎi biàn zhǔ yì le ne
니 쩐 머 가이 삐엔 주 이 러 너

TIP

意料之外 [yì liào zhī wài]와 같은 뜻의 **出乎意料** [chū hū yì liào]가 있다.

• 4. 부탁과 양해

부탁합니다.	拜托你。 bài tuō nǐ 빠이 투어 니
예약부서 부탁합니다.	请先帮我预定一下。 qǐng xiān bāng wǒ yù dìng yí xià 칭 씨앤 빵 워 위 띵 이 씨아
부탁 좀 할게요.	请你帮我一个忙。 qǐng nǐ bāng wǒ yí ge máng 칭 니 빵 워 이 거 망
부탁 하나 해도 될까요?	能否请你帮我个忙? néng fǒu qǐng nǐ bāng wǒ ge máng 넝 퍼우 칭 니 빵 워 거 망
한 잔 더 채워주시겠어요?	请再帮我倒一杯? qǐng zài bāng wǒ dào yì bēi 칭 짜이 빵 워 따오 이 뻬이
머리 조금만 숙여 주시 겠어요?	请低一下头? qǐng dī yí xià tóu 칭 띠 이 씨아 터우
저희 집까지 좀 태워다 주시겠어요?	能开车送我回家吗? néng kāi chē sòng wǒ huí jiā ma 넝 카이 처 송 워 후에이 찌아 마
좀 서둘러 주시겠어요?	可以再快一点吗? kě yǐ zài kuài yì diǎn ma 커 이 짜이 쿠아이 이 띠엔 마

목소리 좀 낮춰 주세요.	请轻声点说话。 qǐng qīng shēng diǎn shuō huà 칭 칭 성 띠엔 슈어 후아
텔레비전을 꺼주면 고맙 겠습니다.	能帮我关掉电视吗。 néng bāng wǒ guān diào diàn shì ma 넝 빵 워 꾸안 띠아오 띠엔 스 마
라디오 소리 더 크게 좀 해주세요.	请把收音机的声音放大一点。 qǐng bǎ shōu yīn jī de shēng yīn fàng dà yì diǎn 칭 바 셔우 인 찌 더 성 인 팡 따 이 띠엔
제 업무를 대신 맡아 주 시겠어요?	能替我做一下我的工作吗? néng tì wǒ zuò yí xià wǒ de gōng zuò ma 넝 티 워 쭈어 이 씨아 워 더 꿍 쭈어 마
꼭 부탁드릴 게 있어요.	我有一个不情之请。 wǒ yǒu yí ge bù qíng zhī qǐng 워 여우 이 거 뿌 칭 즈 칭
개인적인 부탁 하나 해 도 될까요?	我可以请你帮个忙吗? wǒ kě yǐ qǐng nǐ bāng ge máng ma 워 커 이 칭 니 빵 거 망 마
길 좀 물을게요.	麻烦您了, 问一下路。 má fan nín le wèn yí xià lù 마 판 닌 러 원 이 씨아 루
창문 좀 닫아주세요.	请你把窗户关上, 好吗。 qǐng nǐ bǎ chuāng hu guān shàng hǎo ma 칭 니 바 추앙 후 꾸안 샹 하오 마
말씀 좀 전해 주시겠습 니까?	您能转告一下吗? nín néng zhuǎn gào yí xià ma 닌 넝 쭈안 까오 이 씨아 마

5. 도움 요청과 의뢰

좀 도와주세요.	请帮帮我。 qǐng bāng bāng wǒ 칭 빵 빵 워
도와주실 수 있습니까?	能帮个忙吗? néng bāng ge máng ma 넝 빵 거 망 마
여기 좀 도와주세요.	这里需要帮助。 zhè li xū yào bāng zhù 쩌 리 쉬 야오 빵 쭈
무엇을 도와 드릴까요?	你需要什么帮助吗? nǐ xū yào shén me bāng zhù ma 니 쉬 야오 션 머 빵 쭈 마
누가 좀 도와주시겠어요?	谁能帮帮我? shuí néng bāng bāng wǒ 슈에이 넝 빵 빵 워
좀 도와드릴까요?	需要我帮你一下吗? xū yào wǒ bāng nǐ yí xià ma 쉬 야오 워 빵 니 이 씨아 마
어떻게 도와드릴까요?	我该怎么帮你? wǒ gāi zěn me bāng nǐ 워 까이 쩐 머 빵 니
제가 도와 드릴까요?	要我帮忙吗? yào wǒ bāng máng ma 야오 워 빵 망 마

이것 옮기는 것 좀 도와 주실래요?	能帮我搬一下东西吗？ néng bāng wǒ bān yí xià dōng xī ma 넝 빵 워 반 이 씨아 뚱 시 마
저 책들 좀 저에게 가져 다주세요.	请把那些书拿给我。 qǐng bǎ nà xiē shū ná gěi wǒ 칭 바 나 씨에 슈 나 게이 워
펜을 좀 빌릴 수 있나요?	我可以借一下你的笔吗？ wǒ kě yǐ jiè yí xià nǐ de bǐ ma 워 커 이 찌에 이 씨아 니 더 삐 마
이 짐을 운반해 주세요.	请帮我搬运一下这个行李。 qǐng bāng wǒ bān yùn yí xià zhè gè xíng li 칭 빵 워 반 윈 이 씨아 쩌 거 싱 리
좀 여쭤 볼게요.	请问。 qǐng wèn 칭 원
물어볼 것이 있어요.	我想问一下。 wǒ xiǎng wèn yí xià 워 씨앙 원 이 씨아
잠깐 시간 좀 내 주세요.	请您抽出一点时间。 qǐng nín chōu chū yì diǎn shí jiān 칭 닌 처우 추 이 띠엔 스 지앤
한 번 더 부탁할게요.	再拜托您一次。 zài bài tuō nín yí cì 짜이 빠이 투어 닌 이 츠
개인적인 부탁이 있어요.	我有件私事想拜托您。 wǒ yǒu jiàn sī shì xiǎng bài tuō nín 워 여우 지앤 쓰 스 씨앙 바이 투어 닌

6. 제안과 권유

이것 좀 드셔요.	你尝尝这个。 nǐ cháng chang zhè ge 니 창 창 쩌 거
한 잔 하시겠습니까?	来一杯吗? lái yì bēi ma 라이 이 뻬이 마
밥 먹기 전 한잔 어때?	饭前喝一杯怎么样? fàn qián hē yì bēi zěn me yàng 판 치엔 허 이 뻬이 쩐 머 양
한 잔 더 드시겠어요?	要不要再来一杯? yào bu yào zài lái yì bēi 야오 뿌 야오 짜이 라이 이 뻬이
간단하게 뭐 좀 먹을까?	简单吃点什么吧? jiǎn dān chī diǎn shén me ba 찌엔 딴 츠 띠엔 션 머 바
우리 야참 먹을래?	吃点夜宵吗? chī diǎn yè xiāo ma 츠 띠엔 예 씨아오 마
배달시켜 먹는 것이 어 떻겠어요?	点外卖怎么样? diǎn wài mài zěn me yàng 띠엔 와이 마이 쩐 머 양 叫外卖怎么样? jiào wài mài zěn me yàng 찌아오 와이 마이 쩐 머 양
같이 아침식사 하실래요?	早餐会如何? zǎo cān huì rú hé 짜오 찬 후에이 루 허

산책하지 않을래요?	**不去散散步吗?** bú qù sàn san bù ma 부 취 싼 싼 뿌 마
드라이브 하는 것이 어때?	**开车去兜风, 怎么样?** kāi chē qù dōu fēng, zěn me yàng 카이 처 취 떠우 펑 쩐 머 양
영화 보러 가는 게 어때?	**去看场电影如何?** qù kàn chǎng diàn yǐng rú hé 취 칸 창 띠엔 잉 루 허
수영하러 가는 게 어때?	**去游泳怎么样?** qù yóu yǒng zěn me yàng 취 여우 융 쩐 머 양
잠깐 쉬지 그래요?	**怎么不休息一下?** zěn me bù xiū xī yí xià 쩐 머 뿌 씨여우 씨 이 씨아
새로 생긴 쇼핑센터에 가지 않을래?	**去新开张的购物中心吧, 怎么样?** qù xīn kāi zhāng de gòu wù zhōng xīn ba zěn me yàng 취 신 카이 쭈앙 더 꺼우 우 쭝 신 바 쩐 머 양
시험공부 같이 하자.	**一起准备考试吧。** yì qǐ zhǔn bèi kǎo shì ba 이 치 준 뻬이 카오 스 바
같이 여행 갈래?	**一起去旅行怎么样?** yì qǐ qù lǚ xíng zěn me yàng 이 치 취 뤼 싱 쩐 머 양

7. 조언과 주의

천천히 하세요.

慢慢来, 别着急。
màn màn lái, bié zháo jí
만 만 라이 비에 자오 찌

눈치껏 좀 하세요.

你要有眼力见儿。
nǐ yào yǒu yǎn lì jiànr
니 야오 여우 앤 리 찌알

소신껏 하세요.

你爱怎么干就怎么干吧。
nǐ ài zěn me gàn jiù zěn me gàn ba
니 아이 쩐 머 깐 찌여우 쩐 머 깐 바

배운 대로 하세요!

按照你所学的来做!
àn zhào nǐ suǒ xué de lái zuò!
안 짜오 니 쑤어 쉬에 더 라이 쭈어

당신이 느끼는 대로
이야기하세요.

请说你感受到的。
qǐng shuō nǐ gǎn shòu dào de
칭 슈어 니 간 셔우 따오 더

이왕 할 거면 빨리 하세
요.

既然要做就快些行动吧。
jì rán yào zuò jiù kuài xiē xíng dòng ba
찌 란 야오 쭈어 찌여우 쿠아이 시에 싱 뚱 빠

얼음찜질을 하세요.

用冰袋敷一下。
yòng bīng dài fū yí xià
융 삥 따이 푸 이 씨아

매일 조금씩 더 하세요.

每天多做一点。
měi tiān duō zuò yì diǎn
메이 티엔 뚜어 쭈어 이 띠알

머리 조심하세요.	小心你的头。 xiǎo xīn nǐ de tóu 씨아오 씬 니 더 터우
들어가지 마시오.	禁止进入。 jìn zhǐ jìn rù 진 쯔 진 루
주의하시오.	请注意。 qǐng zhù yì 칭 쭈 이
계단 조심.	小心楼梯。 xiǎo xīn lóu tī 씨아오 씬 러우 티 楼梯要小心。 lóu tī yào xiǎo xīn 러우 티 야오 씨아오 씬
얘기를 좀 정리해서 하세요.	请想清楚后再说。 qǐng xiǎng qīng chǔ hòu zài shuō 칭 씨앙 칭 추 허우 짜이 슈어
용건만 간단히 하세요.	请简单说一下重点。 qǐng jiǎn dān shuō yí xià zhòng diǎn 칭 찌엔 딴 슈어 이 씨아 쭝 띠엔
소리를 좀 낮춰주세요.	请轻声说话。 qǐng qīng shēng shuō huà 칭 칭 성 슈어 후아
떠들지 마세요!	别吵了! bié chǎo le 비에 차오 러

어서 일이나 하세요.	快去工作吧。 kuài qù gōng zuò ba 콰이 취 꿍 쭈어 바
당신 할 일이나 하세요.	做你该做的事情吧。 zuò nǐ gāi zuò de shì qíng ba 쭈어 니 까이 쭈어 더 스 칭 바
다시는 그런 일이 없도록 하세요.	以后不要再发生这样的事情了。 yǐ hòu bú yào zài fā shēng zhè yàng de shì qíng le 이 허우 뿌 야오 짜이 파 성 쩌 양 더 쓰 칭 러
잊으신 물건이 없도록 하세요.	不要再丢失东西了。 bú yào zài diū shī dōng xi le 뿌 야오 짜이 띠여우 스 뚱 시 러
핸드폰을 진동으로 해주세요.	请把手机设置成振动模式。 qǐng bǎ shǒu jī shè zhì chéng zhèn dòng mó shì 칭 빠 셔우 찌 셔 쯔 청 쩐 뚱 모어 스
그만두지 않으면 위험할 거예요.	不放弃的话，你会很危险的。 bú fàng qì de huà, nǐ huì hěn wēi xiǎn de 부 팡 치 더 화 니 후에이 헌 웨이 씨앤 더
내가 충고 좀 할게요.	我劝你一句。 Wǒ quàn nǐ yí jù 워 취앤 니 이 쥐
성질을 좀 죽여요.	该改改你的脾气了。 gāi gǎi gai nǐ de pí qì le 까이 까이 까이 니 더 피 치 러
그 생각을 버리세요.	您别那么想。 nín bié nà me xiǎng 닌 비에 나 머 씨앙

8. 상대방의 의견에 동의할 때

동의합니다.	我同意。 wǒ tóng yì 워 퉁 이
전적으로 동의합니다.	我完全同意。 wǒ wán quán tóng yì 워 완 취앤 퉁 이
저도 그렇게 생각합니다.	我也这样认为。 wǒ yě zhè yàng rèn wéi 워 예 쩌 양 런 웨이
당신 말이 맞습니다.	说得没错。 shuō de méi cuò 슈어 더 메이 추어
나는 당신 의견에 따를 거예요.	我同意你的意见。 wǒ tóng yì nǐ de yì jiàn 워 퉁 이 니 더 이 찌엔
그건 일리가 있네요.	确实有道理。 què shí yǒu dào lǐ 취에 스 여우 따오 리
좋은 생각입니다.	好主意。 hǎo zhǔ yì 하오 쭈 이
저도 같은 생각입니다.	我也有同感。 wǒ yě yǒu tóng gǎn 워 예 여우 퉁 간

저도 그렇게 생각하고
있었습니다.

我也这样想。
wǒ yě zhè yàng xiǎng
워 예 쩌 양 씨앙

찬성이야.

我赞成。
wǒ zàn chéng
워 잔 청

그 점에 있어서는 동의
합니다.

我同意那个观点。
wǒ tóng yì nà gè guān diǎn
워 퉁 이 나 거 꾸안 띠엔

왜 그의 의견에 동의하
십니까?

为什么支持他?
wèi shén me zhī chí tā
웨이 션 머 쯔 츠 타

그것은 좋은 의견 같습
니다.

这是个好想法。
zhè shì gè hǎo xiǎng fǎ
쩌 스 거 하오 씨앙 파

내 의견은 대체로 당신
의 의견과 같습니다.

我的想法大致跟你一样。
wǒ de xiǎng fǎ dà zhì gēn nǐ yí yàng
워 더 씨앙 파 따 쯔 껀 니 이 양

그 의견은 시도해 볼 만
한 가치가 있다고 봅니다.

我觉得那个想法值得试一试。
wǒ jué de nà gè xiǎng fǎ zhí dé shì yi shì
워 줴 더 나 거 씨앙 파 쯔 더 쓰 이 쓰

당신을 지지합니다.

我支持你。
wǒ zhī chí nǐ
워 쯔 츠 니

TIP

자신의 의견을 말할 때, 주로 쓰는 표현 중 하나가 '내가 보기엔..'이다. 중
국어는 이를 '在我看来[zài wǒ kàn lái]' 라고 한다.

9. 상대방 의견에 반대할 때

그것에 반대합니다.	我反对。 wǒ fǎn duì 워 판 뚜에이
전 아니에요.	不是我。 bú shì wǒ 부 스 워
그건 터무니없어요.	真是荒谬。 zhēn shì huāng miù 쩐 스 후앙 미여우
난 당신이 틀렸다고 생각해요.	我觉得是你的错。 wǒ jué de shì nǐ de cuò 워 줴 더 스 니 더 추어
전 그렇게 생각하지 않습니다.	我不是那样想。 wǒ bú shì nà yàng xiǎng 워 부 쓰 나 양 씨앙
전 동의하지 않습니다.	我不同意。 wǒ bù tóng yì 워 뿌 퉁 이
전 당신 생각에 동의하지 않습니다.	我不同意你的意见。 wǒ bù tóng yì nǐ de yì jiàn 워 뿌 퉁 이 니 더 이 찌엔
동의할 수 없는 점이 몇 가지 있습니다.	有几点我们不能接受。 yǒu jǐ diǎn wǒ men bù néng jiē shòu 여우 지 띠엔 워 먼 뿌 넝 찌에 셔우

그 점에 대해서는 동의할 수 없습니다.

我不赞同那个观点。
wǒ bú zàn tóng nà gè guān diǎn
워 부 짠 퉁 나 거 꾸안 띠엔

바보 같은 소리 말아요.

不要胡说。
bú yào hú shuō
부 야오 후 슈어

전 그걸 그런 식으로 보지 않아요.

我不那样认为。
wǒ bú nà yàng rèn wéi
워 부 나 양 런 웨이

저에게 다른 의견이 있습니다.

我有别的想法。
wǒ yǒu bié de xiǎng fǎ
워 여우 비에 더 씨앙 파

그게 당신이 생각하는 것만큼 좋지는 않아요.

那并不像你想象中的那么好。
nà bìng bú xiàng nǐ xiǎng xiàng zhōng de nà me hǎo
나 삥 부 씨앙 니 씨앙 씨앙 쯍 더 나 머 하오

저의 견해는 조금 다릅니다.

我不那样想。
wǒ bú nà yàng xiǎng
워 부 나 양 씨앙

제가 한 말을 취소하겠습니다.

我收回我的话。
wǒ shōu huí wǒ de huà
워 셔우 후에이 워 더 후아

그거 내일까지 끝내야 해요.

那个明天前要完成。
nà gè míng tiān qián yào wán chéng
나 거 밍 티엔 치엔 야오 완 청

10. 확신이 없을 때

확신이 없습니다.

我不确定。
wǒ bú què dìng
워 뿌 취에 띵

지금 결정 못하겠습니다.

现在不能决定。
xiàn zài bù néng jué dìng
씨엔 짜이 뿌 넝 줴 띵

상황을 보고 정해요.

看情况定吧。
kàn qíng kuàng dìng ba
칸 칭 쿠앙 띵 바

지금 당장은 생각나지
않습니다.

我现在想不起来。
wǒ xiàn zài xiǎng bù qǐ lái
워 씨엔 짜이 씨앙 뿌 치 라이

말하기 곤란합니다.

不方便说。
bú fāng biàn shuō
뿌 팡 삐엔 슈어

설명하기가 그렇게 간단
하지 않아요.

不是一两句能说清的。
bú shì yì liǎng jù néng shuō qīng de
부 쓰 이 량 쮜 넝 슈어 칭 더

전 어느 쪽도 아닙니다.

我不站在任何人的一边。
wǒ bú zhàn zài rèn hé rén de yì biān
워 부 짠 짜이 런 허 런 더 이 삐엔

전 이 문제는 중립입니다.

我中立。
wǒ zhōng lì
워 쭝 리

당신 좋을 대로 해요.	你随便吧。 nǐ suí biàn ba 니 쑤에이 삐엔 바
확실히 말씀드릴 수가 없습니다.	我不能确切地告诉你。 wǒ bú néng què qiē dì gào sù nǐ 워 뿌 넝 취에 치에 더 까오 쑤 니
잘 모르겠습니다.	我不知道。 wǒ bù zhī dào 워 뿌 즈 따오
이렇다 할 이유는 없어요.	没有这么做的理由。 méi yǒu zhè me zuò de lǐ yóu 메이 여우 쩌 머 쭈어 더 리 여우
글쎄요, 아직 잘 모르겠는데요.	嗯, 现在还不确定。 èn, xiàn zài hái bú què dìng 음 씨엔 짜이 하이 부 취에 띵
아직까지는 추이를 지켜 봐야 하는 입장입니다.	到目前为止 需要静观趋势。 dào mù qián wéi zhǐ xū yào jìng guān qū shì 따오 무 치앤 웨이 쯔 쉬 야오 징 꾸안 취 쓰
며칠 후 다시 의논해 봅시다.	过几天再说。 guò jǐ tiān zài shuō 꾸어 지 티엔 짜이 슈어
결과는 장담할 수 없습니다.	结果无法预测。 jié guǒ wú fǎ yù cè 지에 꾸어 우 파 위 처
결과가 어떻게 될지 저도 모릅니다.	结果如何我也不知道。 jié guǒ rú hé wǒ yě bù zhī dào 지에 꾸어 루 허 워 예 부 쯔 따오

1. 구직 생활

✻ 구직 문의할 때

구인광고에 관해 얘기하
고 싶습니다.

我想说一下关于招聘广告的事。
wǒ xiǎng shuō yí xià guān yú zhāo pìn guǎng
gào de shì
워 씨앙 슈어 이 씨아 꾸안 위 자오 핀 구앙 까오
더 쓰

당신 회사에서 일하고
싶습니다.

我想在贵公司工作。
wǒ xiǎng zài guì gōng sī gōng zuò
워 씨앙 짜이 꾸에이 꿍 스 꿍 쭈어

매니저를 모집하고 계십
니까?

这里在招聘经理职位吗?
zhè lǐ zài zhāo pìn jīng lǐ zhí wèi ma
쩌 리 짜이 자오 핀 찡 리 즈 웨이 마

그 자리는 아직도 유효
합니까?

那个位置还有效吗?
nà ge wèi zhì hái yǒu xiào ma
나 거 웨이 즈 하이 여우 씨아오 마

어떤 종류의 일에 자리
가 있는 건가요?

哪个职位还有名额?
nǎ gè zhí wèi hái yǒu míng é
나 거 즈 웨이 하이 여우 밍 어

서류는 언제까지 보내야
합니까?

接收文件的截止时间是什么时
候呢?
jiē shōu wén jiàn de jié zhǐ shí jiān shì shén me
shí hòu ne
찌에 셔우 원 찌엔 더 찌에 즈 스 찌엔 쓰 션 머 쓰
허우 너

경력이 필요합니까?	这个职位需要工作经验吗? zhè ge zhí wèi xū yào gōng zuò jīng yàn ma 쩌 거 즈 웨이 쉬 야오 궁 쭈어 징 얜 마
입사지원에 필요한 것은 무엇입니까?	申请入职需要什么? shēn qǐng rù zhí xū yào shén me 션 칭 루 즈 쉬 야오 션 머
이력서를 두 통 내십시오.	请交两份简历。 qǐng jiāo liǎng fèn jiǎn lì 칭 찌아오 리앙 펀 찌엔 리
이력서를 팩스로 보내주세요.	请把你的简历发传真给我。 qǐng bǎ nǐ de jiǎn lì fā chuán zhēn gěi wǒ 칭 바 니 더 찌엔 리 파 추안 쩐 게이 워
어떻게 지원하면 됩니까?	怎么(or 样)申请呢? zěn me (or yàng) shēn qǐng ne 쩐 머 (or 양) 션 칭 너
이메일로 이력서를 접수 받습니까?	接收邮件发的简历吗? jiē shōu yóu jiàn fā de jiǎn lì ma 찌에 셔우 여우 찌엔 파 더 찌엔 리 마
1차 서류심사에 합격하셨습니다.	第一次文件审核通过了。 dì yī cì wén jiàn shěn hé tōng guò le 띠 이 츠 원 찌엔 션 허 퉁 꾸어 러
면접은 언제 봅니까?	什么时候面试? shén me shí hòu miàn shì 션 머 쓰 허우 미엔 스
내일 오셔서 면접을 받을 수 있습니까?	明天可以过来面试吗? míng tiān kě yǐ guò lái miàn shì ma 밍 티엔 커 이 꾸어 라이 미엔 스 마

유감스럽게도 광고를 낸 자리는 이미 채워졌습니다.	对不起, 已经招满了。 duì bu qǐ, yǐ jīng zhāo mǎn le 뚜에이 부 치 이 찡 짜오 만 러

☀ 취업인터뷰 1 ☀

면접 보러 왔습니다.	我来参加面试。 wǒ lái cān jiā miàn shì 워 라이 찬 찌아 미엔 쓰
어떻게 우리 회사 채용 공고를 알게 되었나요?	你怎么知道我们公司的招聘? nǐ zěn me zhī dào wǒ men gōng sī de zhāo pìn 니 쩐 머 쯔 따오 워 먼 꿍스 더 짜오 핀
우리 회사의 장단점은 뭐라고 생각하나요?	你觉得我们公司的优缺点是什么? nǐ jué de wǒ men gōng sī de yōu quē diǎn shì shén me 니 줴 더 워 먼 꿍스 더 여우 췌 띠엔스 션 머
이 회사는 성장가능성이 많다고 생각합니다.	我认为这家公司有发展潜力。 wǒ rèn wéi zhè jiā gōng sī yǒu fā zhǎn qián lì 워 런 웨이 쩌 찌아 꿍스 여우 파 잔 치엔 리
ABC사에서 10년간 근무했습니다.	我在ABC公司工作了十年。 wǒ zài ABCgōng sī gōng zuò le shí nián 워 짜이 ABC꿍스 꿍 쭈어 러 쓰 니엔
그 업계에 대해 충분히 알고 있습니다.	我对那个行业非常了解。 wǒ duì nà gè háng yè fēi cháng liǎo jiě 워 뚜에이 나 거 항 예 페이 창 리아오 찌에
그건 어떤 종류의 일인가요?	这是个什么样的工作? zhè shì gè shén me yàng de gōng zuò 쩌 스 거 션 머 양 더 꿍 쭈어

업무에 관해 설명해 주시겠어요?	能说明一下关于工作的内容吗? néng shuō míng yí xià guān yú gōng zuò de nèi róng ma 넝 슈어 밍 이 씨아 꾸안 위 꿍 쭈어 더 네이 룽 마
이건 우리 회사의 신입 사업을 위해 신설된 업무입니다.	这是为了公司的新入职员工而新设的业务。 zhè shì wèi le gōng sī de xīn rù zhí yuán gōng ér xīn shè de yè wù 쩌 스 웨이 러 꿍 스 더 씬 루 즈 위엔 꿍 얼 씬 셔 더 예 우
시간 외 근무가 많은가요?	需要常常加班吗? xū yào cháng cháng jiā bān ma 쉬 야오 창 창 찌아 빤 마
저는 영업직에 관심이 있습니다.	我对营销很感兴趣。 wǒ duì yíng xiāo hěn gǎn xìng qù 워 뚜에이 잉 씨아오 헌 간 씽 취
직함은 어떻게 됩니까?	职位的名称是什么? zhí wèi de míng chēng shì shén me 쯔 웨이 더 밍 청 쓰 션 머
휴가는 어떻게 됩니까?	有假期吗? yǒu jià qī ma 여우 찌아 치 마
어떤 근로 혜택이 제공됩니까?	提供什么样的员工福利呢? tí gōng shén me yàng de yuán gōng fú lì ne 티 꿍 션 머 양 더 위엔 꿍 푸 리 너

* 취업인터뷰 2 *

자기소개를 해보세요.	请做一下自我介绍。 qǐng zuò yí xià zì wǒ jiè shào 칭 쭈어 이 씨아 쯔 워 찌에 샤오

자격요건은 어떻게 되십니까?	条件要求是什么?
	tiáo jiàn yāo qiú shì shén me
	티아오 찌엔 야오 치여우 쓰 션 머

어떤 자격증을 가지고 있습니까?	你有哪些资格证书?
	nǐ yǒu nǎ xiē zī gé zhèng shū
	니 여우 나 씨에 쯔 거 쩡 슈

경력이 있으십니까?	有工作经验吗?
	yǒu gōng zuò jīng yàn ma
	여우 꿍 쭈어 징 얜 마

컴퓨터는 잘 다루시나요?	可以熟练操作电脑吗?
	kě yǐ shú liàn cāo zuò diàn nǎo ma
	커 이 슈 리엔 차오 쭈어 띠엔 나오 마

특별한 기술이 있습니까?	有特别的技能吗?
	yǒu tè bié de jì néng ma
	여우 터 비에 더 찌 넝 마

영어 실력은 어느 정도입니까?	你的英语是几级?
	nǐ de yīng yǔ shì jǐ jí
	니 더 잉 위 쓰 지 지

이전 회사에서 맡은 업무는 무엇입니까?	在前公司负责的工作是什么?
	zài qián Gōngsī fù zé de gōng zuò shì shén me
	짜이 치앤 꿍 스 푸 저 더 꿍 주어 쓰 션 머

이직을 결심한 계기가 무엇입니까?	你决定离职的契机是什么?
	nǐ jué dìng lí zhí de qì jī shì shén me
	니 줴 딩 리 즈 더 치 지 스 션 머

왜 우리 회사에서 일하기를 원하십니까?	为什么想在我们公司工作呢?
	wèi shén me xiǎng zài wǒ men gōng sī gōng zuò ne
	웨이 션 머 씨앙 짜이 워 먼 꿍 스 꿍 주어 너

어느 부서에서 근무하기를 원하십니까?	希望去哪个部门工作? xī wàng qù nǎ gè bù mén gōng zuò 씨 왕 취 나 거 뿌 먼 꿍 주어
제가 사무실 규칙에 관해 설명하겠습니다.	我来介绍一下办公室的规章制度。 wǒ lái jiè shào yí xià bàn gōng shì de guī zhāng zhì dù 워 라이 찌에 샤오 이 씨아 빤 꿍 쓰 더 꾸에이 장 쯔 뚜
고용 계약은 2년간입니다.	合同的雇用期限是两年。 hé tóng de gù yòng qī xiàn shì liǎng nián 허 퉁 더 꾸 융 치 씨엔 쓰 리앙 니엔
처음 석 달은 수습기간입니다.	前三个月是试用期。 qián sān gè yuè shì shì yòng qī 치엔 싼 거 위에 쓰 쓰 융 치
월급날은 매달 20일입니다.	每月20号发工资。 měi yuè èr shí hào fā gōng zī 메이 위에 얼 스 하오 파 꿍 즈
1년에 3번 보너스를 받을 겁니다.	一年发三次奖金。 yì nián fā sān cì jiǎng jīn 이 니엔 파 싼 츠 찌앙 찐

면접결과

면접 결과는 문자로 알려드립니다.	面试结果用短信通知。 miàn shì jié guǒ yòng duǎn xìn tōng zhī 미앤 스 지에 꾸어 융 뚜안 신 퉁 쯔
다음 주부터 출근하십시오.	请你从下个星期开始上班。 qǐng nǐ cóng xià gè xīng qī kāi shǐ shàng bān 칭 니 총 씨아 거 싱 치 카이 스 샹 빤

귀사에서 좋은 연락을 받길 바랍니다.	我希望贵公司能给予良好的联系。 wǒ xī wàng guì gōng sī néng jǐ yǔ liáng hǎo de lián xì 워 씨 왕 꾸에이 꿍 스 넝 지 위 리앙 하오 더 리앤 씨
최종 합격을 축하합니다.	祝贺你最终合格了。 zhù hè nǐ zuì zhōng hé gé le 주 허 니 쭈에이 중 허 거 러
함께 일하게 되어 기쁩니다.	很高兴能和你一起工作。 Hěn gāo xìng néng hé nǐ yì qǐ gōng zuò 헌 까오 싱 넝 허 니 이 치 꿍 쭈어
직원 채용에 응시해 주셔서 감사합니다.	谢谢您参加招聘职员。 xiè xie nín cān jiā zhāo pìn zhí yuán 씨에 씨에 닌 찬 지아 짜오 핀 쯔 위엔
다음에 좋은 기회가 있으면 연락드리겠습니다.	下次有机会的话, 会跟你联系的。 xià cì yǒu jī huì de huà huì gēn nǐ lián xì de 씨아츠 여우 지 후에이 더 화 후에이 건 니 리앤 씨 더
한정된 인원을 뽑아야 하는 부득이한 상황입니다.	这是要选有限的人员的不得已的情况。 zhè shì yào xuǎn yǒu xiàn de rén yuán de bù dé yǐ de qíng kuàng 쩌 스 야오 쒸앤 여우 씨앤 더 런 위앤 더 부 더 이 더 칭 쿠앙
죄송합니다. 불합격입니다.	对不起, 您没合格。 duì bu qǐ, nín méi hé gé 뚜에이 부 치 닌 메이 허 거

2. 직장에 대해

* 직업에 대해 *

직업이 무엇입니까?	你做什么工作? nǐ zuò shén me gōng zuò 니 쭈어 션 머 꿍 쭈어
어떤 업종에 종사하십니까?	你的职业是什么? nǐ de zhí yè shì shén me 니 더 즈 예 쓰 션 머
사업가입니다. / 회사원입니다.	我是商人。/ 我是上班族。 wǒ shì shāng rén /wǒ shì shàng bān zú 워 쓰 샹 런/워 쓰 샹 반 주
컴퓨터 프로그래머입니다. / 저는 치과의사입니다.	我是电脑程序师 / 我是牙科医生。 wǒ shì diàn nǎo chéng xù shī / wǒ shì yá kē yī shēng 워 쓰 띠엔 나오 청 쒸 스 /워 쓰 야 커 이 성
교사입니다. / 기술자입니다.	我是老师。/ 我是工程师。 wǒ shì lǎo shī /wǒ shì gōng chéng shī 워 쓰 라오 스 / 워 쓰 꿍 청 스
무엇을 가르치고 있나요?	你教什么? nǐ jiāo shén me 니 찌아오 션 머
가르치는 일을 좋아하십니까?	你喜欢执教吗? nǐ xǐ huan zhí jiào ma 니 씨 후안 즈 찌아오 마

저는 택시 기사입니다.

我是出租车司机。
wǒ shì chū zū chē sī jī
워 쓰 추 주 처 스 지

운전한 지 얼마나 되셨습니까?

开车开多久了?
kāi chē kāi duō jiǔ le
카이 처 카이 뚜어 찌여우 러

저는 제 일에 만족합니다.

我对我的工作很满意。
wǒ duì wǒ de gōng zuò hěn mǎn yì
워 뚜에이 워 더 꿍 쭈어 헌 만 이

이 일은 아르바이트삼아 하는 것입니다.

这是我的兼职。
zhè shì wǒ de jiān zhí
쩌 스 워 더 찌엔 즈

저는 직업을 바꿀까 생각 중입니다.

我想要换工作。
wǒ xiǎng yào huàn gōng zuò
워 씨앙 야오 후안 꿍 쭈어

저는 프리랜서입니다.

我是自由职业人员。
wǒ shì zì yóu zhí yè rén yuán
워 쓰 즈 여우 쯔 예 런 위앤

디자이너입니다.

我是设计师。
wǒ shì shè jì shī
워 쓰 셔 지 스

재택근무를 합니다.

我在家办公。
wǒ zài jiā bàn gōng
워 짜이 지아 반 꿍

인터넷 쇼핑몰을 운영하고 있습니다.

我经营网上购物中心。
wǒ jīng yíng wǎng shàng gòu wù zhōng xīn
워 징 잉 왕 샹 꺼우 우 쭝 신

어디서 일하십니까?	你在哪里工作?
	nǐ zài nǎ lǐ gōng zuò
	니 짜이 나 리 꿍 쭈어

무슨 회사에 다니십니까?	你在什么公司工作?
	nǐ zài shén me gōng sī gōng zuò
	니 짜이 션 머 꿍 스 꿍 쭈어

저는 LK자동차 회사에서 일합니다.	我在LK汽车公司工作。
	wǒ zài LKqì chē gōng sī gōng zuò
	워 짜이 LK 치 처 꿍 스 꿍 쭈어

컴퓨터 업계는 어떻습니까?	电脑行业怎么样?
	diàn nǎo háng yè zěn me yàng
	띠엔 나오 항 예 쩐 머 양

새 직장이 맘에 드세요?	喜欢新换的工作岗位吗?
	xǐ huān xīn huan de gōng zuò gǎng wèi ma
	시 후안 씬 후안 더 꿍 쭈어 깡 웨이 마

어떤 직책을 맡고 계십니까?	你的职务是什么?
	nǐ de zhí wù shì shén me
	니 더 즈 우 스 션 머

인사부 담당입니다.	我在人事部工作。
	wǒ zài rén shì bù gōng zuò
	워 짜이 런 쓰 뿌 꿍 쭈어

언제 회사에 입사했습니까?	你是什么时候入职的?
	nǐ shì shén me shí hòu rù zhí de
	니 쓰 션 머 쓰 허우 루즈 더

거기서 근무하는 것은 어떻습니까?	在那里工作感觉如何?
	zài nà lǐ gōng zuò gǎn jué rú hé
	짜이 나 리 꿍 쭈어 깐 줴 루 허

직
장
생
활

당신은 회사가 마음에 듭니까?	你喜欢在这里工作吗？ nǐ xǐ huan zài zhè lǐ gōng zuò ma 니 시 후안 짜이 쩌 리 꿍 쭈어 마
어떤 일을 하고 계십니까?	做什么工作？ zuò shén me gōng zuò 쭈어 션 머 꿍 쭈어
지금은 일을 하지 않습니다.	现在我不工作。 xiàn zài wǒ bù gōng zuò 씨엔 짜이 워 부 꿍 쭈어
부업으로 보험 세일을 하고 있습니다.	作为副业，我在做保险销售。 zuò wéi fù yè wǒ zài zuò bǎo xiān xiāo shòu 쭈어 웨이 푸 예 워 짜이 쭈어 바오 씨엔 씨아오 셔우
출판업에 종사하고 있습니다.	我从事于出版业。 wǒ cóng shì yú chū bǎn yè 워 총 쓰 위 추 반 예
컴퓨터 분석가입니다.	我是电脑分析师。 wǒ shì diàn nǎo fēn xī shī 워 쓰 띠엔 나오 펀 씨 스
저는 공무원이에요.	我是公务员。 wǒ shì gōng wù yuán 워 쓰 꿍 우 위엔
저는 기술자예요.	我是技术工。 wǒ shì jì shù gōng 워 쓰 찌 슈 꿍
저는 프리랜서예요	我是自由职业者。 wǒ shì zì yóu zhí yè zhě 워 쓰 즈 여우 쯔 예 저

* 사업 *

| 저는 자영업자입니다. | 我是个体户。
wǒ shì gè tǐ hù
워 쓰 거 티 후 |

회사 규모는 얼마나 큽니까?

公司规模有多大？
gōng sī guī mó yǒu duō dà
꿍 스 꾸에이 모어 뚜어 따

최근에 적자를 보고 있습니다.

最近一直亏损。
zuì jìn yī zhí kuī sǔn
쭈에이 찐 이 쯔 쿠에이 쑤언

새로 시작한 사업은 어떠세요?

新开始的生意怎么样？
xīn kāi shǐ de shēng yì zěn me yàng
씬 카이스 더 셩 이 쩐 머 양

사업은 잘 돼 갑니까?

生意顺利吗？
shēng yì shùn lì ma
셩 이 슌 리 마

사업이 잘 안 됩니다.

生意不太顺利。
shēng yì bù tài shùn lì
셩 이 부 타이 슌 리

* 회사위치 및 교통편 *

당신의 회사는 어디에 있습니까?

你的公司在哪里？
nǐ de gōng sī zài nǎ lǐ
니 더 꿍 스 짜이 나 리

집이 직장과 가깝습니까?

家离单位近吗？
jiā lí dān wèi jìn ma
찌아 리 딴 웨이 찐 마

북경역 근처에서 일해요.

我在北京站附近工作。
wǒ zài běi jīng zhàn fù jìn gōng zuò
워 짜이 베이 징 짠 푸 진 꿍 쭈어

당신은 일하러 갈 때 어떻게 가나요?

平时怎么去上班?
píng shí zěn me qù shàng bān
핑 스 쩐 머 취 샹 빤

보통 지하철을 타고 갑니다만, 가끔 버스도 탑니다.

通常是坐地铁, 有时候坐公共汽车。
tōng cháng shì zuò dì tiě, yǒu shí hòu zuò gōng gòng qì chē
퉁 창 쓰 쭈어 띠 티에 여우 쓰 허우 쭈어 꿍 꿍 치 처

회사 가까이에 지하철역이 있습니다.

在公司附近有地铁站。
zài gōng sī fù jìn yǒu dì tiě zhàn
짜이 꿍 스 푸 찐 여우 띠 티에 짠

버스는 아침마다 만원이죠.

公共汽车每天早上都是满员。
gōng gòng qì chē měi tiān zǎo shàng dōu shì mǎn yuán
꿍 꿍 치 처 메이 티엔 자오 샹 떠우 쓰 만 위엔

---

mini 회화

A: 어디야?

你在哪儿?
nǐ zài nǎr

B: 집이야, 오늘 칼퇴했어!

我在家, 今天正点下班了!
wǒ zài jiā jīn tiān zhèng diǎn xià bān le

A: 부럽다, 난 오늘도 야근해야해.

真羡慕, 我今天也要加班。
zhēn xiàn mù wǒ jīn tiān yě yào jiā bān

3. 거래 관계

거래처 방문

내일 오후에 사무실로 찾아 봬도 될까요?	明天下午我可以去您的办公室吗? míng tiān xià wǔ wǒ kě yǐ qù nín de bàn gōng shì ma 밍 티엔 씨아 우 워 커 이 취 닌 더 빤 꿍 스 마
당신에게 얘기하고 싶은게 있습니다.	我想跟你谈些事情。 wǒ xiǎng gēn nǐ tán xiē shì qíng 워 씨앙 껀 니 탄 시에 쓰 칭
저희 신상품을 보여드리고 싶습니다.	我想给您介绍我们的新产品。 wǒ xiǎng gěi nín jiè shào wǒ men de xīn chǎn pǐn 워 씨앙 게이 닌 찌에 샤오 워 먼 더 씬 찬 핀
수출부가 어디에 있습니까?	出口部在哪儿? chū kǒu bù zài nǎr 추 커우 뿌 짜이 날
책임자를 만날 수 있습니까?	我能见一下主管吗? wǒ néng jiàn yí xià zhǔ guǎn ma 워 넝 찌엔 이 씨아 주 꾸안 마
안녕하세요. 저는 K사의 사장입니다.	下午好, 我是K公司的经理。 xià wǔ hǎo, wǒ shì Kgōng sī de jīng lǐ 씨아 우 하오 워 쓰 K 꿍 스 더 찡 리
수출부의 장선생님을 만나 뵙고 싶습니다.	我想见一下出口部的张先生。 wǒ xiǎng jiàn yí xià chū kǒu bù de zhāng xiān sheng 워 씨앙 찌엔 이 씨아 추 커우 뿌 더 짱 씨엔 성

약속하셨습니까?

预约了吗?
yù yuē le ma
위 위에 러 마

저희 회사에 와 주셔서
감사합니다.

感谢您光临我们(的)公司。
gǎn xiè nín guāng lín wǒ men (de) gōng sī
간 씨에 닌 꾸앙 린 워 먼 (더) 꿍 스

저는 K사의 장 사원입
니다.

我是K公司的职员, 我姓张。
wǒ shì Kgōng sī de zhí yuán, wǒ xìng zhāng
워 쓰 K 꿍 스 더 즈 위엔 워 씽 짱

여기 제 명함입니다.

这是我的名片。
zhè shì wǒ de míng piàn
쩌 스 워 더 밍 피엔

당신이 오셨다고 그 분
께 말씀드리겠습니다.

我会告诉他您来了。
wǒ huì gào sù tā nín lái le
워 후에이 까오 쑤 타 닌 라이 러

그 분이 곧 오실 겁니다.

他马上就来。
tā mǎ shàng jiù lái
타 마 상 찌여우 라이

이쪽으로 오십시오. 그
분의 사무실로 안내해
드리겠습니다.

这边请, 我带您去他的办公室。
zhè biān qǐng, wǒ dài nín qù tā de bàn gōng shì
쩌 비엔 칭 워 따이 닌 취 타 더 빤 꿍 쓰

몇 분만 기다려 주시겠
습니까?

请稍等几分钟好吗?
qǐng shāo děng jǐ fēn zhōng hǎo ma
칭 샤오 덩 지 펀 쭝 하오 마

장선생님은 다른 의뢰인
과 미팅 중이십니다.

张先生正在见另一位客户。
zhāng xiān sheng zhèng zài jiàn lìng yí wèi kè hù
짱 씨엔 성 쩡 짜이 찌엔 링 이 웨이 커 후

그 분이 바쁘시면 내일 다시 오겠습니다.

如果他很忙的话，我可以明天再来。

rú guǒ tā hěn máng de huà, wǒ kě yǐ míng tiān zài lái

루 꾸어 타 헌 망 더 후아 워 커 이 밍 티엔 짜이 라이

전 K사의 영업부에서 근무하고 있습니다.

我在K公司的销售部工作。

wǒ zài Kgōng sī de xiāo shòu bù gōng zuò

워 짜이 K 꿍 스 더 씨아오 셔우 뿌 꿍 쭈어

❈ 상담과 계약할 때

당신의 방문과 상담이 결실을 보게 되어서 감사합니다.

感谢您的光临和圆满的洽谈。

gǎn xiè nín de guāng lín hé yuán mǎn de qià tán

깐 씨에 닌 더 꾸앙 린 허 위엔 만 더 치아 탄

이번 협상이 성공적으로 끝나게 되어 기쁩니다.

非常高兴我们的协商成功结束。

fēi cháng gāo xìng wǒ men de xié shāng chéng gōng jié shù

페이 창 까오 씽 워 먼 더 씨에 상 청 꿍 찌에 슈

협조와 노고에 감사드립니다.

谢谢你的协助和努力。

xiè xiè nǐ de xié zhù hé nǔ lì

씨에 씨에 니 더 씨에 쭈 허 누 리

우리는 대체로 의견 일치를 보았습니다.

我们意见一致。

wǒ men yì jiàn yí zhì

워 먼 이 찌엔 이 쯔

우리의 다음 작업은 계약서를 작성하는 것입니다.

我们接下来的工作是草拟合同。

wǒ men jiē xià lái de gōng zuò shì cǎo nǐ hé tong

워 먼 지에 씨아 라이 더 꿍 쭈어 쓰 차오 니 허 퉁

계약의 세부사항에 대해 논의해 봅시다.

让我们谈一下合同的细节吧。

ràng wǒ men tán yí xià hé tong de xì jié ba

랑 워 먼 탄 이 씨아 허 퉁 더 씨 지에 바

이 계약은 3년간 유효합니다.	这个合同的有效期是三年。 zhè gè hé tong de yǒu xiào qī shì sān nián 쩌 거 허 퉁 더 여우 씨아오 치 스 싼 니엔
우리 회사 쪽에서 먼저 초안을 작성하게 해주십시오.	请让我方公司先草拟合同。 qǐng ràng wǒ fāng gōng sī xiān cǎo nǐ hé tong 칭 랑 워 팡 꿍 스 씨엔 차오 니 허 퉁
초안을 작성하는 데 그리 많은 시간이 걸리지 않을 것입니다.	草拟合同不需要太久。 cǎo nǐ hé tong bù xū yào tài jiǔ 차오 니 허 퉁 뿌 쉬 야오 타이 찌여우
이 계약서의 초안에 동의할 수 없습니다.	我们不能同意这份合同草案。 wǒ men bù néng tóng yì zhè fèn hé tong cǎo àn 워 먼 뿌 넝 퉁 이 쩌 펀 허 퉁 차오 안
제 생각에 이 조항은 우리가 동의한 부분이 아닌 것 같습니다.	我觉得这项条款不是我们同意的部分。 wǒ jué de zhè xiàng tiáo kuǎn bú shì wǒ men tóng yì de bù fen 워 줴 더 쩌 씨앙 티아오 쿠안 뿌 스 워 먼 퉁 이 더 뿌 펀
표현을 약간 변경하는 것이 어떻습니까?	在用词上稍作改动如何? zài yòng cí shàng shāo zuò gǎi dòng rú hé 짜이 용 츠 샹 샤오 쭈어 까이 뚱 루 허
이 조항에 몇 가지 덧붙이고 싶습니다.	我们想要在条款中加入新内容。 wǒ men xiǎng yào zài tiáo kuǎn zhōng jiā rù xīn nèi róng 워 먼 씨앙 야오 짜이 티아오 쿠안 쭝 찌아 루 씬 네이 룽
우리는 계약에 서명할 준비가 되었다고 생각합니다.	我们已经做好了签合同的准备。 wǒ men yǐ jīng zuò hǎo le qiān hé tong de zhǔn bèi 워 먼 이 찡 쭈어 하오 러 치엔 허 퉁 더 준 뻬이

초안에 두 항을 더 추가 시키는 것이 어떻습니까?

在草案中再加入两项条款, 可以吗?

zài cǎo àn zhōng zài jiā rù liǎng xiàng tiáo kuǎn, kě yǐ ma

짜이 차오 안 쭝 짜이 찌아 루 리앙 씨앙 티아오 쿠안 커 이 마

당신과 계약을 체결하게 되어 매우 기쁩니다.

能跟您合作, 我非常开心。

néng gēn nín hé zuò, wǒ fēi cháng kāi xīn

넝 껀 니 허 쭈어 워 페이 창 카이 신

저희는 다른 업자와 이미 계약을 맺었습니다.

我们已经与其他企业签合同了。

wǒ men yǐ jīng yǔ qí tā qǐ yè qiān hé tong le

워 먼 이 징 위 치 타 치 예 치엔 허 퉁 러

우리는 계약 조건에 관해 재고해 보려고 합니다.

我们会重新考虑合作条件。

wǒ men huì chóng xīn kǎo lǜ hé zuò tiáo jiàn

워 먼 후에이 충 씬 카오 뤼 허 쭈어 티아오 찌엔

우리는 당신과의 계약을 종결시키고 싶습니다.

我们想终止合作。

wǒ men xiǎng zhōng zhǐ hé zuò

워 먼 씨앙 쭝 즈 허 쭈어

생각 좀 해보고 다시 연락드리겠습니다.

我们先考虑一下然后再给您联系。

wǒ men xiān kǎo lǜ yí xià rán hòu zài gěi nín lián xì

워 먼 씨엔 카오 뤼 이 씨아 란 허우 짜이 게이 닌 리엔 씨

❋ 교섭과 협상 ❋

본론으로 들어갑시다.

言归正传。

yán guī zhèng zhuàn

얜 꾸에이 쩡 쭈안

선적 예정표를 세워 봅시다.

我们草拟一下发货时间表吧。

wǒ men cǎo nǐ yí xià fā huò shí jiān biǎo ba

워 먼 차오 니 이 씨아 파 후어 스 찌엔 삐아오 바

가격에 대해 얘기해 봅시다.	谈一下价格问题吧。
	tán yí xià jià gé wèn tí ba
	탄 이 씨아 찌아 거 원 티 바

우리의 주된 관심사는 가격 문제입니다.	我们最关心的就是价格问题。
	wǒ men zuì guān xīn de jiù shì jià gé wèn tí
	워 먼 쭈에이 꾸안 씬 더 찌여우 스 찌아 거 원 티

가격에 관해 생각해 놓으신 게 있습니까?	价格方面, 贵方的心理价格是多少呢?
	jià gé fāng miàn, guì fāng de xīn lǐ jià gé shì duō shǎo ne
	찌아 거 팡 미엔 꾸에이 팡 더 씬 리 찌아 거 쓰 뚜어 샤오 너

최저가를 제안해 주십시오.	请说一下最低价格。
	qǐng shuō yí xià zuì dī jià gé
	칭 슈어 이 씨아 쭈에이 디 찌아 거

우리는 견적서를 받고 싶습니다.	我们想看一下估价单。
	wǒ men xiǎng kàn yí xià gū jià dān
	워 먼 씨앙 칸 이 씨아 구 찌아 딴

저희에게 20% 할인을 해주셨으면 합니다.	希望能给我们打八折。
	xī wàng néng gěi wǒ men dǎ bā zhé
	씨 왕 넝 게이 워 먼 다 빠 저

* 의견을 절충할 때 *

미안하지만, 귀사의 기대를 충족시킬 수가 없습니다.	对不起, 我们不能达到您的要求。
	duì bu qǐ, wǒ men bù néng dá dào nín de yāo qiú
	뚜에이 부 치 워 먼 뿌 넝 따 따오 닌 더 야오 치유

그것은 우리의 예산보다 높습니다.	比我们预算的价格高一些。
	bǐ wǒ men yù suàn de jià gé gāo yì xiē
	비 워 먼 위 쑤안 더 찌아 거 까오 이 씨에

할인율을 더 높여주시기를 희망합니다.

我们希望有更多的折扣。
wǒ men xī wàng yǒu gèng duō de zhé kòu
워 먼 씨 왕 여우 껑 뚜어 더 쩌 커우

지난번 주문과 같은 조건을 유지하고 싶습니다.

我们希望持续上次的订货条件。
wǒ men xī wàng chí xù shàng cì de dìng huò tiáo jiàn
워 먼 씨 왕 츠 쉬 샹 츠 더 띵 후어 티아오 찌엔

그게 우리가 드릴 수 있는 최저가입니다.

这是我们能够提供到的最低价。
zhè shì wǒ men néng gòu tí gōng dào de zuì dī jià
쩌 쓰 워 먼 넝 꺼우 티 꿍 따오 더 쭈에이 디 찌아

배송료는 누가 부담하나요?

运费谁来负担呢？
yùn fèi shuí lái fù dān ne
윈 페이 슈에이 라이 푸 단 너

확인을 받고나서 다시 만납시다.

先确认以后再见面吧。
xiān què rèn yǐ hòu zài jiàn miàn ba
씨엔 취에 런 이 허우 짜이 찌엔 미엔 바

다음 건으로 넘어갑시다.

谈下一个内容吧。
tán xià yí gè nèi róng ba
탄 씨아 이 거 네이 룽 바

---

* 근무 시간에 대해 *

어떤 근로 혜택이 제공됩니까?

提供哪些福利呢？
tí gōng nǎ xiē fú lì ne
티 꿍 나 시에 푸 리 너

근무시간은 어떻게 됩니까?

工作时间是几个小时？
gōng zuò shí jiān shì jǐ gè xiǎo shí
꿍 쭈어 스 찌엔 쓰 지 거 씨아오 스

몇 시에 근무를 시작합니까?	上班时间是几点？ shàng bān shí jiān shì jǐ diǎn 샹 반 스 찌엔 쓰 지 띠엔
저는 7시에 출근합니다.	我七点上班。 wǒ qī diǎn shàng bān 워 치 띠엔 샹 반
몇 시에 퇴근하십니까?	几点下班？ jǐ diǎn xià bān 지 띠엔 씨아 반
점심시간은 1시간입니다.	我们有一个小时的午休时间。 wǒ men yǒu yí ge xiǎo shí de wǔ xiū shí jiān 워 먼 여우 이 거 씨아오 스 더 우 씨여우 스 찌엔
저는 매일 칼퇴근합니다.	我每天都是准时下班。 wǒ měi tiān dōu shì zhǔn shí xià bān 워 메이 티엔 떠우 쓰 준 스 씨아 반
몇 시부터 몇 시까지 근무하십니까?	从几点到几点工作呢？ cóng jǐ diǎn dào jǐ diǎn gōng zuò ne 총 지 띠엔 따오 지 띠엔 꿍 쭈어 너
1주일에 며칠 근무합니까?	一周工作几天呢？ yì zhōu gōng zuò jǐ tiān ne 이 쩌우 꿍 쭈어 지 티엔 너
토요일은 격주로 근무합니다.	隔周周六工作。 gé zhōu zhōu liù gōng zuò 거 쩌우 쩌우 리여우 꿍 쭈어
저는 종종 초과 근무를 합니다.	我常常加班。 wǒ cháng cháng jiā bān 워 창 창 찌아 반

업무에 시달리고 계시는
군요.

工作压力太大。
gōng zuò yā lì tài dà
꽁 쭈어 야 리 타이 따

당신은 늘 바쁜 것 같아요.

你总是很忙。
nǐ zǒng shì hěn máng
니 쭝 쓰 헌 망

새 직장을 구했는데 일
이 아주 많아요.

我找到了新工作，但是工作太
多了。
wǒ zhǎo dào le xīn gōng zuò, dàn shì gōng zuò
tài duō le
워 자오 따오 러 씬 꽁 쭈어 딴 스 꽁 쭈어 타이
뚜어 러

동료에게 도움요청할 때

지금 바쁘세요?

现在忙吗？
xiàn zài máng ma
씨엔 짜이 망 마

이 일 좀 도와줄래요?

能帮我一下吗？
néng bāng wǒ yí xià ma
넝 빵 워 이 씨아 마

이 서류를 팩스로 보내
줄 수 있어요?

能帮我把这个文件发传真过
来吗？
néng bāng wǒ bǎ zhè gè wén jiàn fā chuán zhēn
guò lái ma
넝 빵 워 바 쩌 거 원 찌엔 파 추안 쩐 꾸어 라이 마

우체국에 좀 다녀와 줄
수 있어요?

能替我去趟邮局吗？
néng tì wǒ qù tàng yóu jú ma
넝 티 워 취 탕 여우 쥐 마

오늘밤에 잔업을 할 수
있어요?

今晚能加班吗？
jīn wǎn néng jiā bān ma
찐 완 넝 찌아 빤 마

저 혼자서는 못하겠어요.

我一个人完成不了。
wǒ yí gè rén wán chéng bù liǎo
워 이 거 런 완 청 뿌 리아오

제 업무를 도와 주시겠어요?

能帮我做一下工作吗?
néng bāng wǒ zuò yí xià gōng zuò ma
넝 빵 워 쭈어 이 씨아 꿍 쭈어 마

초과근무를 해야 합니다.

得加班。
děi jiā bān
데이 찌아 빤

내가 감당할 수 있는 것 이상이에요.

超出我的能力范围了。
chāo chū wǒ de néng lì fàn wéi le
차오 추 워 더 넝 리 판 웨이 러

이것을 복사해주시겠어요?

能把这个复印一下吗?
néng bǎ zhè gè fù yìn yí xià ma
넝 바 쩌 거 푸 인 이 씨아 마

이 보고서를 타이핑해 주시겠어요?

能打一份这个报告吗?
néng dǎ yí fèn zhè gè bào gào ma
넝 다 이 펀 쩌 거 빠오 까오 마

모든 일을 나한테만 떠 넘기지 마세요.

不要把所有的事情都强压在我头上。
bú yào bǎ suǒ yǒu de shì qíng dōu qiáng yā zài wǒ tóu shàng
뿌 야오 바 쑤어 여우 더 쓰 칭 떠우 치앙 야 짜이 워 터우 샹

기한이 언제입니까?

到什么时候?
dào shén me shí hòu
따오 션 머 쓰 허우

무슨 일로 그렇게 바쁘세요?	什么事情那么忙? shén me shì qíng nà me máng 션 머 스 칭 나 머 망
이 서류를 전달해 주시겠어요?	能把这个文件递给她吗? néng bǎ zhè ge wén jiàn dì gěi tā ma 넝 바 쩌 거 원 찌엔 디 게이 타 마

＊ 회식 ＊

퇴근 후에 한잔 하는 게 어때요?	下班后喝一杯怎么样? xià bān hòu hē yì bēi zěn me yàng 씨아 반 허우 허 이 뻬이 쩐 머 양

＊ 마케팅 ＊

전 당신을 컴퓨터 전문가로 잘 알고 있습니다.	我知道你是电脑专家。 wǒ zhī dào nǐ shì diàn nǎo zhuān jiā 워 쯔 따오 니 쓰 띠엔 나오 쭈안 찌아
당신과 상담할 기회를 갖게 되어 기쁩니다.	很高兴能有跟你交流的机会。 hěn gāo xìng néng yǒu gēn nǐ jiāo liú de jī huì 헌 까오 씽 넝 여우 껀 니 찌아오 리여우 더 찌후에이
사업 얘기를 시작해 볼까요?	我们聊一下生意如何? wǒ men liáo yí xià shēng yì rú hé 워 먼 리아오 이 씨아 성 이 루 허
우리는 게임기를 전문으로 합니다.	我们是做游戏机的企业。 wǒ men shì zuò yóu xì jī de qǐ yè 워 먼 스 쭈어 여우 씨 지 더 치 예
괜찮으시다면, 통역자를 쓰겠습니다.	如果不介意的话, 我想请一位翻译。 rú guǒ bú jiè yì de huà, wǒ xiǎng qǐng yí wèi fān yì 루 꾸어 부 찌에 이 더 후아 워 씨앙 칭 이 웨이 판 이

직장생활

정확한 의사소통을 위해 통역을 부탁하고 싶습니다.	为了方便交流，我想请一位翻译。 wèi le fāng biàn jiāo liú, wǒ xiǎng qǐng yí wèi fān yì 웨이 러 팡 삐엔 찌아오 리여우 워 씨앙 칭 이 웨이 판 이
저희 회사의 MP3 플레이어를 판매하러 왔습니다.	我们打算销售本公司的MP3播放器。 wǒ men dǎ suàn xiāo shòu běn gōng sī de MP3 bō fàng qì 워 먼 다 쑤안 씨아오 셔우 번 꿍 스 더 MP싼 뽀어 팡 치
신형 디지털카메라를 보여 드리고 싶습니다.	我想展示一下新型的数码相机。 wǒ xiǎng zhǎn shì yí xià xīn xíng de shù mǎ xiàng jī 워 씨앙 짠 스 이 씨아 씬 씽 더 슈 마 씨앙 지
우리는 그 물품을 추가로 대량 판매하고 싶습니다.	我们想额外大量销售那个产品。 wǒ men xiǎng é wài dà liàng xiāo shòu nà gè chǎn pǐn 워 먼 씨앙 어 와이 따 량 씨아오 셔우 나 거 찬 핀
여기에 저희 제품 카탈로그가 있습니다.	这里有我们产品的产品目录。 zhè lǐ yǒu wǒ men chǎn pǐn de chǎn pǐn mù lù 쩌 리 여우 워 먼 찬 핀 더 찬 핀 무 루
그 아이템 대해 좀더 자세하게 설명해 주시겠어요?	关于那个项目，能再详细说明一下吗? guān yú nà gè xiàng mù, néng zài xiáng xì shuō míng yí xià ma 꾸안 위 나 거 씨앙 무 넝 짜이 씨앙 씨 슈어 밍 이 씨아 마
신제품 몇 가지를 보여 드리고 싶습니다.	我想介绍几款我们的新产品。 wǒ xiǎng jiè shào jǐ kuǎn wǒ men de xīn chǎn pǐn 워 씨앙 찌에 샤오 지 쿠안 워 먼 더 씬 찬 핀

이것은 저희 최신상품입니다.	这是我们的新产品。 zhè shì wǒ men de xīn chǎn pǐn 쩌 스 워 먼 더 씬 찬 핀
이것이 최신형 콤팩트카메라입니다.	这是新型袖珍相机。 zhè shì xīn xíng xiù zhēn xiàng jī 쩌 스 씬 싱 씨여우 쩐 씨앙 지
이것은 최첨단 제품입니다.	这是高端产品。 zhè shì gāo duān chǎn pǐn 쩌 스 까오 뚜안 찬 핀
작동이 매우 간편합니다.	使用方法非常简单。 shǐ yòng fāng fǎ fēi cháng jiǎn dān 스 용 팡 파 페이 창 찌엔 단
이것은 혁신적인 제품입니다.	这是革新产品。 zhè shì gé xīn chǎn pǐn 쩌 스 거 씬 찬 핀
만족하실 거라고 확신합니다.	您一定会满意的。 nín yí dìng huì mǎn yì de 닌 이 띵 후에이 만 이 더
새로운 기능이 많이 첨가되었습니다.	附加了许多新功能。 fù jiā le xǔ duō xīn gōng néng 푸 찌아 러 쉬 뚜어 씬 꿍 넝
이것은 디지털카메라 기능이 들어 있는 제품입니다.	这些产品带有数码相机的功能。 zhè xiē chǎn pǐn dài yǒu shù mǎ xiàng jī de gōng néng 쩌 시에 찬 핀 따이 여우 슈 마 씨앙 지 더 꿍 넝
타제품과 차별화된 기능은 무엇입니까?	跟其他产品有什么不同的功能? gēn qí tā chǎn pǐn yǒu shén me bú tóng de gōng néng 껀 치 타 찬 핀 여우 션 머 뿌 통 더 꿍 넝

✽ 문제를 해결할 때 ✽

우리가 받은 제품은 우리가 주문한 제품이 아닙니다.

我们收到的不是我们订的产品。
wǒ men shōu dào de bú shì wǒ men dìng de chǎn pǐn
워 먼 셔우 따오 더 부 쓰 워 먼 띵 더 찬 핀

즉시 처리하겠습니다.

我们会马上处理。
wǒ men huì mǎ shàng chù lǐ
워 먼 후에이 마 샹 추 리

저희 실수였습니다.

这是我们的失误。
zhè shì wǒ men de shī wù
쩌 스 워 먼 더 스 우

불편을 끼쳐드려서 죄송합니다.

给您带来不便之处, 请原谅。
gěi nín dài lái bú biàn zhī chù, qǐng yuán liàng
게이 닌 따이 라이 부 삐엔 즈 추 칭 위엔 리앙

그 사고는 제 불찰입니다.

这是我一时失误。
zhè shì wǒ yì shí shī wù
쩌 스 워 이 스 우

우리가 실수로 잘못된 물건을 보내드렸습니다.

是我们失误发错了东西。
shì wǒ men shī wù fā cuò le dōng xī
스 워 먼 스 우 파 추어 러 뚱 시

우리가 그 문제를 처리하겠습니다.

我们会处理好这个问题的。
wǒ men huì chù lǐ hǎo zhè gè wèn tí de
워 먼 후에이 추 리 하오 쩌 거 원 티 더

다른 제품을 출하한 것은 저희들의 실수입니다.

送错产品是我们的失误。
sòng cuò chǎn pǐn shì wǒ men de shī wù
송 추어 찬 핀 스 워 먼 더 스 우

다음 출하는 예정대로 이행하겠습니다.

下次一定准时发货。
xià cì yí dìng zhǔn shí fā huò
씨아 츠 이 띵 준 스 파 후어

납품이 늦어져서 곤경에 처해 있습니다.	交货延时让我们很为难。 jiāo huò yán shí ràng wǒ men hěn wéi nán 찌아오 후어 앤 스 랑 워 먼 헌 웨이 난
이제 모든 것을 해결했습니다.	现在所有的问题都解决了。 xiàn zài suǒ yǒu de wèn tí dōu jiě jué le 씨엔 짜이 쑤어 여우 더 원 티 떠우 지에 줴 러
대체품을 즉시 보내드리겠습니다.	我们马上发送替代商品。 wǒ men mǎ shàng fā sòng tì dài shāng pǐn 워 먼 마 샹 파 송 티 따이 샹 핀
즉시 맞는 제품을 보내드리겠습니다.	马上发送匹配的商品(or 产品)。 mǎ shàng fā sòng pǐ pèi de shāng pǐn (or chǎn pǐn) 마 샹 파 송 피 페이 더 샹 핀 (or 찬 핀)
선적이 지연되어 사과드립니다.	对于装船延迟，我们深表歉意。 duì yú zhuāng chuán yán chí, wǒ men shēn biǎo qiàn yì 뚜에이 위 쭈앙 추안 얜 츠 워 먼 션 삐아오 치엔 이
이로 인해 귀사에 불편함을 드려 진심으로 사과드립니다.	给您带来的不便，我们深表歉意。 gěi nín dài lái de bú biàn, wǒ men shēn biǎo qiàn yì 게이 닌 따이 라이 더 부 삐엔 워 먼 션 삐아오 치엔 이
이로 인해 귀사에 폐를 끼친 것을 심히 유감스럽게 생각합니다.	非常抱歉，给您添麻烦了。 fēi cháng bào qiàn, gěi nín tiān má fán le 페이 창 빠오 치엔 게이 닌 티엔 마 판 러
이것은 귀사의 잘못이지, 저희 잘못은 아닙니다.	这是贵公司的失误，不是我们的错。 zhè shì guì gōng sī de shī wù, bú shì wǒ men de cuò 쩌 스 꾸에이 꿍 스 더 스 우 부 쓰 워 먼 더 추어

✳ 업무능력과 평가 ✳

이 일을 맡기기에는 당신이 적격입니다.

你是做这个工作最合适的人选。
nǐ shì zuò zhè ge gōng zuò zuì hé shì de rén xuǎn
니 쓰 쭈어 쩌 거 꿍 쭈어 쭈에이 허 스 더 런 쒸엔

당신은 분명히 능력이 있는 사람입니다.

你一定是个很有能力的人。
nǐ yí dìng shì ge hěn yǒu néng lì de rén
니 이 띵 쓰 거 헌 여우 넝 리 더 런

당신이 다음 승진 대상 자입니다.

你是下次升职的候选。
nǐ shì xià cì shēng zhí de hòu xuǎn
니 쓰 씨아 츠 셩 즈 더 허우 쒸엔

그처럼 일을 빨리 하는 당신의 능력이 부럽습니다.

我羡慕你有如此高的工作效率。
wǒ xiàn mù nǐ yǒu rú cǐ gāo de gōng zuò xiào lǜ
워 씨엔 무 니 여우 루 츠 까오 더 꿍 쭈어 씨아오 뤼

누가 새 업무에 적합하다고 생각하세요?

你认为谁是新项目的合适人选?
nǐ rèn wéi shuí shì xīn xiàng mù de hé shì rén xuǎn
니 런 웨이 슈에이 쓰 신 씨앙 무 더 허 스 런 쒸엔

그는 그 일에 적격입니다.

这个工作适合他。
zhè gè gōng zuò shì hé tā
쩌 거 꿍 쭈어 스 허 타

그는 업무에 필요한 모든 자질을 다 갖추고 있습니다.

他拥有工作所需的所有能力。
tā yōng yǒu gōng zuò suǒ xū de suǒ yǒu néng lì
타 융 여우 꿍 쭈어 쑤어 쉬 더 쑤어 여우 넝 리

그는 이런 일에는 아주 능숙합니다.

他做这工作很得手。
tā zuò zhè gōng zuò hěn dé shǒu
타 쭈어 쩌 꿍 쭈어 헌 더 셔우

그녀는 차분하고 꼼꼼합니다.

她不但很沉着而且很仔细。
tā bú dàn hěn chén zhuó ér qiě hěn zǐ xì
타 부 딴 헌 천 주어 얼 치에 헌 즈 씨

직원들 중에서 그녀가 가장 부지런합니다.

她是所有(的)员工中最勤奋的一个。
tā shì suǒ yǒu (de) yuán gōng zhōng zuì qín fèn de yí gè
타 쓰 쑤어 여우 (더) 위엔 꿍 중 쮀이 친 펀 더 이 거

그는 비록 나이 들었지만, 아직도 그 일을 할 능력이 있습니다.

虽然年纪大一些, 但他绝对有胜任的能力。
suī rán nián jì dà yì xiē, dàn tā jué duì yǒu shèng rèn de néng lì
쑤에이 란 니엔 찌 따 이 씨에 딴 타 쮜에 뚜에이 여우 셩 런 더 넝 리

그는 일을 적당히 할 사람이 아닙니다.

他不是做事半途而废的人。
tā bú shì zuò shì bàn tú ér fèi de rén
타 부 쓰 쭈어 쓰 빤 투 얼 페이 더 런

그 분야에서는 그가 최고예요.

在那个领域, 他是最棒的。
zài nà gè lǐng yù, tā shì zuì bàng de
짜이 나 거 링 위 타 쓰 쮀이 빵 더

그는 매사에 매우 신중합니다.

他对每件事都很谨慎。
tā duì měi jiàn shì dōu hěn jǐn shèn
타 뚜에이 메이 찌엔 쓰 떠우 헌 진 션

그는 책무를 행하는 데 충실합니다.

他非常充实自己的职责。
tā fēi cháng chōng shí zì jǐ de zhí zé
타 페이 창 충 스 쯔 지 더 즈 저

그가 정직하다는 것은 모두가 알고 있습니다.

所有(的)人都知道他很正直。
suǒ yǒu (de) rén dōu zhī dào tā hěn zhèng zhí
쑤어 여우 (더) 런 떠우 쯔 따오 타 헌 쩡 즈

그는 7년 동안 이 회사에 근속해 왔습니다.	他在这家公司工作已经七年了。 tā zài zhè jiā gōng sī gōng zuò yǐ jīng qī nián le 타 짜이 쩌 찌아 꿍 스 꿍 주어 이 징 치 니엔 러
그는 너무 게을러서 그의 능력을 평가하기는 어렵습니다.	他很懒惰, 很难评估他的能力。 tā hěn lǎn duò, hěn nán píng gū tā de néng lì 타 헌 란 뚜어 헌 난 핑 구 타 더 넝 리
그는 경쟁에서 뒤쳐져 있습니다.	他在竞争中有些落后。 tā zài jìng zhēng zhōng yǒu xiē luò hòu 타 짜이 징 쩡 쭝 여우 씨에 루어 허우
그는 다른 사람들 욕을 잘 합니다.	他喜欢说人闲话。 tā xǐ huan shuō rén xián huà 타 씨 후안 슈어 런 씨엔 후아
그는 남의 일에 간섭을 잘 합니다.	他爱管闲事。 tā ài guǎn xián shì 타 아이 꾸안 씨엔 스
그는 과묵합니다.	他很沉默寡言。 tā hěn chén mò guǎ yán 타 헌 천 모어 구아 얜

* 업무진행 *

일은 잘 되어 가나요?	事情进展得如何? shì qíng jìn zhǎn de rú hé 스 칭 찐 잔 더 루 허
판매 상황에 대해 좀더 물어봐도 될까요?	可以再多了解一下销售的情况吗? kě yǐ zài duō liǎo jiě yí xià xiāo shòu de qíng kuàng ma 커 이 짜이 뚜어 리아오 지에 이 씨아 씨아오 셔우 더 칭 쿠앙 마

보고서를 제출해야 하는 마감시간이 있습니다.

交报告是有限时的。
jiāo bào gào shì yǒu xiàn shí de
찌아오 빠오 까오 스 여우 씨엔 스 더

그 일은 계획에 따라 진행되고 있습니다.

那个工作根据计划在进行着。
nà gè gōng zuò gēn jù jì huá zài jìn xíng zhe
나 거 꿍 쭈어 건 쮜 찌 후아 짜이 찐 싱 저

이제 곧 우리 신제품이 시장에 나올 것입니다.

我们的新产品很快就要上市了。
wǒ men de xīn chǎn pǐn hěn kuài jiù yào shàng shì le
워 먼 더 씬 찬 핀 헌 쿠아이 찌여우 야오 샹 쓰 러

신상품 판매는 어떤가요?

新产品销数(or 量)如何?
xīn chǎn pǐn xiāo shù (or liàng) rú hé
씬 찬 핀 씨아오 슈 (or 리앙) 루 허

예상했던 것보다 훨씬 더 잘 되네요.

比预想的要好得多。
bǐ yù xiǎng dé yào hǎo dé duō
비 위 씨앙 더 야오 하오 더 뚜어

첫 번째 시도치고는 나쁘지 않습니다.

第一次尝试, 感觉很不错。
dì yī cì cháng shì, gǎn jué hěn bú cuò
띠 이 츠 창 쓰 깐 쮀 헌 부 추어

새 프로젝트에 대해 얘기하려고 왔습니다.

我来这里讨论一下新项目。
wǒ lái zhè lǐ tǎo lùn yí xià xīn xiàng mù
워 라이 쩌 리 타오 루언 이 씨아 씬 씨앙 무

프로젝트 준비는 잘 되어가고 있습니까?

项目准备得怎么样了?
xiàng mù zhǔn bèi dé zěn me yàng le
씨앙 무 준 뻬이 더 쩐 머 양 러

회의는 연기되었습니다.

会议延期了。
huì yì yán qī le
후에이 이 얜 치 러

당장 그것을 처리해 주셨으면 합니다.

我们希望能马上处理这个问题。
wǒ men xī wàng néng mǎ shàng chù lǐ zhè gè wèn tí
워 먼 씨 왕 넝 마 샹 추 리 쩌 거 원 티

서류를 준비하는 데 2주일이 필요합니다.

准备这个材料需要两个星期。
zhǔn bèi zhè gè cái liào xū yào liǎng gè xīng qī
쭌 뻬이 쩌 거 차이 리아오 쒸 야오 량 거 씽 치

그 실험결과에 큰 기대를 걸고 있어요.

我期待这次的实验结果。
wǒ qī dài zhè cì de kǎo shí yàn jié guǒ
워 치 따이 쩌 츠 더 쓰 앤 찌에 구어

요구에 부응하도록 최선을 다하겠습니다.

我们会尽量满足您的要求。
wǒ men huì jìn liàng mǎn zú nín de yāo qiú
워 먼 후에이 진 리앙 만 쭈 닌 더 야오 치여우

---

* 계약의 타협과 결렬

타협해 봅시다.

我们一起妥协吧。
wǒ men yì qǐ tuǒ xié ba
워 먼 이 치 투어 씨에 바

걱정하지 마세요. 타협할 수 있을 거예요.

不要担心, 会得到妥协的。
bú yào dān xīn, huì dé dào tuǒ xié de
부 야오 딴 신 후에이 더 따오 투어 씨에 더

우리 조금씩 양보하는 게 어떨까요?

我们都各自退一步怎么样?
wǒ men dōu gè zì tuì yí bù zěn me yàng
워 먼 떠우 꺼 쯔 투에이 이 뿌 쩐 머 양

그렇다면 좋습니다. 절충을 합시다.

好的, 那么就折中吧。
hǎo de, nà me jiù zhé zhōng ba
하오 더 나 머 찌여우 저 쭝 바

타협점을 찾도록 노력해 봅시다.

我们一起找一下妥协点吧。
wǒ men yì qǐ zhǎo yí xià tuǒ xié diǎn ba
워 먼 이 치 자오 이 씨아 투어 씨에 띠엔 바

서로 반씩 양보하여 타협을 하는 게 어떨까요?	我们都各自让一半来妥协, 怎么样? wǒ men dōu gè zì ràng yí bàn lái tuǒ xié, zěn me yàng 워 먼 떠우 꺼 쯔 랑 이 빤 라이 투어 씨에 쩐 머 양
털어놓고 얘기합시다.	让我们开怀畅谈吧。 ràng wǒ men kāi huái chàng tán ba 랑 워 먼 카이 후아이 창 탄 빠
장선생님과 허심탄회하게 얘기하세요.	跟张先生坦诚地谈一谈。 gēn zhāng xiān sheng tǎn chéng de tán yi tán 껀 짱 씨엔 셩 탄 청 더 탄 이 탄
하루, 이틀 자세히 생각해봐도 되겠습니까?	我想再考虑一两天, 可以吗? wǒ xiǎng zài kǎo lǜ yì liǎng tiān, kě yǐ ma 워 씨앙 짜이 카오 뤼 이 리앙 티엔 커 이 마
화해합시다.	我们和解吧。 wǒ men hé jiě ba 워 먼 허 지에 바
성급하게 타협하고 싶지 않습니다.	我不想草率地妥协。 wǒ bù xiǎng cǎo shuài de tuǒ xié 워 뿌 씨앙 차오 슈아이 더 투어 씨에
그들이 협상을 제안했습니다.	他们提出协商了。 tā men tí chū xié shāng le 타 먼 티 추 시에 샹 러
좀더 명확하게 해주시죠.	请说得明确一些。 qǐng shuō de míng què yí xiē 칭 슈어 더 밍 취에 이 씨에
이 일은 다시 생각할 시간이 필요합니다.	我需要时间再考虑一下。 wǒ xū yào shí jiān zài kǎo lǜ yí xià 워 쒸 야오 스 찌엔 짜이 카오 뤼 이 씨아

그것을 검토하려면 좀더
시간이 필요합니다.

我们需要一些时间来讨论那
件事。

wǒ men xū yào yì xiē shí jiàn lái tǎo lùn nà jiàn shì

워 먼 쉬 야오 이 시에 스 찌엔 라이 타오 루언 나
찌엔 스

저는 의견을 좀 더 듣고
싶은데요.

我想听听更多的意见。

wǒ xiǎng tīng tīng gèng duō de yì jiàn

워 씨앙 팅 팅 껑 뚜어 더 이 찌엔

우리가 할 수 있는 게 뭔
지 상의해 보겠습니다.

我们会讨论一下能做些什么。

wǒ men huì tǎo lùn yí xià néng zuò xiē shén me

워 먼 후에이 타오 루언 이 씨아 넝 쭈어 시에 션 머

계약을 맺게 되어 기쁩
니다.

能签这个合同, 我很高兴。

néng qiān zhè gè hé tong, wǒ hěn gāo xìng

넝 치엔 쩌 거 허 퉁 워 헌 까오 씽

협상이 결렬되어 안타깝
습니다.

协商失败了, 我深感遗憾。

xié shāng shī bài le, wǒ shēn gǎn yí hàn

시에 샹 스 빠이 러 워 션 간 이 한

---

* 주문과 클레임 *

제품에 대해 문의 드리
고 싶습니다.

我想了解一下这个产品。

wǒ xiǎng liǎo jiě yí xià zhè gè chǎn pǐn

워 씨앙 리아오 지에 이 씨아 쩌 거 찬 핀

IL-27 모델의 재고가 있
나요?

IL-27还有库存吗?

IL-27hái yǒu kù cún ma

IL-얼 치 하이 여우 쿠 추언 마

제가 곧 재고를 확인해
보겠습니다.

我马上确认一下我们的库存。

wǒ mǎ shàng què rèn yí xià wǒ men de kù cún

워 마 상 취에 런 이 씨아 워 먼 더 쿠 추언

지금은 재고가 없습니다.	现在没有库存了。 xiàn zài méi yǒu kù cún le 씨엔 짜이 메이 여우 쿠 추언 러
언제 물건을 배달해 주실 수 있습니까?	什么时候能发货? shén me shí hòu néng fā huò 션 머 쓰 허우 넝 파 후어
가능한 한 빨리 물건을 받아야 합니다.	我们要尽快拿到货。 wǒ men yào jìn kuài ná dào huò 워 먼 야오 찐 쿠아이 나 따오 후어
금요일까지 100박스를 배달해 주시겠습니까?	能在周五前发给我们100箱吗? néng zài zhōu wǔ qián fā gěi wǒ men yì bǎi xiāng ma 넝 짜이 쩌우 우 치엔 파 게이 워 먼 이 빠이 씨앙 마
담당자분과 얘기하고 싶습니다.	我想和负责人谈谈。 wǒ xiǎng hé fù zé rén tán tan 워 씨앙 허 푸 저 런 탄 탄
불만 사항을 말씀드리고 싶습니다.	我想说一下我的意见。 wǒ xiǎng shuō yí xià wǒ de yì jiàn 워 씨앙 슈어 이 씨아 워 더 이 찌엔
주문을 취소하겠습니다.	我要取消订单。 wǒ yào qǔ xiāo dìng dān 워 야오 취 씨아오 띵 딴
우리가 받은 제품은 우리가 주문한 제품이 아닙니다.	我们收到的不是我们订的产品。 wǒ men shōu dào de bú shì wǒ men dìng de chǎn pǐn 워 먼 셔우 따오 더 부 스 워 먼 띵 더 찬 핀
제품에 문제가 있습니다.	产品有问题。 chǎn pǐn yǒu wèn tí 찬 핀 여우 원 티

최근에 품질이 급격히 저하되었습니다.	最近产品质量下降了。 zuì jìn chǎn pǐn zhì liàng xià jiàng le 쭈에이 찐 찬 핀 쯔 리앙 씨아 찌앙 러
주문한 물건이 세 박스 덜 왔습니다.	我们订的货少来了三箱。 wǒ men dìng de huò shǎo lái le sān xiāng 워 먼 띵 더 후어 샤오 라이 러 싼 씨앙
우리는 이제까지 그 물품들을 인수하지 못했습니다.	我们到现在还没有收到货。 wǒ men dào xiàn zài hái méi yǒu shōu dào huò 워 먼 따오 씨엔 짜이 하이 메이 여우 셔우 따오 후어
저는 그렇게 지연된 이유를 알고 싶습니다.	我想知道延迟发货的原因。 wǒ xiǎng zhī dào yán chí fā huò de yuán yīn 워 씨앙 쯔 따오 얜 츠 파 후어 더 위엔 인
우리는 왜 그런 일이 발생했는지 알고 싶습니다.	我们想知道为什么会出现这种情况。 wǒ men xiǎng zhī dào wèi shén me huì chū xiàn zhè zhǒng qíng kuàng 워 먼 씨앙 쯔 따오 웨이 션 머 후에이 추 씨엔 쩌 중 칭 쿠앙
귀사는 우리의 손해를 변상해 줄 용의가 있습니까?	贵公司会赔偿我们的损失吗? guì gōng sī huì péi cháng wǒ men de sǔn shī ma 꾸에이 꿍 스 후에이 페이 창 워 먼 더 수언 쓰 마
납품이 늦어져서 곤경에 처해 있습니다.	延迟交货时间让我们很为难。 yán chí jiāo huò shí jiān ràng wǒ men hěn wèi nán 얜 츠 찌아오 후어 스 찌엔 랑 워 먼 헌 웨이 난
당장 그것을 처리해 주셨으면 합니다.	我们希望能马上解决这件事情。 wǒ men xī wàng néng mǎ shàng jiě jué zhè jiàn shì qíng 워 먼 씨 왕 넝 마 샹 찌에 쮀 쩌 찌엔 쓰 칭

1. 전화 통화할 때

하루 종일 전화했었습니다.	打了一天的电话了。 dǎ le yì tiān de diàn huà le 따 러 이 티엔 더 띠엔 후아 러
마침내 통화할 수 있어서 기쁩니다.	终于打通了, 太高兴了。 zhōng yú dǎ tōng le, tài gāo xìng le 쭝 위 따 퉁 러 타이 까오 씽 러
당신 메시지 받았어요.	我收到信息了。 wǒ shōu dào xìn xī le 워 셔우 따오 씬 시 러
지금 막 당신에게 전화하려던 중이었어요.	我正要给你打电话。 wǒ zhèng yào gěi nǐ dǎ diàn huà 워 쩡 야오 게이 니 따 띠엔 후아
통화하기 괜찮아요?	现在说话方便吗? xiàn zài shuō huà fāng biàn ma 씨엔 짜이 슈어 후아 팡 삐엔 마
이렇게 일찍 전화해서 미안해요.	这么早给你打电话, 真是不好意思。 zhè me zǎo gěi nǐ dǎ diàn huà, zhēn shì bù hǎo yì sī 쩌 머 짜오 게이 니 다 띠엔 후아 쩐 쓰 뿌 하오 이 쓰

전
화

좀 더 일찍 전화해주었더라면 좋았을 텐데.	要是早点给我打电话就好了。 yào shì zǎo diǎn gěi wǒ dǎ diàn huà jiù hǎo le 야오 스 짜오 띠엔 게이 워 따 띠엔 후아 찌여우 하오 러
밤늦게 전화해서 미안해요.	这么晚给你打电话, 真是不好意思。 zhè me wǎn gěi nǐ dǎ diàn huà, zhēn shì bù hǎo yì si 쩌 머 완 게이 니 다 띠엔 후아 쩐 쓰 뿌 하오 이 쓰
일하는데 방해해서 미안해요.	打扰你工作了, 不好意思。 dǎ rǎo nǐ gōng zuò le, bù hǎo yì si 다 라오 니 꿍 쭈어 러 뿌 하오 이 쓰
간단히 끝내도록 하죠.	简单说一下吧。 jiǎn dān shuō yí xià ba 찌엔 딴 슈어 이 씨아 바
미안하지만 지금 너무 바쁩니다.	对不起, 我现在很忙。 duì bu qǐ, wǒ xiàn zài hěn máng 뚜에이 부 치 워 씨엔 짜이 헌 망
용건만 간단히 하세요.	就说一下重点吧。 jiù shuō yí xià zhòng diǎn ba 찌여우 슈어 이 씨아 쭝 띠엔 바
바로 다시 전화해 드리겠습니다.	马上给你回过去电话。 mǎ shàng gěi nǐ huí guò qù diàn huà 마 상 게이 니 후에이 꾸어 취 띠엔 후아
10분 후에 다시 전화하겠습니다.	十分钟后给你回电话。 shí fēn zhōng hòu gěi nǐ huí diàn huà 쓰 펀 쭝 허우 게이 니 후에이 띠엔 후아

30분 후에 다시 전화해 주시겠어요?	三十分钟后再给我打好吗? sān shí fēn zhōng hòu zài gěi wǒ dǎ hǎo ma 싼 스 펀 쭝 허우 짜이 게이 워 따 하오 마
왜 전화했어?	为什么给我打电话? wèi shén me gěi wǒ dǎ diàn huà 웨이 션 머 게이 워 다 띠엔 후아
갑자기 네 생각이 나서 전화했어.	就是突然想起你, 打了电话。 jiù shì tū rán xiǎng qǐ nǐ dǎ le diàn huà 찌여우 쓰 투 란 씨앙 치 니 다 러 띠엔 후아
토요일 약속 때문에 전화했어요.	因为周六的约会, 所以给你打个电话。 yīn wèi zhōu liù de yuē huì, suǒ yǐ gěi nǐ dǎ gè diàn huà 인 웨이 쩌우 리여우 더 위에 후에이 쑤어 이 게이 니 따 거 띠엔 후아
바쁘지 않아요, 계속 말씀하세요.	不着急, 继续说吧。 bù zháo jí jì xù shuō ba 부 쟈오 지 지 쒸 슈어 바
심심해, 수다나 떨자.	无聊,聊天吧。 wú liáo liáo tiān ba 우 리아오 리아오 티앤 바
나 지금 네 집 앞이야. 나올래?	我现在你家门前。 要出来吗? wǒ xiàn zài nǐ jiā mén qián yào chū lái ma 워 씨앤 짜이 니 지아 먼 치앤 야오 추 라이 마

TIP

핸드폰 배터리가 다 되어가요.
我的手机快没有电了。
wǒ de shǒu jī kuài méi yǒu diàn le
워 더 셔우 지 쿠아이 메이 여우 디엔 러

2. 전화를 걸 때

| 거기가 소왕네 집입니까? | 是小王家吗?
shì xiǎo wáng jiā ma
쓰 씨아오 왕 찌아 마 |

거기가 소왕네 집입니까? | 是小王家吗?
shì xiǎo wáng jiā ma
쓰 씨아오 왕 찌아 마

여보세요, 소강이니? | 喂，是小强吗?
wéi, shì xiǎo qiáng ma
웨이 쓰 씨아오 치앙 마

소왕, 나야. | 小王，是我。
xiǎo wáng, shì wǒ
씨아오 왕 쓰 워

거기가 김사장님의 사무실입니까? | 是金经理的办公室吗?
shì jīn jīng lǐ de bàn gōng shì ma
쓰 찐 찡 리 더 빤 꿍 쓰 마

소왕 있나요? | 小王在吗?
xiǎo wáng zài ma
씨아오 왕 짜이 마

장선생님 좀 바꿔주시겠어요? | 请张先生接电话好吗?
qǐng zhāng xiān sheng jiē diàn huà hǎo ma
칭 짱 씨엔 성 찌에 띠엔 후아 하오 마

장선생님 부탁합니다. | 麻烦你我找一下张先生。
má fan nǐ wǒ zhǎo yí xià zhāng xiān sheng
마 판 니 워 짜오 이 씨아 짱 씨엔 성

여보세요, 전 미스터 이입니다. 사장님과 통화할 수 있을까요? | 喂，我姓李，能找一下你们经理吗?
wéi, wǒ xìng lǐ, néng zhǎo yí xià nǐ men jīng lǐ ma
웨이 워 씽 리 넝 짜오 이 씨아 니 먼 찡 리 마

전화 거신 분은 누구시죠?	您是哪位? nín shì nǎ wèi 닌 쓰 나 웨이
지금 전화 받으시는 분이 누구십니까?	请问您是哪位? qǐng wèn nín shì nǎ wèi 칭 원 닌 쓰 나 웨이
거기 경찰서 아닙니까?	不是警察局吗? bú shì jǐng chá jú ma 부 쓰 징 차 쮜 마
시청이죠?	是市政府吧? shì shì zhèng fǔ ba 쓰 쓰 쩡 푸 바
장선생님의 방 좀 연결해주시겠어요?	请帮我转到张先生的房间好吗? qǐng bāng wǒ zhuǎn dào zhāng xiān sheng de fáng jiān hǎo ma 칭 빵 워 쭈안 따오 짱 씨엔 성 더 팡 찌엔 하오 마
경리 과장님과 통화할 수 있습니까?	我能和会计部科长通话吗? wǒ néng hé kuài jì bù kē zhǎng tōng huà ma 워 넝 허 쿠아이 찌 뿌 커 장 퉁 후아 마
수출부로 전화를 연결해주시겠습니까?	能转到出口部吗? néng zhuǎn dào chū kǒu bù ma 넝 쭈안 따오 추 커우 뿌 마
마케팅을 담당하고 계신 분을 좀 바꿔 주시겠습니까?	我能和市场部负责人通话吗? wǒ néng hé shì chǎng bù fù zé rén tōng huà ma 워 넝 허 쓰 창 뿌 푸 저 런 퉁 후아 마

전
화

3. 전화를 받을 때

내가 전화 받을게요.	我来接电话。 wǒ lái jiē diàn huà 워 라이 지에 띠엔 후아
전데요.	是我。 shì wǒ 쓰 워
여보세요. 장선생님 있습니까?	喂, 张先生在吗? wéi, zhāng xiān sheng zài ma 웨이 짱 씨엔 셩 짜이 마
성함을 알려 주시겠습니까?	请问您贵姓? qǐng wèn nín guì xìng 칭 원 닌 꾸에이 씽
잠시만 기다리세요.	请稍等一下。 qǐng shāo děng yí xià 칭 샤오 덩 이 씨아
무역공사입니다. 무엇을 도와드릴까요?	这里是贸易公司, 请问您有什么事情? zhè lǐ shì mào yì gōng sī, qǐng wèn nín yǒu shén me shì qíng 쩌 리 쓰 마오 이 꽁쓰 칭 원 닌 여우 션 머 쓰 칭
장선생님 전화 왔습니다.	张先生来电话了。 zhāng xiān sheng lái diàn huà le 짱 씨엔 셩 라이 띠엔 후아 러
누구한테서 왔어요?	是谁打来的? shì shéi dǎ lái de 스 셰이 다 라이 더

전화를 돌려드릴게요.	把电话转给你。 bǎ diàn huà zhuǎn gěi nǐ 바 띠엔 후아 쭈안 게이 니
전화 좀 받아볼래?	你接一下电话好吗? nǐ jiē yí xià diàn huà hǎo ma 니 찌에 이 씨아 띠엔 후아 하오 마
2번 전화입니다.	2号机电话。 èr hào jī diàn huà 얼 하오 지 띠엔 후아
무슨 일로 전화했는지 물어 보세요.	问一下他来电话有什么事。 wèn yí xià tā lái diàn huà yǒu shén me shì 원 이 씨아 타 라이 띠엔 후아 여우 션 머 쓰
무슨 일로 전화하셨습니 까?	您来电话有什么事情? nín lái diàn huà yǒu shén me shì qíng 닌 라이 띠엔 후아 여우 션 머 쓰 칭
담당자에게 연결해 드리 겠습니다.	帮您把电话转到负责人那里。 bāng nín bǎ diàn huà zhuǎn dào fù zé rén nà lǐ 빵 닌 바 띠엔 후아 쭈안 따오 푸 쩌 런 나 리
전화를 끊고 기다려주겠 습니까?	请先挂断电话等待好吗? qǐng xiān guà duàn diàn huà děng dài hǎo ma 칭 씨엔 꾸아 뚜안 띠엔 후아 덩 따이 하오 마
누구와 통화하시겠습니 까?	您要跟谁通话呢? nín yào gēn shuí tōng huà ne 닌 야오 껀 슈에이 퉁 후아 너
죄송합니다만 지금 너 무 바쁩니다.	对不起, 我现在特别忙。 duì bu qǐ, wǒ xiàn zài tè bié máng 뚜에이 부 치 워 씨엔 짜이 터 비에 망

4. 부재중일 때

그는 통화중입니다.	他现在在通话中。 tā xiàn zài zài tōng huà zhōng 타 씨엔 짜이 짜이 퉁 화 쫑
기다리시겠어요?	能等一下吗? néng děng yí xià ma 넝 덩 이 씨아 마
좀 급한데요. 기다려도 될까요?	有点急, 可以等吗? yǒu diǎn jí kě yǐ děng ma 여우 띠엔 지 커 이 떵 마
방금 나가셨는데요.	刚刚出去了。 gāng gāng chū qù le 깡 깡 추 취 러
그는 오늘 휴가입니다.	今天他休息。 jīn tiān tā xiū xī 찐 티엔 타 씨여우 시
지금 부재중이신데요.	他现在不在。 tā xiàn zài bú zài 타 씨엔 짜이 부 짜이
사업차 출장 가셨습니다.	他出公差。 tā chū gōng chāi 타 추 꿍 차이
일주일 후에나 통화할 수 있어요.	一周后才能通话。 yì zhōu hòu cái néng tōng huà 이 저우 허우 차이 넝 퉁 후아

지금 회의중이십니다.	他正在开会。 tā zhèng zài kāi huì 타 쩡 짜이 카이 후에이
그녀는 지금 집에 없습니다.	她现在不在家。 tā xiàn zài bú zài jiā 타 씨엔 짜이 부 짜이 찌아
그분 점심 드시러 가셨어요./그분 퇴근하셨어요.	他吃饭去了。 tā chī fàn qù le 타 츠 판 취 러 他已经下班了。 tā yǐ jīng xià bān le 타 이 징 씨아 빤 러
나중에 다시 전화해 주시겠어요?	一会儿再给我打电话好吗? yí huìr zài gěi wǒ dǎ diàn huà hǎo ma 이 후얼 짜이 게이 워 따 띠엔 후아 하오 마
그의 통화가 끝나려면 얼마나 기다려야 합니까?	等他通话结束还需要多长时间? děng tā tōng huà jié shù hái xū yào duō cháng shí jiān 덩 타 퉁 화 찌에 슈 하이 쉬 야오 뚜어 창 쓰 찌엔
10분 후에 다시 전화해 주시겠어요?	十分钟后再打来电话好吗? shí fēn zhōng hòu zài dǎ lái diàn huà hǎo ma 스 펀 쭝 허우 짜이 따 라이 띠엔 후아 하오 마
언제 돌아오는지 알 수 있을까요?	我能知道他什么时候回来吗? wǒ néng zhī dào tā shén me shí hòu huí lái ma 워 넝 쯔 따오 타 션 머 쓰 허우 후에이 라이 마
그는 곧 돌아올 거예요.	他马上就回来。 tā mǎ shàng jiù huí lái 타 마 샹 찌여우 후에이 라이

오늘은 들어오시지 않을 겁니다.	他今天不回来了。 tā jīn tiān bù huí lái le 타 찐 티엔 뿌 후에이 라이 러
그가 언제 돌아올지 아직 은 확실하지 않습니다.	还不确定他什么时候回来。 hái bú què dìng tā shén me shí hòu huí lái 하이 부 취에 딩 타 션 머 쓰 허우 후에이 라이
메시지를 전해드릴까요?	要我转告他吗? yào wǒ zhuǎn gào tā ma 야오 워 쭈안 까오 타 마
누구라고 전해드릴까요?	先生, 您贵姓? xiān sheng, nín guì xìng 씨엔 성 닌 꾸에이 씽
전화 드리라고 할까요?	要让他给您回电话吗? yào ràng tā gěi nín huí diàn huà ma 야오 랑 타 게이 닌 후에이 띠엔 후아 마
당신의 전화번호는 몇 번 인가요?	你的电话号码是多少? nǐ de diàn huà hào mǎ shì duō shǎo 니 더 띠엔 후아 하오 마 쓰 뚜어 샤오
그는 외출중입니다. 핸드폰 번호를 알려드릴 까요?	他正在外出, 要告诉你他的手机号码吗? tā zhèng zài wài chū yào gào su nǐ tā de shǒu jī hào mǎ ma 타 쩡 짜이 와이 추 야오 까오 수 니 타 더 셔우 지 하오 마 마
그가 휴대폰을 두고 나 갔네요, 그러나 곧 돌아 올 겁니다.	他放下手机出去了。但是很快就会回来。 tā fàng xià shǒu jī chū qù le dàn shì hěn kuài jiù huì huí lái 타 팡 씨아 셔우 지 추 취 러 딴 스 헌 콰이 찌여우 후에이 후에이 라이

5. 잘못 걸었을 때

여기 그런 사람 없는데요.	这里没有您说的那个人。 zhè lǐ méi yǒu nín shuō de nà gè rén 쩌 리 메이 여우 닌 슈어 더 나 거 런
몇 번에 거셨어요?	你打的是多少号? nǐ dǎ de shì duō shǎo hào 니 다 더 쓰 뚜어 샤오 하오
거긴 몇 번이세요?	您那里是多少号? nín nà li shì duō shǎo hào 닌 나 리 쓰 뚜어 샤오 하오
8872-1234 아닌가요?	那儿不是8872-1234吗? nàr bú shì bā bā qī èr -yāo èr sān sì ma 날 부 쓰 빠 빠 치 얼 – 야오 얼 싼 쓰 마
전화를 잘못 거셨네요	您打错了。 nín dǎ cuò le 닌 다 추어 러
전화번호는 맞는데 그런 사람은 없는데요.	电话号码是没错, 但是这里没有您找的那个人。 diàn huà hào mǎ shì méi cuò, dàn shì zhè li méi yǒu nín zhǎo de nà ge rén 띠엔 후아 하오 마 쓰 메이 추어 딴 쓰 쩌 리 메이 여우 닌 짜오 더 나 거 런
미안합니다. 제가 전화를 잘못 걸었습니다.	对不起, 我打错了。 duì bu qǐ, wǒ dǎ cuò le 뚜에이 부 치 워 다 추어 러
귀찮게 해드려 죄송합니다.	对不起, 给您添麻烦了。 duì bu qǐ, gěi nín tiān má fan le 뚜에이 부 치 게이 닌 티엔 마 판 러

그 번호는 결번입니다.	那是空号。 nà shì kōng hào 나 쓰 쿵 하오
지금 거신 번호는 결번 입니다.	您所拨打的电话是空号。 nín suǒ bō dǎ de diàn huà shì kōng hào 닌 쑤어 뿌어 다 더 띠엔 후아 쓰 쿵 하오
전화번호의 국이 지난주 에 바뀌었습니다.	您拨打的这个电话号码上周 已经换了。 nín bō dǎ de zhè gè diàn huà hào mǎ shàng zhōu yǐ jīng huàn le 닌 뿌어 다 더 쩌 거 띠엔 후아 하오 마 샹 쩌우 이 찡 후안 러
죄송합니다. 그 번호는 실려 있지 않습니다.	对不起, 这个号码没有登记。 duì bu qǐ, zhè ge hào mǎ méi yǒu dēng jì 뚜에이 부 치 쩌 거 하오 마 메이 여우 떵 찌
그녀의 전화번호는 약 두 달 전에 바뀌었어요.	她两个月前已经换电话号码了。 tā liǎng ge yuè qián yǐ jīng huàn diàn huà hào mǎ le 타 량 거 위에 치엔 이 찡 후안 띠엔 후아 하오 마 러
전화번호를 찾아 주시겠 습니까?	能帮我查一下电话号码吗? néng bāng wǒ chá yi xià diàn huà hào mǎ ma 넝 빵 워 차 이 씨아 띠엔 후아 하오 마 마
이 전화번호는 제가 두 달 전부터 썼습니다.	这个电话号码是我从两个月 前开始用的。 zhè ge diàn huà hào mǎ shì wǒ cóng liǎng gè yuè qián kāi shǐ yòng de 쩌 거 띠엔 후아 하오 마 스 워 총 리앙 거 위에 치앤 카이 스 용 더

6. 연결 상태가 나쁠 때

연결이 잘 안 된 것 같아요.

好像连接不上。
hǎo xiàng lián jiē bú shàng
하오 씨앙 리엔 찌에 뿌 샹

연결 상태가 좋지 않네요.

连接状态不是很好。
lián jiē zhuàng tài bú shì hěn hǎo
리엔 찌에 쭈앙 타이 부 쓰 헌 하오

우리집 전화에 잡음이 많습니다.
전화에 잡음이 있네요.

我们家电话有杂音。
wǒ men jiā diàn huà yǒu zá yīn
워 먼 찌아 띠엔 후아 여우 자 인

电话有杂音。
diàn huà yǒu zá yīn
띠엔 후아 여우 자 인

전화 감이 머네요.

电话里听不清楚。
diàn huà lǐ tīng bù qīng chǔ
띠엔 후아 리 팅 뿌 칭 추

전화가 혼선입니다.

电话串线了。
diàn huà chuàn xiàn le
띠엔 후아 추안 씨엔 러

전화가 지직 거립니다.

电话吱吱响。
diàn huà zī zī xiǎng
띠엔 후아 즈 즈 씨앙

전화감이 정말 안 좋군요.

电话音感很不好。
diàn huà yīn gǎn hěn bù hǎo
띠엔 후아 인 간 헌 뿌 하오

전화가 끊어졌어요.

电话断了。
diàn huà duàn le
띠엔 후아 뚜안 러

끊었다가 다시 걸겠습니다.	先挂断一下, 马上再给你打过去。 xiān guà duàn yí xià, mǎ shàng zài gěi nǐ dǎ guò qù 씨엔 꾸아 뚜안 이 씨아 마 샹 짜이 게이 니 다 꾸어 취
수화기를 더 가까이 대세요.	离听筒近一些。 lí tīng tǒng jìn yì xiē 리 팅 퉁 찐 이 시에
계속해서 통화중입니다.	一直在通话中。 yì zhí zài tōng huà zhōng 이 쯔 짜이 퉁 화 쭝
수리국입니다. 뭘 도와드릴까요?	这里是维修中心, 有什么事吗? zhè lǐ shì wéi xiū zhōng xīn, yǒu shén me shì ma 쩌 리 쓰 웨이 씨여우 쭝 씬 여우 션 머 쓰 마
제 전화가 고장 났습니다.	我的电话坏了。 wǒ de diàn huà huài le 워 더 띠엔 후아 후아이 러
어떻게 고장이 났죠?	怎么坏掉的? zěn me huài diào de 쩐 머 후아이 띠아오 더
신호가 가질 않아요.	没有信号。 méi yǒu xìn hào 메이 여우 씬 하오
알았습니다. 고쳐드리겠습니다.	好, 马上为您处理。 hǎo, mǎ shàng wèi nín chù lǐ 하오 마 샹 웨이 닌 추 리
확인한 후에 다시 전화드리겠습니다.	确认后马上给您回电话。 què rèn hòu mǎ shàng gěi nín huí diàn huà 취에 런 허우 마 샹 게이 닌 후에이 띠엔 후아

7. 용건을 남길 때

메시지를 남겨도 될까요?

可以留言吗?
kě yǐ liú yán ma
커 이 리여우 얜 마

샤오창한테 전화 왔었다고 전해주시겠어요?

麻烦您帮我转告一下小强来过电话, 好吗?
má fan nín bāng wǒ zhuǎn gào yí xià xiǎo qiáng lái guò diàn huà, hǎo ma
마 판 닌 빵 워 쭈안 까오 이 씨아 씨아오 치앙 라이 꾸어 띠엔 후아 하오 마

전화 왔었다고 전해드릴게요.

我会转告他你来过电话。
wǒ huì zhuǎn gào tā nǐ lái guò diàn huà
워 후에이 쭈안 까오 타 니 라이 꾸어 띠엔 후아

메시지를 전해드릴게요.

我把您的留言转给他。
wǒ bǎ nín de liú yán zhuǎn gěi tā
워 바 닌 더 리여우 얜 쭈안 게이 타

나중에 다시 전화하겠습니다.

过一会儿再打电话吧。
guò yí huìr zài dǎ diàn huà ba
꾸어 이 후얼 짜이 다 띠엔 후아 바

다시 전화 걸겠습니다.

我会再打电话的。
wǒ huì zài dǎ diàn huà de
워 후에이 짜이 다 띠엔 후아 더

다시 전화하신다고 전해드리죠.

请帮我转告他我会再给他打电话。
qǐng bāng wǒ zhuǎn gào tā wǒ huì zài gěi tā dǎ diàn huà
칭 빵 워 쭈안 까오 타 워 후에이 짜이 게이 타 다 띠엔 후아

저한테 전화해 달라고 전해주세요.	**请叫他给我回个电话。** qǐng jiào tā gěi wǒ huí ge diàn huà 칭 찌아오 타 게이 워 후에이 거 띠엔 후아
샤오창이 당신 전화번호를 알고 있나요?	**小强知道你的电话号码吗?** xiǎo qiáng zhī dào nǐ de diàn huà hào mǎ ma 씨아오 치앙 쯔 따오 니 더 띠엔 후아 하오 마 마
그가 제 전화번호를 압니다.	**他知道我的电话号码。** tā zhī dào wǒ de diàn huà hào mǎ 타 쯔 따오 워 더 띠엔 후아 하오 마
혹시 모르니까 제 번호를 남길게요.	**为保险起见, 我还是给你留个我的电话号码吧。** wèi bǎo xiǎn qǐ jiàn, wǒ hái shì gěi nǐ liú gè wǒ de diàn huà hào mǎ ba 웨이 빠오 씨엔 치 찌엔 워 하이 쓰 게이 니 리여우 거 워 더 띠엔 후아 하오 마 바
삐 소리가 난 후에 이름을 남겨 주세요.	**听到电话提示音后, 请留下您的姓名。** tīng dào diàn huà tí shì yīn hòu, qǐng liú xià nín de xìng míng 팅 따오 띠엔 후아 티 쓰 인 허우 칭 리여우 씨아닌 더 씽 밍
나한테 전화 온 것 없나요?	**没有我的电话吗?** méi yǒu wǒ de diàn huà ma 메이 여우 워 더 띠엔 후아 마
두세 통의 전화가 왔었어요.	**来了两三次电话。** lái le liǎng sān cì diàn huà 라이 러 리앙 싼 츠 띠엔 후아
책상에 메모 올려놨어요.	**我把便条放在桌子上了。** wǒ bǎ biàn tiáo fàng zai zhuō zi shàng le 워 바 삐엔 티아오 팡 짜이 쭈어 즈 샹 러

샤오창이 전화했었어.	小强来过电话。 xiǎo qiáng lái guo diàn huà 씨아오 치앙 라이 꾸어 띠엔 후아
그가 다시 전화하겠대요.	他说会再打电话来的。 tā shuō huì zài dǎ diàn huà lái de 타 슈어 후에이 짜이 다 띠엔 후아 라이 더
무슨 용건으로 전화했던 가요?	他来电话有什么事吗? tā lái diàn huà yǒu shén me shì ma 타 라이 띠엔 후아 여우 션 머 쓰 마

mini회화

A : 다녀왔습니다. 제 앞으로 온 전화가 있었나요?

我回来了, 有没有给我打来的电话?
wǒ huí lái le yǒu méi yǒu gěi wǒ dǎ lái de diàn huà

B : 네, 王凭씨가 전화하셨습니다. 메모는 책상위에올려놓았습니다.

有, 王凭给您打了电话。我把留言放在座子上了。
yǒu wáng píng gěi nín dǎ le diàn huà wǒ bǎ liú yán fàng zài zuò zi shàng le

小林씨도 전화하셨는데 내일 미팅 변경 건으로 전화하셨습니다.

小林也给您打了, 是关于更改明天的会议。
xiǎo lín yě gěi nín dǎ le shì guān yú gàn gēng gǎi míng tiān de huì yì

A : 알겠습니다, 제가 전화하겠습니다.

知道了, 我给他打电话吧。
zhī dào le wǒ gěi tā dǎ diàn huà ba

B : 아, 小林씨는 개인 휴대폰으로 연락을 원하셨습니다.
번호는 여기 있습니다.

对了, 小林说您要给他的手机打电话。这是他的号码。
duì le xiǎo lín shuō nín yào gěi tā de shǒu jī diàn huà zhè shì tā de hào mǎ

A : 감사합니다.

谢谢。
xiè xie

전
화

8. 장거리 전화를 걸 때

구내전화는 어디 있습니까?

内线电话在哪儿?
nèi xiàn diàn huà zài nǎr
네이 씨엔 띠엔 후아 짜이 날

수화기를 들고 동전을 넣으세요.

拿起听筒后投币。
ná qǐ tīng tǒng hòu tóu bì
나 치 팅 퉁 허우 터우 삐

장거리 전화를 걸고 싶은데요.

我想打长途电话。
wǒ xiǎng dǎ cháng tú diàn huà
워 씨앙 따 창 투 띠엔 후아

여기에서 전화카드를 팝니까?

这里卖电话卡吗?
zhè lǐ mài diàn huà kǎ ma
쩌 리 마이 띠엔 후아 카 마

제 방에서 한국으로 직접 전화를 할 수 있습니까?

我的房间可以往韩国打电话吗?
wǒ de fáng jiān kě yǐ wǎng hán guó dǎ diàn huà ma
워 더 팡 찌엔 커 이 왕 한 꾸어 다 띠엔 후아 마

북경의 지역 번호는 무엇입니까?

北京的区号是多少?
běi jīng de qū hào shì duō shao
베이 찡 더 취 하오 쓰 뚜어 샤오

수신자 부담으로 하고 싶습니다.

我想要对方付款。
wǒ xiǎng yào duì fāng fù kuǎn
워 씨앙 야오 뚜에이 팡 푸 쿠안

일요일엔 요금이 싼가요?

星期天收费比较便宜吗?
xīng qī tiān shōu fèi bǐ jiào pián yi ma
싱 치 티엔 셔우 페이 비 찌아오 피엔 이 마

9. 휴대전화 개통할 때

통신사 추천을 해주세요.	请推荐一下通讯社。 qǐng tuī jiàn yí xià tōng xùn shè 칭 투에이 지앤 이 씨아 퉁 쒼 셔
외국인도 개통 가능한가요? 개통할 때 무엇이 필요한가요?	外国人也可以手机办卡吗? 手机办卡时, 需要什么? wài guó rén yě kě yǐ shǒu jī bàn kǎ ma shǒu jī bàn kǎ shí xū yào shén me 와이 궈 런 예 커 이 셔우 지 반 카 마 셔우 지 반 카 스 쒀 야오 션 머
6과 8이 들어간 전화번호를 선택하고 싶습니다.	我想选个有六和八的号码。 wǒ xiǎng xuǎn gè yǒu liù hé bā de hào mǎ 워 씨앙 쒸앤 거 여우 리여우 허 바 더 하오 마
한 달에 데이터가 어떻게 될까요?	一个月的流量是多少? yí gè yuè de liú liàng shì duō shǎo 이 거 위에 더 리여우 리앙 스 뚜어 샤오
통화보다는 인터넷을 주로 해요.	我平时比起通话,上网更多。 wǒ píng shí bǐ qǐ tōng huà shàng wǎng gèng duō 워 핑 스 비 치 퉁 후아 샹 왕 껑 뚜어
데이터 무제한을 원합니다.	我要选择无限制流量套餐。 wǒ yào xuǎn zé wú xiàn zhì liú liàng tào cān 워 야오 쒸앤 저 우 씨앤 쯔 리여우 리앙 타오 찬
데이터 충전은 어떻게 하나요?	怎么流量充值呢? zěn me liú liàng chōng zhí ne 쩐 머 리여우 리앙 충 쯔 너
요즘은 위챗페이, 즈푸바오로도 충전 가능합니다.	最近微信和支付宝都可以充值。 zuì jìn wēi xìn hé zhī fù bǎo dōu kě yǐ chōng zhí 쭈에이 진 웨이 신 허 쯔푸 바오 떠우 커 이 충 쯔

Chapter 15

●기본표현●

여가와 취미
业余爱好

1. 여가 생활

주말 어떻게 보냈어요?	周末过得怎么样? zhōu mò guò de zěn me yàng 쩌우 무어 꾸어 더 쩐 머 양
휴일 어떻게 보냈어요?	假期是怎么过的? jià qī shì zěn me guò de 찌아 치 쓰 쩐 머 꾸어 더
그냥 집에 있었습니다.	我一直在家。 wǒ yì zhí zài jiā 워 이 쯔 짜이 찌아
여가시간에 뭐하세요?	闲暇时间都做些什么? xián xiá shí jiān dōu zuò xiē shén me 씨엔 씨아 스 찌엔 떠우 쭈어 시에 션 머
가족들을 위해서 채소를 재배하고 있어요.	为了我的家人, 我在种菜。 wèi le wǒ de jiā rén, wǒ zài zhòng cài 웨이 러 워 더 찌아 런 워 짜이 쭝 차이
퇴근 후에는 뭐하세요?	下班后你都做什么? xià bān hòu nǐ dōu zuò shén me 씨아 반 허우 니 떠우 쭈어 션 머
전 특별한 취미가 없습니다.	我没有什么特别的爱好。 wǒ méi yǒu shén me tè bié de ài hào 워 메이 여우 션 머 터 삐에 더 아이 하오

한가할 때 나는 TV를 봅니다.	我有空的时候会看电视。
	wǒ yǒu kòng de shí hòu huì kàn diàn shì
	워 여우 쿵 더 쓰 허우 후에이 칸 띠엔 쓰

나는 식사 후에 TV를 봐요.	我吃完饭后会看电视。
	wǒ chī wán fàn hòu huì kàn diàn shì
	워 츠 완 판 허우 후에이 칸 띠엔 쓰

저는 한가할 때 TV 보는 것을 가장 좋아합니다.	我最喜欢在闲暇的时候看电视。
	wǒ zuì xǐ huan zài xián xiá de shí hòu kàn diàn shì
	워 쭈에이 씨 후안 짜이 씨엔 씨아 더 쓰 허우 칸 띠엔 쓰

어떤 티브이 프로그램을 좋아하세요?	你喜欢看哪个电视节目?
	nǐ xǐ huan kàn nǎ gè diàn shì jié mù
	니 씨 후안 칸 나 거 띠엔 쓰 찌에 무

나는 TV 게임 쇼를 좋아합니다.	我喜欢看游戏秀。
	wǒ xǐ huan kàn yóu xì xiù
	워 씨 후안 칸 여우 씨 씨여우

어젯밤에 TV 채널 몇 번 봤어요?	昨晚你看的电视是哪个频道?
	zuó wǎn nǐ kàn de diàn shì shì nǎ ge pín dào
	쭈어 완 니 칸 더 띠엔 쓰 스 나 거 핀 따오

오늘밤 TV에서 뭐 재미난 거 해요?	今晚电视上会播什么有意思的节目吗?
	jīn wǎn diàn shì shàng huì bō shén me yǒu yì sì de jié mù ma
	찐 완 띠엔 쓰 샹 후에이 보어 션 머 여우 이 쓰 더 찌에 무 마

* 스포츠 *

운동을 좋아하세요?	你喜欢运动吗?
	nǐ xǐ huan yùn dòng ma
	니 씨 후안 윈 뚱 마

가장 좋아하는 운동은
무엇입니까?

你最喜欢什么运动?
nǐ zuì xǐ huan shén me yùn dòng
니 쭈에이 씨 후안 션 머 윈 뚱

스포츠라면 뭐든지 좋아
합니다.

我喜欢所有的(体育)运动。
wǒ xǐ huan suǒ yǒu de (tǐ yù) yùn dòng
워 씨 후안 쑤어 여우 더 (티 위) 윈 뚱

저는 럭비라면 정신 못
차립니다.

我狂爱橄榄球。
wǒ kuáng ài gǎn lǎn qiú
워 쿠앙 아이 간 란 치여유

공을 사용하는 스포츠는
모두 좋아합니다.

我喜欢所有的球类运动。
wǒ xǐ huān suǒ yǒu de qiú lèi yùn dòng
워 씨 후안 쑤어 여우 더 치여유 레이 윈 뚱

사실 나는 스포츠에 흥
미가 별로 없습니다.

其实我不是很喜欢运动。
qí shí wǒ bú shì hěn xǐ huan yùn dòng
치 스 워 부스 헌 씨 후안 윈 뚱

골프를 좋아하세요?

你喜欢打高尔夫吗?
nǐ xǐ huan dǎ gāo ěr fū ma
니 씨 후안 따 까오 얼 푸 마

나는 골프를 쳐보지 않
았습니다.

我从来没打过高尔夫。
wǒ cóng lái méi dǎ guò gāo ěr fū
워 총 라이 메이 다 꾸어 까오 얼 푸

야구관람 즐겨하세요?

你喜欢看棒球赛吗?
nǐ xǐ huan kàn bàng qiú sài ma
니 씨 후안 칸 빵 치여우 싸이 마

저는 경기 관람하는 것
만 좋아해요.

我只是喜欢观看。
wǒ zhǐ shì xǐ huan guān kàn
워 즈 쓰 씨 후안 꾸안 칸

어느 팀을 응원합니까?	你支持哪个队? nǐ zhī chí nǎ gè duì 니 즈 츠 나 거 뚜에이
지금 TV에서 야구 중계를 합니까?	现在电视里在播棒球比赛吗? xiàn zài diàn shì lǐ zài bō bàng qiú bǐ sài ma 씨엔 짜이 띠엔 쓰 리 짜이 보어 빵 치여우 비 싸이 마

✷ 영화와 음악 ✷

전 영화감상을 좋아해요.	我喜欢看电影。 wǒ xǐ huan kàn diàn yǐng 워 씨 후안 칸 띠엔 잉
전 영화광입니다.	我是电影迷。 wǒ shì diàn yǐng mí 워 쓰 띠엔 잉 미
난 영화에 별 관심이 없습니다.	我对电影不感兴趣。 wǒ duì diàn yǐng bù gǎn xìng qù 워 뚜에이 띠엔 잉 뿌 간 씽 취
어떤 종류의 영화를 좋아합니까?	你喜欢看什么类型的电影? nǐ xǐ huan kàn shén me lèi xíng de diàn yǐng 니 씨 후안 칸 션 머 레이 싱 더 띠엔 잉
내가 좋아하는 장르는 코미디입니다.	我喜欢看喜剧。 wǒ xǐ huan kàn xǐ jù 워 씨 후안 칸 씨 쥐
프랑스 영화를 좋아합니까?	你喜欢法国电影吗? nǐ xǐ huan fǎ guó diàn yǐng ma 니 씨 후안 파 꾸어 띠엔 잉 마

여가와 취미

종종 영화 보러 가십니까?	经常去看电影吗?
	jīng cháng qù kàn diàn yǐng ma
	징 창 취 칸 띠엔 잉 마

제일 좋아하는 배우는 누굽니까?	你最喜欢哪个电影明星?
	nǐ zuì xǐ huan nǎ gè diàn yǐng míng xīng
	니 쭈에이 씨 후안 나 거 띠엔 잉 밍 씽

저는 음악 듣는 걸 좋아합니다.	我喜欢听音乐。
	wǒ xǐ huan tīng yīn yuè
	워 씨 후안 팅 인 위에

어떤 종류의 음악을 좋아하세요?	喜欢听哪种音乐?
	xǐ huan tīng nǎ zhǒng yīn yuè
	씨 후안 팅 나 중 인 위에

악기를 다룰 줄 아세요?	会弹奏乐器吗?
	huì tán zòu yuè qì ma
	후에이 탄 쩌우 위에 치 마

피아노를 치십니까?	弹钢琴吗?
	tán gāng qín ma
	탄 깡 친 마

피아노가 연주하기에 가장 좋은 악기 같아요.	钢琴是最好弹奏的乐器。
	gāng qín shì zuì hǎo tán zòu de yuè qì
	깡 친 쓰 쭈에이 하오 탄 쩌우 더 위에 치

저는 오보에를 어떻게 부는지 알고 싶어요.	我想知道双簧管要怎么吹。
	wǒ xiǎng zhī dào shuāng huáng guǎn yào zěn me chuī
	워 씨앙 쯔 따오 슈앙 황 꾸안 야오 쩐 머 추에이

제일 좋아하는 가수는 누구입니까?	最喜欢的歌手是谁?
	zuì xǐ huan de gē shǒu shì shéi
	쭈에이 씨 후안 더 거 셔우 스 셰이

그 가수의 앨범은 모두 가지고 있습니다.

那个歌手的专辑我都有。
nà gè gē shǒu de zhuān jí wǒ dōu yǒu
나 거 거 셔우 더 쭈안 지 워 떠우 여우

그 가수는 노래는 물론 춤도 잘 춥니다.

那个歌手不仅唱歌,而且舞也跳得好。
nà gè gē shǒu bù jǐn chàng gē ér qiě wǔ yě tiào de hǎo
나 거 거 셔우 부 진 창 거 얼 치에 우 예 티아오 더 하오

팬사인회 가고 싶습니다.

我想去粉丝签名会。
wǒ xiǎng qù fěn sī qiān míng huì
워 씨앙 취 펀 스 치앤 밍 후에이

콘서트 티켓은 모두 팔렸습니다.

演唱会门票都卖光了。
yǎn chàng huì mén piào dōu mài guāng le
얜 창 후에이 먼 피아오 떠우 마이 꾸앙 러

그 가수는 아이돌 그룹 ㅇㅇㅇ의 멤버입니다.

那个歌手是偶像组合oo的成员。
nà gè gē shǒu shì ǒu xiàng zǔ hé oo de chéng yuán
나 거 거 셔우 쓰 어우 씨앙 주 허 oo 더 청 위앤

그는 아이돌 그룹의 리더 입니다.

他是爱豆组合的队长。
tā shì ài dòu zǔ hé de duì zhǎng
타 쓰 아이 떠우 주 허 더 뚜에이 장

* 드라마 *

그 드라마 보셨나요?

你看过那部电视剧吗?
nǐ kàn guò nà bù diàn shì jù ma
니 칸 꾸어 나 부 띠엔 스 쥐 마

그 배우는 아이돌 출신 입니다.

那个演员是偶像出身的。
nà gè yǎn yuán shì ǒu xiàng chū shēn de
나 거 얜 위앤 스 어우 씨앙 추 션 더

그의 발연기 때문에 못 보겠습니다.	因为他的烂演技, 我看不下去。 yīn wèi tā de làn yǎn jì wǒ kàn bu xià qù 인 웨이 타 더 란 앤 지 워 칸 부 씨아 취
드라마 방영일이 언제에요?	电视剧的播出日期是什么时候? diàn shì jù de bō chū rì qī shì shén me shí hòu 디앤 쓰 쥐 더 보어 츄 르 치 스 션 머 쓰 허우
그 드라마 ost도 인기입니다.	电视剧的主题曲也很受欢迎。 diàn shì jù de zhǔ tí qǔ yě hěn shòu huān yíng 디앤 쓰 쥐 더 주 티 취 예 헌 셔우 후안 잉
미드를 보려면 넷플릭스를 결제하세요.	想要看美剧的话, 结算Netflik 吧。 xiǎng yào kàn měi jù de huà jié suàn netflik bā 씨앙 야오 칸 메이 쥐 더 화 지에 수안 넷플릭스 바
어떤 미드를 보세요?	你在看什么美剧? nǐ zài kàn shén me měi jù 니 짜이 칸 션 머 메이 쥐
이 드라마 평이 괜찮아요.	这个电视剧口碑很不错。 zhè ge diàn shì jù kǒu bēi hěn bú cuò 쩌 거 디앤 스 쥐 커우 베이 헌 부 추어

> **TIP**
>
> '인기가 있다'는 표현은 직역인 有人气[yǒu rén qì]보다 受欢迎[shòu huān yíng]이라는 표현을 쓰는 것이 더 자연스럽고 자주 사용된다.
>
> **ex)** 他在公司很受欢迎。(그는 회사에서 인기가 많아.)
> tā zài gōng sī hěn shòu huān yíng
> 타 짜이 꿍 스 헌 셔우 후안 잉

2. 취미 생활

어떤 취미가 있나요?	你的爱好是什么? nǐ de ài hào shì shén me 니 더 아이 하오 쓰 션 머
무엇에 관심이 있습니까?	对什么比较感兴趣? duì shén me bǐ jiào gǎn xìng qù 뚜에이 션 머 비 찌아오 깐 씽 취
저는 사내 합창단에서 노래를 합니다.	我在公司合唱团唱歌。 wǒ zài gōng sī hé chàng tuán chàng gē 워 짜이 꿍 스 허 창 투안 창 거
취미가 뭡니까?	你有什么爱好? nǐ yǒu shén me ài hǎo 니 여우 션 머 아이 하오
어떤 종류의 책을 좋아합니까?	喜欢哪个种类的书? xǐ huan nǎ gè zhǒng lèi de shū 씨 후안 나 거 쫑 레이 더 슈
저는 역사소설을 좋아해요.	我喜欢历史小说。 wǒ xǐ huan lì shǐ xiǎo shuō 워 씨 후안 리 스 씨아오 슈어
추천할 만한 것 좀 있습니까?	有能推荐的吗? yǒu néng tuī jiàn de ma 여우 넝 투에이 찌엔 더 마
어떤 동호회에 속해 있습니까?	你加入了什么俱乐部吗? nǐ jiā rù le shén me jù lè bù ma 니 찌아 루 러 션 머 쮜 러 뿌 마
낚시를 즐겨합니다.	我喜欢钓鱼。 wǒ xǐ huan diào yú 워 씨 후완 띠아오 위

얼마나 자주 낚시를 가세요?	多长时间去钓一次鱼? duō cháng shí jiān qù diào yí cì yú 뚜어 창 쓰 찌엔 취 띠아오 이 츠 위
제 취미는 사진입니다.	我的爱好是摄影。 duō wǒ de ài hào shì shè yīng 워 더 아이 하오 쓰 셔 잉
컴퓨터에 흥미가 있습니다.	我对电脑比较感兴趣。 wǒ duì diàn nǎo bǐ jiào gǎn xìng qù 워 뚜에이 띠엔 나오 비 찌아오 간 씽 취
퍼즐 게임은 매우 흥미롭습니다.	我对拼图很感兴趣。 wǒ duì pīn tú hěn gǎn xìng qù 워 뚜에이 핀 투 헌 간 씽 취
우울할 때면 여행을 가고 싶습니다.	不开心的时候, 我会去旅行。 bú kāi xīn de shí hou, wǒ huì qù lǚ xíng 뿌 카이 신 떠 쓰 허우 워 후에이 취 뤼 싱

* 스포츠·카지노 *

야구경기를 보러가고 싶습니다.	我想去看棒球赛。 wǒ xiǎng qù kàn bàng qiú sài 워 씨앙 취 칸 빵 치여우 싸이
오늘 야구경기가 있습니까?	今天有棒球赛吗? jīn tiān yǒu bàng qiú sài ma 진 티엔 여우 빵 치여우 싸이 마
내야 관중석으로 두 장 주세요.	给我两张内场看台票。 gěi wǒ liǎng zhāng nèi chǎng kàn tái piào 게이 워 량 장 네이 창 칸 타이 피아오
저는 3루 쪽에 앉고 싶습니다.	我想坐在三垒那边。 wǒ xiǎng zuò zài sān lěi nà biān 워 씨앙 쭈어 짜이 싼 레이 나 삐엔

보트를 빌리고 싶습니다.

我要租一条小艇。
wǒ yào zū yì tiáo xiǎo tǐng
워 야오 주 이 티아오 시아오 팅

자전거를 1대 빌리고 싶습니다.

我要租一辆自行车。
wǒ yào zū yí liàng zì xíng chē
워 야우 주 이 리앙 쯔 싱 처

요금은 한 시간에 얼마입니까?

一个小时多少钱?
yí gè xiǎo shí duō shǎo qián
이 거 씨아오 스 뚜어 샤오 치엔

이 호텔에 카지노가 있습니까?

这酒店有赌场吗?
zhè jiǔ diàn yǒu dǔ chǎng ma
쩌 찌여우 띠엔 여우 두 창 마

젊은 사람이 많습니까?

年轻人多吗?
nián qīng rén duō ma
니엔 칭 런 뚜어 마

어느 것이 초보자에게 쉬운가요?

这对初学者来说容易吗?
zhè duì chū xué zhě lái shuō róng yì ma
쩌 뚜에이 추 쉬에 저 라이 슈어 룽 이 마

어디서 룰렛을 할 수 있습니까?

哪里可以玩轮盘赌?
nǎ lǐ kě yǐ wán lún pán dǔ
나 리 커 이 완 루언 판 두

룰렛은 어떻게 하는 건가요?

怎么玩轮盘赌?
zěn me wán lún pán dǔ
쩐 양 완 루언 판 두

카지노는 아무나 들어갈 수 있습니까?

任何人都可以进赌场吗?
rèn hé rén dōu kě yǐ jìn dǔ chǎng ma
런 허 런 떠우 커 이 찐 두 창 마

:: 서비스 시설 :: :: :: :: :: :: ::

服务设施

● 1. 미용실에서

✻ 예약할 때 ✻

오늘 오후 2시로 예약을 하고 싶습니다.	我想约在两点。 wǒ xiǎng yuē zài liǎng diǎn 워 씨앙 위에 짜이 리앙 디엔
머리를 자르려고 하는데 예약을 하고 싶습니다.	我想预约理发。 wǒ xiǎng yù yuē lǐ fà 워 씨앙 위 위에 리 파
예약을 누구와 하시겠습 니까?	想约谁? xiǎng yuē shuí 씨앙 위에 슈에이
안녕하세요. 예약을 하 셨습니까?	您好, 您预约了吗? nín hǎo, nín yù yuē le ma 닌 하오 닌 위 위에 러 마
얼마나 기다려야 합니까?	要等多久? yào děng duō jiǔ 야오 덩 뚜어 찌여우
찾는 미용사가 있으신가 요?	有要找的美容师吗? yǒu yào zhǎo de měi róng shī ma 여우 야오 짜오 더 메이 룽 스 마
첫 방문입니다.	我第一次来。 wǒ dì yī cì lái 워 띠 이 츠 라이

파마하고 컷하는 데 얼마예요?	烫发和剪发, 一共多少钱? tàng fà hé jiǎn fà, yí gòng duō shǎo qián 탕 파 허 찌엔 파 이 꿍 뚜어 샤오 치엔
컷하는 데 얼마입니까?	剪头多少钱? jiǎn tóu duō shǎo qián 찌엔 터우 뚜어 샤오 치엔
팁까지 포함된 것입니까?	包含小费吗? bāo hán xiǎo fèi ma 빠오 한 씨아오 페이 마
전부 하는 데 시간이 얼마나 걸릴까요?	一共需要多长时间? yí gòng xū yào duō cháng shí jiān 이 꿍 쉬 야오 뚜어 창 쓰 찌엔
안마를 받으시겠습니까?	需要按摩吗? xū yào àn mó ma 쒸 야오 안 모어 마
이발에 안마가 포함되어 있습니다.	理发包括按摩。 lǐ fà bāo kuò àn mó 리 파 빠우 쿠어 안 무어
이전에 오신 적 있습니까?	以前来过这里吗? yǐ qián lái guò zhè lǐ ma 이 치엔 라이 꾸어 쩌 리 마

✽ 스타일 ✽

어떻게 해드릴까요?	需要我为您做什么? xū yào wǒ wèi nín zuò shén me 쉬 야오 워 웨이 닌 쭈어 션 머
머리를 염색해 주세요.	我要染发。 wǒ yào rǎn fà 워 야오 란 파

파마를 하려고 하는데요.	我要烫发。
	wǒ yào tàng fà
	워 야오 탕 파

헤어스타일 책이 있습니까?	有流行发型书籍吗?
	yǒu liú xíng fà xíng shū jí ma
	여우 리여우 싱 파 싱 슈 지 마

이 사진에 있는 사람처럼 해주세요.	照着这张图片里的样子给我剪吧。
	zhào zhe zhè zhāng tú piàn lǐ de yàng zi gěi wǒ jiǎn ba
	짜오 저 쩌 짱 투 피엔 리 더 양 쯔 게이 워 찌엔 바

알아서 예쁘게 해주세요.	看着帮我剪吧。
	kàn zhe bāng wǒ jiǎn ba
	칸 저 빵 워 찌엔 바

파마를 하시는 게 어때요?	把头发烫了怎么样?
	bǎ tóu fa tàng le zěn me yàng
	바 터우 파 탕 러 쩐 머 양

정말 멋진 자연스러운 웨이브를 갖고 계시군요.	你有一头很漂亮的自然卷发。
	nǐ yǒu yì tóu hěn piào liang de zì rán juǎn fà
	니 여우 이 터우 헌 피아오 량 더 쯔 란 쮜엔 파

가르마를 어느 쪽으로 타세요?	头发的缝儿分到哪边?
	tóu fà de fèngr fēn dào nǎ biān
	터우 파 더 펑얼 펀 따오 나 삐엔

머리가 빠져서 걱정이에요.	我很担心我在脱发。
	wǒ hěn dān xīn wǒ zài tuō fà
	워 헌 딴 씬 워 짜이 투어 파

난 오늘 손톱 손질을 받으려고 해요.	我今天要美甲。
	wǒ jīn tiān yào měi jiǎ
	워 찐 티엔 야오 메이 찌아

매니큐어를 칠하고 싶습니다.	我想涂指甲油。 wǒ xiǎng tú zhǐ jiǎ yóu 워 씨앙 투 즈 찌아 여우
어떤 색깔의 매니큐어가 좋으신가요?	你喜欢什么颜色的指甲油? nǐ xǐ huan shén me yán sè de zhǐ jiǎ yóu 니 씨 후안 션 머 앤 써 더 즈 찌아 여우
발톱도 칠해드릴까요?	脚指甲也要涂吗? jiǎo zhǐ jiǎ yě yào tú ma 찌아오 즈 찌아 예 야오 투 마
손님 머리가 정말 건조하시군요.	你的头发很干。 nǐ de tóu fa hěn gān 니 더 터우 파 헌 깐
머릿결 보호를 위해 파마 후에 영양을 하시면 좋아요.	为保护头发,烫发后再做营养的话很好。 wèi bǎo hù tóu fa tàng fà hòu zài zuò yíng yǎng de huà hěn hǎo 웨이 바오 후 터우 파 탕 파 허우 짜이 쭈어 잉 양 더 후아 헌 하오
이 에센스를 쓰시면 머릿결이 촉촉해져요.	抹这个精华液发质会变得湿润。 mǒ zhè ge jīng huá yè fà zhì huì biàn de shī rùn 모어 쩌 거 징 후아 예 파 쯔 후에이 비앤 더 스 룬

＊ 커트 ＊

어떻게 잘라드릴까요?	想怎么剪呢? xiǎng zěn me jiǎn ne 씨앙 쩐 머 찌엔 너
머리를 자르고 싶습니다.	我想剪发。 wǒ xiǎng jiǎn fà 워 씨앙 찌엔 파

요즘 유행하는 머리 모양으로 하고 싶습니다.	我想剪最近流行的发型。 wǒ xiǎng jiǎn zuì jìn liú xíng de fà xíng 워 씨앙 찌엔 쭈에이 찐 리여우 싱 더 파 씽
전 면도도 했으면 합니다.	我还想刮胡子。 wǒ hái xiǎng guā hú zǐ 워 하이 씨앙 꾸아 후 즈
이발과 면도를 부탁합니다.	请帮我剪发和刮胡子。 qǐng bāng wǒ jiǎn fà hé guā hú zǐ 칭 방 워 찌엔 파 허 꾸안 후 즈
이발 의자에 앉으세요.	请坐到理发椅上。 qǐng zuò dào lǐ fà yǐ shàng 칭 쭈어 따오 리 파 이 샹
짧게 깎아주세요.	请剪短些。 qǐng jiǎn duǎn xiē 칭 지엔 두안 씨에
지금의 머리스타일을 유지하고 싶거든요.	我想保持现在的风格。 wǒ xiǎng bǎo chí xiàn zài de fēng gé 워 씨앙 바오 츠 씨엔 짜이 더 펑 거
머리를 이런 식으로 잘라주세요.	我想把头发剪成这个样子。 wǒ xiǎng bǎ tóu fà jiǎn chéng zhè gè yàng zi 워 씨앙 바 터우 파 찌엔 청 쩌 거 양 즈
다듬기만 해 주세요.	只想修一下。 zhǐ xiǎng xiū yí xià 즈 씨앙 씨여우 이 씨아
옆 부분만 다듬어 주세요.	修一下边。 xiū yí xià biān 씨여우 이 씨아 삐엔

다듬어 주시는데 너무 짧게 자르지는 마세요.	请帮我修一下, 但是不要剪得太短。 qǐng bāng wǒ xiū yí xià, dàn shì bú yào jiǎn de tài duǎn 칭 빵 워 씨여우 이 씨아 딴 스 부 야오 찌엔 더 타이 뚜안
뒷머리는 많이 자르지 마세요.	后面不要剪太多。 hòu miàn bú yào jiǎn tài duō 허우 미앤 부 야오 찌엔 타이 뚜어
옆머리를 좀더 잘라 주세요.	两边再剪短一些。 liǎng biān zài jiǎn duǎn yì xiē 리앙 삐엔 짜이 지엔 뚜안 이 시에
앞머리를 좀더 잘라야 되겠어요.	留海还需要再剪短一些。 liú hǎi hái xū yào zài jiǎn duǎn yì xiē 리여우 하이 하이 쉬 야오 짜이 찌엔 뚜안 이 시에
저한테 잘 어울리네요.	很适合我。 hěn shì hé wǒ 헌 쓰 허 워
내 머리를 너무 짧게 잘랐군요.	把我的头发剪得太短了。 bǎ wǒ de tóu fa jiǎn de tài duǎn le 바 워 더 터우 파 찌엔 더 타이 뚜안 러

＊퍼머＊

퍼머를 하고 싶습니다.	我想要烫发。 wǒ xiǎng yào tàng fà 워 씨앙 야오 탕 파
세팅해 주시겠어요?	能给我电烫吗? néng gěi wǒ diàn tàng ma 넝 게이 워 띠엔 탕 마

머리를 펴주시겠어요?

能把头发拉直吗?
néng bǎ tóu fa lā zhí ma
넝 바 터우 파 라 즈 마

난 새로운 머리 모양이
필요해요.

我想要新发型。
wǒ xiǎng yào xīn fà xíng
워 씨앙 야오 신 파 싱

저한테 어떤 스타일이
어울릴 것 같습니까?

你觉得哪种发型比较适合我呢?
nǐ jué de nǎ zhǒng fà xíng bǐ jiào shì hé wǒ ne
니 쮀 더 나 중 파 싱 비 찌아오 쓰 허 워 너

자연스럽게 해주세요.

随意的那种。
suí yì de nà zhǒng
쑤에이 이 더 나 쭝

스트레이트 파마를 하고
싶습니다.

我想做直发烫发。
wǒ xiǎng zuò zhí fà tàng fà
워 씨양 쮀어 즈 파 탕 파

곱실거리는 파마를 하고
싶습니다.

我想做卷多一些的烫发。
wǒ xiǎng zuò juǎn duō yì xiē de tàng fà
워 씨앙 쮀어 쥐엔 뚜어 이 시에 더 탕 파

나는 파마가 오래 갑니다.

我做一次烫发能持续很久。
wǒ zuò yí cì tàng fà néng chí xù hěn jiǔ
워 쮀어 이 츠 탕 파 넝 츠 쒸 헌 찌여우

약하게 파마를 해 주세요.

稍微烫一下就可以。
shāo wēi tàng yí xià jiù kě yǐ
샤오 웨이 탕 이 씨아 찌여우 커 이

너무 강하지 않게 해주
세요.

不要烫得太卷。
bú yào tàng de tài juǎn
부 야오 탕 더 타이 쮀엔

머릿결이 상하지 않게 해주세요.	请不要伤到头发。 qǐng bú yào shāng dào tóu fa 칭 부 야오 샹 따오 터우 파
앞머리 퍼머는 얼마나 걸릴까요?	烫刘海得多长时间? tàng liú hǎi děi duō cháng shí jiān 탕 리여우 하이 데이 뚜어 창 스 찌엔
탈색한 머리는 퍼머하시면 안 됩니다.	褪色的头发不能烫发。 tuì sè de tóu fa bù néng tàng fà 투에이 서 더 터우 파 부 넝 탕 파
제가 머리하는 동안 읽을 것 좀 있습니까?	我在做头发的时候, 有什么可以看的书吗? wǒ zài zuò tóu fa de shí hou, yǒu shén me kě yǐ kàn de shū ma 워 짜이 쭈어 터우 파 더 쓰 허우 여우 션 머 커 이 칸 더 슈 마

＊ 염색 ＊

염색하는 건 어때요?	染发怎么样? rǎn fà zěn me yàng 란 파 쩐 머 양
난 내 머리를 탈색 시키는 건 싫은데요.	我不喜欢漂头发。 wǒ bù xǐ huan piǎo tóu fà 워 뿌 시 후안 피아오 터우 파
머리를 갈색으로 염색하고 싶어요.	我想把头发染成棕色。 wǒ xiǎng bǎ tóu fa rǎn chéng zōng sè 워 씨앙 바 터우 파 란 청 쭝 써
밝은 색으로 해주면 아주 자연스러워 보일 거예요.	如果用亮色染的话, 一定非常自然。 rú guǒ yòng liàng sè rǎn de huà, yí dìng fēi cháng zì rán 루 꾸어 용 리앙 써 란 더 후아 이 띵 페이 창 즈 란

제가 원하던 것과 약간 다르게 나온 것 같습니다.

出来的效果跟我想的有些不一样。
chū lái de xiào guǒ gēn wǒ xiǎng de yǒu xiē bú yí yàng
추 라이 더 씨아오 꾸어 껀 워 씨앙 더 여우 시에 뿌 이 양

머릿결이 심하게 상해서 염색하면 안돼요.

头发损得很厉害,不能染色。
tóu fa sǔn de hěn lì hai bù néng rǎn sè
터우 파 순 더 헌 리 하이 부 넝 란 서

파마를 한 지 두 달이 됐는데 염색해도 될까요?

我烫发两个月了,可以染发吗?
wǒ tàng fà liǎng gè yuè le kě yǐ rǎn fa ma
워 탕 파 리앙 거 위에 러 커 이 란 파 마

---

* 두피관리 *

두피 상태가 안 좋으시네요.

您的头皮状态很不好。
nín de tóu pí zhuàng tài hěn bù hǎo
닌 더 터우 피 쭈앙 타이 헌 부 하오

두피 마사지를 해드리겠습니다.

我来给您头皮按摩一下。
wǒ lái gěi nín tóu pí àn mó yī xià
워 라이 게이 닌 터우 피 안 모어 이 씨아

두피 스케일링을 해드릴까요?

要给您做头皮清洁吗?
yào gěi nín zuò tóu pí qīng jié ma
야오 게이 닌 쭈어 터우 피 칭 지에 마

모발에 기름기가 많고 비듬이 많습니다.

头发容易油, 头皮屑多。
tóu fa róng yì yóu tóu pí xiè duō
터우 파 룽 이 여우 터우 피 시에 뚜어

어쩐지 머리가 많이 빠지더라니 두피의 모공이 막혔습니다.

难怪头发越掉越多, 原来是头皮的毛孔堵住了。
nán guài tóu fa yuè diào yuè duō yuán lái shì tóu pí de máo kǒng dǔ zhù le
난 꾸아이 터우 파 위에 띠아오 위에 뚜어 위앤 라이 스 터우 피 더 마오 쿵 두 주 러

2. 세탁소에서

세탁을 맡길 때

안녕하세요? 무얼 도와 드릴까요?	早上好, 有什么事吗? zǎo shàng hǎo, yǒu shén me shì ma 자오 상 하오 여우 션 머 쓰 마
셔츠 두 장 세탁 좀 해주세요.	我想洗两件衬衫。 wǒ xiǎng xǐ liǎng jiàn chèn shān 워 씨앙 씨 리앙 찌엔 천 산
이 슈트를 세탁하고 다려 주실 수 있습니까?	能帮我干洗并熨烫这套装吗? néng bāng wǒ gàn xǐ bìng yùn tàng zhè tào zhuāng ma 넝 빵 워 간 시 삥 윈 탕 쩌 타오 쭈앙 마
이 양복을 드라이클리닝 하고 싶습니다.	我要干洗这套西装。 wǒ yào gàn xǐ zhè tào xī zhuāng 워 야오 간 시 쩌 타오 시 쭈앙
가죽도 세탁합니까?	可以洗皮草吗? kě yǐ xǐ pí cǎo ma 커 이 시 피 차오 마
이 옷을 다림질해주시겠어요?	能帮我熨烫这件衣服吗? néng bāng wǒ yùn tàng zhè jiàn yī fú ma 넝 빵 워 윈 탕 쩌 찌엔 이 푸 마
이것은 빨면 줄어들까요?	这件衣服洗后会缩水吗? zhè jiàn yī fú xǐ hòu huì suō shuǐ ma 쩌 찌엔 이 푸 시 허우 후에이 수어 슈에이 마
이 얼룩을 지워주실 수 있습니까?	这个污点能洗掉吗? zhè ge wū diǎn néng xǐ diào ma 쩌 거 우 띠엔 넝 시 띠아오 마

이 얼룩이 빠질까요?	这个污渍会掉吗?
	zhè ge wū zì huì diào ma
	쩌 거 우 쯔 후에이 띠아오 마

오늘밤까지 될까요?	今天晚上可以吗?
	jīn tiān wǎn shàng kě yǐ ma
	찐 티엔 완 상 커 이 마

내일 아침에는 안 될까요?	明天早上不行吗?
	míng tiān zǎo shàng bù xíng ma
	밍 티엔 짜오 샹 뿌 싱 마

이 스웨터가 줄어들었습니다.	这件毛衣缩水了。
	zhè jiàn máo yī suō shuǐ le
	쩌 찌엔 마오 이 쑤어 슈에이 러

* 수선을 맡길 때 *

단추가 떨어졌습니다. 달아 주시기 바랍니다.	纽扣掉了，请帮我缝上。
	niǔ kòu diào le, qǐng bāng wǒ féng shàng
	니여우 커우 띠아오 러 칭 빵 워 펑 샹

이 단추와 같은 것이 있습니까?	有跟这个纽扣一样的吗?
	yǒu gēn zhè gè niǔ kòu yí yàng de ma
	여우 껀 쩌 거 니여우 커우 이 양 더 마

원래 있던 단추는 없으신가요?	原来的纽扣没有了吗?
	yuán lái de niǔ kòu méi yǒu le ma
	위엔 라이 더 니여우 커우 메이 여우 러 마

여기서 수선을 해 줍니까?	这里可以修改衣服吗?
	zhè lǐ kě yǐ xiū gǎi yī fú ma
	쩌 리 커 이 씨여우 까이 이 푸 마

이 옷이 너무 큰데, 고칠 수 있어요?	这件衣服太大了，能修改一下吗？ zhè jiàn yī fú tài dà le, néng xiū gǎi yí xià ma 쩌 찌엔 이 푸 타이 따 러 넝 씨여우 까이 이 씨아 마
이 재킷의 소매를 줄여 주세요.	这件夹克的袖子改短一点。 zhè jiàn jiā kè de xiù zi gǎi duǎn yi diǎn 쩌 찌엔 찌아 커 더 씨여우 즈 까이 뚜안 이 띠엔
이 바지의 통을 조금 늘려 주세요.	想把这条裤子的裤筒改肥一些。 xiǎng bǎ zhè tiáo kù zi de kù tǒng gǎi féi yi xiē 씨앙 바 쩌 티아오 쿠즈 더 쿠 퉁 까이 페이 이 시에
이 바지 길이를 줄여주 세요.	我想把裤子改短一点。 wǒ xiǎng bǎ kù zi gǎi duǎn yi diǎn 워 씨앙 바 쿠 즈 까이 뚜안 이 띠엔
이 바지 길이를 늘려주 세요.	我想把裤子改长一点。 wǒ xiǎng bǎ kù zi gǎi cháng yi diǎn 워 씨앙 빠 쿠 즈 까이 창 이 띠엔
이 바지 허리를 늘려 주 시겠습니까?	这条裤子能阔腰吗？ zhè tiáo kù zi néng kuò yāo ma 쩌 티아오 쿠 즈 넝 쿠어 야오 마
언제쯤 다 될까요?	什么时候能改好呢？ shén me shí hou néng gǎi hǎo ne 션 머 쓰 허우 넝 까이 하오 너
다른 게 더 있으세요?	还有别的吗？ hái yǒu bié de ma 하이 여우 삐에 더 마

3. 약국에서

＊약국 처방전 ＊

페니실린 알약 있습니까?	有青霉素片吗? yǒu qīng méi sù piàn ma 여우 칭 메이 쑤 피엔 마
처방전을 주시겠어요?	请给我药方? qǐng gěi wǒ yào fāng 칭 게이 워 야오 팡
이 약은 처방전이 있어야 하나요?	开这种药需要药方吗? kāi zhè zhǒng yào xū yào yào fāng ma 카이 쩌 쭝 야오 쒸 야오 야오 팡 마
그것들은 처방전을 요하는 약품입니다.	这些药是需要有药方才能开的药。 zhè xiē yào shì xū yào yǒu yào fāng cái néng kāi de yào 쩌 시에 야오 쓰 쉬 야오 여우 야오 팡 차이 넝 카이 더 야오
처방전이 없는데요.	我没有药方。 wǒ méi yǒu yào fāng 워 메이 여우 야오 팡
약을 조제하는 데 얼마나 걸릴까요?	配药需要多久呢? pèi yào xū yào duō jiǔ ne 페이 야오 쉬 야오 뚜어 찌여우 너
그럼 의사한테 가서 처방을 받아오세요.	那么,去医生那里开一张药方吧。 nà me, qù yī shēng nà lǐ kāi yì zhāng yào fāng ba 나 머 취 이 셩 나 리 카이 이 짱 야오 팡 바

처방전 없이는 이 약을 팔 수 없습니다.	没有药方的话，我们不能卖这种药。 méi yǒu yào fāng de huà, wǒ men bu néng mài zhè zhǒng yào 메이 여우 야오 팡 더 후아 워 먼 뿌 넝 마이 쩌 쭝 야오
처방전을 써 주시겠어요?	能给我开一个药方吗？ néng gěi wǒ kāi yí gè yào fāng ma 넝 게이 워 카이 이 거 야오 팡 마
제 처방전을 다 쓰셨나요?	我的药方都写完了吗？ wǒ de yào fāng dōu xiě wán le ma 워 더 야오 팡 떠우 씨에 완 러 마
처방전을 드리죠.	给您药方。 gěi nín yào fāng 게이 닌 야오 팡
약사에게 이 처방전을 가져가십시오.	把这张药方拿给药剂师吧。 bǎ zhè zhāng yào fāng ná gěi yào jì shī ba 바 쩌 장 야오 팡 나 게이 야오 찌 스 빠
이것은 의사가 나에게 준 처방전입니다.	这是医生给我开的药方。 zhè shì yī shēng gěi wǒ kāi de yào fāng 쩌 쓰 이 성 게이 워 카이 더 야오 팡
처방전 가져 오셨나요?	拿来药方了吗？ ná lái yào fāng le ma 나 라이 야오 팡 러 마
처방전과 다른 약을 주신 것 같습니다.	好像给我了和药方不同的药。 hǎo xiàng gěi wǒ le hé yào fāng bú tóng de yào 하오 씨앙 게이 워 러 허 야오 팡 뿌 통 더 야오

4. 우체국에서

＊ 우편물부치기 ＊

이 편지를 한국으로 부치고 싶습니다.

我想把这封信寄到韩国去。
wǒ xiǎng bǎ zhè fēng xìn jì dào hán guó qù
워 씨앙 바 쩌 펑 씬 찌 따오 한 꾸어 취

보통 항공우편과 빠른우편이 있습니다.

有普通空邮和快件。
yǒu pǔ tōng kōng yóu hé kuài jiàn
여우 푸 퉁 쿵 여우 허 쿠아이 찌엔

이 엽서를 항공편으로 부탁합니다.

请帮我空邮这张明信片。
qǐng bāng wǒ kōng yóu zhè zhāng míng xìn piàn
칭 빵 워 쿵 여우 쩌 짱 밍 씬 피엔

이 편지를 배편으로 부탁합니다.

请帮我船邮这封信。
qǐng bāng wǒ chuán yóu zhè fēng xìn
칭 빵 워 추안 여우 쩌 펑 씬

속달로 부탁합니다.

请用快递。
qǐng yòng kuài dì
칭 용 쿠아이 띠

이 편지를 등기로 부치고 싶어요.

我想要寄这封挂号信。
wǒ xiǎng yào jì zhè fēng guà hào xìn
워 씨앙 야오 찌 쩌 펑 꾸아 하오 씬

얼마나 걸리죠?

多长时间能到?
duō cháng shí jiān néng dào
뚜어 창 스 찌엔 넝 따오

우편요금은 얼마입니까?

邮资是多少?
yóu zī shì duō shǎo
여우 쯔 쓰 뚜어 샤오

소포를 저울 위에 올려 주시겠어요?	可以把包裹放秤上吗? kě yǐ bǎ bāo guǒ fàng chèng shàng ma 커 이 바 바오 꾸어 팡 청 샹 마
이 소포는 중량 제한 내에 들어갑니까?	这个包裹的重量在规定范围内吗? zhè gè bāo guǒ de zhòng liàng zài guī dìng fàn wéi nèi ma 쩌 거 빠오 꾸어 더 쭝 량 짜이 꾸에이 띵 판 웨이 네이 마
이 크기면 괜찮습니까?	这个尺寸没问题吗? zhè gè chǐ cùn méi wèn tí ma 쩌 거 츠 추언 메이 원 티 마
내용물은 무엇입니까?	这里面是什么? zhè lǐ miàn shì shén me 쩌 리 미엔 쓰 션 머
깨지기 쉬운 물건입니까?	这里有易碎品吗? zhè lǐ yǒu yì suì pǐn ma 쩌 리 여우 이 쑤에이 핀 마

* 우표와 엽서구입

우표는 어디에서 살 수 있습니까?	哪里可以买邮票? nǎ lǐ kě yǐ mǎi yóu piào 나 리 커 이 마이 여우 피아오
어느 창구에서 우표를 팔지요?	哪个窗口卖邮票呢? nǎ gè chuāng kǒu mài yóu piào ne 나 거 추앙 커우 마이 여우 피아오 너
우표를 좀 사고 싶은데요.	我想买一些邮票。 wǒ xiǎng mǎi yì xiē yóu piào 워 씨앙 마이 이 시에 여우 피아오

기념우표는 있습니까?	有纪念邮票吗? yǒu jì niàn yóu piào ma 여우 찌 니엔 여우 피아오 마
우표 있습니까?	有邮票吗? yǒu yóu piào ma 여우 여우 피아오 마
어떤 우표로 드릴까요?	要哪种邮票? yào nǎ zhǒng yóu piào 야오 나 쭝 여우 피아오
1위안짜리 우표 10장 주세요.	请给我十张一元钱的邮票。 qǐng gěi wǒ shí zhāng yì yuán qián de yóu piào 칭 게이 워 쓰 짱 이 위엔 치엔 더 여우 피아오
봉투는 어디서 살 수 있습니까?	在哪里能买到信封? zài nǎ lǐ néng mǎi dào xìn fēng 짜이 나 리 넝 마이 따오 씬 펑
항공 봉함엽서는 있습니까?	有航空封口明信片吗? yǒu háng kōng fēng kǒu míng xìn piàn ma 여우 항 쿵 펑 커우 밍 씬 피엔 마
어디서 엽서를 구할 수 있습니까?	哪里可以买到明信片? nǎ lǐ kě yǐ mǎi dào míng xìn piàn 나 리 커 이 마이 따오 밍 씬 피엔
항공엽서 10매를 주십시오.	请给我十张航空明信片。 qǐng gěi wǒ shí zhāng háng kōng míng xìn piàn 칭 게이 워 쓰 짱 항 쿵 밍 씬 피엔
스무 장 주세요.	请给我二十张。 qǐng gěi wǒ èr shí zhāng 칭 게이 워 얼 스 짱

5. 은행에서

＊ 계좌개설 ＊

뭘 도와 드릴까요?	能帮你做些什么吗? néng bāng nǐ zuò xiē shén me ma 넝 빵 니 쭈어 시에 션 머 마
예금을 하고 싶습니다.	我要存款。 wǒ yào cún kuǎn 워 야오 추언 쿠안
예금신청서를 작성해 주 시겠어요?	填一下存款单好吗? tián yí xià cún kuǎn dān hǎo ma 티엔 이 씨아 추언 쿠안 딴 하오 마
예금신청서는 어디에 있 나요?	存款单在哪里? cún kuǎn dān zài nǎ lǐ 추언 쿠안 딴 짜이 나 리
계좌에 얼마를 입금하시 겠어요?	您要往账户里存多少钱? nín yào wǎng zhàng hù lǐ cún duō shǎo qián 닌 야오 왕 짱 후 리 추언 뚜어 샤오 치엔
50위안으로 계좌를 개설 할 수 있습니까?	50元钱可以开户吗? wǔ shí yuán qián kě yǐ kāi hù ma 우 쓰 위엔 치엔 커 이 카이 후 마
어떤 종류의 계좌를 개설 하고 싶으세요?	您要开哪种账户? nín yào kāi nǎ zhǒng zhàng hù 닌 야오 카이 나 쭝 짱 후
보통 예금 계좌를 개설 하고 싶습니다.	我想要开一个定期存款账户。 wǒ xiǎng yào kāi yí gè dìng qī cún kuǎn zhàng hù 워 씨앙 야오 카이 이 거 띵 치 추언 쿠안 짱 후

당좌 예금을 개설하고
싶습니다.

我想要开活期账户。
wǒ xiǎng yào kāi huó qī zhàng hù
워 씨앙 야오 카이 후어 치 짱 후

저축성 예금의 최소 예
치액은 100달러입니다.

我们这里开账户需要100美元。
wǒ men zhè lǐ kāi zhàng hù xū yào yì bǎi měi yuán
워 먼 쩌 리 카이 짱 후 쉬 야오 이 빠이 메이 위엔

최소한의 예치액수가 꼭
예금돼야 합니다.

必须要有最低存款。
bì xū yào yǒu zuì dī cún kuǎn
삐 쉬 야오 여우 쭈에이 띠 추언 쿠안

당좌 계좌의 이자는 얼
마입니까?

活期账户的利息是多少?
huó qī zhàng hù de lì xi shì duō shǎo
후어 치 짱 후 더 리 시 쓰 뚜어 샤오

이자가 어떻게 됩니까?

利息是多少?
lì xī shì duō shǎo
리 시 쓰 뚜어 샤오

우리 저축성예금에는
5% 이자가 붙습니다.

我们的存款账户可以得到5%
的利息。
wǒ men de cún kuǎn zhàng hù kě yǐ dé dào bǎi
fèn zhī wǔ de lì xī
워 먼 더 추언 쿠안 짱 후 커 이 더 따오 바이 펀
쯔 우 더 리 시

이 정기 예금은 연간 9%
의 이자가 붙습니다.

定期存款的话，一年可以拿到
9%的利息。
dìng qī cún kuǎn de huà, yī nián kě yǐ ná dào
bǎi fèn zhī jiǔ de lì xī
띵 치 추언 쿠안 더 후아 이 니엔 커 이 나 따오
바이 펀 쯔 찌여우 더 리 시

6개월짜리 예금증서 이
자율이 어떻게 됩니까?

6个月的存款利息是多少?
liù gè yuè de cún kuǎn lì xī shì duō shǎo
리여우 거 위에 더 추언 쿠안 리 시 쓰 뚜어 샤오

계좌를 폐쇄하고 싶습니다.	我要注销账户。 wǒ yào zhù xiāo zhàng hù 워 야오 쭈 씨아오 짱 후
제 정기 적금을 해약하고 싶습니다.	我要取消定期存款。 wǒ yào qǔ xiāo dìng qī cún kuǎn 워 야오 취 씨아오 띵 치 추언 쿠안
인터넷 뱅킹을 개설하고 싶습니다.	我想办网银。 wǒ xiǎng bàn wǎng yín 워 씨앙 반 왕 인
저는 이 계좌를 부인과 공동 명의로 하고 싶습니다.	我想和我的妻子开一个共同账户。 wǒ xiǎng hé wǒ de qī zǐ kāi yí gè gòng tóng zhàng hù 워 씨앙 허 워 더 치 즈 카이 이 거 꽁 퉁 짱 후

✳ 입금과 출금 ✳

제 계좌에 돈을 좀 입금하고 싶습니다.	我要往我的账户里存钱。 wǒ yào wǎng wǒ de zhàng hù li cún qián 워 야오 왕 워 더 짱 후 리 추언 치엔
이것을 제 구좌에 입금시켜 주세요.	请把这些钱存到我的账户里。 qǐng bǎ zhè xiē qián cún dào wǒ de zhàng hù lǐ 칭 빠 쩌 시에 치엔 추언 따오 워 더 짱 후 리
현금을 제 통장으로 직접 입금시킬 수 있을까요?	可以直接把现金存到我的账户里吗? kě yǐ zhí jiē bǎ xiàn jīn cún dào wǒ de zhàng hù lǐ ma 커 이 즈 찌에 바 씨엔 찐 추언 따오 워 더 짱 후 리 마
수표 뒷면에 서명 좀 해 주시겠습니까?	请在支票后面签一下名好吗? qǐng zài zhī piào hòu miàn qiān yí xià míng hǎo ma 칭 짜이 쯔 피아오 허우 미엔 치엔 이 씨아 밍 하오 마

계좌에서 돈을 인출하고 싶습니다.	我要取款。 wǒ yào qǔ kuǎn 워 야오 취 쿠안
내 통장에서 돈을 좀 찾고 싶습니다.	我想从我的账户里取款。 wǒ xiǎng cóng wǒ de zhàng hù lǐ qǔ kuǎn 워 씨앙 충 워 더 짱 후 리 취 쿠안
이 계좌에서 2000위안을 인출하고 싶어요.	我想从这个账户里取走2000元。 wǒ xiǎng cóng zhè gè zhàng hù lǐ qǔ zǒu liǎng qiān yuán 워 씨앙 충 쩌 거 짱 후 리 취 쩌우 량 치엔 위엔
제 예금 잔액을 알고 싶습니다.	我想知道我的存款余额。 wǒ xiǎng zhī dào wǒ de cún kuǎn yú é 워 씨앙 쯔 따오 워 더 추언 쿠안 위 어
그의 계좌로 돈을 좀 송금하고 싶습니다.	我想往他的账户里汇款。 wǒ xiǎng wǎng tā de zhàng hù lǐ huì kuǎn 워 씨앙 왕 타 더 짱 후 리 후에이 쿠안
자동이체 할 수 있습니까?	可以自动汇款吗? kě yǐ zì dòng huì kuǎn ma 커 이 즈 뚱 후에이 쿠안 마
계좌번호를 입력하십시오.	请输入账号。 qǐng shū rù zhàng hào 칭 슈 루 짱 하오
모든 것(계좌번호와 이름, 금액)이 정확한지 다시 확인하십시오.	再次确认每一项填写的内容。 zài cì què rèn měi yí xiàng tián xiě de nèi róng 짜이 츠 취에 런 메이 이 씨앙 티엔 씨에 더 네이 룽
(맞으면) 확인, 또는 (틀리면) 취소를 눌러주십시오.	按 "确认" 或者 "取消" àn "què rèn" huò zhě "qǔ xiāo" 안 취에 런 후어 저 취 씨아오

❋ 은행카드 발급 ❋

신용카드 신청절차가 어떻게 됩니까?
申请信用卡需要哪些手续？
shēn qǐng xin yòng kǎ xū yào nǎ xiē shǒu xù
션 칭 씬 융 카 쉬 야오 나 시에 셔우 쉬

연간 회비는 얼마입니까?
年费是多少？
nián fèi shì duō shǎo
니엔 페이 스 뚜어 샤오

현금카드를 만들고 싶습니다.
我想办现金卡。
wǒ xiǎng bàn xiàn jīn kǎ
워 씨앙 빤 씨엔 찐 카

통장을 가져 오셨습니까?
银行存折带来了吗？
yín háng cún zhé dài lái le ma
인 항 추언 저 따이 라이 러 마

그것들을 다시 발행 받을 수 있습니까?
我可以重新发行支票吗？
wǒ kě yǐ chóng xīn fā xíng zhī piào ma
워 커 이 충 씬 파 싱 쯔 피아오 마

개인 비밀번호를 다시 만드시겠습니까?
需要重新设置个人密码吗？
xū yào chóng xīn shè zhì gè rén mì mǎ ma
쉬 야오 충 신 셔 쯔 거 런 미 마 마

이 자판에 비밀번호 4자리를 입력하세요.
请在键盘上输入四位密码。
qǐng zài jiàn pán shàng shū rù sì wèi mì mǎ
칭 짜이 찌엔 판 샹 슈 루 쓰 웨이 미 마

그리고 입력키를 누르세요.
然后按输入键。
rán hòu àn shū rù jiàn
란 허우 안 슈 루 찌엔

이제 확인을 위해 다시 입력하세요.
为了确认请再按一遍。
wèi le què rèn qǐng zài àn yí biàn
웨이 러 취에 런 칭 짜이 안 이 삐엔

여기 새 자동인출 카드
입니다.

这是新的自动存取款卡。
zhè shì xīn de zì dòng cún qǔ kuǎn kǎ
쩌 스 씬 더 즈 뚱 추언 취 쿠안 카

현금카드를 사용하겠습
니다.

我想用我的现金卡。
wǒ xiǎng yòng wǒ de xiàn jīn kǎ
워 씨앙 용 워 더 씨엔 찐 카

신용 카드 하나 신청하
고 싶습니다.

我想要申请信用卡。
wǒ xiǎng yào shēn qǐng xìn yòng kǎ
워 씨앙 야오 션 칭 씬 융 카

사용한도가 얼마인가요?

信用卡的额度是多少?
xìn yòng kǎ de é dù shì duō shǎo
씬 융 카 더 어 뚜 쓰 뚜어 샤오

체크카드를 만들고 싶습
니다.

我要办一张借记卡。
wǒ yào bàn yì zhāng jiè jì kǎ
워 야오 반 이 장 지에 지 카

밤 열 시 이후에는 인출
할 수 없습니다.

晚上10点以后不能取款。
wǎn shang shí diǎn yǐ hòu bù néng qǔ kuǎn
완 샹 스 피엔 이 허우 부 넝 취 콴

카드를 재발급 받고 싶
습니다.

我想重办信用卡。
Wǒ xiǎng chóng bàn xìn yòng kǎ
워 씨앙 충 반 신 융 카

비밀번호를 변경하려고
합니다.

我要变更密码。
wǒ yào biàn gēng mì mǎ
워 야오 비앤 껑 미 마

✱ 카드분실 및 문제 신고

카드를 분실했어요. 정
지해 주세요.

我的卡丢了,请帮我挂失。
Wǒ de kǎ diū le, qǐng bāng wǒ guà shī
워 더 카 띠여우 러 칭 빵 워 꾸아 스

제 신용 카드가 왜 정지되었어요?	为什么我的信用卡被停了? wèi shén me wǒ de xìn yòng kǎ bèi tíng le? 웨이 션 머 워 더 신 용 카 뻬이 팅 러
신용카드 정지를 해제해 주세요.	请帮我解除信用卡停止。 qǐng bāng wǒ jiě chú xìn yòng kǎ tíng zhǐ 칭 방 워 지에 추 신 용 카 팅 즈
신용불량으로 신용카드가 정지되었나요?	因信用不良, 信用卡被停用了吗? yīn xìn yòng bù liáng xìn yòng kǎ bèi tíng yòng le ma 인 신 용 부 리앙 신 용 카 베이 팅 융 러 마
연체가 지속되어 카드가 정지되었나요?	因为一直拖欠, 信用卡被停用了吗? yīn wéi yì zhí tuō qiàn xìn yòng kǎ bèi tíng yòng le ma 인 웨이 이 즈 투어 치엔 신 용 카 베이 팅 용 러 마
제 카드가 현금 자동 인출기에서 안 빠져요.	我的卡被自动取款机给吞了。 wǒ de kǎ bèi zì dòng qǔ kuǎn jī gěi tūn le 워 더 카 뻬이 쯔 뚱 취 쿠안 지 게이 툰 러
신용카드 한도가 초과되었습니다.	我的信用卡被刷爆了。 wǒ de xìn yòng kǎ bèi shuā bào le 워 더 신 용 카 베이 슈아 바오 러
신용카드 한도액을 늘리고 싶습니다.	我想增加信用卡额度。 wǒ xiǎng zēng jiā xìn yòng kǎ é dù 워 씨앙 정 지아 신 용 카 어 두

서
비
스
시
설

TIP

할부 : 分期付款 [fēn qī fù kuǎn]

Chapter 17

•기본표현•

‡‡ 해외여행 ‡‡ ‡‡ ‡‡ ‡‡ ‡‡ ‡‡ ‡‡ ‡‡
海外旅行

● **1. 출국**

＊ **항공권 예약** ＊

서울행 항공편이 있습니까?	**有到首尔的航班吗?** yǒu dào shǒu ěr de háng bān ma 여우 따오 셔우 얼 더 항 빤 마
예약을 하고 싶습니다.	**我想预定。** wǒ xiǎng yù dìng 워 씨앙 위 띵
언제 떠나실 예정입니까?	**什么时候走?** shén me shí hòu zǒu 션 머 쓰 허우 저우
다음주 토요일에 떠나고 싶습니다.	**我打算下周六走。** wǒ dǎ suàn xià zhōu liù zǒu 워 다 쑤안 씨아 쩌우 리여우 저우
편도입니까, 아니면 왕복입니까?	**您要单程票还是往返票?** nín yào dān chéng piào hái shì wǎng fǎn piào 닌 야오 단 청 피아오 하이 스 왕 판 피아오
다음 비행기는 언제 있습니까?	**下一个航班是什么时候?** xià yí gè háng bān shì shén me shí hòu 씨아 이 거 항 빤 쓰 션 머 쓰 허우
대기자 명단에 올려 주세요.	**请把我放在等候名单中。** qǐng bǎ wǒ fàng zài děng hòu míng dān zhōng 칭 바 워 팡 짜이 덩 허우 밍 딴 쭝

다음주 월요일은 어떻습니까?	下星期一可以吗? xià xīng qī yī kě yǐ ma 씨아 씽 치 이 커 이 마
이코노미석(비즈니스석/일등석)을 주세요.	我要经济舱 (商务舱 / 头等舱)。 wǒ yào jīng jì cāng (shāng wù cāng/tóu děng cāng) 워 야오 징 지 창 (샹 우 창 / 터우 덩 창)
상하이로 직접 가는 비행기 편이 있습니까?	有直飞上海的飞机吗? yǒu zhí fēi shàng hǎi de fēi jī ma 여우 쯔 페이 샹 하이 더 페이 찌 마
요즘 성수기라 표가 부족합니다.	最近是旺季, 票很紧张。 zuì jìn shì wàng jì piào hěn jǐn zhāng 쭈에이 진 스 왕 지 피아오 헌 진 장
전화로 예약상황을 확인할 수 있습니다.	可以通过电话确认预约状态。 kě yǐ tōng guò diàn huà què rèn yù yuē zhuàng tài 커 이 퉁 꾸어 띠엔 후아 취에 런 위 위에 쭈앙 타이
예약 확인 번호는 AB12390입니다.	确认预约的号码是AB12390。 què rèn yù yuē de hào mǎ shì AByī èr sān jiǔ líng 취에 런 위 위에 더 하오 마 쓰 AB야오 얼 싼 찌유 링
다른 항공사 비행기를 확인해 주십시오.	请查问一下其他航空公司的航班。 qǐng chá wèn yí xià qí tā háng kōng gōng sī de háng bān 칭 차 원 이 씨아 치 타 항 쿵 꿍 스 더 항 빤
비행기편을 변경할 수 있습니까?	我能换航班吗? wǒ néng huàn háng bān ma 워 넝 후안 항 빤 마
일요일 비행기를 취소해 주십시오.	请帮我取消星期天的航班。 qǐng bāng wǒ qǔ xiāo xīng qī tiān de háng bān 칭 빵 워 취 씨아오 씽 치 티엔 더 항 빤

• 2. 탑승

* 탑승수속 *

체크인 카운터가 어디입니까?	登记前台在哪里? dēng jì qián tái zài nǎ lǐ 떵 찌 치엔 타이 짜이 나 리
중국 항공사 카운터가 어디입니까?	中国航空公司柜台在哪里? zhōng guó háng kōng gōng sī guì tái zài nǎ lǐ 쫑 구어 항 쿵 꿍 스 꾸에이 타이 짜이 나 리
탑승수속을 밟고 싶은데요.	我要办登机手续。 wǒ yào bàn dēng jī shǒu xù 워 야오 빤 떵 찌 셔우 쒸
창문 쪽으로 부탁드립니다.	请给我靠窗的座位。 qǐng gěi wǒ kào chuāng de zuò wèi 칭 게이 워 카오 추앙 더 쭈어 웨이
통로쪽 좌석으로 부탁합니다.	请给我过道边的座位。 qǐng gěi wǒ guò dào biān de zuò wèi 칭 게이 워 꾸어 따오 삐엔 더 쭈어 웨이
이 짐을 탁송하고 싶은데요.	我要托运这个行李。 wǒ yào tuō yùn zhè gè xíng lǐ 워 야오 투어 윈 쩌 거 싱 리
이 캐리어만 부치겠습니다.	我只托运这个行李箱。 wǒ zhǐ tuō yùn zhè ge xíng lǐ xiāng 워 즈 투어 윈 쩌 거 싱 리 씨앙
중량 초과입니다. 짐을 줄이셔야 합니다.	超重了。你得减少行李。 chāo zhòng le nǐ děi jiǎn shǎo xíng li 차오 쭝 러 니 데이 지앤 샤오 싱 리

짐 안에 보조배터리나
휴대폰배터리가 있나요?

行李里有充电宝或者手机电
池吗?

xíng li lǐ yǒu chōng diàn bǎo huò zhě shǒu jī
diàn chí ma

싱 리 리 여우 충 띠엔 바오 후어 저 셔우 지 디앤
츠 마

추가요금은 얼마입니까?

超重的附加费用是多少?

chāo zhòng de fù jiā fèi yòng shì duō shǎo

차오 쭝 더 푸 찌아 페이 용 쓰 뚜어 샤오

탑승시간은 언제입니까?

登机时间是几点?

dēng jī shí jiān shì jǐ diǎn

떵 찌 쓰 찌엔 쓰 지 디엔

출발 30분 전까지 탑승
해 주십시오.

请在飞机起飞30分钟前登机。

qǐng zài fēi jī qǐ fēi sān shí fèn zhōng qián dēng jī

칭 짜이 페이 지 치 페이 싼 쓰 펀 쭝 치엔 떵 찌

탑승 게이트는 몇 번입
니까?

几号登机口?

jǐ hào dēng jī kǒu

지 하오 떵 찌 커우

★ 보안검색대 ★

빠른 보안 검색을 위해
미리 외투를 벗어주세요.

为了快速安检请提前脱掉外套。

wèi le kuài sù ān jiǎn qǐng tí qián tuō diào wài tào

웨이 러 쿠아이 수 안 지앤 칭 티 치엔 투어
디아오 와이 타오

휴대폰, 컴퓨터, 보조배
터리, 우산을 꺼내어 바
구니에 넣어주세요.

把手机, 电脑, 充电宝, 雨伞拿
出来。 然后都放在筐里。

bǎ shǒu jī diàn nǎo chōng diàn bǎo yǔ sǎn ná
chū lái rán hòu dōu fàng zài kuāng lǐ

바 셔우 지 띠엔 나오 충 띠엔 바오 위 산 나 추
라이 란 허우 떠우 팡 짜이 쿠앙 리

이 가방은 어느 분 것인 가요?

这个包是哪位的?
zhè ge bāo shì nǎ wèi de
쩌 거 바오 스 나 웨이 더

100ml 액체류는 기내 반 입이 안 됩니다.

100ml(毫升)以上的液体物品不能带入机内。
yì bǎi háo shēng yǐ shàng de yè tǐ wù pǐn bù néng dài rù jī nèi
이 바이 하오 셩 이 샹 더 예 티 우 핀 부넝 다이 루 진 네이

대용량 물티슈도 가져가 실 수 없습니다.

大容量湿巾也不能带。
dà róng liàng shī jīn yě bù néng dài
따 룽 리앙 스 진 예 부 넝 다이

---

* 좌석찾기

탑승하신 것을 환영합 니다.

欢迎乘坐本次航班。
huān yíng chéng zuò běn cì háng bān
후안 잉 청 쭈어 번 츠 항 빤

자리를 찾고 있습니다.

我在找我的位子。
wǒ zài zhǎo wǒ de wèi zǐ
워 짜이 짜오 워 더 웨이 쯔

탑승권을 보여 주시겠습 니까?

可以给我看一下你的登机牌吗?
kě yǐ gěi wǒ kàn yí xià nǐ de dēng jī pái ma
커 이 게이 워 칸 이 씨아 니 더 덩 찌 파이 마

손님 좌석은 앞쪽입니다.

您的位子在前边。
nín de wèi zǐ zài qián biān
닌 더 웨이 즈 짜이 치엔 삐엔

이쪽으로 오십시오.

这边请。
zhè biān qǐng
쩌 삐엔 칭

저기 통로 쪽입니다.	在那边的过道上。 zài nà biān de guò dào shàng 짜이 나 삐엔 더 꾸어 따오 샹
손님 좌석은 창가 좌석입니다.	您的座位是靠窗座位。 nín de zuò wèi shì kào chuāng zuò wèi 닌 더 쭈어 웨이 쓰 카오 추앙 쭈어 웨이
지나가도 되겠습니까?	我可以过去吗? wǒ kě yǐ guò qù ma 워 커 이 꾸어 취 마
여긴 제 자리인 것 같은데요.	这好像是我的座位。 zhè hǎo xiàng shì wǒ de zuò wèi 쩌 하오 씨앙 쓰 워 더 쭈어 웨이
의자를 앞으로 당겨 주세요.	请把你的椅子向前拉一点。 qǐng bǎ nǐ de yǐ zi xiàng qián lā yì diǎn 칭 바 니 더 이 즈 씨앙 치앤 라 이 디엔
여러분의 짐을 머리 위 선반에 얹으십시오.	请把行李放在顶架上。 qǐng bǎ xíng lǐ fàng zài dǐng jià shàng 칭 바 싱 리 팡 짜이 딩 찌아 샹

＊ 이륙 ＊

곧 이륙하겠습니다.	马上就要起飞了。 mǎ shàng jiù yào qǐ fēi le 마 샹 찌여우 야오 치 페이 러
안전벨트를 매 주십시오.	请系好安全带。 qǐng jì hǎo ān quán dài 칭 찌 하오 안 취엔 따이
이 안전벨트를 어떻게 매나요?	这个安全带怎么系? zhè gè ān quán dài zěn me jì 쩌 거 안 취엔 따이 쩐 머 찌

이륙하는 동안에는 안전
벨트를 꼭 매주십시오.

起飞时请一定系好安全带。
qǐ fēi shí qǐng yí dìng jì hǎo ān quán dài
치 페이 스 칭 이 띵 찌 하오 안 취엔 따이

좌석 등받이를 제자리로
해 주십시오.

请把椅背调到垂直状态。
qǐng bǎ yǐ bèi tiáo dào chuí zhí zhuàng tài
칭 바 이 뻬이 티아오 따오 추에이 쯔 쭈앙 타이

즐거운 비행이 되시기
바랍니다.

祝您旅途愉快。
zhù nín lǚ tú yú kuài
쭈 닌 뤼 투 위 쿠아이

좌석을 바꿀 수 있을까요?

我可以换座位吗?
wǒ kě yǐ huàn zuò wèi ma
워 커 이 후안 쭈어 웨이 마

창가 쪽에 앉고 싶습니다.

我想坐靠窗的座位。
wǒ xiǎng zuò kào chuāng de zuò wèi
워 씨앙 쭈어 카오 추앙 더 쭈어 웨이

저기 빈 자리로 옮겨도
되겠습니까?

我可以换到那边的空位上去吗?
wǒ kě yǐ huàn dào nà biān de kōng wèi shàng
qù ma
워 커 이 후안 따오 나 삐엔 더 쿵 웨이 샹 취 마

mini회화

A : 지금 늦으셨으니 항공편을 바꾸세요.

您现在来不及了, 换一下航班吧。
nín xiàn zài lái bù jí le huàn yí xià háng bān ba
닌 씨앤 짜이 라이 부 지 러 후안 이 씨아 항 빤 바

B : 다음 항공편은 언제인가요?

下一个航班是什么时候?
xià yí gè háng bān shì shén me shí hòu
씨아 이 거 항 빤 스 션 머 스 허우

3. 기내에서

기내서비스

음료를 드시겠습니까?

要喝饮料吗?
yào hē yǐn liào ma
야오 허 인 리아오 마

커피, 홍차, 오렌지 주스
가 있습니다.

我们有咖啡、红茶和橙汁。
wǒ men yǒu kā fēi 、 hóng chá hé chéng zhī
워 먼 여우 카 페이 훙 차 허 청 쯔

녹차 주세요.

我要绿茶。
wǒ yào lǜ chá
워 야오 뤼 차

와인 있습니까?

有红酒吗?
yǒu hóng jiǔ ma
여우 훙 찌여우 마

물 한 잔 주세요.

请给我一杯水。
qǐng gěi wǒ yì bēi shuǐ
칭 게이 워 이 뻬이 슈에이

한 잔 더 주실 수 있습
니까?

我可以再要一杯吗?
wǒ kě yǐ zài yào yì bēi ma
워 커 이 짜이 야오 이 뻬이 마

선반을 내려 주시겠습
니까?

请把托盘放下来好吗?
qǐng bǎ tuō pán fàng xià lái hǎo ma
칭 바 투어 판 팡 씨아 라이 하오 마

식사는 뭘로 하시겠습
니까?

要用哪种餐?
yào yòng nǎ zhǒng cān
야오 용 나 쭝 찬

스테이크와 생선요리 중 뭘로 하시겠습니까?
牛排还是鱼?
niú pái hái shì yú
니여우 파이 하이 쓰 위

아침식사를 하시겠습니까?
要用早餐吗?
yào yòng zǎo cān ma
야오 용 자오 찬 마

나중에 먹어도 될까요?
我可以晚点吃吗?
wǒ kě yǐ wǎn diǎn chī ma
워 커 이 완 띠엔 츠 마

스푼을 떨어뜨렸어요.
我的勺子掉了。
wǒ de sháo zǐ diào le
워 더 샤오 즈 띠아오 러

담요 한 장 주시겠습니까?
能给我一张毛毯吗?
néng gěi wǒ yì zhāng máo tǎn ma
넝 게이 워 이 짱 마오 탄 마

베개 하나 주시겠습니까?
请给我个枕头好吗?
qǐng gěi wǒ gè zhěn tóu hǎo ma
칭 게이 워 거 쩐 터우 하오 마

읽을 것 좀 주시겠습니까?
有什么可以阅读的吗?
yǒu shén me kě yǐ yuè dú de ma
여우 션 머 커 이 위에 뚜 더 마

한국어 신문 있습니까?
有韩国语报纸吗?
yǒu hán guó yǔ bào zhǐ ma
여우 한 꾸어 위 빠오 즈 마

이것은 유료입니까?
这个要付费吗?
zhè gè yào fù fèi ma
쩌 거 야오 푸 페이 마

| 이어폰을 갖다 주시겠습니까? | 能给我一个耳机吗?
néng gěi wǒ yí gè ěr jī ma
넝 게이 워 이 거 얼 찌 마 |

＊ 기내불편 호소와 문의 ＊

| 이어폰이 고장났습니다. | 耳机坏了。
ěr jī huài le
얼 찌 후아이 러 |

| 모니터가 좀 어둡습니다. | 屏幕有点太暗了
píng mù yǒu diǎn tài àn le
핑 무 여우 띠엔 타이 안 러 |

| 멀미가 좀 나는군요. | 我有点晕机。
wǒ yǒu diǎn yùn jī
워 여우 띠엔 윈 지 |

| 비행기 멀미약 있습니까? | 有晕机药吗?
yǒu yùn jī yào ma
여우 윈 찌 야오 마 |

| 멀미용 백 있습니까? | 有晕机袋吗?
yǒu yùn jī dài ma
여우 윈 찌 따이 마 |

| 담요를 하나 더 주실 수 있습니까? | 可以给我一条毛毯吗?
kě yǐ gěi wǒ yì tiáo máo tǎn ma
커 이 게이 워 이 티아오 마오 탄 마 |

| 도착까지 어느 정도 걸립니까? | 多久可以到达?
duō jiǔ kě yǐ dào dá
뚜어 찌여우 커 이 따오 다 |

| 언제쯤 도착합니까? | 什么时候能到?
shén me shí hòu néng dào
션 머 스 허우 넝 따오 |

정시에 도착합니까?	**整点到达吗?** zhěng diǎn dào dá ma 정 띠엔 따오 다 마
현지시간으로 지금 몇 시입니까?	**当地时间现在是几点?** dāng dì shí jiān xiàn zài shì jǐ diǎn 땅 띠 스 찌엔 씨엔 짜이 쓰 지 띠엔
서울은 시간이 어떻게 되죠?	**首尔现在是几点?** shǒu ěr xiàn zài shì jǐ diǎn 셔우 얼 씨엔 짜이 쓰 지 띠엔
시간을 현지시간으로 맞추고 싶습니다.	**我想设置成当地时间。** wǒ xiǎng shè zhì chéng dāng dì shí jiān 워 씨앙 셔 쯔 청 땅 띠 스 찌엔
서울과 베이징의 시차는 얼마나 됩니까?	**首尔和北京的时差是多少?** shǒu ěr hé běi jīng de shí chā shì duō shǎo 셔 얼 허 뻬이 징 더 스 차 쓰 뚜어 샤오
식사는 언제 나오나요?	**什么时候开饭?** shén me shí hòu kāi fàn 션 머 쓰 허우 카이 판
의자를 좀 뒤로 젖혀도 될까요?	**椅子放躺好吗?** yǐ zǐ fàng tǎng hǎo ma 이 즈 팡 탕 하오 마
토할 것 같습니다.	**我想吐。** wǒ xiǎng tù 워 씨앙 투
몸을 따뜻하게 하세요.	**暖暖身体。** nuǎn nuǎn shēn tǐ 누안 누안 션 티

| 안대 좀 주세요. | 请给我眼罩
qǐng gěi wǒ yǎn zhào
칭 게이 워 얜 짜오 |
| 코피가 났습니다.
화장지좀 주시겠어요? | 我流鼻血了。请给我拿一下
卫生纸可以吗?
Wǒ liú bí xiě le qǐng gěi wǒ ná yí xià wèi shēng
zhǐ kě yǐ ma
워 리여우 비 씨에 러 칭 게이 워 나 이 씨아 웨이
셩 쯔 커 이 마 |

* 입국카드 작성 *

입국카드를 작성해 주 세요.	请填写入境卡。 qǐng tián xiě rù jìng kǎ 칭 티엔 시에 루 찡 카
이것이 입국카드입니까?	这是入境卡吗? zhè shì rù jìng kǎ ma 쩌 쓰 루 찡 카 마
입국카드를 얻을 수 있을 까요?	请给我一张入境卡好吗? qǐng gěi wǒ yì zhāng rù jìng kǎ hǎo ma 칭 게이 워 이 짱 루 찡 카 하오 마
펜 좀 쓸 수 있을까요?	能用一下你的笔吗? néng yòng yí xià nǐ de bǐ ma 넝 융 이 씨아 니 더 비 마
작성법을 가르쳐 주십 시오.	请告诉我怎样填写。 qǐng gào sù wǒ zěn yàng tián xiě 칭 까오 쑤 워 쩐 양 티엔 씨에
좀 봐 주시겠어요?	能帮我看一下吗? néng bāng wǒ kàn yí xià ma 넝 빵 워 칸 이 씨아 마

해
외
여
행

이렇게 쓰면 되나요?

这样可以吗?
zhè yàng kě yǐ ma
쩌 양 커 이 마

여기에 무엇을 써야 합니까?

这里该写什么内容呢?
zhè lǐ gāi xiě shén me nèi róng ne
쩌 리 까이 씨에 션 머 네이 룽 너

카드 한 장 더 주시겠어요? 커피를 쏟았습니다.

能再给我一张吗?
néng zài gěi wǒ yì zhāng ma
넝 짜이 게이 워 이 쨩 마

咖啡洒在上面了。
kā fēi sǎ zài shàng miàn le
카 페이 사 짜이 상 미엔 러

제가 틀리게 썼습니다.

我写错了。
wǒ xiě cuò le
워 씨에 추어 러

제 입국신고서 좀 봐주시겠어요?

能帮我看一下我的入境申报单吗?
néng bāng wǒ kàn yí xià wǒ de rù jìng shēn bào dān ma
넝 빵 워 칸 이 씨아 워 더 루 찡 션 빠오 딴 마

입국 신고서 다 작성하셨나요?

入境申报单都写完了吗?
rù jìng shēn bào dān dōu xiě wán le ma
루 찡 션 빠오 딴 떠우 씨에 완 러 마

맞게 썼는지 좀 봐 주실래요?

能帮我看一下填对了吗?
néng bāng wǒ kàn yí xià tián duì le ma
넝 빵 워 칸 이 씨아 티엔 뚜에이 러 마

이 부분을 잘 모르겠는데요.

这个地方我不太清楚。
zhè gè dì fāng wǒ bú tài qīng chǔ
쩌 거 띠 팡 워 부 타이 칭 추

여기에 당신의 주소를 적어주세요.	在这里写上你的住址。 zài zhè lǐ xiě shàng nǐ de zhù zhǐ 짜이 쩌 리 시에 샹 니 더 쭈 즈
여기에 서울이라고 쓰시면 됩니다.	在这里写上 '首尔' 就可以了。 zài zhè lǐ xiě shàng 'shǒu ěr' jiù kě yǐ le 짜이 쩌 리 시에 샹 셔우 얼 찌여우 커 이 러
이 세관 신고서를 작성해주세요.	请填写海关申报单。 qǐng tián xiě hǎi guān shēn bào dān 칭 티엔 씨에 하이 꾸안 션 빠오 딴
이 서식은 어떻게 기입해야 합니까?	这个表格应该怎么填呢? zhè gè biǎo gé yīng gāi zěn me tián ne 쩌 거 삐아오 거 잉 까이 전 머 티엔 너

TIP

入境申报单 [rùjìngshēnbàodān] 입국신고서

姓 [xìng] 성

名 [míng] 이름

国籍 [guó jí] 국가

在华住地 [zài huá zhù dì] 중국 내에 묵을 곳

护照号码 [hù zhào hào mǎ] 여권번호

出生日期 [chū shēng rì qī] 생년월일

签证号码 [qiān zhèng hào mǎ] 비자번호

签证签发地 [qiān zhèng qiān fā dì] 비자발급지

航班号 [háng bān hào] 비행기편 번호

船名 [chuán míng] 선박명

车次 [chē cì] (열차나 버스의) 운행 순서. 열차 번호.

入境事由 [rù jìng shì yóu] 입국목적

签名 [qiān míng] 서명

해외여행

4. 환승

＊ 비행기 갈아탈 때 ＊

저는 여기서 갈아타야 합니다.	我要在这里转机。 wǒ yào zài zhè lǐ zhuǎn jī 워 야오 짜이 쩌 리 주안 찌
어느 비행기를 갈아타십니까?	转哪次航班? zhuǎn nǎ cì háng bān 쭈안 나 츠 항 빤
통과 여객이십니까?	您是转机乘客吗? nín shì zhuǎn jī chéng kè ma 닌 쓰 쭈안 찌 청 커 마
최종목적지는 어디입니까?	最终目的地是哪里? zuì zhōng mù dì dì shì nǎ lǐ 쭈에이 쫑 무 디 띠 쓰 나 리
이 용지를 기재해 주세요.	请填这个表格。 qǐng tián zhè gè biǎo gé 칭 티엔 쩌 거 삐아오 거
갈아타는 곳이 어디입니까?	在哪里换乘? zài nǎ lǐ huàn chéng 짜이 나 리 후안 청
몇 번 출구로 가야 하나요?	应该去哪个出口? yīng gāi qù nǎ gè chū kǒu 잉 까이 취 나 거 추 커우
환승카운터는 어디입니까?	转机柜台在哪里? zhuǎn jī guì tái zài nǎ lǐ 쭈안 찌 꾸에이 타이 짜이 나 리

저 'transfer' 표지판만 따라가세요.	请跟着那个 'transfer' 牌子走。
	qǐng gēn zhe nà gè transfer pái zi zǒu
	칭 껀 저 나 거 'transfer' 파이 즈 저우

다음 비행기를 갈아탈 승객입니다.	我是下一趟航班的转机乘客。
	wǒ shì xià yí tàng háng bān de zhuǎn jī chéng kè
	워 쓰 씨아 이 탕 항 빤 더 주안 찌 청 커

제가 탈 비행기편 확인 은 어디에서 합니까?	哪里可以确认我的乘机航班?
	nǎ lǐ kě yǐ què rèn wǒ de chéng jī háng bān
	나 리 커 이 취에 런 워 더 청 찌 항 빤

맡긴 짐은 어떻게 됩니까?	托运的行李怎样处理?
	tuō yùn de xíng lǐ zěn yàng chù lǐ
	투어 윈 더 싱 리 쩐 양 추 리

이 공항에서 어느 정도 머뭅니까?	要在这个机场呆多久?
	yào zài zhè gè jī chǎng dāi duō jiǔ
	야오 짜이 쩌 거 찌 창 따이 뚜어 찌여우

1시간 지상에 머무를 예 정입니다.	要在地面停留一个小时。
	yào zài dì miàn tíng liú yí gè xiǎo shí
	야오 짜이 띠 미엔 팅 리여우 이 거 씨아오 쓰

이 통과카드를 갖고 계 십시오.	请保管好过境卡。
	qǐng bǎo guǎn hǎo guò jìng kǎ
	칭 바오 꾸안 하오 꾸어 찡 카

환승까지 시간은 어느 정도 있습니까?	到转机还有多长时间?
	dào zhuǎn jī hái yǒu duō cháng shí jiān
	따오 주안 찌 하이 여우 뚜어 창 스 찌엔

탑승에 대한 안내 방송 이 있을 것입니다.	会播放有关转机的广播。
	huì bō fàng yǒu guān zhuǎn jī de guǎng bō
	후에이 뽀어 팡 여우 꾸안 주안 찌 더 구앙 뽀어

5. 입국

입국심사

먼저 지문인식을 해주십시오.

请先指纹认证一下。
qǐng xiān zhǐ wén rèn zhèng yí xià
칭 씨앤 쯔 원 런 쩡 이 씨아

안내 음성에 따라 진행하십시오.

请按照语音提示进行操作。
qǐng àn zhào yǔ yīn tí shì jìn xíng cāo zuò
칭 안 짜오 위 인 티 쓰 진 싱 차오 쭈어

이쪽이 외국인 셀프 지문인식 구역입니다.

这边是外国人指纹自助留存区。
zhè biān shì wài guó rén zhǐ wén zì zhù liú cún qū
쩌 비앤 스 와이 꾸어 런 쯔 원 즈 쭈 리여우 춘 취

한국어 서비스도 있습니다.

还有韩语服务。
hái yǒu hán yǔ fú wù
하이 여우 한 위 푸 우

여권을 보여 주세요.

请给我看一下你的护照。
qǐng gěi wǒ kàn yí xià nǐ de hù zhào
칭 게이 워 칸 이 씨아 니 더 후 짜오

입국목적은 무엇입니까?

来这里的目的是什么?
lái zhè lǐ de mù dì shì shén me
라이 쩌 리 더 무 띠 쓰 션 머

어학연수를 받으려고 합니다.

我来这里进行语言研修。
wǒ lái zhè lǐ jìn xíng yǔ yán yán xiū
워 라이 쩌 리 찐 싱 위 얜 얜 씨여우

어느 정도 체류하십니까?

打算呆多久?
dǎ suàn dāi duō jiǔ
다 쑤안 따이 뚜어 찌여우

2주일 동안 머물 겁니다.	在这里逗留两个星期。 zài zhè lǐ dòu liú liǎng gè xīng qī 짜이 쩌 리 떠우 리여우 리앙 거 씽 치
단체여행입니까?	是团体旅行吗? shì tuán tǐ lǚ xíng ma 쓰 투안 티 뤼 싱 마
외국 화폐는 얼마나 가지고 있습니까?	你有多少外币? nǐ yǒu duō shǎo wài bì 니 여우 뚜어 샤오 와이 비
어디에서 머뭅니까?	住在哪里? zhù zài nǎ lǐ 쭈 짜이 나 리
아직 정하지 못했습니다.	还没有决定。 hái méi yǒu jué dìng 하이 메이 여우 쮀 띵
제 친구 집에서 머무를 겁니다.	我会住在我朋友家里。 wǒ huì zhù zài wǒ péng yǒu jiā lǐ 워 후에이 쭈 짜이 워 펑 여우 찌아 리
네, 가지고 있습니다.	有,在这里。 yǒu, zài zhè lǐ 여우 짜이 쩌 리
최종목적지는 어디입니까?	最终目的地是哪里? zuì zhōng mù dì dì shì nǎ lǐ 쭈에이 쭝 무 디 띠 쓰 나 리

＊ 짐찾기 ＊

| 짐은 어디에서 찾습니까? | 去哪里取行李呢?
qù nǎ lǐ qǔ xíng lǐ ne
취 나 리 취 싱 리 너 |

303편 수하물 찾는 곳이 어디입니까?	303航班的行李在哪里取? sān líng sān háng bān de xíng lǐ zài nǎ lǐ qǔ 싼 링 싼 항 빤 더 싱 리 짜이 나 리 취
303편의 짐은 나왔습니까?	303航班的行李出来了吗? sān líng sān háng bān de xíng lǐ chū lái le ma 싼 링 싼 항 빤 더 싱 리 추 라이 러 마
내 짐이 보이지 않습니다.	我看不到我的行李。 wǒ kàn bú dào wǒ de xíng lǐ 워 칸 부 따오 워 더 싱 리
짐을 잃어버렸습니다.	我的行李丢了。 wǒ de xíng lǐ diū le 워 더 싱 리 띠여우 러
제 짐이 안 나왔습니다.	我的行李没有出来。 wǒ de xíng lǐ méi yǒu chū lái 워 더 싱 리 메이 여우 추 라이
이건 제 가방이 아닙니다.	这个包不是我的。 zhè gè bāo bú shì wǒ de 쩌 거 빠오 부 쓰 워 더
수하물계에 신고하세요.	去问一下行李查询处。 qù wèn yí xià xíng lǐ chá xún chù 취 원 이 씨아 싱 리 차 쉰 추
여기가 분실 수하물 신고 하는 곳입니까?	这里就是登记丢失行李的地方吗? zhè lǐ jiù shì dēng jì diū shī xíng lǐ de dì fāng ma 쩌 리 찌여우 쓰 덩 찌 띠여우 쓰 싱 리 더 띠 팡 마
어떤 항공편으로 오셨습니까?	您坐的是哪次航班? nín zuò de shì nǎ cì háng bān 닌 쭈어 더 쓰 나 츠 항 빤

당신 가방은 무슨 색입니까?	您的包是什么颜色？ nín de bāo shì shén me yán sè 닌 더 빠오 쓰 션 머 얜 써
짐에 식별표를 붙이셨나요?	在行李上贴了行李标签吗？ zài xíng lǐ shàng tiē le xíng lǐ biāo qiān ma 짜이 싱 리 샹 티에 러 싱 리 삐아오 치엔 마
수하물표를 보여 주시겠어요?	给我看一下行李票好吗？ gěi wǒ kàn yí xià xíng lǐ piào hǎo ma 게이 워 칸 이 씨아 싱 리 피아오 하오 마
이것이 수하물인환증입니다.	这是行李提取单。 zhè shì xíng lǐ tí qǔ dān 쩌 쓰 싱 리 티 취 딴
제 가방이 손상되었습니다.	我的箱子破损了。 wǒ de xiāng zi pò sǔn le 워 더 씨앙 즈 포어 수언 러
당장 보상해 주세요.	请马上赔偿我。 qǐng mǎ shàng péi cháng wǒ 칭 마 샹 페이 창 워

● 세관검사 ●

어디에서 세관검사를 하지요?	在哪儿过海关？ zài nǎr guò hǎi guān 짜이 날 꾸어 하이 꾸안
신고서는 가지고 있지 않습니다.	我没有申报单。 wǒ méi yǒu shēn bào dān 워 메이 여우 션 빠오 딴
세관신고서를 잃어버렸습니다.	我的海关申报单丢了。 wǒ de hǎi guān shēn bào dān diū le 워 더 하이 꾸안 션 빠오 딴 띠여우 러

구두로 신고해도 됩니까?

我可以做口头申报吗?
wǒ kě yǐ zuò kǒu tóu shēn bào ma
워 커 이 쭈어 커우 터우 션 빠오 마

짐은 이게 전부입니까?

这是你所有的行李吗?
zhè shì nǐ suǒ yǒu de xíng lǐ ma
쩌 쓰 니 쑤어 여우 더 싱 리 마

다른 짐은 없습니까?

没有别的行李了吗?
méi yǒu bié de xíng lǐ le ma
메이 여우 비에 더 싱 리 러 마

신고할 물건이 있습니까?

有需要申报的物品吗?
yǒu xū yào shēn bào de wù pǐn ma
여우 쉬 야오 션 빠오 더 우 핀 마

신고해야 될 것이 있습니다.

我有物品要申报。
wǒ yǒu wù pǐn yào shēn bào
워 여우 우 핀 야오 션 빠오

내용물은 무엇입니까?

里面是什么东西?
lǐ miàn shì shén me dōng xī
리 미엔 쓰 션 머 뚱 시

이 가방을 열어주십시오.

请打开这个包。
qǐng dǎ kāi zhè gè bāo
칭 다 카이 쩌 거 빠오

이건 뭡니까?

这是什么?
zhè shì shén me
쩌 스 션 머

그 외에 다른 것은 없습니까?

还有其他东西吗?
hái yǒu qí tā dōng xī ma
하이 여우 치 타 뚱 시 마

신고할 것이 전혀 없으신가요?	确定没有任何需要申报的物品吗?
	què dìng méi yǒu rèn hé xū yào shēn bào de wù pǐn ma
	취에 띵 메이 여우 런 허 쉬 야오 션 빠오 더 우 핀 마

금속 탐지기를 통과해 주십시오.	请通过金属探测器。
	qǐng tōng guò jīn shǔ tàn cè qì
	칭 퉁 꾸어 찐 슈 탄 처 치

이건 과세 대상이 됩니다.	这是征税物品。
	zhè shì zhēng shuì wù pǐn
	쩌 쓰 정 슈에이 우 핀

과세액은 얼마입니까?	税额是多少?
	shuì é shì duō shǎo
	슈에이 어 쓰 뚜어 샤오

* 환전 *

환전하는 곳은 어디입니까?	哪里可以换钱?
	nǎ lǐ kě yǐ huàn qián
	나 리 커 이 후안 치엔

저 창구 끝으로 가세요.	去最后那个窗口。
	qù zuì hòu nà gè chuāng kǒu
	취 쭈에이 허우 나 거 추앙 커우

여기서 환전할 수 있을까요?	在这里可以换钱吗?
	zài zhè lǐ kě yǐ huàn qián ma
	짜이 쩌 리 커 이 후안 치엔 마

이것을 환전해 주시겠습니까?	能帮我换这些钱吗?
	néng bāng wǒ huàn zhè xiē qián ma
	넝 빵 워 후안 쩌 시에 치엔 마

수표를 현금으로 바꾸고 싶습니다.	能帮我把支票换成现金吗？
	néng bāng wǒ bǎ zhī piào huàn chéng xiàn jīn ma
	넝 빵 워 바 쯔 피아오 후안 청 씨엔 찐 마

이것을 달러로 바꿔 주십시오.	请把这些换成美金。
	qǐng bǎ zhè xiē huàn chéng měi jīn
	칭 바 쩌 시에 후안 청 메이 찐

여행자 수표를 현금으로 바꿔주세요.	请把旅行支票换成现金。
	qǐng bǎ lǚ xíng zhī piào huàn chéng xiàn jīn
	칭 바 뤼 싱 쯔 피아오 후안 청 씨엔 찐

원화를 미국 달러로 바꾸고 싶습니다.	我要把韩元换成美金。
	wǒ yào bǎ hán yuán huàn chéng měi jīn
	워 야오 바 한 위엔 후안 청 메이 찐

얼마나 바꾸실 겁니까?	想要换多少钱？
	xiǎng yào huàn duō shǎo qián
	씨앙 야오 후안 뚜어 샤오 치엔

돈은 어떻게 드릴까요?	要多少面值的？
	yào duō shǎo miàn zhí de
	야오 뚜어 샤오 미엔 쯔 떠

잔돈으로 주세요.	我要面值小的。
	wǒ yào miàn zhí xiǎo de
	워 야오 미엔 쯔 씨아오 더

여기에 서명해 주세요.	请在这里签名。
	qǐng zài zhè lǐ qiān míng
	칭 짜이 쩌 리 치엔 밍

여기서 여행자 수표를 살 수 있나요?	这里可以买旅行支票吗？
	zhè lǐ kě yǐ mǎi lǚ háng zhī piào ma
	쩌 리 커 이 마이 뤼 싱 쯔 피아오 마

오늘 환율이 얼마입니까?

今天的汇率是多少?
jīn tiān de huì lǜ shì duō shǎo
진 티앤 더 후에이 뤼 스 뚜어 샤오

공항에서도 환전이 가능
합니다.

在机场里也可以换钱。
zài jī chǎng lǐ yě kě yǐ huàn qián
짜이 지 창 리 예 커이 후안 치앤

여기 있습니다. 세어보
세요.

给您,请数一数。
gěi nín qǐng shǔ yì shǔ
게이 닌 칭 슈 이 슈

주거래은행에서 환전하
면 좋아요.

在主要交易银行换钱的话, 很
划算。
zài zhǔ yào jiāo yì yín háng huàn qián de huà
hěn huá suàn
짜이 주 야오 지아오 이 인 항 후안 치앤 더 후아
헌 후아 쑤안

A : 여행 준비 다 했어?

旅行准备好了吗?
lǚ xíng zhǔn bèi hǎo le ma

B : 환전 빼고 다 했어. 환전이 너무 귀찮아.

除了换钱以外都弄完了。换钱太麻烦了。
chú le huàn qián yǐ wài dōu nòng wán le huàn qián tài má fan le

A : 요즘은 은행 어플로 환전이 가능한데? 주거래 은행이면 우대해
줄 거야.

最近可以用银行app换钱。在主要交易银行换钱
的话, 可以有优惠。
zuì jìn kě yǐ yòng yín háng huàn qián zài zhǔ yào jiāo yì yín háng huàn qián
de huà kě yǐ yǒu yōu huì

6. 목적지 도착

공항 내 와이파이

와이파이는 어떻게 접속
하나요?

怎么连接wifi?
zěn me lián jiē wifi
쩐 머 리앤 지에 wifi

공항에는 셀프 와이파이
단말기가 있습니다.

在机场里有无线网络自助取
号机。
zài jī chǎng lǐ yǒu wú xiàn wǎng luò zì zhù qǔ
hào jī
짜이 지 창 리 여우 우 시앤 왕 루어 즈 주 취 하오 지

유심칩을 살 수 있는 곳
은 어디인가요?

在哪里买usim卡?
zài nǎ lǐ mǎi usim kǎ
짜이 나 리 마이 유심 카

단말기에서 여권을 스캔
하면 무료로 와이파이 번
호를 받을 수 있습니다.

用那个机器扫护照的话, 你可
以免费取wifi号。
yòng nà gè jī qì sǎo hù zhào de huà nǐ kě yǐ
miǎn fèi qǔ wifi hào
용 나 거 지 치 사오 후 자오 더 화 니 커 이 미앤
페이 취 와이 파이 하오

공항에서 시내로

시내에 내려 주실 수 있
습니까?

请拉我去市中心?
qǐng lā wǒ qù shì zhōng xīn
칭 라 워 취 쓰 쭝 씬

시내까지 몇 분 정도 걸
립니까?

去市中心要多长时间?
qù shì zhōng xīn yào duō cháng shí jiān
취 쓰 쭝 씬 야오 뚜어 창 스 찌엔

짐을 트렁크에 넣어주
세요.

请把行李放到后备箱。
qǐng bǎ xíng lǐ fàng dào hòu bèi xiāng
칭 바 싱 리 팡 따오 허우 뻬이 씨앙

조심히 다뤄주세요.	请小心搬运。 qǐng xiǎo xīn bān yùn 칭 씨아오 씬 빤 윈
시내로 가는 버스는 있습니까?	有去市中心的巴士吗? yǒu qù shì zhōng xīn de bā shì ma 여우 취 쓰 쭝 씬 더 빠 스 마
시내로 가는 버스는 어디에서 탑니까?	去市中心的巴士要在哪里坐? qù shì zhōng xīn de bā shì yào zài nǎ lǐ zuò 취 쓰 쭝 씬 더 빠 스 야오 짜이 나 리 쭈어
이 짐을 버스정류소까지 옮겨 주세요.	请把行李搬到巴士站。 qǐng bǎ xíng lǐ bān dào bā shì zhàn 칭 바 싱 리 빤 따오 빠 스 짠
다음 버스는 언제 옵니까?	下一辆大巴什么时候来? xià yí liàng dà bā shén me shí hòu lái 씨아 이 리앙 따 빠 션 머 쓰 허우 라이

mini회화

A : 공항 와이파이 연결이 되질 않습니다. 어쩌죠?

我连不上机场wifi, 怎么办?
wǒ lián bú shàng Jī chǎng wifi zěn me bàn
워 리앤 부 샹 지 창 wifi 쩐 머 반

B : 이 웹 사이트에 전화번호를 입력하면 와이파이를 사용할 수 있어요.

你在这个网站输入你的电话号码, 然后你就可以连上wifi。
nǐ zài zhè ge wǎng zhàn shū rù nǐ de diàn huà hào mǎ rán hòu nǐ jiù kě yǐ lián shàng wifi
니 짜이 쩌 거 왕 짠 슈 루 니 더 디엔 후아 하오 마 란 허우 니 찌여우 커 이 리앤 샹 wifi

7. 도난 분실 사고

지하철에 놓고 내렸습니다.	我把东西落在地铁上了。 wǒ bǎ dōng xi là zài dì tiě shàng le 워 바 뚱 시 라 짜이 띠 티에 샹 러
소매치기 당했습니다.	我遇到小偷了。 wǒ yù dào xiǎo tōu le 워 위 따오 시아오 터우 러
도난사건을 신고하려고 합니다.	我要报偷窃案。 wǒ yào bào tōu qiè àn 워 야오 빠오 터우 치에 안
분실물 취급소는 어디에 있습니까?	哪里有失物招领处? nǎ lǐ yǒu shī wù zhāo lǐng chù 나 리 여우 스 우 짜오 링 추
여권을 잃어버렸습니다.	我的护照丢了。 wǒ de hù zhào diū le 워 더 후 짜오 띠여우 러
가방을 택시에 놓고 내렸습니다.	我把包落在出租车上了。 wǒ bǎ bāo là zài chū zū chē shàng le 워 바 빠오 라 짜이 추 주 처 샹 러
재발급 수속을 하세요.	办理补发手续吧。 bàn lǐ bǔ fā shǒu xù ba 빤 리 부 파 셔우 쒸 바
바로 재발급 됩니까?	能马上补发吗? néng mǎ shàng bǔ fā ma 넝 마 샹 부 파 마

분실된 신용카드를 신고 하려고 합니다.	我要挂失丢失的信用卡。 wǒ yào guà shī diū shī de xìn yòng kǎ 워 야오 꾸아 스 띠여우 스 더 씬 융 카
분실한 지갑은 어떻게 생겼습니까?	丢失的钱包是什么样子的? diū shī de qián bāo shì shén me yàng zǐ de 띠여우 스 더 치엔 빠오 쓰 션 머 양 쯔 더
지하철에서 지갑을 도난 당했습니다.	我的钱包在地铁上被偷了。 wǒ de qián bāo zài dì tiě shàng bèi tōu le 워 더 치엔 빠오 짜이 띠 티에 샹 뻬이 터우 러
어젯밤에 제 방에 도둑 이 들었습니다.	昨晚我的房间进小偷了。 zuó wǎn wǒ de fáng jiān jìn xiǎo tōu le 주어 완 워 더 팡 찌엔 찐 씨아오 터우 러
뭘 도둑맞았습니까?	什么被偷了? shén me bèi tōu le 션 머 뻬이 터우 러
한국어를 하는 사람이 있습니까?	有会说韩语的人吗? yǒu huì shuō hán yǔ de rén ma 여우 후에이 슈어 한 위 더 런 마
한국총영사관 전화번호 가 몇 번이죠?	韩国大使馆的电话号是多少? hán guó dà shǐ guǎn de diàn huà hào shì duō shǎo 한 꾸어 따 스 꾸안 더 띠엔 후아 하오 쓰 뚜어 샤오
한국대사관은 어떻게 갑 니까?	怎样去韩国大使馆? zěn yàng qù hán guó dà shǐ guǎn 쩐 양 취 한 꾸어 따 스 꾸안
분실증명서를 보여 주십 시오.	请给我看一下丢失证明书。 qǐng gěi wǒ kàn yí xià diū shī zhèng míng shū 칭 게이 워 칸 이 씨아 띠여우 쓰 쩡 밍 슈

8. 긴급 상황

경찰을 불러 주세요.	请叫警察。
	qǐng jiào jǐng chá
	칭 찌아오 징 차

병원에 데려 가 주세요.	请把我送到医院去。
	qǐng bǎ wǒ sòng dào yī yuàn qù
	칭 바 워 송 따오 이 위엔 취

구급차를 불러주세요.	请帮我叫救护车。
	qǐng bāng wǒ jiào jiù hù chē
	칭 빵 워 찌아오 찌여우 후 처

다친 사람 있습니까?	有人受伤了吗?
	yǒu rén shòu shāng le ma
	여우 런 셔우 샹 러 마

의사를 불러 주세요.	请帮我叫医生。
	qǐng bāng wǒ jiào yī shēng
	칭 빵 워 찌아오 이 성

다리가 너무 아파요.	我的腿很疼。
	wǒ de tuǐ hěn téng
	워 더 투에이 헌 텅

빨리 와 주세요.	请快点来。
	qǐng kuài diǎn lái
	칭 쿠아이 디엔 라이

들것을 준비해주세요.	帮我准备个担架。
	bāng wǒ zhǔn bèi gè dàn jià
	빵 워 준 뻬이 거 단 지아

Chapter
18

‖ 호텔 ‖ ‖ ‖ ‖ ‖ ‖ ‖ ‖ ‖ ‖

酒店

● 1. 호텔 찾기

* 호텔 정보 수집 *

시내에 있는 호텔에 숙박하고 싶습니다.	我要住在市中心。 wǒ yào zhù zài shì zhōng xīn 워 야오 쭈 짜이 쓰 쭝 씬
숙박할 만한 곳을 소개해 주시겠어요?	能介绍一个好住处吗? néng jiè shào yí gè hǎo zhù chù ma 넝 찌에 샤오 이 거 하오 쭈 추 마
호텔 리스트가 있습니까?	有酒店目录单吗? yǒu jiǔ diàn mù lù dān ma 여우 찌여우 띠엔 무 루 딴 마
오늘밤 묵을 곳을 아직 예약하지 못했습니다.	今晚住的地方还没有预约。 jīn wǎn zhù de dì fāng hái méi yǒu yù yuē 찐 완 쭈 더 띠 팡 하이 메이 여우 위 위에
어떤 호텔을 찾으십니까?	想住什么样的酒店? xiǎng zhù shén me yàng de jiǔ diàn 씨앙 쭈 션 머 양 더 찌여우 띠엔
안전하고 깨끗한 곳에 묵고 싶습니다.	我想住在安全干净的地方。 wǒ xiǎng zhù zài ān quán gān jìng de dì fāng 워 씨앙 쭈 짜이 안 취엔 간 찡 더 띠 팡
역에서 가까운 호텔에서 묵고 싶습니다.	我想住在离车站近的酒店。 wǒ xiǎng zhù zài lí chē zhàn jìn de jiǔ diàn 워 씨앙 쭈 짜이 리 처 짠 찐 더 찌여우 띠엔

호텔

실용 회화 | 389

2. 호텔 예약

＊ 전화예약 ＊

전화상으로 호텔 예약을 할 수 있습니까?	我可以在电话上预约酒店吗?
	wǒ kě yǐ zài diàn huà shàng yù yuē jiǔ diàn ma
	워 커이 짜이 띠엔 후아 상 위 위에 찌여우 띠엔 마

여보세요, 객실을 예약하고 싶은데요.	喂, 我要预订一个房间。
	wéi wǒ yào yù dìng yí gè fáng jiān
	웨이 워 야오 위 띵 이 거 팡 찌엔

다음 주 토요일에 묵을 방을 예약하고 싶습니다.	我要预订一个房间, 下周六入住。
	wǒ yào yù dìng yí gè fáng jiān, xià zhōu liù rù zhù
	워 야오 위 띵 이 거 팡 찌엔 씨아 쩌우 리유 루 쭈

어떤 방을 원하시죠?	想要什么样的房间呢?
	xiǎng yào shén me yàng de fáng jiān ne
	씨앙 야오 션 머 양 더 팡 찌엔 너

며칠동안 묵으실 예정이십니까?	打算住几天?
	dǎ suàn zhù jǐ tiān
	다 쑤안 쭈 지 티엔

일행이 모두 몇 분이세요?	一行一共有几个人?
	yì xíng yí gòng yǒu jǐ gè rén
	이 싱 이 꿍 여우 지 거 런

1인용 객실 요금이 얼마죠?	单人间是多少钱?
	dān rén jiān shì duō shǎo qián
	딴 런 찌엔 쓰 뚜어 샤오 치엔

> **TIP**
>
> 호텔에서 묵는 기간을 말할 때는 **~天**, **~个晚**, **~晚**(앞에 숫자) 모두 사용할 수 있다.

3. 호텔 예약 안 했을 때

예약하지 않았습니다만, 빈 방 있습니까?

我没有预定, 有空房吗?
wǒ méi yǒu yù dìng yǒu kōng fáng ma
워 메이 여우 위 띵 여우 쿵 팡 마

오늘 묵을 수 있습니까?

今晚能住在这儿吗?
jīn wǎn néng zhù zài zhèr ma
찐 완 넝 쭈 짜이 쩔 마

며칠 묵으실 겁니까?

要住几天?
yào zhù jǐ tiān
야오 쭈 지 티엔

3일 동안 머물 겁니다.

住三天。
zhù sān tiān
쭈 싼 티엔

제일 값이 싼 방으로 주세요.

我要最便宜的房间。
wǒ yào zuì pián yí de fáng jiān
워 야오 쭈에이 피엔 이 더 팡 찌엔

일박에 얼마입니까?

一天多少钱?
yì tiān duō shǎo qián
이 티엔 뚜어 샤오 치엔

싱글룸으로 부탁합니다.

我要一间单人间。
wǒ yào yì jiān dān rén jiān
워 야오 이 찌엔 딴 런 찌엔

죄송합니다만, 트윈만 가능하네요.

对不起, 只有双人房了。
duì bu qǐ, zhǐ yǒu shuāng rén fáng le
뚜에이 부 치 쯔 여우 슈앙 런 팡 러

호
텔

트윈은 하루에 얼마입니까?	双人间多少钱一晚? shuāng rén jiān duō shǎo qián yì wǎn 슈앙 런 찌엔 뚜어 샤오 치엔 이 완
세금 포함해서 300위안입니다.	三百元含税。 sān bǎi yuán hán shuì 싼 바이 위엔 한 슈에이
아침 식사 포함입니까?	含早餐吗? hán zǎo cān ma 한 자오 찬 마
더 싼 방은 없습니까?	没有更便宜的了吗? méi yǒu gèng pián yi de le ma 메이 여우 껑 피엔 이 더 러 마
200위안 이하의 욕실이 달린 싱글룸을 원합니다.	我想要二百元以下带浴室的单人间。 wǒ xiǎng yào èr bǎi yuán yǐ xià dài yù shì de dān rén jiān 워 씨앙 야오 얼 바이 위엔 이 씨아 따이 위 쓰 더 딴 런 찌엔
해변이 내다보이는 방이면 좋겠습니다.	可以给我能看到海景的房间吗。 kě yǐ gěi wǒ néng kàn dào hǎi jǐng de fáng jiān ma 커 이 게이 워 넝 칸 따오 하이 징 더 팡 찌엔 마
아침식사는 몇 시에 먹을 수 있습니까?	早餐是几点开始? zǎo cān shì jǐ diǎn kāi shǐ 자오 찬 쓰 지 띠엔 카이 쓰
체크아웃은 몇 시입니까?	几点之前退房呢? jǐ diǎn zhī qián tuì fáng ne 지 띠엔 쯔 치엔 투에이 팡 너

4. 호텔 예약·변경할 때

예약 확인을 해 주세요.	我要确认一下预约。 wǒ yào què rèn yí xià yù yuē 워 야오 취에 런 이 씨아 위 위에
성함과 편명을 말씀해 주십시오.	请告诉我你的名字和航班号。 qǐng gào sù wǒ nǐ de míng zì hé háng bān hào 칭 까오 쑤 워 니 더 밍 쯔 허 항 빤 하오
예약이 확인되었습니다.	预约已经确认完毕。 yù yuē yǐ jīng què rèn wán bì 위 위에 이 찡 취에 런 완 삐
예약되어 있지 않습니다.	没有您的预约内容。 méi yǒu nín de yù yuē nèi róng 메이 여우 닌 더 위 위에 네이 룽
분명히 예약했는데요.	我肯定预约了。 wǒ kěn dìng yù yuē le 워 컨 띵 위 위에 러
즉시 확인해 주세요.	请尽快帮我确认一下。 qǐng jìn kuài bāng wǒ què rèn yí xià 칭 진 쿠아이 빵 워 취에 런 이 씨아
뭔가 착오가 생겼군요.	一定是出了什么差错。 yí dìng shì chū le shén me chā cuò 이 띵 쓰 추 러 션 머 차 추어
다시 한 번 확인해주시 겠어요?	能帮我再确认一下吗? néng bāng wǒ zài què rèn yí xià ma 넝 빵 워 짜이 취에 런 이 씨아 마

어떻게 해야 하나요?	我该怎么做呢? wǒ gāi zěn me zuò ne 워 까이 쩐 머 쭈어 너
예약번호를 알려주시겠 습니까?	能告诉我你的预约号吗? néng gào sù wǒ nǐ de yù yuē hào ma 넝 까오 쑤 워 니 더 위 위에 하오 마
예약을 변경하고 싶습 니다.	我要改签。 wǒ yào gǎi qiān 워 야오 까이 치엔
어떻게 변경하고 싶습니 까?	要怎样变更呢? yào zěn yàng biàn gēng ne 야오 쩐 양 삐엔 겅 너
예약을 취소하고 싶습 니다.	我想取消预约。 wǒ xiǎng qǔ xiāo yù yuē 워 씨앙 취 씨아오 위 위에
예약 취소사유가 무엇입 니까?	取消预约的理由是什么? qǔ xiāo yù yuē de lǐ yóu shì shén me 취 씨아오 위 위에 더 리 여우 쓰 션 머
예약 취소 처리했습니다.	取消预约了。 qǔ xiāo yù yuē le 취 씨아오 위 위에 러
예약을 일주일 후로 미루고 싶습니다.	我想把预约推迟到一周后。 wǒ xiǎng bǎ yù yuē tuī chí dào yì zhōu hòu 워 씨앙 바 위 위에 투에이 츠 따오 이 쩌우 허우

TIP

게스트하우스, 유스호스텔 : **青年旅舍** [qīng nián lǚ shè] 칭 니엔 뤼 셔

5. 호텔 일정 변경할 때

체크아웃 하는 시간이 몇 시죠?	退房时间是几点呢? tuì fáng shí jiān shì jǐ diǎn ne 투에이 팡 스 찌엔 쓰 지 띠엔 너
최대 몇 시까지 연장이 가능할까요?	最多能延长到几点? zuì duō néng yán cháng dào jǐ diǎn 쭈에이 뚜어 넝 얜 창 따오 지 띠엔
두 시간 더 있어도 되겠 습니까?	再呆两个小时可以吗? zài dāi liǎng gè xiǎo shí kě yǐ ma 짜이 따이 리앙 거 씨아오 쓰 커 이 마
오늘 저녁까지 방을 쓸 수 있을까요?	我可以晚上再退房吗? wǒ kě yǐ wǎn shàng zài tuì fáng ma 워 커 이 완 샹 짜이 투에이 팡 마
내일까지 더 있어도 되 지요?	我可以呆到明天吗? wǒ kě yǐ dāi dào míng tiān ma 워 커 이 따이 따오 밍 티엔 마
이틀 더 묵고 싶은데요.	我想再住两天。 wǒ xiǎng zài zhù liǎng tiān 워 씨앙 짜이 쭈 량 티엔
하루 일찍 떠나고 싶은 데요.	我要提前一天离开。 wǒ yào tí qián yì tiān lí kāi 워 야오 티 치엔 이 티엔 리 카이
일요일까지 숙박을 연장 하고 싶은데요.	我要延到这个星期天。 wǒ yào yán dào zhè gè xīng qī tiān 워 야오 얜 따오 쩌 거 씽 치 티엔

며칠 더 머물고 싶습니다.	我要延长几天。 wǒ yào yán cháng jǐ tiān 워 야오 앤 창 지 티엔
당분간 이 곳에 체재하실 예정입니까?	打算在这里多逗留几天吗? dǎ suàn zài zhè lǐ duō dòu liú jǐ tiān ma 다 쑤안 짜이 쩌 리 뚜어 떠우 리여우 지 티엔 마
일요일까지 숙박을 연장할 수 있겠습니까?	我可以延长住宿到这个星期天吗? wǒ kě yǐ yán cháng zhù sù dào zhè gè xīng qī tiān ma 워 커 이 앤 창 쭈 쑤 따오 쩌 거 씽 치 티엔 마
같은 방을 쓰고 싶은데요.	我想住同一个房间。 wǒ xiǎng zhù tóng yí gè fáng jiān 워 씨앙 쭈 퉁 이 거 팡 찌엔
그 방에서 하룻밤 더 묵을 수 있습니까?	我能在那个房间再住一晚上吗? wǒ néng zài nà gè fáng jiān zài zhù yì wǎn shàng ma 워 넝 짜이 나 거 팡 찌엔 짜이 쭈 이 완 샹 마
이 날 이후로 이미 예약 되어 있습니다. 방을 옮겨드려도 괜찮겠습니까?	从这一天以后已经预约了,可以帮你搬房间吗? cóng zhè yì tiān yǐ hòu yǐ jīng yù yuē le kě yǐ bāng nǐ bān fáng jiān ma 총 쩌 이 티앤 이 허우 이 징 위 위에 러 커 이 빵 니 반 팡 찌엔 마
추가요금을 지불해야 하나요?	需要额外付钱吗? xū yào é wài fù qián ma 쉬 야오 어 와이 푸 치엔 마

● 6. 호텔 서비스 안내

회의실을 예약할 수 있
나요?

可以预定会议室吗?
kě yǐ yù dìng huì yì shì ma
커 이 위 띵 후에이 이 쓰 마

어떤 종류의 회의실이
있나요?

有什么样的会议室?
yǒu shén me yàng de huì yì shì
여우 션 머 양 더 후에이 이 쓰

소, 중, 대 회의실이 모
두 있습니다.

有大中小三种会议室。
yǒu dà zhōng xiǎo sān zhǒng huì yì shì
여우 따 쭝 씨아오 싼 쭝 후에이 이 쓰

귀중품을 맡기고 싶습
니다.

我想保管贵重物品。
wǒ xiǎng bǎo guǎn guì zhòng wù pǐn
워 씨앙 바오 꾸안 꾸에이 쭝 우 핀

요금을 드려야 합니까?

要付钱吗?
yào fù qián ma
야오 푸 치엔 마

식당은 어디에 있습니까?

餐厅在哪儿?
cān tīng zài nǎr
찬 팅 짜이 날

아침식사는 몇 시부터
가능합니까?

早餐是几点开始?
zǎo cān shì jǐ diǎn kāi shǐ
자오 찬 쓰 지 띠엔 카이 스

커피숍은 언제까지 합니
까?

咖啡店营业到几点?
kā fēi diàn yíng yè dào jǐ diǎn
카 페이 띠엔 잉 예 따오 지 띠엔

호텔 안에 선물가게가
있습니까?

酒店里有礼品店吗?
jiǔ diàn lǐ yǒu lǐ pǐn diàn ma
찌여우 띠엔 리 여우 리 핀 띠엔 마

이 호텔에 pc룸이 있습
니까?

酒店里有网吧吗?
jiǔ diàn lǐ yǒu wǎng ba ma
찌여우 띠엔 리 여우 왕 빠 마

이메일을 체크하고 싶은
데요.

我想查看一下我的邮件。
wǒ xiǎng chá kàn yí xià wǒ de yóu jiàn
워 씨앙 차 칸 이 씨아 워 더 여우 찌엔

팩스는 있습니까?

有传真机吗?
yǒu chuán zhēn jī ma
여우 추안 쩐 찌 마

어디서 팩스를 보낼 수
있습니까?

哪里可以发传真呢?
nǎ lǐ kě yǐ fā chuán zhēn ne
나 리 커 이 파 추안 쩐 너

서류를 복사할 수 있을
까요?

我可以复印文件吗?
wǒ kě yǐ fù yìn wén jiàn ma
워 커 이 푸 인 원 찌엔 마

세탁 서비스는 있습니까?

有洗衣服务吗?
yǒu xǐ yī fú wù ma
여우 시 이 푸 우 마

이 스커트 세탁을 부탁
하고 싶습니다.

我想洗这条裙子。
wǒ xiǎng xǐ zhè tiáo qún zǐ
워 씨앙 시 쩌 티아오 취인 즈

세탁물이 아직 안 왔습
니다.

我洗的衣服还没有送来。
wǒ xǐ de yī fú hái méi yǒu sòng lái
워 시 더 이 푸 하이 메이 여우 송 라이

지하 2층에 피트니스 센터와 수영장이 있습니다.	地下二层有健身房和游泳池。 dì xià èr céng yǒu jiàn shēn fáng hé yóu yǒng chí 디 씨아 얼 청 여우 지앤 션 팡 허 여우 융 츠
수영복을 대여할 수 있을까요?	我可以租泳衣吗? wǒ kě yǐ zū yǒng yī ma 워 커 이 주 융 이 마
spa는 몇 층인가요?	水疗在几楼? shuǐ liáo zài jǐ lóu 슈에이 리아오 짜이 지 러우
서비스 요금은 숙박료에 포함됩니다.	服务费包括在住宿费里 fú wù fèi bāo kuò zài zhù sù fèi lǐ 푸 우 페이 바오 쿠어 짜이 주 수 페이 리
미리 예약하시면 애프터눈티를 즐기실 수 있습니다.	提前预订的话, 可以享受下午茶套餐。 tí qián yù dìng de huà kě yǐ xiǎng shòu xià wǔ chá tào cān 티 치앤 위 딩 더 후아 커 이 씨앙 셔우 씨아 우 차 타오 찬
애프터눈티에 어떤 음식과 음료가 포함되어 있나요?	下午茶套餐里包括哪些点心饮料? xià wǔ chá tào cān lǐ bāo kuò nǎ xiē diǎn xin yǐn liào 씨아 우 차 타오 찬 리 바오 쿠어 나 시에 띠엔 신 인 리아오
각 방마다 무료 와이파이가 제공됩니다.	每个房间都提供无线网络。 měi gè fáng jiān dōu tí gòng wú xiàn wǎng luò 메이 거 팡 찌엔 떠우 티 꿍 우 시앤 왕 루어
제 방열쇠(카드키)를 보관해 주시겠어요?	你能帮我保管我的房卡吗? nǐ néng bāng wǒ bǎo guǎn wǒ de fáng kǎ ma 니 넝 빵 워 바오 꾸안 워 더 팡 카 마

7. 체크인

＊ 프런트에서 ＊

체크인 부탁합니다.	我要登记。 wǒ yào dēng jì 워 야오 떵 찌
예약했습니다.	我预定了。 wǒ yù dìng le 워 위 띵 러
예약은 한국에서 했습니다.	在韩国的时候预定的。 zài hán guó de shí hòu yù dìng de 짜이 한 꾸어 더 쓰 허우 위 띵 더
인터넷으로 예약을 했습니다.	在网上预约了。 zài wǎng shàng yù yuē le 짜이 왕 상 위 위에 러
공항에서 예약했습니다.	在机场预定的。 zài jī chǎng yù dìng de 짜이 지 창 위 띵 더
어느 분의 이름으로 되어 있습니까?	用谁的名字预约的? yòng shuí de míng zì yù yuē de 용 슈에이 더 밍 쯔 위 위에 더
성함을 알려 주십시오.	请告诉我姓名。 qǐng gào sù wǒ xìng míng 칭 까오 쑤 워 씽 밍
이 카드에 기입해 주시 겠습니까?	请填这张表格? qǐng tián zhè zhāng biǎo gé 칭 티엔 쩌 짱 삐아오 거

트윈 하나 예약하셨군요. 맞습니까?	一个双人间，对吗？ yí gè shuāng rén jiān, duì ma 이 거 슈앙 런 찌엔 뚜에이 마
여권을 주세요.	请给我护照。 qǐng gěi wǒ hù zhào 칭 게이 워 후 자오
방을 업그레이드해드리겠습니다.	我帮您升级一下房间。 wǒ bāng nín shēng jí yí xià fáng jiān 워 방 닌 성 지 이 씨아 팡 찌엔
보증금은 하루에 300위안입니다.	押金是一天300元。 yā jīn shì yī tiān sān bǎi yuán 야 진 스 이 티앤 산 바이 위엔
보증금은 카드로 결제 가능합니다.	押金是可以用卡结帐。 yā jīn shì kě yǐ yòng kǎ jié zhàng 야 진 스 커 이 융 카 지에 장
퇴실 시 환불해 드립니다.	退房时给您退款。 tuì fáng shí gěi nín tuì kuǎn 투에이 팡 스 게이 닌 투에이 쿠안
방을 보여주시겠어요?	我能看看房间吗？ wǒ néng kàn kàn fáng jiān ma 워 넝 칸 칸 팡 찌엔 마
체크인 하기 전에 방을 좀 봐도 될까요?	在登记之前可以先看看房间吗？ zài dēng jì zhī qián kě yǐ xiān kàn kàn fáng jiān ma 짜이 떵 찌 즈 치엔 커 이 씨엔 칸 칸 팡 찌엔 마
방은 505호실입니다.	房间号是505。 fáng jiān hào shì wǔ líng wǔ 팡 찌엔 하오 쓰 우 링 우

벨맨이 안내할 겁니다.	服务员会带您去房间的。 fú wù yuán huì dài nín qù fáng jiān de 푸 우 위엔 후에이 따이 닌 취 팡 찌엔 더
방 열쇠 여기 있습니다.	这是房间钥匙。 zhè shì fáng jiān yào shí 쩌 쓰 팡 찌엔 야오 스
머무르는 동안 좋은 시간 가지시기를 바랍니다.	希望您在这儿住得开心。 xī wàng nín zài zhèr zhù de kāi xīn 씨 왕 닌 짜이 쩔 쭈 더 카이 씬

＊ 체크인 트러블 ＊

더블 하나 예약했습니다.	我预定了双人间。 wǒ yù dìng le shuāng rén jiān 워 위 띵 러 슈앙 런 찌엔
예약이 되어 있지 않습니다.	没有您的预约。 méi yǒu nín de yù yuē 메이 여우 닌 더 위 위에
공항에서 전화했었는데요.	我在机场打过电话。 wǒ zài jī chǎng dǎ guò diàn huà 워 짜이 찌 창 다 꾸어 띠엔 후아
분명히 예약했는데요.	我确定我预约了。 wǒ què dìng wǒ yù yuē le 워 취에 딩 워 위 위에 러
방을 취소하지 않았습니다.	我没有取消房间。 wǒ méi yǒu qǔ xiāo fáng jiān 워 메이 여우 취 씨아오 팡 찌엔
이미 예치금을 냈습니다.	我已经付了定金。 wǒ yǐ jīng fù le dìng jīn 워 이 징 푸 러 띵 찐

확인증 여기 있습니다.	这是我的确认单。 zhè shì wǒ de què rèn dān 쩌 스 워 더 취에 런 딴
다시 한 번 확인해 주세요.	能再确认一下吗。 néng zài què rèn yí xià ma 넝 짜이 취에 런 이 씨아 마
뭔가 착오가 생겼군요.	肯定是哪里出错了。 kěn dìng shì nǎ lǐ chū cuò le 컨 딩 쓰 나 리 추 추어 러
이 방은 좀 답답한 느낌이 드네요.	房间里有点闷。 fáng jiān lǐ yǒu diǎn mèn 팡 찌엔 리 여우 띠엔 먼
좀더 좋은 방은 없습니까?	没有更好的房间了吗? méi yǒu gèng hǎo de fáng jiān le ma 메이 여우 껑 하오 더 팡 찌엔 러 마
다른 방으로 옮겨도 되나요?	我能换到别的房间吗? wǒ néng huàn dào bié de fáng jiān ma 워 넝 후안 따오 비에 더 팡 찌엔 마
그런 곳으로 빈 방이 있는지 알아보겠습니다.	我看看有没有那样的房间。 wǒ kàn kàn yǒu méi yǒu nà yàng de fáng jiān 워 칸 칸 여우 메이 여우 나 양 더 팡 찌엔
체크인 가능한 가장 늦은 시간이 언제입니까?	最晚到几点可以登记? zuì wǎn dào jǐ diǎn kě yǐ dēng jì 쭈에이 완 따오 지 띠엔 커 이 떵 찌
늦게 체크인 하게 될 것 같은데요.	我可能会晚一些来登记。 wǒ kě néng huì wǎn yì xiē lái dēng jì 워 커 넝 후에이 완 이 시에 라이 덩 찌

예약을 취소하지 말아주세요.	请不要取消预约。 qǐng bú yào qǔ xiāo yù yuē 칭 부 야오 취 씨아오 위 위에
8시까지 예약을 유지시켜드릴 수 있습니다.	我们会将您的预约留到八点。 wǒ men huì jiāng nín de yù yuē liú dào bā diǎn 워 먼 후에이 찌앙 닌 더 위 위에 리여우 따오 빠 띠엔
9시 이전에는 갈 수가 없겠는데요.	九点之前我可能到不了。 jiǔ diǎn zhī qián wǒ kě néng dào bù liǎo 찌여우 띠엔 쯔 치엔 워 커 넝 따오 부 리아오

TIP

호텔용어 : **酒店用语** [jiǔ diàn yòng yǔ] 지여우 띠엔 융 위
스탠다드룸 : **标间** [biāo jiān] 비아오 지엔
스위트룸 : **套房** [tào fáng] 타오 팡
디럭스룸 : **豪华房** [háo huá fáng] 하오 후아 팡
얼리체크인 : **提前入住** [tí qián rù zhù] 티 치엔 루 주
레이트체크아웃 : **延迟退房** [yán chí tuì fáng] 얜 츠 투에이 팡

TIP

从~到~ 패턴은 시간이나 장소를 설명할 때 ~(에서)부터 ~까지의 의미를 담고 있는 패턴이다.

从这里到学校要走多久? (여기서 학교까지 얼마나 걸어야 합니까?)
cóng zhè li dào xué xiào yào zǒu duō jiǔ
총 쩌 리 따오 쉬에 씨아오 야오 쩌우 뚸 찌여우

这家店从七点到晚上十点开门。
(이 집은 일곱시부터 저녁 열시까지 영업합니다.)
zhè jiā diàn cóng qī diǎn dào wǎn shang shí diǎn kāi mén
쩌 지아 띠엔 총 치 띠엔 따오 완 상 스 띠엔 카이 먼

8. 조식 서비스

* 조식 *

조식은 일곱 시 반부터 열시까지입니다.

早餐是从七点半到十点。
zǎo cān shì cóng qī diǎn bàn dào shí diǎn
자오 찬 스 총 치 띠엔 반 따오 스 띠엔

조식은 중식과 양식 중에서 선택 가능하십니다.

早餐是可以在中餐和西餐中选一个。
zǎo cān shì kě yǐ zài zhōng cān hé xī cān zhōng xuǎn yí gè
자오 찬 스 커 이 짜이 쭝 찬 허 시 찬 쭝 쒸앤 이 거

조식은 뷔페식입니다.

早餐是自助餐。
zǎo cān shì zì zhù cān
자오 찬 쓰 즈 쭈 찬

안녕하세요, 룸 넘버가 어떻게 되십니까?

早上好, 几号房间?
zǎo shang hǎo jǐ hào fáng jiān
자오 상 하오 지 하오 팡 띠엔

1315입니다.

我的房间是1315号。
wǒ de fáng jiān shì yāo sān yāo wǔ hào
워 더 팡 띠엔 스 야오 산 야오 우 하오

확인했습니다. 이쪽으로 오십시오.

确认了。 您这边请。
què rèn le nín zhè biān qǐng
취에 런 러 닌 쩌 삐엔 칭

빈 접시는 치워드려도 될까요?

空盘子可以撤掉吗?
kōng pán zi kě yǐ chè diào ma
쿵 판즈 커 이 처 디아오 마

TIP

전화번호, 혹은 방 번호 들을 읽을 때 1은 yī(이)가 아닌 야오(yāo)라고 읽는다.

9. 룸서비스 요청

룸서비스는 어떻게 부릅니까?	怎样叫客房服务? zěn yàng jiào kè fáng fú wù 쩐 양 찌아오 커 팡 푸 우
룸서비스를 부탁합니다.	客房服务。 kè fáng fú wù 커 팡 푸 우
무엇을 주문하시겠어요?	需要什么服务? xū yào shén me fú wù 쉬 야오 션 머 푸 우
샴페인 한 병 가져다주시겠어요?	能给我送一瓶香槟来吗? néng gěi wǒ sòng yì píng xiāng bīn lái ma 넝 게이 워 송 이 핑 씨앙 삔 라이 마
내 방에서 아침 식사를 할 수 있습니까?	我可以在房间里吃早餐吗? wǒ kě yǐ zài fáng jiān lǐ chī zǎo cān ma 워 커 이 짜이 팡 찌엔 리 츠 짜오 찬 마
간단한 식사를 주문하고 싶은데요.	我想点一些小吃。 wǒ xiǎng diǎn yì xiē xiǎo chī 워 씨앙 띠엔 이 시에 시아오 츠
토스트와 커피를 부탁합니다.	请给我吐司和咖啡。 qǐng gěi wǒ tǔ sī hé kā fēi 칭 게이 워 투 쓰 허 카 페이
빨리 좀 부탁합니다.	请快点。 qǐng kuài diǎn 칭 쿠아이 띠엔

주문한 식사가 아직 안 왔습니다.	我点的餐还没有来。 wǒ diǎn de cān hái méi yǒu lái 워 띠엔 더 찬 하이 메이 여우 라이
모닝콜을 부탁하고 싶습니다.	我想要叫醒服务。 wǒ xiǎng yào jiào xǐng fú wù 워 씨앙 야오 찌아오 싱 푸 우
아침 6시에 부탁합니다.	请早上六点叫醒我。 qǐng zǎo shàng liù diǎn jiào xǐng wǒ 칭 짜오 샹 리여우 띠엔 찌아오 싱 워
죄송합니다. 저희는 손님을 깨워드리지는 않습니다.	非常抱歉，我们没有叫醒服务。 fēi cháng bào qiàn wǒ men méi yǒu jiào xǐng fú wù 페이 창 빠오 치엔 워 먼 메이 여우 찌아오 싱 푸 우
부탁한 것이 아직 안 왔습니다.	我要的还没送来。 wǒ yào de hái méi sòng lái 워 야오 더 하이 메이 송 라이
수건이 더 필요합니다.	我更需要毛巾。 wǒ gèng xū yào máo jīn 워 껑 쒸 야오 마오 진
제 방을 청소해주세요.	请把我的房间打扫一下。 qǐng bǎ wǒ de fáng jiān dǎ sǎo yí xià 칭 바 워 더 팡 찌엔 다 사오 이 씨아
세탁을 부탁합니다.	请给我洗一下。 qǐng gěi wǒ xǐ yí xià 칭 게이 워 시 이 씨아

> **TIP**
>
> 침대 시트 좀 갈아주세요.
> **请帮我换床单。** qǐng bāng wǒ huàn chuáng dān

10. 불편 사항

불평을 좀 해야겠습니다.	我要提点意见。 wǒ yào tí diǎn yì jiàn 워 야오 티 띠엔 이 찌엔
옆방이 너무 시끄럽습니다.	隔壁太吵了。 gé bì tài chǎo le 거 삐 타이 차오 러
조용히 하도록 조처하겠습니다.	我们会保持安静。 wǒ men huì bǎo chí ān jìng 워 먼 후에이 빠오 츠 안 찡
화장실 물이 내려가지 않습니다.	厕所下水道堵了。 cè suǒ xià shuǐ dào dǔ le 처 수어 씨아 슈에이 따오 두 러
수도꼭지가 말썽이에요.	水龙头有问题。 shuǐ lóng tóu yǒu wèn tí 슈에이 룽 터우 여우 원 티
빨리 고쳐주세요.	请快点修好。 qǐng kuài diǎn xiū hǎo 칭 쿠아이 띠엔 씨여우 하오
방이 좀 춥습니다.	房间有点冷。 fáng jiān yǒu diǎn lěng 팡 찌엔 여우 띠엔 렁
에어컨이 작동되지 않습니다.	空调坏了。 kōng tiáo huài le 쿵 티아오 후아이 러

금방 사람을 올려 보내 겠습니다.	马上叫人过去。 mǎ shàng jiào rén guò qù 마 상 찌아오 런 꾸어 취
더운 물이 나오지 않습 니다.	不出热水了。 bù chū rè shuǐ le 뿌 추 러 슈에이 러
다른 방으로 옮길 수 없 을까요?	能给我换个房间吗? néng gěi wǒ huàn gè fáng jiān ma 넝 게이 워 후안 거 팡 찌엔 마
타월을 바꿔 주시겠어 요?	给我换浴巾好吗? gěi wǒ huàn yù jīn hǎo ma 게이 워 후안 위 찐 하오 마
문이 잠겨버렸습니다.	我把自己锁在外面了。 wǒ bǎ zì jǐ suǒ zài wài miàn le 워 바 쯔 지 수어 짜이 와이 미엔 러
열쇠를 방에 두고 나왔 습니다.	我把钥匙落在房间里了。 wǒ bǎ yào shi là zài fáng jiān lǐ le 워 바 야오 쓰 라 짜이 팡 찌엔 리 러
바퀴벌레가 나왔습니다.	蟑螂出来了。 zhāng láng chū lái le 짱 랑 츄 라이 러
방 청소가 되어 있지 않 습니다.	房间还没打扫。 fáng jiān hái méi dǎ sǎo 팡 찌엔 하이 메이 다 사오

TIP

공손한 부탁의 표현을 사용하고 싶다면 문장 앞에 **请** [qǐng]~ 혹은 **麻烦您** [má fan nín]을 쓰거나 문장 뒤에 **可以吗?** [kě yǐ ma] 혹은 **好吗?** [hǎo ma] 를 넣으면 된다.

11. 도움 요청

몸이 좀 불편합니다.	我有些不舒服。 wǒ yǒu xiē bù shū fú 워 여우 시에 뿌 슈 푸
약을 주시겠습니까?	能给我一些药吗? néng gěi wǒ yì xiē yào ma 넝 게이 워 이 시에 야오 마
두통약 있습니까?	有头痛药吗? yǒu tóu tòng yào ma 여우 터우 퉁 야오 마
아스피린을 주십시오.	请给我阿司匹林。 qǐng gěi wǒ ā sī pǐ lín 칭 게이 워 아 스 피 린
일회용 반창고 있습니까?	有一次性创可贴吗? yǒu yí cì xìng chuàng kě tiē ma 여우 이 츠 씽 추앙 커 티에 마
좀 추운데요. / 좀 더운 데요.	我有点冷。/有点热。 wǒ yǒu diǎn lěng /yǒu diǎn rè 워 여우 띠엔 렁 / 여우 띠엔 러

mini 회화

B : 어디까지 가십니까?

你们要去哪里?
nǐ men yào qù nǎ lǐ

C : 푸동 공항 제2 터미널로 갑니다.

我们要去浦东机场第二航站楼。
wǒ men yào qù pǔ dōng jī chǎng dì'èr háng zhàn lóu

12. 체크아웃

내일 아침에 체크아웃 하겠습니다.	明天早上退房。 míng tiān zǎo shàng tuì fáng 밍 티엔 자오 샹 투에이 팡
곧 퇴실하려고 하는데요.	我马上要退房。 wǒ mǎ shàng yào tuì fáng 워 마 샹 야오 투에이 팡
10시에 퇴실 수속을 할 겁니다.	我会在10点办退房手续。 wǒ huì zài shí diǎn bàn tuì fáng shǒu xù 워 후에이 짜이 스 띠엔 빤 투에이 팡 셔우 쒸
짐을 옮길 사람을 보내 주세요.	请叫一个人来帮我搬一下东西。 qǐng jiào yí gè rén lái bāng wǒ bān yí xià dōng xī 칭 찌아오 이 거 런 라이 빵 워 빤 이 씨아 뚱 시
맡긴 귀중품을 꺼내주세요.	我要拿回我的贵重物品。 wǒ yào ná huí wǒ de guì zhòng wù pǐn 워 야오 나 후에이 워 더 꾸에이 쭝 우 핀
체크아웃 하겠습니다.	我要退房。 wǒ yào tuì fáng 워 야오 투에이 팡
키를 반환하겠습니다.	钥匙给您。 yào shí gěi nín 야오 쓰 게이 닌
계산서를 주시겠어요?	把账单给我好吗? bǎ zhàng dān gěi wǒ hǎo ma 바 짱 딴 게이 워 하오 마

호텔

어떻게 지불하시겠습니까?	用哪种方式付款? yòng nǎ zhǒng fāng shì fù kuǎn 용 나 쫑 팡 쓰 푸 쿠안
이 신용카드로 지불할 수 있을까요?	我能刷卡吗? wǒ néng shuā kǎ ma 워 넝 슈아 카 마
세금이 포함되어 있습니까?	含税吗? hán shuì ma 한 슈에이 마
계산이 잘못된 것 같은데요.	好像算错了。 hǎo xiàng suàn cuò le 하오 씨앙 쑤안 추어 러
이 요금은 무엇입니까?	这是什么费用? zhè shì shén me fèi yòng 쩌 쓰 션 머 페이 융
영수증을 써 주십시오.	请给我开发票。 qǐng gěi wǒ kāi fā piào 칭 게이 워 카이 파 피아오
택시를 불러주시겠습니까?	可以帮我叫辆出租车吗? kě yǐ bāng wǒ jiào liàng chū zū chē ma 커 이 빵 워 찌아오 리앙 추 쭈 처 마
짐을 맡아 주실 수 있습니까?	能帮我保管行李吗? néng bāng wǒ bǎo guǎn xíng lǐ ma 넝 빵 워 빠오 꾸안 싱 리 마
미니바 사용하셨습니까?	用过客房小酒吧吗? yòng guò kè fáng xiao jiǔ bā ma 융 꾸어 커 팡 시아오 찌여우 바 마

화제

话题

●기본표현●

1. 가족 관계에 대하여

＊ 자기 소개 ＊

제 소개를 하겠습니다.	我来介绍一下。 wǒ lái jiè shào yī xià 워 라이 찌에 샤오 이 씨아
제 이름은 손정입니다.	我的名字叫孙静。 wǒ de míng zì jiào sūn jìng 워 더 밍 즈 찌아오 쑨 찡
저는 기혼입니다.	我已经結婚了。 wǒ yǐ jīng jié hūn le 워 이 징 지에 훈 러
저는 미혼입니다.	我是单身。 wǒ shì dān shēn。 워 스 딴 션
학생이에요.	我是学生。 wǒ shì xué shēng 워 스 쉬에 셩
저는 회사원이에요.	我是公司职员。 wǒ shì gōng sī zhí yuán 워 스 꿍 쓰 즈 위앤

* 가족관계 *

당신의 가족에 대해 여쭤 봐도 될까요?

对你的家人我可以问吗?
duì nǐ de jiā rén wǒ kě yǐ wèn ma
뚜에이 니 더 지아 런 워 커 이 원 마

가족이 몇 명이죠?

你全家几口人?
nǐ quán jiā jǐ kǒu rén
니 취엔 지아 지 커우 런

부모님, 여동생, 그리고 저입니다.

我父母, 妹妹, 和我。
wǒ fù mǔ, mèi mei, hé wǒ
워 푸 무 메이 메이 허 워

저희 집은 대가족입니다.

我们家是个大家庭。
wǒ men jiā shì ge dà jiā tíng
워 먼 지아 스 거 따 지아 팅

저는 막내입니다.

我是最小的。
wǒ shì zuì xiǎo de
워 스 쭈에이 씨아오 더

저는 가족 중에서 장남입니다.

我在家中长子。
wǒ zài jiā zhōng zhǎng zi。
워 짜이 지아 쭝 장 즈

독자예요.

我是独生子。
wǒ shì dú shēng zǐ
워 스 두 셩 쯔

독녀예요.

我是独生女。
wǒ shì dú shēng nǚ
워 스 두 셩 뉘

저는 맏이예요.

我是老大。
wǒ shì lǎo dà
워 스 라오 따

제가 막내예요.	我是老幺。 wǒ shì lǎo yāo 워 스 라오 야오
곧 우리 아이가 태어날 겁니다.	我们的孩子快要出生了。 wǒ men de hái zi kuài yào chū shēng le 워 먼 더 하이 즈 쿠아이 야오 츄 셩 러
아들은 몇 살입니까?	男孩儿今年多大了? nán háir jīn nián duō dà le 난 할 진 니엔 뚜어 따 러
당신은 형제가 있습니 까?	你有兄弟姐妹吗? nǐ yǒu xiōng dì jiě mèi ma 니 여우 씨옹 띠 지에 메이 마
당신은 몇 째예요?	你是老几? nǐ shì lǎo jǐ 니 스 라오 지
결혼하신 지 얼마나 되 셨어요?	结婚已经多久了? jié hūn yǐ jīng duō jiǔ le 지에 훈 이 징 뚜어 지여우 러
할머니께서 살아 계세요.	我奶奶还健在。 wǒ nǎi nǎi hái jiàn zài 워 나이 나이 하이 찌엔 짜이
아버지께서는 회사에 다니세요.	我爸爸在公司上班。 wǒ bà bà zài gōng sī shàng bān 워 빠 바 짜이 꿍 스 샹 빤
둘째 동생이 베이징 살아요.	我二弟住在北京。 wǒ èr dì zhù zài běi jīng 워 얼 띠 주 짜이 베이 징

2. 출신과 고향에 대하여

※ 주거와 출신지 ※

어디에서 오셨어요?

从哪儿来的?
cóng nǎr lái de?
총 날 라이 더

저는 이곳에서 10년째 살고 있어요.

我在这里已经住了十年了。
wǒ zài zhè li yǐ jīng zhù le shí nián le
워 짜이 쩌 리 이 징 쭈 러 스 니엔 러

저는 이 지역이 마음에 들어요.

我很喜欢这地区。
wǒ hěn xǐ huān zhè dì qū
워 헌 씨 후안 쩌 띠 취

그 곳에 사신 지 얼마나 되셨어요?

你在那儿住了多久了?
nǐ zài nàr zhù le duō jiǔ le
니 짜이 날 쭈 러 뚜어 지여우 러

어디에 사세요?

你住在哪儿?
nǐ zhù zài nǎr
니 쭈 짜이 날

댁은 어디십니까?

你们的家在哪儿?
nǐ mén de jiā zài nǎr
니 먼 더 지아 짜이 날

저는 옆집에 살아요.

我住在隔壁。
wǒ zhù zài gé bì
워 쭈 짜이 거 삐

저는 2층에 살아요.

我住在二楼。
wǒ zhù zài èr lóu
워 쭈 짜이 얼 러우

저는 시내에 살아요.	我住在市区。 wǒ zhù zài shì qū 워 쭈 짜이 스 취
저는 시골에 살아요.	我住在农村。 wǒ zhù zài nóng cūn 워 쭈 짜이 농 춘
저는 교외에 살아요.	我住在郊区。 wǒ zhù zài jiāo qū 워 쭈 짜이 찌아오 취
어떤 집에 사세요?	住在什么房子呢? zhù zài shén me fáng zi ne 쭈 짜이 션 머 팡 즈 너
저는 주택에 살아요.	我住在住宅。 wǒ zhù zài zhù zhái 워 쭈 짜이 쭈 짜이
저는 아파트에 살아요.	我住在公寓。 wǒ zhù zài gōng yù 워 쭈 짜이 꿍 위
저는 교외에 살아요.	我住在郊区。 wǒ zhù zài jiāo qū 워 쭈 짜이 찌아오 취

TIP

오피스텔 **商住两用楼**

[shāng zhù liǎng yòng lóu]

샹 쭈 리앙 융 러우

3. 스타일에 대해

* 외모를 말할 때 *

몸무게가 늘었어요.

体重增加了。
tǐ zhòng zēng jiā le
티 쯍 쩡 지아 러

당신 살을 좀 빼야겠어요.

你该减减肥了。
nǐ gāi jiǎn jiǎn féi le
니 까이 찌엔 찌엔 페이 러

살이 좀 빠진 것 같아요.

好像瘦了点。
hǎo xiàng shòu le diǎn
하오 씨앙 셔우 러 띠엔

* 성격을 말할 때 *

저는 활동적인 편이에요.

我很有活力。
wǒ hěn yǒu huó lì
워 헌 여우 후어 리

저는 결단력이 있는 편이죠.

我比较果断。
wǒ bǐ jiào guǒ duàn
워 비 찌아오 꾸어 뚜안

저는 사교적이에요.

我善于交际。
wǒ shàn yú jiāo jì
워 샨 위 찌아오 지

저는 적극적이에요.

我很积极。
wǒ hěn jī jí
워 헌 지 지

저는 유머 감각이 뛰어난 편이에요.

我很有幽默感。
wǒ hěn yǒu yōu mò gǎn
워 헌 여우 여우 모 간

저는 좀 수다스러워요.	我很爱说话。 wǒ hěn ài shuō huà 워 헌 아이 슈어 화
저는 말이 없어요.	我不爱说话。 wǒ bù ài shuō huà 워 부 아이 슈어 화
저는 내성적이에요.	我很内向。 wǒ hěn nèi xiàng 워 헌 네이 씨앙
저는 성격이 급해요.	我性子很急。 wǒ xìng zǐ hěn jí 워 싱 쯔 헌 지
저는 좀 다혈질이에요.	我性子有点急。 wǒ xìng zǐ yǒu diǎn jí 워 싱 쯔 여우 띠엔 지
전 아주 명랑합니다.	我真是开朗。 wǒ zhēn shì kāi lǎng 워 쩐 스 카이 랑

TIP

'不如[bù rú]' 라는 표현은 '~같지 않다', '~에 미치지 못한다'는 비교의
의미로 사용된다.

ex) 我学习不如你。(난 너만큼 공부 잘하지 않잖아.)
wǒ xué xí bù rú nǐ
워 쉬에 시 부 루 니

ex) 现在的工资不如以前呢。(지금 월급이 예전만도 못해.)
xiàn zài de gōng zī bù rú yǐ qián ne
씨앤 짜이 더 꿍 즈 부 루 이 치앤 너

4. 건강 관리에 대해

건강관리

참 건강하시네요.	你看起来很健康。
	nǐ kàn qǐ lái hěn jiàn kāng
	니 칸 치 라이 헌 찌엔 캉

어떻게 그렇게 건강하세요?	你是如何保持健康的?
	nǐ shì rú hé bǎo chí jiàn kāng de
	니 쓰 루 허 빠오 츠 지엔 캉 더

운동 자주 하십니까?	你经常运动吗?
	nǐ jīng cháng yùn dòng ma
	니 찡 창 윈 뚱 마

운동을 거의 하지 않습니다.	我基本上不运动。
	wǒ jī běn shàng bú yùn dòng
	워 찌 번 샹 뿌 윈 뚱

몸무게 줄여야겠어요.	我不得不减肥。
	wǒ bù dé bú jiǎn féi
	워 뿌 더 뿌 찌엔 페이

나는 조깅으로 매일 운동을 해요.	我每天慢跑来运动。
	wǒ měi tiān màn pǎo lái yùn dòng
	워 메이 티엔 만 파오 라이 윈 뚱

운동은 스트레스를 줄여 줄 수 있습니다.	通过运动可以缓解压力。
	tōng guò yùn dòng kě yǐ huǎn jiě yā lì
	퉁 꾸어 윈 뚱 커 이 후안 찌에 야 리

건강의 비결은 무엇입니까?	健康的秘诀是什么?
	jiàn kāng de mì jué shì shén me
	찌엔 캉 더 미 쮀 쓰 션 머

당신은 피로를 어떻게
푸십니까?

你是怎样减轻疲劳的?
nǐ shì zěn yàng jiǎn qīng pí láo de
니 쓰 쩐 양 찌엔 칭 피 라오 더

저는 걷기가 우리 건강
에 좋다고 생각해요.

我觉得散步对我们的健康有
好处。
wǒ jué de sàn bù duì wǒ men de jiàn kāng yǒu
hǎo chù
워 쮀 더 싼 뿌 뚜에이 워 먼 더 찌엔 캉 여우 하오 추

저는 걸어 다닌 지 5년
이나 되었어요.

我坚持每天散步有五年了。
wǒ jiān chí měi tiān sàn bù yǒu wǔ nián le
워 찌엔 츠 메이 티엔 싼 뿌 여우 우 니엔 러

운동은 내 생활의 일부
가 되었어요.

锻炼已经成为了我生活中的
一部分。
duàn liàn yǐ jīng chéng wèi le wǒ shēng huó
zhōng de yī bù fen
뚜안 리엔 이 징 청 웨이 러 워 성 후어 쭝 더 이
뿌 펀

＊ 건강상태 ＊

어젯밤에 편히 주무셨습
니까?

昨晚睡得怎么样?
zuó wǎn shuì de zěn me yàng
쭈어 완 슈에이 더 쩐 머 양

컨디션은 좀 어때요?

身体状态怎么样?
shēn tǐ zhuàng tài zěn me yàng
션 티 쭈앙 타이 쩐 머 양

저는 아주 건강해요.

我很健康。
wǒ hěn jiàn kāng
워 헌 찌엔 캉

나는 건강에 자신이 있
습니다.

我对我的健康有信心。
wǒ duì wǒ de jiàn kāng yǒu xìn xīn
워 뚜에이 워 더 찌엔 캉 여우 씬 씬

안 좋아 보이는군요.

看上去不是很好。
kàn shàng qù bú shì hěn hǎo
칸 샹 취 뿌 쓰 헌 하오

좀 쉴래요?

要休息一下吗?
yào xiū xi yí xià ma
야오 씨여우 시 이 씨아 마

오늘은 몸이 좋지 않아요.

我今天不是很舒服。
wǒ jīn tiān bú shì hěn shū fú
워 찐 티엔 뿌 쓰 헌 슈 푸

건강이 예전 같지 않아요.

感觉身体不如以前了。
gǎn jué shēn tǐ bú rú yǐ qián le
간 줴 션 티 뿌 루 이 치엔 러

일찍 집에 가서 쉬어야
겠어요.

得早点回家休息了。
děi zǎo diǎn huí jiā xiū xi le
데이 자오 디엔 후에이 찌아 씨여우 시 러

푹 쉬고 나면 나을 거예요.

好好休息一下就好了。
hǎo hǎo xiū xī yí xià jiù hǎo le
하오 하오 씨여우 시 이 씨아 찌여우 하오 러

요즘 몸이 찌뿌듯해요.

最近感觉身体不舒服。
zuì jìn gǎn jué shēn tǐ bù shū fú
쭈에이 찐 간 줴 션 티 뿌 슈 푸

피곤해 보이는데 웬일인
가요?

你怎么看上去那么疲惫?
nǐ zěn me kàn shàng qù nà me pí bèi
니 전 머 칸 샹 취 나 머 피 뻬이

오늘 컨디션은 어때요?

今天感觉如何?
jīn tiān gǎn jué rú hé
찐 티엔 간 줴 루 허

---

5. 시간과 날짜에 대하여

* 시간 *

몇 시입니까?
几点了?
jǐ diǎn le
지 띠엔 러

5시 반입니다.
五点半。
wǔ diǎn bàn
우 띠엔 빤

2시 35분입니다.
两点三十五分。
liǎng diǎn sān shí wǔ fēn
리앙 띠엔 싼 스 우 펀

5시 15분 전이에요.
现在五点差一刻。
xiàn zài wǔ diǎn chà yī kè
씨엔 짜이 우 띠엔 챠 이 커

7시 15분이에요.
现在是七点一刻。
xiàn zài shì qī diǎn yī kè
씨엔 짜이 스 치 띠엔 이 커

9시 5분이에요.
九点零五分。
jiǔ diǎn líng wǔ fēn
지여우 띠엔 링 우 펀

9시 10분 전이에요.
九点差十分。
jiǔ diǎn chà shí fēn
지여우 띠엔 챠 스 펀

제 시계는 5분 빠릅니다.
我的表快5分钟。
wǒ de biǎo kuài 5 fēn zhōng
워 더 삐아오 쿠아이 우 펀 쭝

제 시계는 5분 느립니다.	我的表慢5分钟。 wǒ de biǎo màn 5 fēn zhōng 워 더 삐아오 만 우 펀 쭝
제 시계는 정확합니다.	我的手表很准确。 wǒ de shǒu biǎo hěn zhǔn què 워 더 셔우 삐아오 헌 준 췌
북경의 시간이 어떻게 되죠?	你知道现在北京的时间吗? nǐ zhī dào xiàn zài běi jīng de shí jiān ma 니 즈 따오 씨엔 짜이 뻬이 찡 더 스 찌엔 마
현지 시간은 몇 시죠?	你知道当地时间几点吗? nǐ zhī dào dāng dì shí jiān jǐ diǎn ma 니 즈 따오 땅 띠 스 찌엔 지 띠엔 마
한국과는 시차가 얼마나 나지요?	跟韩国时差多少? gēn hán guó shí chā duō shǎo 껀 한 꾸어 스 차 뚜어 샤오
7시간 빠릅니다.	比这儿快七个小时。 bǐ zhèr kuài qī ge xiǎo shí 비 쩔 쿠아이 치 거 씨아오 스
7시간 느립니다.	比这儿晚七个小时。 bǐ zhèr wǎn qī ge xiǎo shí 비 쩔 완 치 거 씨아오 스

＊ 날짜 ＊

오늘이 며칠이죠?	今天几号? jīn tiān jǐ hào 진 티엔 지 하오
오늘이 무슨 요일이죠?	今天星期几? jīn tiān xīng qī jǐ 진 티엔 씽 치 지

6. 날씨와 계절에 대하여

오늘 기온이 몇 도예요?	今天气温多少度? jīn tiān qì wēn duō shǎo dù 진 티엔 치 원 뚜어 샤오 뚜?
날이 흐리네요.	今天阴天。 jīn tiān yīn tiān 진 티엔 인 티엔
바람이 많이 불어요.	风刮得很厉害。 fēng guā de hěn lì hai 펑 꾸아 더 헌 리 하이
무척 더워요.	特别热。 tè bié rè 터 비에 러
밖은 조금 쌀쌀합니다.	外面有点凉。 wài miàn yǒu diǎn liáng 와이 미앤 여우 띠엔 리앙
함박눈이 와요.	下着鹅毛大雪呢。 xià zhe é máo dà xuě ne 씨아 저 어 마오 따 쉬에 너
봄이 왔어요.	春天来了。 chūn tiān lái le 춘 티엔 라이 러
날씨가 영 안 좋아요.	天气太不好了。 tiān qì tài bù hǎo le 티엔 치 타이 뿌 하오 러

서리가 내렸어요.	下霜了。 xià shuāng le 씨아 슈앙 러
우박이 내리고 있어요.	现在下冰雹。 xiàn zài xià bīng báo 씨앤 짜이 씨아 빙 빠오
안개가 꼈어요.	起雾了。 qǐ wù le 치 우 러
바람이 시원해요.	风很凉快。 fēng hěn liáng kuai 펑 헌 리앙 콰이
하늘이 개었어요.	天晴了。 tiān qíng le 티엔 칭 러
후덥지근하네요.	闷热啊。 mēn rè a 먼 러 아
습해요.	很潮湿。 hěn cháo shī 헌 차오 스
건조해요.	很干燥。 hěn gān zào 헌 깐 자오
오늘 건조주의보가 떴습니다.	今天发了干燥注意警报。 jīn tiān fā le gān zào zhù yì jǐng bào 진 티앤 파 러 깐 자오 쭈 이 징 빠오

햇살이 따갑네요.	太阳光很强。 tài yáng guāng hěn qiáng 타이 양 꾸앙 헌 챵
푹푹 찌네요.	特别闷热。 tè bié mēn rè 터 비에 먼 러
밖은 매우 추워요.	外面非常冷。 wài miàn fēi cháng lěng 와이 미엔 페이 챵 렁
하늘에 구름이 잔뜩 끼었어요.	天上乌云密布。 tiān shàng wū yún mì bù 티엔 샹 우 윈 미 뿌
태풍이 온대요.	听说要来台风。 tīng shuō yào lái tái fēng 팅 슈어 야오 라이 타이 펑
일기예보에서 그렇게 말했어요.	天气预报那么说的。 tiān qì yù bào nà me shuō de 티엔 치 위 빠오 나 머 슈어 더
이슬비가 내려요.	下毛毛雨了。 xià máo máo yǔ le 씨아 마오 마오 위 러
비가 그칠 거래요.	说雨要停了。 shuō yǔ yào tíng le 슈어 위 야오 팅 러
비가 억수같이 내려요.	下着倾盆大雨。 xià zhe qīng pén dà yǔ 씨아 저 칭 펀 따 위

홍수가 났습니다.	发生洪水。 fā shēng hóng shuǐ 파 성 훙 슈에이
어제 비 맞았어요.	昨天被雨淋了。 zuó tiān bèi yǔ lín le 쭈어 티엔 뻬이 위 린 러
우산 가지고 나가세요.	带着伞出门吧。 dài zhe sǎn chū mén ba 따이 저 싼 추 먼 바
지금은 우기라서 비가 자주 내려요.	现在是雨季, 经常下雨。 xiàn zài shì yǔ jì jīng cháng xià yǔ 씨앤 짜이 스 위 지 징 창 씨아 위
우산 있어요?	有雨伞吗? yǒu yǔ sǎn ma 여우 위 싼 마
눈이 조금 왔어요.	下了一点雪。 xià le yī diǎn xuě 씨아 러 이 띠엔 쉬에
오늘 날씨 어때요?	今天天气怎么样? jīn tiān tiān qì zěn me yàng 진 티엔 티엔 치 쩐 머 양
날씨가 참 좋아요!	天气不错! tiān qì bú cuò 티엔 치 부 추어
시원합니다./따뜻합니다.	凉快。 / 暖和。 liáng kuai / nuǎn huo 리앙 콰이 / 누안 후어

덥습니다. / 쌀쌀합니다. / 춥습니다. / 흐립니다.	很热。/ 寒冷。/ 很冷。/ 阴天。 hěn rè / hán lěng / hěn lěng / yīn tiān 헌 러/한 렁/헌 렁 / 인 티엔
비가 내립니다. / 날씨가 습합니다. / 무척 무덥습니다.	下雨。/ 天气潮湿。/ 热得要命。 xià yǔ / tiān qì cháo shī / rè de yào mìng 씨아 위/티엔 치 챠오 스 / 러 더 야오 밍
추워지고 있어요. /굉장히 춥습니다.	天气渐冷了 / 冷得要命。 tiān qì jiàn lěng le / lěng de yào mìng 티엔 치 찌엔 렁 러 / 렁 더 야오 밍
오늘은 바람이 세군요. / 흐리고 바람이 붑니다.	今天风很大。/ 阴天与多风。 jīn tiān fēng hěn dà / yīn tiān yǔ duō fēng 진 티엔 펑 헌 따 / 인 티엔 위 뚜어 펑
바람이 잔잔해지고 있어요.	风渐渐停下来。 fēng jiàn jiàn tíng xià lái 펑 찌엔 찌엔 팅 씨아 라이
날씨가 맑아오는군요.	天气晴朗了。 tiān qì qíng lǎng le 티엔 치 칭 랑 러
날씨가 많이 풀렸습니다.	天气暖和起来。 tiān qì nuǎn huo qǐ lái 티엔 치 누안 후어 치 라이
비가 올 것 같습니다.	好像要下雨了。 hǎo xiàng yào xià yǔ le 하오 씨앙 야오 씨아 위 러

오늘 일기예보는 어때요?	今天的天气预报怎么样?
	jīn tiān de tiān qì yù bào zěn me yàng
	진 티엔 더 티엔 치 위 빠오 쩐 머 양

장마가 끝났습니다.	多雨的季节已过去了。
	duō yǔ de jì jié yǐ guò qù le
	뚜어 위 더 찌 찌에 이 꾸어 취 러

mini 회화

A : 밖의 날씨는 어때요?

外面天气怎么样?

Wàimiàn tiānqìzěnmeyàng

와이몐 톈치 쩐머양

B : 오늘 날씨가 아주 좋은데요.

今天天气非常好。

Jīntiān tiānqì fēicháng hǎ

진톈 톈치 페이창 하오

A : 내일은 어떻대요?

说明天怎么样?

Shuō míngtiān zěnmeyàng

쉬 밍톈 쩐머양

B : 내일도 화창할 거래요.

说明天也是晴天。

Shuō míngtiān yě shì qíngtiān

쉬 밍톈 예 스 칭톈

✽ 계절 ✽

가장 좋아하는 계절은 언제인가요?	你最喜欢什么季节? nǐ zuì xǐ huan shén me jì jié 니 쭈에이 씨 후안 션 머 찌 찌에
여름이 한풀 꺾이고 있습니다.	夏天渐渐离去。 xià tiān jiàn jiàn lí qù 씨아 티엔 찌엔 찌엔 리 취
겨울이 가고 봄이 오고 있네요.	冬天已过, 春天已来。 dōng tiān yǐ guò chūn tiān yǐ lái 똥 티엔 이 꾸어 츈 티엔 이 라이
한국은 사계절이 뚜렷해요.	韩国四季分明。 hán guó sì jì fēn míng 한 꾸어 쓰 지 펀 밍
여름이 갔어요.	夏天过去了。 xià tiān guò qù le 씨아 티엔 꾸어 취 러
가을이네요.	秋天到了。 qiū tiān dào le 치여우 티엔 따오 러
요즘 미세먼지가 심해요.	最近雾霾很严重。 zuì jìn wù mái hěn yán zhòng 쭈에이 진 우 마이 헌 얜 쫑
마스크 꼭 착용하세요.	一定要戴上口罩。 yí dìng yào dài shàng kǒu zhào 이 딩 야오 따이 샹 커우 자오

왕초보 Total
중국어회화
사전

Part **Ⅲ**

부록

- 중국어의 문자와 발음
- 주제별 중단어
- 필수 속담
- 필수 성어
- 필수 관용어

1. 중국어 문자

중국어는 중국티베트어족(Tibetan languages)에 속하며, 단어의 길이가 일정하고 어미 변화가 없는 특징이 있다. 또한 발음을 알지 못해도 그 의미가 완벽하게 전달될 수 있도록 부호화된 대표적 문자로, 중국어를 몰라도 일정한 규칙에 따라 단어나 문장을 쓰면 그 누구와도 의사소통을 할 수 있는 장점인 존재하는 반면 글자 자체만 보고 발음을 알 수 없는 단점이 있다.

이런 중국어는 고대 이래로 주변의 여러 언어에 많은 영향력을 행사하여 오늘날까지 한국 한자음, 일본 한자음, 베트남 한자음 등이 존재한다.

중국어는 간체와 번체가 있어 우리나라의 한자와 조금 다르다. 지금은 대부분 간체가 통용되지만 예전에는 우리나라에서 쓰는 한자와 거의 비슷한 번체를 사용했기 때문에 우리의 한자만으로도 기본 의미는 통한다.

현재 중국에서 사용되는 간체는 번체를 간략하게 만든 한자로, 1934년 중국 교육부는 324자의 간체자를 제정하였다. 이어 1964년 문자개혁위원회·문화부·교육부의 연합으로 다시 간체자를 정리하여 총 2000여 자의 간체자가 생겨났다. 이와같은 과정을 통해 탄생한 현대 중국어는 우리의 한자와 의미가 유사하거나 같은 어원을 가진 글자가 많아 외국인에 비해 공부하기가 유리하다.

2. 중국어 발음

가. 중국어의 성조

중국어는 한문 한 글자가 하나의 음절(音節)로 읽혀진다. 그래서 중국어는 단음절어(單音節語)라고 말할 수 있다. 하나의 음절은 대부분 성조, 성모(聲母)와 운모(韻母)로 구성되어 있다. 음절에 시작한 음은 성모라고 부르고 , 그 나머지는 모두 운모이다. 또한 음절은 성모 없이 운모만 있어도 된다.

그 많은 글자 중에서 물론 같은 음절로 된 글자가 수없이 많을 것이다. 이를 구별하기 위해 성조가 필요한 것이다. 성조는 한 음절의 음고(音高)를 변화시킨다. 성조가 다르면 의미도 달라진다. 표준 중국어는 기본적으로 4개의 성조가 있다.

제1성 '⁻', 제2성 '´', 제3성 '˅', 제4성 '`' 4가지 부호로 표시한다. 그 외에 일정한 조건하에 나타나는 경성이 있다.

아래 표에서 각 성조의 발음의 높낮이를 표시한다.

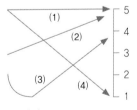

(1) 제 1성 ⁻ = 55
(2) 제 2성 ´ = 35
(3) 제 3성 ˅ = 214
(4) 제 4성 ` = 51

표 설명:

제 1성은 소리가 가장 높고 평평하다. (5에서 5로)

제 2성은 소리가 약간 아래에서 시작하여 위로 올라간다. (3에서 5로)

제 3성은 소리를 밑으로 누른 후 위로 올라간다. (2에서 1로 꺾긴 후 5로)

제 4성은 소리가 가작 높은 위치에서 뚝 떨어지듯이 아래로 내린다.(5에서 1로)

경성은 소리가 제 1성보다 짧고 가볍게 한다.

나. 성모와 운모

1) 성모는 한 음절의 첫머리에 오는 음이다. 한국어의 자음과 비슷하다.(총 21개가 있다.)

b 뻐	p 퍼	m 머	f 퍼
d 떠	t 터	n 너	l 러
g 꺼	k 커	h 허	
j 찌	q 치	x 씨	
zh 즐	ch 츨	sh 슬	r 르
z 쯔	c 츠	s 쓰	

* 'f' 발음할 때 두 입술은 닿지 않고 위 치아가 아래 입술에 살짝 닿으면서 한다.

2) 운모는 한 음절의 첫머리 음(성모)을 제외한 나머지 음이다. 한국어의 모음과 비슷하다.(36개의 기본음과 2개의 특수 음이 있다.)

a 아	o 오	e 어	er 얼	i 이	u 우	ü 위
ai 아이	ei 에이	ao 아오	ou 어우	an 안	en 언	
ang 앙	eng 엉	ong 옹	ia 이아	ie 이에	iao 야오	
iou(-iu) 여우	ian 이엔	in 인	iang 이앙	ing 잉	iong 융	
ua 와	uo 워	uai 와이	uei(-ui) 웨이	uan 우안	uen(-un) 우언	
uang 우앙	ueng 우엉	üe 위에	üan 위엔	ün 윈		
-i –으	-i –을					

＊ 괄호 안에 있는 음은 성모가 앞에 올 때의 표시이다. 예를 들어 '**uen**'의 앞에 성모 '**h**'가 오면 '**hun**'이 된다. '**-i**' 음은 앞에 있는 성모에 따라 '-으' 발음 날 수 있고 '-을' 발음도 날 수 있다.

다. 성조부호의 표기법

1) 4가지 성조부호는 각 음절에서 운모 위에다 표시한다.

운모 중 **a, o, e, i, u, ü**, 이 6개의 운모를 기준으로 순서대로 성조표기가 결정 된다. 예를 들어 **a**는 첫째로 생각하여 순서대로 **ü**는 여섯째가 되고. 성조를 표시할 때 한 음절에 첫째가 있는지 먼저 본다.

첫째 **a**가 있으면 무조건 **a**위에 표시하고 첫째 **a**가 없으면 둘째 **o**위에 표시한다. 둘째가 없으면 셋째를 찾고 셋째가 없으면 넷째를 찾고. 이러한 순서로 여섯째까지 찾는다. 한 음절에서 이 6개의 운모 중 2개가 나올 경우 앞서있는 운모를 찾는다. 예를 들어 **ai**, **ei**, **ia**, **ie**, **ao**, **üe**에 경우 모두 **a**나 **e**위에 성조를 표시한다. **ou**, **uo**의 경우 모두 **o**위에 성조를 표시한다.

이 6개의 운모 순서를 예외로 한 경우도 있는데 바로 **iu**, **ui**에 경우 뒤에 오는 운모가 음이 강하여 뒤에 오는 운모위에다 성조를 표시한다. 예를 들어 **lái**, **lèi**, **xiē**, **lǎo**, **lüè**, **hòu**, **luō**, **xiù**, **liú** 등과 같다.

라. 일부 운모의 변화

운모 중에 **i**, **u**, **ü**는 성모가 없는 음절에서 표시할 때 변화가 있다. 한 음절이 'i' 로 시작할 때 'i'를 'y'로 표시한다. 그러나 음절 **iu**, **in**, **ing**의 경우 음절 앞에 'y'를 덧붙여서 **yiu**, **yin**, **ying**으로 표시한다.

'u'로 시작할 때 'u'를 'w'로 표시한다. 예를 들어 **uei**, **uo**, **uen** 등 음절은 **wei**, **wo**, **wen**으로 표시한다. 그러나 'uei' 와 'uen' 음절에서 첫소리 성모가 있을 경우 중간에 있는 'e'가 생략 된다. 예를 들어 **cui**, **hun**과 같다. 음절 'ueng'는 성모와 결합할 때 'ong'로 표시한다.

'ü'로 시작할 때 'ü'를 'yu'로 표시한다. 예를 들어 **üe**, **ün**, **üan** 등 음절은 **yue**, **yun**, **yan**으로 표시한다. 그리고 'ü'는 성모 **j**, **q**, **x**와 결합할 때에는 위에 두 점 없이 표시한다.

3. 중국어 병음

중국어는 한문 글자 따로 발음 따로 있으며 한문 글자 각자 갖고 있는 발음(음절)은 병음이라고 한다. 한 음절은 성모와 운모 그리고 성조를 결합하거나 운모 단독으로 성조와 결합하여 만든다. 예를 들어 '老'라는 글자의 병음은 성모 'I'와 운모 'ao' 그리고 제 3성 성조 'ˇ'와 결합한 'lǎo'이다.

1) 제 3성과 제 3성이 붙을 때 앞에 있는 제 3성을 제 2성으로 읽는다. 예를 들어 nǐ hǎo가 ní hǎo 로 읽힌다.

2) 제 3성이 다른 성조 앞에 있을 경우 제 3성의 시작할 부분 즉 표에서 2에서 1로 내려가는 부분만 나타난다.

3) 제 3성이 경성으로 된 음절 앞에 있을 경우, 뒤에 있는 경성의 원래의 성조를 따라 변화한다. 예를 들어 xiǎng xiang라는 단어k xiáng xiang로 읽힌다.

4) 숫자 '一'을 원래 yī라는 발음에 성조가 제 1성이지만 다음에 경우에 '一'의 성조가 다른 성조로 변한다.

   ① '一'가 제 1성, 제 2성, 제 3성의 앞에 있을 경우 '一'을 제 4성으로 읽는다. 예를 들어 yī tiān을 yì tiān으로 읽는다.

   ② '一'가 제 4성의 앞에 있을 경우 '一'를 제 2성으로 읽는다. 예를 들어 yī yàng을 yí yàng으로 읽는다.

5) 중국어의 부정 부사 '不'의 성조변화.

   '不'의 원래성조는 제 4성이고, '不'은 제 1성, 제 2성, 제 3성

의 앞에 올 경우에는 변함이 없지만 제 4성의 앞에 올 때에만
제 2성으로 변한다. 예를 들어 **bù lái**는 그대로 **bù lái**로 읽
고, **bù qù**는 **bú qù**로 변한다.

다. 권설음

중국어 발음의 특징 중 하나가 권설음이다. 권설음은 혀끝을 윗
잇몸 또는 경구개 쪽으로 말아 올리면서 내는 소리이며 중국어에
서 '**er**'과 '**-r**' 음이 있다.

1) 권설음 '**er**'은 단독으로 음절을 구성할 수 있고, 성모와 결합
   하지 않는다. '**er**'중에 '**r**'은 혀를 말아서 발음하는 동작의
   표시이다.

2) '**-r**' 음은 단어에 붙일 경우가 많다. '**-r**'을 붙인 단어의 운모는
   '**-r**'화 운모라고 한다. 병음으로 표시할 때 단어의 음절 뒤에
   다 '**-r**'을 붙여서 표시하고, 문자로 표시할 때에는 단어 뒤에
   다 (儿)를 붙인다.

双亲	[shuāng qīn] 슈앙친	양친
祖先	[zǔ xiān] 주시엔	조상
子孙	[zǐ sūn] 즈쑨	자손
祖父母	[zǔ fù mǔ] 주푸무	조부모
兄弟姐妹	[xiōng dì jiě mèi] 숑디지에 메이	형제자매
亲戚	[qīn qī] 친치	친척
堂兄弟	[táng xiōng dì] 탕숑디	사촌
侄子	[zhí zǐ] 쯔즈	조카
侄女	[zhí nǚ] 즈뉘	조카딸
双胞胎	[shuāng bāo tāi] 슈앙바오타이	쌍둥이
独生子女	[dú shēng zǐ nǚ] 두셩즈뉘	외동아이
长子	[cháng zǐ] 장쯔	장자
公婆	[gōng pó] 꿍포	시부모
岳父母	[yuè fù mǔ] 위에푸무	장인장모

头	[tóu] 더우	머리
头发	[tóu fa] 더우파	머리카락
额	[é] 어	이마
眉毛	[méi máo] 메이마오	눈썹
眼睛	[yǎn jīng] 옌징	눈
瞳孔	[tóng kǒng] 퉁콩	눈동자
眼皮	[yǎn pí] 옌피	눈꺼풀
睫毛	[jié máo] 지에마오	속눈썹
颚	[è] 어	턱
下巴	[xià ba] 쌰바	아래턱

雀斑	[què bān] 취에반	주근깨
伤痕	[shāng hén] 샹헌	흉터
面颊	[miàn jiá] 미엔쟈	볼
痘痘	[dòu dòu] 떠우떠우	여드름
皱纹	[zhòu wén] 저우원	주름
瘊子	[hóu zǐ] 허우즈	점
太阳穴	[tai yáng xué] 타이양슈에	관자놀이
耳垂	[ěr chuí] 얼추에이	귓불
鼻子	[bí zi] 비즈	코
鼻孔	[bí kǒng] 비콩	콧구멍
嘴	[zuǐ] 쭈에이	입
嘴唇	[zuǐ chún] 쭈에이춘	입술
耳朵	[ěr duǒ] 얼두어	귀
舌头	[shé tou] 셔터우	혀
牙齿	[yá chǐ] 야츠	이
短连鬓胡子	[duǎn lián bìn hú zǐ] 두안리엔빈후즈	짧은 구렛나루
连鬓胡子	[lián bìn hú zǐ] 리엔빈후즈	구렛나루
胡须	[hú xū] 후쉬	(턱)수염
山羊胡子	[shān yáng hú zǐ] 샨양후즈	염소수염
胡子	[xiǎo hú zǐ] 샤오후즈	콧수염
酒窝	[jiǔ wō] 지여우워	보조개
双眼皮	[shuāng yǎn pí] 슈앙옌피	쌍꺼풀
单眼皮	[dān yǎn pí] 딴옌피	홑꺼풀
上眼睑	[shàng yǎn jiǎn] 샹옌지엔	윗눈꺼풀
下眼睑	[xià yǎn jiǎn] 샤옌지엔	아랫눈꺼풀
上唇	[shàng chún] 샹춘	윗입술
下唇	[xià chún] 샤춘	아랫입술
齿龈	[chǐ yín] 츠인	잇몸

秃头	[tū tóu] 투터우	대머리	大腿	[dà tuǐ] 따투에이	넓적다리
短发	[duǎn fa] 뚜안파	단발	小腿	[xiǎo tuǐ] 샤오투에이	종아리
卷发	[juàn fā] 쥐엔파	고수머리	腰	[yāo] 야오	허리
胸部	[xiōng bù] 씨옹뿌	가슴	骨盆	[gǔ pén] 구펀	골반
乳头	[rǔ tóu] 루터우	젖꼭지	脚后跟	[jiǎo hòu gēn] 쟈오허우껀	뒤꿈치
脖子	[bó zi] 보어즈	목	脚趾	[jiǎo zhǐ] 쟈오즈	발가락
肩膀	[jiān bǎng] 지엔방	어깨	皮肤	[pí fū] 피푸	피부
胳膊	[gē bó] 거보어	팔	白皙的皮肤	[bái xī de pí fū] 바이시더피푸	하얀 살결
手	[shǒu] 셔우	손			
拇指	[mǔ zhǐ] 무즈	엄지손가락	外皮	[wài pí] 와이피	표피
无名指	[wú míng zhǐ] 우밍즈	약지	臀部	[tún bù] 툰뿌	엉덩이
小指	[xiǎo zhǐ] 씨아오 오즈	새끼손가락	足	[zú] 쭈	발
手指	[shǒu zhǐ] 셔우즈	손가락	脚尖	[jiǎo jiān] 쟈오지엔	발끝
食指	[shí zhǐ] 스즈	집게손가락	脚指甲	[jiǎo zhǐ jiǎ] 쟈오즈쟈	발톱
中指	[zhōng zhǐ] 쭝즈	가운데손가락	大脚趾	[dà jiǎo zhǐ] 따쟈오즈	엄지발가락
指甲	[zhǐ jiǎ] 즈 지아	손톱, 발톱	小趾	[xiǎo zhǐ] 씨아오즈	새끼발가락
手掌	[shǒu zhǎng] 셔우장	손바닥	体重	[tǐ zhòng] 티쭝	몸무게
胸	[xiōng] 씨옹	가슴	个子	[gè zi] 거즈	키
腹部	[fù bù] 푸뿌	배	外耳	[wai ěr] 와이얼	외이
手腕	[shǒu wàn] 셔우완	손목	神经元	[shén jīng yuán] 션징위엔	신경단위, 뉴런
肚脐	[dù qí] 두치	배꼽	脑	[nǎo] 나오	뇌
腿	[tuǐ] 투에이	다리	嗓子	[sǎng zǐ] 상즈	목(구멍)
膝	[xī] 시	무릎	肋骨	[lèi gǔ] 레이구	늑골
脚脖子	[jiǎo bó zī] 지아오 보즈	발목	胃	[wèi] 웨이	위
脚	[jiǎo] 지아오	발	子宫	[zǐ gōng] 쯔꿍	자궁
拳头	[quán tóu] 취엔터우	주먹	骨头	[gǔ tóu] 구터우	뼈
肘	[zhǒu] 저우	팔꿈치	肌肉	[jī ròu] 지러우	근육
背	[bèi] 뻬이	등	关节	[guān jié] 꾸안지에	관절
臀部	[tún bù] 툰뿌	엉덩이	筋	[jīn] 진	힘줄

心脏	[xīn zàng] 신장	심장
肝肠	[gān zàng] 깐장	간장
肺	[fèi] 페이	폐
动脉	[dòng mài] 뚱마이	동맥
静脉	[jìng mài] 징마이	정맥
脊椎	[jǐ zhuī] 지쭈에이	척추
腰子	[yāo zi] 야오즈	신장
细胞	[xì bāo] 시빠오	세포
悬雍垂	[xuán yōng chuí] 쉬엔용추에이	목젖
胰脏	[yí zàng] 이짱	췌장
胆囊	[dǎn náng] 딴낭	쓸개
十二指肠	[shí èr zhǐ cháng] 스얼즈창	십이지장
膀胱	[bǎng guāng] 방꾸앙	방광
血管	[xuè guǎn] 쉬에꾸안	혈관
呼吸	[hū xī] 후시	숨
肠	[cháng] 창	장
大肠	[dà cháng] 따창	대장
肉	[ròu] 러우	살
血	[xuè] 쉬에	피
声音	[shēng yīn] 셩인	목소리
小肠	[xiǎo cháng] 씨아오창	소장
肠子	[cháng zǐ] 창즈	창자
盲肠	[máng cháng] 망창	맹장
真皮	[zhēn pí] 전피	진피
咽喉	[yān hóu] 옌허우	목구멍
内耳	[nèi ěr] 네이얼	내이
鼓膜	[gǔ mó] 구모어	고막
肠胃	[cháng wèi] 창웨이	소화기관

耳垢	[ěr gòu] 얼거우	귀지
眼泪	[yǎn lèi] 옌레이	눈물
鼻牛儿	[bí niúr] 비뉴얼	코딱지
头屑	[tóu xiè] 터우시에	비듬
屁	[pì] 피	방귀
小便	[xiǎo biàn] 샤오비엔	오줌
污物	[wū wù] 우우	오물
饱嗝儿	[bǎo gér] 바오걸	트림
口水	[kǒu shuǐ] 커우슈에이	침
打嗝	[dǎ gé] 다거	딸꾹질
打喷嚏	[dǎ pēn tì] 다펀티	재채기
鼻涕	[bí tì] 비티	콧물
呵欠	[hē qiàn] 허치엔	하품
汗水	[hàn shuǐ] 한슈에이	땀
泌尿系统	[mì niào xì tǒng] 미니아오씨퉁	분비기관
汗腺	[hàn xiàn] 한시엔	땀샘
冷汗	[lěng hàn] 렁한	식은땀
内分泌	[nèi fēn mì] 네이펀미	내분비
内出血	[nèi chū xuè] 네이추쉬에	내출혈
分泌器官	[fēn mì qì guān] 펀미치꾸안	분비선
分泌过剩	[fēn mì guò shèng] 펀미구어성	과잉분비
排泄	[pái xiè] 파이시에	배설
排泄物	[pái xiè wù] 파이시에우	배설물
粪	[fèn] 펀	똥
屑	[xiè] 시에	찌끼

甲状腺	[jiǎ zhuàng xiàn] 쟈좡시엔	갑상선
甲状腺素	[jiǎ zhuàng xiàn sù] 쟈좡시엔쑤	티록신
叹息	[tàn xī] 탄시	한숨
呼吸	[hū xī] 후시	숨, 호흡
咳嗽	[ké sòu] 커서우	기침

질병증상

过敏	[guò mǐn] 꾸어민	알레르기
流行性感冒	[liú xíng xìng gǎn mào] 리우싱싱간마오	독감
感冒	[gǎn mào] 간마오	감기
胃炎	[wèi yán] 웨이옌	위염
癌	[ái] 아이	암
肺癌	[fèi ái] 페이아이	폐암
高血压	[gāo xuè yā] 까오쉬에야	고혈압
流行病	[liú xíng bìng] 류싱삥	유행병
心脏病	[xīn zàng bìng] 신장삥	심장병
脑中风	[nǎo zhōng fēng] 나오종펑	뇌졸중
气喘病	[qì chuǎn bìng] 치추안삥	천식
糖尿病	[táng niào bìng] 탕냐오삥	당뇨병
肥胖	[féi pàng] 페이팡	비만
压力	[yā lì] 야리	스트레스
龋齿	[qǔ chǐ] 취츠	충치
腮腺炎	[sāi xiàn yán] 사이씨엔옌	볼거리
麻疹	[má zhěn] 마전	홍역
肺炎	[fèi yán] 페이옌	폐렴
水痘	[shuǐ dòu] 슈에이떠우	수두
肠炎	[cháng yán] 창옌	장염

关节炎	[guān jié yán] 꾸안지에옌	관절염
健忘症	[jiàn wàng zhèng] 지엔왕정	건망증
痴呆症	[chī dāi zhèng] 츠따이정	치매
肝炎	[gān yán] 깐옌	간염
脚气	[jiǎo qì] 쟈오치	무좀
大肠炎	[dà cháng yán] 따창옌	대장염
大肠杆菌	[dà cháng gǎn jūn] 따창깐쥔	대장균
传染病	[chuán rǎn bìng] 촨란삥	전염병
带菌者	[dài jūn zhě] 따이쥔저	보균자
遗传病	[yí chuán bìng] 이촨삥	유전병
顽症	[wán zhèng] 완정	고질병
酒鬼	[jiǔ guǐ] 지여우꾸에이	주정뱅이
发作	[fā zuò] 파쭈어	발작
发炎	[fā yán] 파옌	염증
结核	[jié hé] 지에허	결핵
肺病	[fèi bìng] 페이삥	폐병
孕吐	[yùn tǔ] 윈투	입덧
过劳	[guò láo] 꾸어라오	과로
溃疡	[kuì yáng] 쿠에이양	궤양
甲状腺炎	[jiǎ zhuàng xiàn yán] 쟈주앙시엔옌	갑상선염
大脖子病	[dà bó zǐ bìng] 따보쯔삥	갑상선종
头痛	[tóu tòng] 터우퉁	두통
牙痛	[yá tòng] 야퉁	치통
吐	[tù] 투	구토
拉肚子	[lā dù zǐ] 라두즈	설사
痛	[tòng] 퉁	아픔

烧伤	[shāo shāng] 샤오샹	화상
伤口	[shāng kǒu] 샹커우	상처
烧	[shāo] 샤오	열
咳嗽	[ké sòu] 커써우	기침
打喷嚏	[dǎ pēn tì] 다펀티	재채기
骨折	[gǔ zhé] 구저	골절
打嗝儿	[dǎ gér] 다거얼	딸꾹질
消化不良	[xiāo huà bù liáng] 샤오화부량	소화불량
伤痕	[shāng hén] 샹헌	타박상
营养不良	[yíng yǎng bù liáng] 잉양부량	영양실조
便秘	[biàn mì] 삐엔미	변비
呼吸	[hū xī] 후시	호흡
头晕	[tóu yūn] 터우윈	현기증
汗	[hàn] 한	땀
尿	[niào] 니아오	소변
寒气	[hán qì] 한치	오한
出血	[chū xuè] 추쉬에	출혈
水泡	[shuǐ pào] 쉐이파오	물집
偏头痛	[piān tóu tòng] 피엔토우퉁	편두통
晕倒	[yūn dǎo] 윈다오	기절
鼻涕	[bí tì] 비티	콧물
恶心	[ě xīn] 어신	메스꺼움
心脏病发作	[xīn zàng bìng fā zuò] 신장삥파쭈어	심장발작
斑疹	[bān zhěn] 반전	발진

약국

药	[yào] 야오	약
维他命	[wéi tā mìng] 웨이타밍	비타민
体温表	[tǐ wēn biǎo] 티원뱌오	체온계
石膏绷带	[shí gāo bēng dài] 스 까오 뻥 다이	석고붕대
绷带	[bēng dài] 뻥따이	붕대
缠绷带	[chán bēng dài] 찬뻥따이	붕대를 감다
三角绷带	[sān jiǎo bēng dài] 싼쟈오뻥따이	삼각건
内服药	[nèi fú yào] 네이푸야오	내복약
软膏	[ruǎn gāo] 루완까오	연고

병원

教学医院	[jiào xué yī yuàn] 쟈오쉬에이위엔	대학병원
隔离医院	[gé lí yī yuàn] 거리이위엔	격리병원
诊所	[zhěn suǒ] 전쒀어	개인병원
治疗	[zhì liáo] 즈랴오	치료
诊察	[zhěn chá] 전차	진찰하다
手术	[shǒu shù] 셔우 쑤	수술
注射	[zhù shè] 주셔	주사하다
病人	[bìng rén] 삥 런	환자
病房	[bìng fáng] 삥팡	병실
救护车	[jiù hù chē] 지여우 후 처	구급차
急诊室	[jí zhěn shì] 지 전 스	응급실
外科医生	[wài kē yī shēng] 와이커이 셩	외과의사

内科	[nèi kē] 네이커	내과	
内科医生	[nèi kē yī shēng] 네이커이셩	내과의사	
小儿科	[xiǎo ér kē] 샤오얼커	소아과	
小儿科医生	[xiǎo ér kē yī shēng] 샤오얼커이셩	소아과 의사	
皮肤科	[pí fū kē] 피푸커	피부과	
外科	[wài kē] 와이커	외과	
物理疗法	[wù lǐ liáo fǎ] 우리랴오파	물리요법	
处方	[chǔ fāng] 추팡	처방전	
牙医	[yá yī] 야이	치과의사	
整形外科	[zhěng xíng wài kē] 정싱와이커	성형외과	
眼科医生	[yǎn kē yī shēng] 옌커이셩	안과의사	
产科学	[chǎn kē xué] 찬커쉬에	산과학	
妇科	[fù kē] 푸커	부인과	
麻醉药	[má zuì yào] 마쭈이야오	마취제	
健康检查	[jiàn kāng jiǎn chá] 지엔캉지엔차	건강진단	
人工授精	[rén gōng shòu jīng] 런꿍셔우징	인공수정	
验血	[yàn xuè] 옌쉬에	혈액검사	
物理疗法	[wù lǐ liáo fǎ] 우리랴오파	물리치료	
血型	[xuè xíng] 쉬에싱	혈액형	
杀菌	[shā jūn] 샤쥔	살균	
分娩室	[fēn miǎn shì] 펀미엔스	분만실	
骨科	[gǔ kē] 구커	정형외과	
精神病人	[jīng shén bìng rén] 징션삥런	정신병환자	

精神病院	[jīng shén bìng yuàn] 징션삥위엔	정신병원	

용모

胖的人	[pàng de rén] 팡더런	뚱뚱한 사람	
极瘦的	[jí shòu de] 지셔우더	바싹 마른	
胖姑娘	[pàng gū niáng] 팡꾸냥	뚱뚱한 여인	
丰满	[fēng mǎn] 펑만	풍만한	
高大的	[gāo dà de] 까오따더	키큰	
矮的	[ǎi de] 아이더	키가 작은	
可爱的脸	[kě ài de liǎn] 커아이더롄	애교있는 얼굴	
可爱	[kě ài] 커아이	귀여운	
苍白	[cāng bái] 창바이	창백한 얼굴	
漂亮	[piào liang] 퍄오량	아름다운	
帅	[shuài] 슈아이	잘 생긴	
美貌	[měi mào] 메이마오	아름다운 얼굴	

직업

法官	[fǎ guān] 파꾸안	판사	
检察官	[jiǎn chá guān] 지엔챠관	검사	
律师	[lǜ shī] 뤼스	변호사	
教授	[jiào shòu] 쟈오셔우	교수	
老师	[lǎo shī] 라오스	선생님	
歌手	[gē shǒu] 꺼셔우	가수	
军人	[jūn rén] 쥔런	군인	
舞蹈家	[wǔ dǎo jiā] 우다오쟈	무용가	
兽医	[shòu yī] 셔우이	수의사	
医生	[yī shēng] 이셩	의사	

外科医生	[wài kē yī shēng] 와이커이성	외과의사	警官	[jǐng guān] 징꾸안	경찰
内科医生	[nèi kē yī shēng] 네이커이성	내과의사	飞行员	[fēi xíng yuán] 페이싱위엔	조종사
牙医	[yá yī] 야이	치과의사	实业家	[shí yè jiā] 스예쟈	실업가
护士	[hù shì] 후스	간호사	空中小姐	[kōng zhōng xiǎo jiě] 콩종샤오지에	스튜어디스
美容师	[měi róng shī] 메이롱스	미용사	乘务员	[chéng wù yuán] 청우위엔	승무원
理发师	[lǐ fà shī] 리파스	이발사	建筑家	[jiàn zhù jiā] 지엔주쟈	건축가
药师	[yào shī] 야오스	약사	画家	[huà jiā] 화쟈	화가
厨师	[chú shī] 추스	요리사	指挥	[zhǐ huī] 즈후에이	지휘자
面包师	[miàn bāo shī] 미엔빠오스	제빵사	音乐家	[yīn yuè jiā] 인위에쟈	음악가
出租车司机	[chū zū chē sī jī] 추주처스지	택시 운전사	电影导演	[diàn yǐng dǎo yǎn] 디엔잉다오엔	영화감독
作家	[zuò jiā] 쭈오쟈	작가	男演员	[nán yǎn yuán] 난옌위엔	남자배우
小说家	[xiǎo shuō jiā] 샤오슈어쟈	소설가	女演员	[nǚ yǎn yuán] 뉘옌위엔	여자배우
新闻记者	[xīn wén jì zhě] 신원지져	신문기자	神职人员	[shén zhí rén yuán] 션즈런위엔	성직자
农夫	[nóng fū] 눙푸	농부	会计师	[huì jì shī] 콰이지스	회계사
木匠	[mù jiang] 무쟝	목공수	口译员	[kǒu yì yuán] 코우이위엔	통역사
渔夫	[yú fū] 위푸	어부	作曲家	[zuò qǔ jiā] 쭈오취쟈	작곡가
主妇	[zhǔ fù] 주푸	주부	外交官	[wai jiāo guān] 와이쟈오관	외교관
物理学家	[wù lǐ xué jiā] 우리쉬에쟈	물리학자	喜剧演员	[xǐ jù yǎn yuán] 시쥐옌위엔	코미디언
科学家	[kē xué jiā] 커쉬에쟈	과학자	译者	[yì zhě] 이져	번역가
化学家	[huà xué jiā] 화쉬에쟈	화학자	广播员	[guǎng bō yuán] 꽝뿨어위엔	아나운서
总统	[zǒng tǒng] 중퉁	대통령	设计师	[shè jì shī] 셔지스	디자이너
宇航员	[yǔ háng yuán] 위항위엔	우주비행사	刑警	[xíng jǐng] 싱징	형사
清洁工	[qīng jié gōng] 칭지에꽁	청소원	工程师	[gōng chéng shī] 꽁청스	엔지니어
公务员	[gōng wù yuán] 꽁우위엔	공무원	银行家	[yín háng jiā] 인항쟈	은행가
消防员	[xiāo fáng yuán] 샤오팡위엔	소방관			

公司职员	[gōng sī zhí yuán] 꽁스즈위엔	회사원
前任下士	[qián rèn xià shì] 치엔런샤스	중대 선임하사
前任上士	[qián rèn shàng shì] 치엔런샹스	중대 상사
军士	[jūn shì] 쥔스	하사관
少校	[shǎo xiào] 샤오샤오	소령
中校	[zhōng xiào] 쭝샤오	중령
大校	[dà xiào] 따샤오	대령
少尉	[shǎo wèi] 샤오웨이	소위
中尉	[zhōng wèi] 쭝웨이	중위
值日主任	[zhí rì zhǔ rèn] 즈르쭈런	당직장교
大尉	[dà wèi] 따웨이	대위
政府高官	[zhèng fǔ gāo guān] 정푸까오꾸안	정부고관
公职	[gōng zhí] 꽁쯔	공직
艺人	[yì rén] 이런	예능인
工人	[gōng rén] 꽁런	노동자
运动员	[yùn dòng yuán] 윈똥위엔	운동선수
大师傅	[dà shī fù] 따스푸	요리사
作者	[zuò zhě] 쭈어저	작가
新闻工作者	[xīn wén gōng zuò zhě] 신원꽁쭈어저	저널리스트
编辑主笔	[biān jí zhǔ bǐ] 비엔지주비	에디터
画家	[huà jiā] 화지아	화가
雕刻家	[diāo kè jiā] 댜오커쟈	조각가
保姆	[bǎo mǔ] 바오무	보모
手足病医生	[shǒu zú bìng yī shēng] 셔우주삥이셩	손발치료 의사

自耕农	[zì gēng nóng] 즈껑눙	자작농
农场主	[nóng chǎng zhǔ] 눙창주	농장경영자
乳酪业	[rǔ lào yè] 루라오예	낙농업
中医	[zhōng yī] 쭝이중	의사
韩医	[hán yī] 한이	한의사

부서

审计处	[shěn jì chù] 션지추	감사부
会计处	[kuài jì chù] 콰이지추	경리부
计划处	[jì huá chù] 지화추	기획부
总务部	[zǒng wù bù] 쭝우뿌	총무부
人事部	[rén shì bù] 런스뿌	인사부
营业部	[yíng yè bù] 잉예뿌	영업부
秘书处	[mì shū chù] 미슈추	비서실

직위

执行总裁	[zhí xíng zǒng cái] 즈싱중차이	최고경영 책임자
董事长	[dǒng shì zhǎng] 동스장	회장
总经理	[zǒng jīng lǐ] 종징리	사장
副经理	[fù jīng lǐ] 푸징리	부사장
专务董事	[zhuān wù dǒng shì] 쭈안우똥쓰	전무이사
执行董事	[zhí xíng dǒng shì] 쯔싱똥쓰	상무이사
管理者	[guǎn lǐ zhě] 꾸안리쩌	관리자
主管	[zhǔ guǎn] 주꾸안	장, 관리자
部长	[bù zhǎng] 뿌장	부장
科长	[kē zhǎng] 커장	과장

代理	[dài lǐ] 따이리	대리	大衣	[dà yī] 따이	코트
助理	[zhù lǐ] 주리	조수	雨衣	[yǔ yī] 위이	비옷
秘书	[mì shū] 미슈	비서	制服	[zhì fú] 즈푸	제복
同事	[tóng shì] 퉁쓰	동료	便服	[biàn fú] 비엔푸	평상복
新人	[xīn rén] 신런	신입사원	女睡衣	[nǚ shuì yī] 뉘슈에이이	여성잠옷
上级	[shàng jí] 샹지	상사	高领毛衣	[gāo lǐng máo yī] 까오링마오이	터틀넥 스웨터
工作人员	[gōng zuò rén yuán] 꿍쭈어런위엔	직원	牛仔裤	[niú zǎi kù] 뉴자이쿠	청바지
下属	[xià shǔ] 샤슈	부하	内衣	[nèi yī] 네이이	속옷
工作狂	[gōng zuò kuáng] 꿍쭈어쾅	일벌레	羊毛衫	[yáng máo shān] 양마오샨	가디건
职员	[zhí yuán] 즈위엔	사원	背带裤	[bèi dài kù] 베이따이쿠	멜빵바지
总管	[zǒng guǎn] 종관	사무장	运动服	[yùn dòng fú] 윈뚱푸	운동복
			慢跑运动衣	[màn pǎo yùn dòng yī] 만파오윈뚱이	복장
의복					
正装	[zhèng zhuāng] 정쫭	정장	游泳衣	[yóu yǒng yī] 여우용이	수영복
衬衫	[chèn shān] 천샨	와이셔츠	T恤	[T xù] 티쉬	티셔츠
背心	[bèi xīn] 베이신	조끼	迷你裙	[mí nǐ qún] 미니췬	미니스커트
马球衫	[mǎ qiú shān] 마츄샨	폴로셔츠	长裙	[cháng qún] 창췬	긴 치마
裤子	[kù zǐ] 쿠즈	바지	外套	[wài tào] 와이타오	외투
上装	[shàng zhuāng] 샹쫭	웃옷	穿着	[chuān zhuó] 촨주오	복장
女士衬衫	[nǚ shì chèn shān] 뉘스천샨	블라우스	服装	[fú zhuāng] 푸쫭	복장
衣服	[yī fú] 이푸	의복	羽绒服	[yǔ róng fú] 위롱푸	다운재킷
毛衣	[máo yī] 마오이	스웨터	胸罩	[xiōng zhào] 숑쟈오	브래지어
夹克	[jiā kè] 지아커	잠바	休闲上衣	[xiū xián shàng yī] 슈시엔샹이	블레이저
无尾夜礼服	[wú wěi yè lǐ fú] 우웨이예리푸	턱시도	紧身内衣	[jǐn shēn nèi yī] 진션네이이	거들
短裤	[duǎn kù] 두안쿠	반바지	高尔夫球裤	[gāo ěr fū qiú kù] 까오얼푸츄쿠	골프바지
裙子	[qún zi] 췬즈	치마	衬裙	[chèn qún] 천췬	슬립
连衣裙	[lián yī qún] 리엔이췬	원피스			

家常服	[jiā cháng fú] 쟈창푸	실내복	金色的	[jīn sè de] 찐써더	금빛의
裤脚带	[kù jiǎo dài] 쿠쟈오따이	양말대님	冷色	[lěng sè] 렁써	차분한 색
			亮色	[liàng sè] 량써	밝은 색

색상

红色	[hóng sè] 훙써	빨강(색의)
黄色	[huáng sè] 황써	노랑(색의)
蓝色	[lán sè] 란써	파랑(색의)
橘黄色	[jú huáng sè] 쥐황써	오렌지색(의)
绿色	[lǜ sè] 뤼써	녹색(의)
紫色	[zǐ sè] 쯔써	자주빛(의)
粉红色	[fěn hóng sè] 펀훙써	연분홍(의)
绯紫	[fēi zǐ] 페이쯔	보랏빛(의)
碧色	[bì sè] 비써	청록색(의)
黑色	[hēi sè] 헤이써	검은색(의)
白色	[bái sè] 바이써	흰색(의)
灰色	[huī sè] 후에이써	회색(의)
米色	[mǐ sè] 미써	크림색(의)
茶褐色	[chá hè sè] 차허써	다갈색(의)
米黄色	[mǐ huáng sè] 미황써	베이지색(의)
金黄色	[jīn huáng sè] 찐황써	황금색
银色	[yín sè] 인써	은색
天蓝色	[tiān lán sè] 티엔란써	하늘색
深蓝	[shēn lán] 션란	짙은 청색
深绿	[shēn lǜ] 션뤼	진초록
淡绿	[dàn lǜ] 딴뤼	연두색
牙色	[yá sè] 야써	상아빛
桃红色	[táo hóng sè] 타오훙써	복숭아빛
深红色	[shēn hóng sè] 션훙써	심홍색
朱红色	[zhū hóng sè] 주훙써	주홍

패션용품

手帕	[shǒu pà] 셔우파	손수건
长筒袜	[cháng tǒng wà] 창퉁와	스타킹
袜子	[wà zī] 와즈	양말
太阳镜	[tai yáng jìng] 타이양징	색안경
围巾	[wéi jīn] 웨이진	목도리
耳环	[ěr huán] 얼환	귀걸이
镯子	[zhuó zī] 주오즈	팔찌
戒指	[jiè zhǐ] 지에즈	반지
饰针	[shì zhēn] 스전	브로치
项链	[xiàng liàn] 샹리엔	목걸이
手表	[shǒu biǎo] 셔우비아오	손목시계
披巾	[pī jīn] 피진	숄
腰带	[yāo dài] 야오따이	벨트
发夹	[fà jiā] 파지아	머리핀
领带	[lǐng dài] 링따이	넥타이
领带夹	[lǐng dài jiā] 링따이쟈	넥타이핀
手套	[shǒu tào] 셔우타오	장갑
钱包	[qián bāo] 치엔빠오	지갑
蝴蝶扣儿	[hú dié kòur] 후디에커얼	나비넥타이
单指手套	[dān zhǐ shǒu tào] 단즈셔우타오	벙어리장갑
眼镜	[yǎn jìng] 옌징	안경
望远镜	[wàng yuǎn jìng] 완위엔징	쌍안경
双焦点眼镜	[shuāng jiāo diǎn yǎn jìng]	이중초점

	슈앙쟈오디엔옌징	안경	楼梯	[lóu tī] 러우티	계단
护目镜	[hù mù jìng] 후무징	보(호)안경	盘梯	[pán tī] 판티	나선식 계단
花镜	[huā jìng] 화징	돋보기안경	旋转楼梯	[xuán zhuǎn lóu tī] 쉬엔주안러우티	회전식 계단
隐形眼镜	[yǐn xíng yǎn jìng] 인싱옌징	콘택트렌즈	地窖	[dì jiào] 띠쟈오	지하실
手提包	[shǒu tí bāo] 셔우티바오	핸드백	车库	[chē kù] 처쿠	차고
连裤袜	[lián kù wà] 리엔쿠와	팬티스타킹	柱子	[zhù zǐ] 주즈	기둥
围巾	[wéi jīn] 웨이진	목도리	天花板	[tiān huā bǎn] 티엔화반	천장
首饰	[shǒu shì] 셔우스	머리장식	地板	[dì bǎn] 띠반	마루
棉猴儿帽	[mián hóur mào] 미엔허우얼마오	보닛	门铃	[mén líng] 먼링	초인종
镊子	[niè zǐ] 니에즈	족집게	炉灶	[lú zào] 루자오	난로
丝带	[sī dài] 쓰따이	리본	烟雾探测器	[yān wù tàn cè qì] 옌우탄처치	연기탐지기
护耳	[hù ěr] 후얼	귀마개	楼下	[lóu xià] 러우샤	아래층
腰带	[yāo dài] 야오따이	허리띠	楼上	[lóu shàng] 러우샹	위층
			烟囱	[yān cōng] 옌총	굴뚝
집			阳台	[yáng tái] 양타이	발코니
门洞	[mén dòng] 먼뚱	현관	门牌	[mén pái] 먼파이	문패
窗户	[chuāng hù] 촹후	창문	门	[mén] 먼	문
屋顶	[wū dǐng] 우딩	지붕	仓库	[cāng kù] 창쿠	창고
阁楼	[gé lóu] 거러우	다락	住地	[zhù dì] 주디	거주지
院子	[yuàn zǐ] 위엔즈	안마당	公寓	[gōng yù] 꿍위	분양아파트
庭院	[tíng yuàn] 팅위엔	정원	公寓大楼	[gōng yù dà lóu] 꿍위따러우	아파트단지
草坪	[cǎo píng] 차오핑	잔디밭	住宅区	[zhù zhái qū] 주자이취	주택단지
篱笆	[lí bā] 리바	울타리	单元房	[dān yuán fáng] 단위엔팡	공동주택
围墙	[wéi qiáng] 웨이챵	담	单门独户	[dān mén dú hù] 단먼두후	단독주택
砖头	[zhuān tóu] 쭈안터우	벽돌	豪华宅第	[háo huá zhái dì] 하오화자이디	대저택
玻璃门	[bō lí mén] 뽀리먼	유리문			
邮箱	[yóu xiāng] 여우샹	우체통			

独居	[dú jū] 두쥐	원룸	墙	[qiáng] 치앙	벽
低层小区 住宅	[dī céng xiǎo qū zhù zhái] 디청샤오취주자이	연립주택	窗户	[chuāng hù] 촹후	창(문)
木屋	[mù wū] 무우	목조가옥	窗帘(儿)	[chuāng lián(ér)] 촹리엔	커튼
			垃圾桶	[lā jī tǒng] 라지통	쓰레기통

방

			抽屉	[chōu tì] 처우티	서랍
床	[chuáng] 촹	침대	衣箱	[yī xiāng] 이샹	장롱
单人床	[dān rén chuáng] 딴런촹	1인용 침대	簸箕	[bó jī] 뽀어지	쓰레받기
双人床	[shuāng rén chuáng] 슈앙런촹	2인용 침대			

거실

双层床	[shuāng céng chuáng] 슈앙청촹	2층 침대	客厅	[kè tīng] 커팅	거실
灯	[dēng] 떵	조명등	门铃	[mén líng] 먼링	초인종
台灯	[tái dēng] 타이떵	전기스탠드	走廊	[zǒu láng] 저우랑	복도
灯罩(儿)	[dēng zhào(ér)] 떵쟈오(얼)	전등갓	阶梯	[jiē tī] 지에티	계단
床头柜	[chuáng tóu guì] 촹터우꾸에이	침대 옆 탁자	阁楼	[gé lóu] 거러우	다락방
闹钟	[nào zhōng] 나오종	자명종	壁炉	[bì lú] 삐루	벽난로
床垫	[chuáng diàn] 촹디엔	매트리스	书房	[shū fáng] 슈팡	서재
衣柜	[yī guì] 이꾸에이	옷장	壁纸	[bì zhǐ] 삐즈	벽지
五斗橱	[wǔ dòu chú] 우떠우추	장롱	玻璃门	[bō lí mén] 뽀리먼	유리문
衣橱	[yī chú] 이추	옷장	画框(儿)	[huà kuàng(ér)] 화쾅	액자
椅子	[yǐ zi] 이즈	의자	壁橱	[bì chú] 삐추	붙박이장
安乐椅	[ān lè yǐ] 안러이	안락의자	厕所	[cè suǒ] 처쑤어	화장실
桌子	[zhuō zi] 주오즈	테이블	镜子	[jìng zǐ] 징즈	거울
书架	[shū jià] 슈쟈	책장	靠垫	[kào diàn] 카오디엔	쿠션
沙发	[shā fā] 샤파	소파	电视	[diàn shì] 디엔스	TV
摇篮	[yáo lán] 야오란	요람	电话	[diàn huà] 디엔화	전화
衣架	[yī jià] 이쟈	옷걸이	录像	[lù xiàng] 루샹	비디오
			吸尘器	[xī chén qì] 시천치	진공청소기
			插口	[chā kǒu] 차커우	(전기)콘센트
			加湿器	[jiā shī qì wi] 스치	가습기

起居室地板	[qǐ jū shì dì bǎn] 치쥐스 디반	거실마루	洗碗机	[xǐ wǎn jī] 시완지	식기세척기
遥控器	[yáo kòng qì] 야오쿵치	리모콘	饭锅	[fàn guō] 판구어	밥솥
收音机	[shōu yīn jī] 셔우인지	라디오	刀	[dāo] 따오	칼
空调	[kōng tiáo] 쿵티아오	에어콘	煎锅	[jiān guō] 지엔구어	프라이팬
天花板	[tiān huā bǎn] 티엔화반	천장	壶	[hú] 후	주전자
枝形挂灯	[zhī xíng guà dēng] 즈싱 꽈떵	샹들리에	碗	[wǎn] 완	사발
火炉(儿)	[huǒ lú(ér)] 훠루(얼)	난로	盘子	[pán zǐ] 판즈	큰접시
地毯	[dì tǎn] 디탄	카펫	碟子	[dié zǐ] 디에즈	작은 접시
			茶托	[chá tuō] 차투어	받침접시
부엌			烤面包器	[kǎo miàn bāo qì] 카오미엔빠오치	토스터(기)
托盘	[tuō pán] 투어판	쟁반	饭勺子	[fàn sháo zǐ] 판샤오즈	주걱
围裙	[wéi qún] 웨이췬	앞치마	搅拌器	[jiǎo bàn qì] 쟈오빤치	믹서기
餐叉	[cān chā] 찬차	포크	勺子	[sháo zǐ] 샤오즈	국자
餐匙	[cān chi] 찬츠	숟가락	盖子	[gài zǐ] 까이즈	뚜껑
桌布	[zhuō bù] 주오뿌	식탁보	筷子	[kuài zǐ] 콰이즈	젓가락
餐厅	[cān tīng] 찬팅	식당	秤	[chèng] 청	저울
案板	[àn bǎn] 안빤	도마	橱柜	[chú guì] 추꾸에이	찬장
微波炉	[wēi bō lú] 웨이보루	전자레인지	抹布	[mā bù] 마뿌	행주
炉灶	[lú zào] 루짜오	요리용 레인지	罐子	[guàn zǐ] 꽌즈	단지
烤箱	[kǎo xiāng] 카오시앙	오븐	膳具	[shàn jù] 샨쮜	부엌세간
冰箱	[bīng xiāng] 삥시앙	냉장고	排水管	[pái shuǐ guǎn] 파이슈에꽌	배수, 배수관
冷藏室	[lěng cáng shì] 렁찬스	냉동고	污水沟	[wū shuǐ gōu] 우쉐이꺼우	하수구
垃圾	[lā jī] 라지	쓰레기	洗涤液	[xǐ dí yè] 시디예	주방세제
垃圾桶	[lā jī tǒng] 라지통	쓰레기통	香皂	[xiāng zào] 샹짜오	세수비누
餐盒	[cān hé] 찬허	도시락통	肥皂	[féi zào] 페이짜오	비누
锅	[guō] 궈	냄비	硬皂	[yìng zào] 잉짜오	소다비누
煮咖啡器	[zhǔ kā fēi qì] 주카페이치	커피메이커	软皂	[ruǎn zào] 루안짜오	칼리비누

硬水	[yìng shuǐ] 잉슈에이	경수(센물)
软水	[ruǎn shuǐ] 루안슈에이	연수(단물)
冷水	[lěng shuǐ] 렁슈에이	냉수
开水	[kāi shuǐ] 카이슈에이	끓는 물
苏打水	[sū dǎ shuǐ] 쑤다슈에이	소다수
橱柜	[chú guì] 추꾸이	진열용선반
陶器	[táo qì] 타오치	토기
餐具	[cān jù] 찬쮜	식탁용식기류
银餐具	[yín cān jù] 인찬쮜	은식기
排气器	[pái qì qì] 파이치치	배기장치
排风扇	[pái fēng shàn] 파이펑샨	환기팬
排气	[pái qì] 파이치	배기가스
碗刷子	[wǎn shuā zi] 완슈아즈	솔, 수세미
打蛋器	[dǎ dàn qì] 다딴치	달걀거품기
开瓶器	[kāi píng qì] 카이핑치	병따개
烟雾报警器	[yān wù bào jǐng qì] 옌우바오징치	연기탐지기
火警警报器	[huǒ jǐng jǐng bào qì] 징징바오치	화재경보기
玻璃瓶	[bō lí píng] 뽀리핑	유리병
垃圾堆	[lā jī duī] 라지뚜이	쓰레기더미

식당

预订	[yù dìng] 위띵	예약
推荐菜	[tuī jiàn cài] 투에이지엔차이	(요리를) 추천하다
豪华餐厅	[háo huá cān tīng] 하오화찬팅	호화음식점

街头咖啡馆	[jiē tóu kā fēi guǎn] 지에토우카페이관	노상카페
小吃店	[xiǎo chī diàn] 샤오츠디엔	간이식당
快餐店	[kuài cān diàn] 콰이찬디엔	패스트 푸드점
自助餐馆	[zì zhù cān guǎn] 쯔주찬관	뷔페
茶馆	[chá guǎn] 차관	다방
女服务员	[nǚ fú wù yuán] 뉘푸우위엔	웨이트리스
男服务员	[nán fú wù yuán] 난푸우위엔	웨이터
菜单	[cài dān] 차이딴	메뉴
点菜	[diǎn cài] 디엔차이	주문
续订	[xù dìng] 쉬딩	추가주문
小酒馆	[xiǎo jiǔ guǎn] 샤오지우관	선술집
酒吧	[jiǔ bā] 지우빠	바, 술집
开胃菜	[kāi wèi cài] 카이웨이차이	전채
汤类	[tāng lèi] 탕레이	스프
沙拉	[shā lā] 샤라	샐러드
意大利面	[yì dà lì miàn] 이다리미엔	파스타
肉汤	[ròu tāng] 로우탕	고기국물
素食者	[sù shí zhě] 수스저	채식주의자
牛排	[niú pái] 니우파이	비프스테이크
辣根酱	[là gēn jiàng] 라껀쟝	고추냉이소스
营养	[yíng yǎng] 잉양	영양
半熟的	[bàn shú de] 빤슈더	레어
中等熟度的	[zhōng děng shú dù de] 쭝덩슈두더	미디엄
熟透的	[shú tòu de] 슈토우더	웰던
味道	[wèi dào] 웨이다오	맛
美味	[měi wèi] 메이웨이	맛있는

酸	[suān] 쑤안	신	午餐	[wǔ cān] 우찬	오찬
香喷喷	[xiāng pēn pēn] 샹펀펀	향긋한	一品料理	[yī pǐn liào lǐ] 이핀랴오리	일품요리
咸	[xián] 시엔	짠	菜	[cài] 차이	요리
苦	[kǔ] 쿠	쓴	冷菜	[lěng cài] 렁차이	차게 한 요리
口感细腻	[kǒu gǎn xì nì] 코우간시니	부드러운 맛	美味佳肴	[měi wèi jiā yáo] 메이웨이쟈야오	맛있는 요리
咖喱饭	[ga lí fàn] 까리판	카레라이스	爱吃的菜	[ài chī de cài] 아이츠더차이	좋아하는 요리
大菜	[dà cài] 따차이	주요요리			
支付	[zhī fù] 즈푸	지불	一道肉菜	[yí dào ròu cài] 이다오로우차이	고기요리한 접시
账单	[zhàng dān] 장딴	계산서			
小费	[xiǎo fèi] 샤오페이	팁, 사례	经常吃的菜	[jīng cháng chī de cài] 징창츠더차이	늘 먹는 요리
再填	[zài tián] 짜이티엔	리필			
甜品	[tián pǐn] 티엔핀	후식, 디저트	菜肴	[cài yáo] 차이야오	반찬
美食法	[měi shí fǎ] 메이스파	미식법	粥	[zhōu] 저우	죽
厨师	[chú shī] 추스	요리사	一份	[yí fèn] 이펀	일인분술집
厨师长	[chú shī cháng] 추스장	주방장	红葡萄酒	[hóng pú táo jiǔ] 홍푸타오지우	적포도주
师傅	[shī fù] 스푸	요리사			
烹饪法	[pēng rèn fǎ] 펑런파	조리법	雪利酒	[xuě lì jiǔ] 슈에리지우	셰리주
大肚子	[dà dù zi] 따두즈	대식가	烈酒	[liè jiǔ] 리에지우	독한 증류주
			白兰地	[bái lán dì] 바이란디	브랜디
요리			祝酒	[zhù jiǔ] 주지여우	건배
食谱	[shí pǔ] 스푸	식단	调酒师	[diào jiǔ shī] 탸오지우스	바텐더
便餐	[biàn cān] 비엔찬	가벼운 식사	兰姆酒	[lán mǔ jiǔ] 란무지우	럼주
饱餐	[bǎo cān] 바오찬	충분한 식사	伏特加酒	[fú tè jiā jiǔ] 푸터쟈지우	보드카
一日三餐	[yí rì sān cān] 이르싼찬	하루 세끼 식사	葡萄酒	[pú táo jiǔ] 푸타오지우	포도주
鱼肉餐	[yú ròu cān] 위러우찬	생선요리	白葡萄酒	[bái pú táo jiǔ] 바이푸타오지우	백포도주
肉类菜肴	[ròu lèi cài yáo] 러우레이차이야오	고기요리			
			啤酒	[pí jiǔ] 피지우	맥주
晚餐	[wǎn cān] 완찬	정찬	扎啤	[zhā pí] 짜피	생맥주

苏打	[sū dǎ] 수다	소다수
鸡尾酒	[jī wěi jiǔ] 지웨이지우	칵테일
水壶	[shuǐ hú] 쉐이후물	주전자
玻璃瓶	[bō lí píng] 뿌어리핑	유리병
常客	[cháng kè] 창커	단골손님
一行	[yì xíng] 이싱	일행
椒盐脆饼	[jiāo yán cuì bǐng] 쟈오옌추이빙	프렛즐
牙签	[yá qiān] 야치엔	이쑤시개
酒徒	[jiǔ tú] 지여우투	술꾼
宿醉	[sù zuì] 수쭈에이	숙취
碳酸琴酒	[tàn suān qín jiǔ] 탄수안친지여우	진토닉
香槟酒	[xiāng bīn jiǔ] 샹빈지우	샴페인
黑啤酒	[hēi pí jiǔ] 헤이피지우	흑맥주
酒类	[jiǔ lèi] 지우레이	주류
酒品店	[jiǔ pǐn diàn] 지우핀디엔	주류판매점
蒸馏酒	[zhēng liú jiǔ] 정리우지우	증류주
清凉饮料	[qīng liáng yǐn liào] 칭량인랴오	청량음료
酒缸	[jiǔ gāng] 지우깡	술고래
酒鬼	[jiǔ guǐ] 지우꾸이	대주객
葡萄酒瓶	[pú táo jiǔ píng] 푸타오지우핑	포도주병
葡萄酒杯	[pú táo jiǔ bēi] 푸타오지우뻬이	포도주잔
酒杯	[jiǔ bēi] 지우뻬이	술잔
酒屋	[jiǔ wū] 지우우	술집
饮料	[yǐn liào] 인랴오	음료수

宴会	[yàn huì] 옌후이	연회
酒友	[jiǔ yǒu] 지우요우	술친구
酒席	[jiǔ xí] 지우시	주연
蒸馏	[zhēng liú] 정리우	증류

面粉	[miàn fěn] 미엔펀	밀가루
甜饼干	[tián bǐng gān] 티엔빙깐	쿠키
饼干	[bǐng gān] 빙깐	비스킷
大米	[dà mǐ] 따미	쌀
炸面饼圈	[zhà miàn bǐng quān] 쟈미엔빙취엔	도넛
面包	[miàn bāo] 미엔빠오	빵
坚果	[jiān guǒ] 지엔궈	견과
稻子	[dào zǐ] 따오즈	벼
稻田	[dào tián] 따오티엔	논
糙米	[cāo mǐ] 차오미	현미
大麦	[dà mài] 따마이	보리
小麦	[xiǎo mài] 샤오마이	밀
燕麦	[yàn mài] 옌마이	귀리
黑麦	[hēi mài] 헤이마이	호밀
玉米	[yù mǐ] 위미	옥수수
杏仁	[xìng rén] 싱런	아몬드
栗子	[lì zǐ] 리즈	밤
核桃	[hé tao] 허타오	호두
花生	[huā shēng] 화성	땅콩
大豆	[dà dòu] 따떠우	대두
红豆	[hóng dòu] 홍떠우	팥
刀豆	[dāo dòu] 따오떠우	작두콩

绿豆	[lǜ dòu] 뤼떠우	녹두
扁豆	[biǎn dòu] 비엔떠우	강낭콩
豌豆	[wān dòu] 완떠우	완두콩
小米	[xiǎo mǐ] 샤오미	조
高粱	[gāo liáng] 까오량	수수
乳制品	[rǔ zhì pǐn] 루즈핀	유제품
牛奶	[niú nǎi] 니여우나이	우유

芝麻	[zhī má] 즈마	참깨
香料	[xiāng liào] 샹랴오	양념
醋	[cù] 추	식초
酱油	[jiàng yóu] 쟝여우	간장
面条	[miàn tiáo] 미엔탸오	국수
黄酱	[huáng jiàng] 황쟝	된장

양념류

奶油	[nǎi yóu] 나이여우	크림
奶酪	[nǎi lào] 나이라오	치즈
黄油	[huáng yóu] 황여우	버터
蛋黄酱	[dàn huáng jiàng] 딴황쟝	마요네즈
沙拉酱	[shā lā jiàng] 샤라쟝	드레싱
人造黄油	[rén zào huáng yóu] 런짜오황여우	마가린
番茄酱	[fān qié jiàng] 판치에쟝	토마토 케첩
调料	[tiáo liào] 탸오랴오	조미료
糖	[táng] 탕	설탕
方块糖	[fāng kuài táng] 팡콰이탕	각설탕
辣椒	[là jiāo] 라쟈오	빨간 고추
辣椒丝	[là jiāo sī] 라쟈오쓰	실고추
原料	[yuán liào] 위엔랴오	재료
盐	[yán] 옌	소금
胡椒	[hú jiāo] 후쟈오	후추
辣椒粉	[là jiāo fěn] 라쟈오펀	고추가루
辣酱	[là jiàng] 라쟝	고추장
调味汁	[tiáo wèi zhī] 탸오웨이즈	소스
豆油	[dòu yóu] 떠우여우	콩기름

일용품

钥匙链	[yào shi liàn] 야오스리엔	열쇠고리
钥匙	[yào shi] 야오스	열쇠
剪刀	[jiǎn dāo] 지엔따오	가위
针	[zhēn] 전	바늘
线(儿)	[xiàn(ér)] 시엔(얼)	실
水桶	[shuǐ tǒng] 쉐이통	양동이
抹布	[mò bù] 모어뿌	걸레
照相机	[zhào xiāng jī] 자오시앙지	카메라
袋	[dài] 따이	자루, 가방
手提箱	[shǒu tí xiāng] 소우티시앙	여행가방
扇子	[shàn zī] 샨즈	부채
电扇	[diàn shàn] 디엔샨	선풍기
梳子	[shū zi] 슈즈	빗
指甲刀	[zhǐ jiǎ dāo] 즈쟈따오	손톱깎이
烟草	[yān cǎo] 옌차오	담배
烟灰碟	[yān huī dié] 옌후이디에	재떨이
雨伞	[yǔ sǎn] 위싼	우산
阳伞	[yáng sǎn] 양싼	양산
礼帽	[lǐ mào] 리마오	테모자
帽子	[mào zi] 마오즈	모자
梯子	[tī zi] 티즈	사다리

器皿	[qì mǐn] 치민	부엌 세간
壁橱	[bì chú] 삐추	벽장
扫帚	[sǎo zhǒu] 사오저우	비(빗자루)
火柴	[huǒ chái] 후어차이	성냥
打火机	[dǎ huǒ jī] 후어훠지	라이터
铁锤	[tiě chuí] 티에추이	망치
螺丝钉	[luó sī dīng] 루오쓰딩	나사, 나사못
木螺钉	[mù luó dīng] 무루오딩	나무나사
蜡烛	[là zhú] 라주	(양)초
手电	[shǒu diàn] 소우디엔	손전등
电池	[diàn chí] 디엔츠	전지
回收利用	[huí shōu lì yòng] 후이쇼우리용	재활용
缝纫线	[féng rèn xiàn] 펑런시엔	바느질실
缝纫机	[féng rèn jī] 펑런지	재봉틀
熨斗	[yùn dòu] 윈떠우	다리미
烘干机	[hōng gàn jī] 홍깐지	건조기
空气净化器	[kōng qì jìng huà qì] 쿵치징화치	공기정화기
电器	[diàn qì] 디엔치	전기기구

영화와 예술

演出	[yǎn chū] 옌추	공연
观众	[guān zhòng] 꾸안쯍	관중
门票	[mén piào] 먼퍄오	입장권
票价	[piào jià] 퍄오쟈	입장료
免费入场	[miǎn fèi rù chǎng] 미엔페이루창	무료입장
表演	[biǎo yǎn] 뱌오옌	쇼

电影	[diàn yǐng] 디엔잉	영화
首映	[shǒu yìng] 셔우잉	시사회
听众	[tīng zhòng] 팅쭝	청중
入场	[rù chǎng] 루창	입장
入口	[rù kǒu] 루커우	입구
剧院	[jù yuàn] 쥐위엔	극장
广告牌	[guǎng gào pái] 광까오파이	광고판
影迷	[yǐng mí] 잉미	영화팬
出口	[chū kǒu] 추코우	출구
紧急楼梯	[jǐn jí lóu tī] 진지로우티	비상계단
华盖	[huá gài] 화까이	화개
放映	[fàng yìng] 팡잉	상영
座位	[zuò wèi] 쭈어웨이	좌석
售票处	[shòu piào chù] 써우퍄오추	매표소
女演员	[nǚ yǎn yuán] 뉘옌위엔	여배우
男演员	[nán yǎn yuán] 난옌위엔	남배우
加演	[jiā yǎn] 쟈옌	앙코르
字幕	[zì mù] 쯔무	자막
续编	[xù biān] 쉬비엔	속편
短片	[duǎn piàn] 두안피엔	단편영화
屏幕	[píng mù] 핀무	스크린
胶片	[jiāo piàn] 쟈오피엔	필름
动作片	[dòng zuò piàn] 똥쭈오피엔	액션영화
科幻	[kē huàn] 커환	공상과학물
恐怖电影	[kǒng bù diàn yǐng] 콩뿌디엔잉	공포영화
场面	[chǎng miàn] 창미엔	장면
默片	[mò piàn] 모피엔	무성영화
悲剧	[bēi jù] 뻬이쥐	비극

喜剧	[xǐ jù] 시쮜	희극	胶片相机	[jiāo piàn xiāng jī] 쟈오피엔샹지	영화카메라
预订座	[yù dìng zuò] 위딩쭈오	예약석	影界	[yǐng jiè] 잉지에	영화계
摄制	[shè zhì] 셔즈	제작	影迷	[yǐng mí] 잉미	영화팬
制片人	[zhì piàn rén] 즈피엔런	프로듀서	观影	[guān yǐng] 꾸안잉	영화구경
电影发行	[diàn yǐng fā xíng] 띠엔잉파싱	영화배급	影业集中地区	[yǐng yè jí zhōng dì qū] 잉예지중띠취	영화제작지
投影机	[tóu yǐng jī] 터우잉찌	영사기	摄影	[shè yǐng] 셔잉	촬영
导演	[dǎo yǎn] 다오옌	감독	短片	[duǎn piàn] 두안피엔	단편영화
奖	[jiǎng] 쟝	상	首映	[shǒu yìng] 셔우잉	개봉
角色	[jiǎo sè] 쥬에써	배역	电影剧本	[diàn yǐng jù běn] 띠엔잉쮜번	시나리오
替身	[tì shēn] 티썬	대역	胶片记录器	[jiāo piàn jì lù qì] 쟈오피엔지루치	필름레코더
户外摄影	[hù wai shè yǐng] 후와이셔잉	야외촬영			
表演	[biǎo yǎn] 뱌오옌	연기	年龄限制	[nián líng xiàn zhì] 니엔링시엔즈	연령제한
出色表演	[chū sè biǎo yǎn] 추써뱌오옌	훌륭한 연기			
台词	[tái cí] 타이츠	대사	**스포츠**		
电影剧本	[diàn yǐng jù běn] 띠엔잉쮜번	영화각본	足球	[zú qiú] 주츄	축구
看台	[kàn tái] 칸타이	관람석	网球	[wǎng qiú] 왕츄	테니스
角色	[jué sè] 쥬에써	배역	棒球	[bàng qiú] 빵츄	야구
主角	[zhǔ jué] 주쥬에	주역	美式足球	[měi shì zú qiú] 메이스주츄	미식축구
惊险片	[jīng xiǎn piàn] 징시엔피엔	스릴러물	高尔夫	[gāo ěr fū] 까오얼푸	골프
旅行纪录片	[lǚ xíng jì lù piàn] 뤼싱지루피엔	여행다큐멘터리	羽毛球	[yǔ máo qiú] 위마오츄	배드민턴
成人电影	[chéng rén diàn yǐng] 청런디엔잉	성인영화	曲棍球	[qǔ gùn qiú] 취꾼츄	하키
			乒乓球	[pīng pāng qiú] 핑팡츄	탁구
灾难片	[zāi nán piàn] 짜이난피엔	재난영화	篮球	[lán qiú] 란츄	농구
			游泳	[yóu yǒng] 요우융	수영

马拉松	[mǎ lā sōng] 마라쑹	마라톤
跳伞	[tiào sǎn] 탸오산	스카이다이빙
排球	[pái qiú] 파이츄	배구
保龄球	[bǎo líng qiú] 바오링츄	볼링
骑自行车	[qí zì xíng chē] 치즈싱처	자전거타기
台球	[tái qiú] 타이츄	당구
滑冰	[huá bīng] 화빙	스케이트
举重	[jǔ zhòng] 쥐쭝	역도
慢跑	[màn pǎo] 만파오	조깅
柔道	[róu dào] 러우다오	유도
橄榄球	[gǎn lǎn qiú] 간란츄	럭비
拳击	[quán jī] 취엔지	권투
击剑	[jī jiàn] 지지엔	펜싱
体操	[tǐ cāo] 티차오	체조
犯规	[fàn guī] 판꾸에이	반칙
犯规的处罚	[fàn guī de chǔ fá] 판꾸에이더추파	패널티
规则	[guī zé] 꾸에이저	규칙
射击	[shè jī] 셔지	사격
滑雪	[huá xuě] 화쉬에	스키
撞球	[zhuàng qiú] 쫭츄	당구
帆板	[fān bǎn] 판반	윈드서핑
骑术	[qí shù] 치슈	승마
水肺潜水	[shuǐ fèi qián shuǐ] 쉐이페이치엔쉐이	스쿠버 다이빙
训练	[xùn liàn] 쉰리엔	훈련
飘筏	[piāo fá] 퍄오파	뗏목타기
手球	[shǒu qiú] 셔우츄	핸드볼
垒球	[lěi qiú] 레이츄	소프트볼

球棒	[qiú bàng] 츄빵	배트
棒球手套	[bàng qiú shǒu tào] 빵츄셔우타오	글러브
假面具	[jiǎ miàn jù] 쟈미엔쥐	가면
球拍	[qiú pāi] 츄파이	라켓
哑铃	[yǎ líng] 야링	아령
钓竿	[diào gān] 탸오깐	낚싯대
调节器	[táo jié qì] 탸오지에치	조절기
脚蹼	[jiǎo pǔ] 쟈오푸	오리발
潜水衣	[qián shuǐ yī] 치엔쉐이이	잠수복
拉伸	[lā shēn] 라션	스트레칭
活的钓饵	[huó de diào ěr] 후오더댜오얼	산미끼
潜水	[qián shuǐ] 치엔쉐이	잠수
橡皮圈	[xiàng pí quān] 샹피취엔	고무튜브
救生衣	[jiù shēng yī] 지우썽이	구명재킷
跳绳	[tiào shéng] 탸오썽	줄넘기
杠铃	[gàng líng] 깡링	바벨
引体向上	[yǐn tǐ xiàng shàng] 인티샹샹	턱걸이
仰卧起坐	[yǎng wò qǐ zuò] 양워치쭈오	윗몸 일으키기
俯卧撑	[fǔ wò chēng] 푸워청	팔굽혀펴기
健美操	[jiàn měi cāo] 지엔메이차오	에어로빅
运动员	[yùn dòng yuán] 윈뚱위엔	선수
判决	[pàn jué] 판쥐에	심판
教练	[jiào liàn] 쟈오리엔	코치
监督	[jiān dū] 지엔두	감독
欢呼	[huān hū] 환후	응원

运动	[yùn dòng] 윈둥	운동		学院	[xué yuàn] 쉬에위엔	학원
乒乓球	[pīng pāng qiú] 핑팡츄	탁구		终身教育	[zhōng shēn jiào yù] 쭝션쟈오위	평생교육
加时赛	[jiā shí sài] 쟈스싸이	연장전		社会福利	[shè huì fú lì] 셔후이푸리	사회복지

학교

幼儿园	[yòu ér yuán] 여우얼위엔	유아원
小学	[xiǎo xué] 샤오쉬에	초등학교
医务室	[yī wù shì] 이우스	의무실
体育馆	[tǐ yù guǎn] 티위관	체육관
操场	[cāo chǎng] 차오창	운동장
学校餐厅	[xué xiào cān tīng] 쉬에샤오찬팅	학교식당
礼堂	[lǐ táng] 리탕	강당
中学	[zhōng xué] 쭝쉬에	중학교
高中	[gāo zhōng] 까오종	고등학교
学院	[xué yuàn] 쉬에위엔	단과대학
大学	[dà xué] 따쉬에	종합대학
研究生院	[yán jiū shēng yuàn] 옌쥬성위엔	대학원
宿舍	[sù shè] 쑤셔	기숙사
图书馆	[tú shū guǎn] 투수관	도서관
休息室	[xiū xī shì] 슈시스	휴게실
讲堂	[jiǎng táng] 쟝탕	강의실
教职员室	[jiào zhí yuán shì] 쟈오즈위엔스	교무실
实验室	[shí yàn shì] 스옌스	실험실
中学	[zhōng xué] 쭝쉬에	중학교
高中	[gāo zhōng] 까오종	고등학교
托儿所	[tuō ér suǒ] 투어얼수오	탁아소

人文科学	[rén wén kē xué] 런원커슈에	인문과학
医学院	[yī xué yuàn] 이쉬에위엔	의학부
法学院	[fǎ xué yuàn] 파쉬에위엔	법학부
语言学院	[yǔ yán xué yuàn] 위옌쉬에위엔	어학부
语言学习室	[yǔ yán xué xí shì] 위옌쉬에시스	어학 실습실
化学实验室	[huà xué shí yàn shì] 화쉬에스옌스	화학 실험실
校内活动	[xiào nèi huó dòng] 샤오네이후어둥	학생활동
校园生活	[xiào yuán shēng huó] 시아오위엔성후어	대학생활
师范学院	[shī fàn xué yuàn] 스판쉬에위엔	교육대학

교실

教育	[jiào yù] 쟈오위	교육
班	[bān] 빤	학급
期末报告	[qī mò bào gào] 치모빠오가오	기말 레포트
作业	[zuò yè] 쭈오예	숙제
年级	[nián jí] 니엔지	학년
成绩单	[chéng jì dān] 청지딴	성적표

成绩证明书	[chéng jì zhèng míng shū] 청지정밍슈	성적 증명서	
考试	[kǎo shì] 카오스	시험	
奖学金	[jiǎng xué jīn] 쟝슈에진	장학금	
课业	[kè yè] 커예	수업	
课程	[kè chéng] 커청	교육과정	
教科书	[jiào kē shū] 쟈오커쑤	교과서	
主修	[zhǔ xiū] 쥬시유	전공과목	
学位	[xué wèi] 슈에웨이	학위	
参考书	[cān kǎo shū] 찬카오슈	참고서	
学费	[xué fèi] 슈에페이	학비	
毕业证书	[bì yè zhèng shū] 비예정슈	졸업장	
学期	[xué qī] 쉬에치	학기	
学分	[xué fēn] 슈에펀	학점	
毕业纪念相册	[bì yè jì nián xiāng cè] 비예지니엔샹처	졸업앨범	
教育	[jiào yù] 쟈오위	교육	
教具	[jiào jù] 쟈오쥐	교구	
教法	[jiào fǎ] 쟈오파	교수법	
双主修	[shuāng zhǔ xiū] 쑹주시유	이중 전공	
重要的问题	[zhòng yào de wèn tí] 쭹야오더원티	중요한 문제	
个人指导	[gè rén zhǐ dǎo] 꺼런즈다오	개인지도	
掉队者	[diào duì zhě] 띠아오뚜이저	탈락자	

학습내용

发现	[fā xiàn] 파시엔	발견	
发明物	[fā míng wù] 파밍우	발명품	

调查	[diào chá] 디아오챠	조사	
努力	[nǔ lì] 누리	노력	
天才	[tiān cái] 티엔차이	천재	
才华	[cái huá] 차이화	재능	
知识	[zhī shi] 즈스	지식	
目标	[mù biāo] 무뱌오	목표	
能力	[néng lì] 넝리	능력	
词典	[cí diǎn] 츠디엔	사전	
发达	[fā dá] 파다	발달	
观察	[guān chá] 꾸안차	관찰	
研究	[yán jiū] 옌쥬	연구	
了解	[liǎo jiě] 랴오지에	이해	

학과목

选修课	[xuǎn xiū kè] 쉬엔시우커	선택과목	
基础课	[jī chǔ kè] 지추커	일반교양과목	
必修课	[bì xiū kè] 비시유커	필수과목	
韩国语	[hán guó yǔ] 한구어위	한국어	
语言学	[yǔ yán xué] 위옌쉬에	언어학	
数学	[shù xué] 슈쉬에	수학	
科学	[kē xué] 커쉬에	과학	
代数学	[dài shù xué] 따이쑤쉬에	대수학	
历史	[lì shǐ] 리스	역사	
体育	[tǐ yù] 티위	체육	
经济学	[jīng jì xué] 징지쉬에	경제학	
地学	[dì xué] 디쉬에	지구과학	
几何学	[jǐ hé xué] 지허쉬에	기하학	
文学	[wén xué] 원쉬에	문학	
物理学	[wù lǐ xué] 우리쉬에	물리학	

伦理学	[lún lǐ xué] 룬리쉬에	윤리학
教育学	[jiào yù xué] 쟈오위쉬에	교육학
哲学	[zhé xué] 저쉬에	철학
植物学	[zhí wù xué] 즈우쉬에	식물학
英语学	[yīng yǔ xué] 잉위쉬에	영문학
人类学	[rén lèi xué] 런레이쉬에	인류학
化学	[huà xué] 화쉬에	화학
生物学	[shēng wù xué] 셩우쉬에	생물학
生态学	[shēng tai xué] 셩타이쉬에	생태학
生理学	[shēng lǐ xué] 셩리쉬에	생리학
社会学	[shè huì xué] 셔후이쉬에	사회학
神学	[shén xué] 션쉬에	신학
音乐	[yīn yuè] 인위에	음악
美术	[měi shù] 메이슈	미술
天文学	[tiān wén xué] 티엔원쉬에	천문학
工学	[gōng xué] 꽁쉬에	공학
心理学	[xīn lǐ xué] 신리쉬에	심리학
地理	[dì lǐ] 디리	지리
解剖学	[jiě pōu xué] 지에포우쉬에	해부학
电子学	[diàn zǐ xué] 디엔즈쉬에	전자학
生物工程	[shēng wù gōng chéng] 셩우꽁청	생물공학
汉字	[hàn zì] 한쯔	한자
经营学	[jīng yíng xué] 징잉쉬에	경영학
遗传学	[yí chuán xué] 이촨쉬에	유전학

문구

铅笔	[qiān bǐ] 치엔비	연필
铅笔盒	[qiān bǐ hé] 치엔비허	연필통
橡皮擦	[xiàng pí cā] 샹피차	지우개
尺	[chǐ] 츠	자
磁铁	[cí tiě] 츠티에	자석
地图	[dì tú] 디투	지도
地图集	[dì tú jí] 디투지	지도책
布告栏	[bù gào lán] 뿌까오란	게시판
球	[qiú] 치어우	공
胶	[jiāo] 쟈오	풀
国旗	[guó qí] 구오치	국기
粉笔	[fěn bǐ] 펀비	분필
黑板	[hēi bǎn] 헤이반	칠판
讲台	[jiǎng tái] 쟝타이	교단
蜡笔	[là bǐ] 라비	크레용
毛笔	[máo bǐ] 마오비	붓
笔记本	[bǐ jì běn] 비지번	공책
水彩颜料	[shuǐ cǎi yán liào] 쉐이차이옌랴오	그림물감
显微镜	[xiǎn wēi jìng] 시엔웨이징	현미경
望远镜	[wàng yuǎn jìng] 왕위엔징	망원경
修正液	[xiū zhèng yè] 시우정예	수정액
万用笔记本	[wàn yòng bǐ jì běn] 완융비지번	분류서류철
墨水	[mò shuǐ] 모쉐이	잉크
剪刀	[jiǎn dāo] 지엔따오	가위
橡皮筋	[xiàng pí jīn] 샹피진	고무줄

橡胶胶水	[xiàng jiāo jiāo shuǐ] 샹쟈오쟈오쉐이	고무풀
纸夹	[zhǐ jiā] 즈쟈	클립
墨	[mò] 무어	먹
利贴	[lì tiē] 리티에	포스트잇
圆规	[yuán guī] 위엔꾸에이	컴퍼스
图章	[tú zhāng] 투장	스탬프
算盘	[suàn pán] 수안판	주판
文件夹	[wén jiàn jiā] 원지엔쟈	서류철
垫	[diàn] 디엔	패드
骰子	[tóu zǐ] 터우즈	주사위
学习用品	[xué xí yòng pǐn] 쉬에시용핀	학용품
学生帽子	[xué shēng mào zi] 쉬에성마오즈	학생모
钢盔	[gāng kuī] 깡쿠에이	철모
尖项帽	[jiān xiàng mào] 지엔샹마오	챙달린 모자

入学典礼	[rù xué diǎn lǐ] 루쉬에띠엔리	입학식
毕业典礼	[bì yè diǎn lǐ] 비예띠엔리	졸업식
学位授予典礼	[xué wèi shòu yǔ diǎn lǐ] 쉬에웨이셔우위디엔리	학위수여식
运动会	[yùn dòng huì] 윈동후이	운동회
学校庆典	[xué xiào qìng diǎn] 쉬에샤오칭디엔	학교축제
校友会	[xiào yǒu huì] 샤오여우후이	동창회

入学考试	[rù xué kǎo shì] 루쉬에카오스	입학시험
期中考试	[qī zhōng kǎo shì] 치쯍카오스	중간고사
期末考试	[qī mò kǎo shì] 치모카오스	기말고사
校庆	[xiào qìng] 샤오칭	개교기념일
实习旅行	[shí xí lǚ xíng] 스시뤼싱	수학여행
郊游	[jiāo yóu] 쟈오여우	소풍
教师节	[jiào shī jié] 쟈오스지에	스승의 날
春假	[chūn jià] 춘쟈	봄방학
暑假	[shǔ jià] 슈쟈	여름방학
寒假	[hán jià] 한쟈	겨울방학
入学	[rù xué] 루쉬에	입학하다
离开学校	[lí kāi xué xiào] 리카이쉬에샤오	졸업(퇴학)하다

教授	[jiào shòu] 쟈오셔우	교수
正教授	[zhèng jiào shòu] 정쟈오셔우	정교수
副教授	[fù jiào shòu] 푸쟈오셔우	부교수
助理教授	[zhù lǐ jiào shòu] 주리쟈오셔우	조교수
教师	[jiào shī] 쟈오스	교사
辅导教师	[fǔ dǎo jiào shī] 푸다오쟈오스	과외선생님
讲演者	[jiǎng yǎn zhě] 쟝옌저	강연자
大学讲师	[dà xué jiǎng shī] 따쉬에쟝스	대학강사
院长	[yuàn zhǎng] 위엔장	학장

校长	[xiào zhǎng] 샤오쟝	총장
学者	[xué zhě] 쉬에저	학자
班主任	[bān zhǔ rèn] 빤주런	담임선생님
讲授经验	[jiǎng shòu jīng yàn] 쟝셔우징옌	교수경험
助教	[zhù jiào] 주쟈오	조교
班长	[bān zhǎng] 빤장	반장

학생

学生	[xué shēng] 쉬에셩	학생
小学生	[xiǎo xué shēng] 샤오쉬에셩	초등학생
新生	[xīn shēng] 신셩	1학년생
二年级学生	[èr nián jí xué shēng] 얼니엔지쉬에셩	2학년생
三年级学生	[sān nián jí xué shēng] 싼니엔지쉬에셩	3학년생
四年级学生	[sì nián jí xué shēng] 쓰니인지쉬에셩	4학년생
大学毕业生	[dà xué bì yè shēng] 따쉬에비예셩	대학졸업자
研究生	[yán jiū shēng] 옌쥬셩	대학원생
学士	[xué shì] 쉬에스	학사
硕士	[shuò shì] 슈어스	석사
博士	[bó shì] 보스	박사
同学	[tóng xué] 퉁쉬에	동급생
男校友	[nán xiào yǒu] 난샤오여우	남자 동창생
女校友	[nǚ xiào yǒu] 뉘샤오여우	여자 동창생

우체국

邮局职工	[yóu jú zhí gōng] 여우쥐즈공	우체국직원
投递信件	[tóu dì xìn jiàn] 터우띠신지엔	우편배달
平邮	[píng yóu] 핑여우	육상우편
邮件	[yóu jiàn] 여우지엔	우편물
邮费	[yóu fèi] 여우페이	우편요금
信封	[xìn fēng] 신펑	봉투
航空邮件	[háng kōng yóu jiàn] 항쿵여우지엔	항공우편
邮票	[yóu piào] 여우퍄오	우표
信	[xìn] 신	편지
明信片	[míng xìn piàn] 밍신피엔	우편엽서
邮政编码	[yóu zhèng biān mǎ] 여우정비엔마	우편번호
信箱	[xìn xiāng] 신샹	우체통
挂号信	[guà hào xìn] 과하오신	등기우편물
返回地址	[fǎn huí dì zhǐ] 판후이디즈	발신인 주소
快信	[kuài xìn] 콰이씬	속달
电报	[diàn bào] 띠엔바오	전보
包裹	[bāo guǒ] 바오구어	소포
送货上门	[sòng huò shàng mén] 송후어쌍먼	택배
邮递员	[yóu dì yuán] 여우띠위엔	우편배달부
邮戳	[yóu chuō] 여우추어	소인
窗口	[chuāng kǒu] 촹코우	창구
秤	[chèng] 청	저울
邮机	[yóu jī] 여우지	우편비행기

邮车	[yóu chē] 여우처	우편열차
邮件马车	[yóu jiàn mǎ chē] 여우찌엔마처	우편마차
邮件截止日	[yóu jiàn jié zhǐ rì] 여우찌엔지에즈르	배달일
邮箱	[yóu xiāng] 여우샹	우편함
军队邮局	[jūn duì yóu jú] 쥔뚜이여우쥐	군사 우체국
脆弱	[cuì ruò] 추이루어	부서지기 쉬움
垃圾邮件	[lā jī yóu jiàn] 라지여우지엔	스팸메일

은행

银行出纳员	[yín háng chū nà yuán] 인항추나위엔	은행출납원
警卫	[jǐng wèi] 징웨이	경비
存折	[cún zhé] 춘저	통장
信用卡	[xìn yòng kǎ] 신용카	신용카드
存款账户	[cún kuǎn zhàng hù] 춘콴장후	예금계좌
支票	[zhī piào] 즈퍄오	수표
银票	[yín piào] 인퍄오	어음
钱	[qián] 치엔	돈
现金	[xiàn jīn] 시엔진	현금
硬币	[yìng bì] 잉삐	동전
纸币	[zhǐ bì] 즈삐	지폐
自动存提款机	[zì dòng cún tí kuǎn jī] 즈뚱춘티콴지	자동현금 인출기
汇款	[huì kuǎn] 후이콴	송금
保险柜	[bǎo xiǎn guì] 바오시엔꾸이	금고

存款单	[cún kuǎn dān] 춘콴딴	예금용지
提款单	[tí kuǎn dān] 티콴딴	출금용지
顾客	[gù kè] 꾸커	고객
银行手续费	[yín háng shǒu xù fèi] 인항쇼우쉬페이	은행수수료
自动转账	[zì dòng zhuǎn zhàng] 즈뚱주안장	자동이체
存款	[cún kuǎn] 춘콴	저축
外汇率	[wài huì lǜ] 와이후이뤼	환율
贷款	[dài kuǎn] 따이콴	융자
攒钱	[zǎn qián] 잔치엔	적금
本金	[běn jīn] 번진	원금
利息	[lì xī] 리시	이자
伪钞	[wěi chāo] 웨이챠오	위조지폐
银行股票	[yín háng gǔ piào] 인항구퍄오	은행주(식)
账号	[zhàng hào] 장하오	예금계좌번호
出纳员	[chū nà yuán] 추나위엔	출납원
键盘	[jiàn pán] 지엔판	키패드
付款	[fù kuǎn] 푸콴	지불
按月付费	[àn yuè fù fèi] 안위에푸페이	월부
月结单	[yuè jié dān] 위에지에딴	매월납부 명세서
签名	[qiān míng] 치엔밍	서명
密码	[mì mǎ] 미마	비밀번호
储蓄	[chǔ xù] 추쉬	저축하다
换钱	[huàn qián] 환치엔	환전하다
货币	[huò bì] 후어삐	화폐
现金卡	[xiàn jīn kǎ] 시엔진카	현금카드

旅行支票	[lǚ xíng zhī piào] 뤼싱즈퍄오	여행자수표
本票	[běn piào] 번퍄오	보증수표
金利	[jīn lì] 진리	금리

취미

旅行	[lǚ xíng] 뤼싱	여행
演唱会	[yǎn chàng huì] 옌창후이	콘서트
舞	[wǔ] 우	춤
音乐	[yīn yuè] 인위에	음악
电影	[diàn yǐng] 디엔잉	영화
收集	[shōu jí] 셔우지	수집
看书	[kàn shū] 칸슈	독서
工艺	[gōng yì] 꿍이	공예
料理	[liào lǐ] 랴오리	요리
表演	[biǎo yǎn] 뱌오옌	연기
绘画	[huì huà] 후이화	그림
织	[zhī] 즈	뜨개질
刺绣	[cì xiù] 츠시유	자수
缝纫	[féng rèn] 펑런	바느질
漫画	[màn huà] 만화	만화
鱼钩	[yú gōu] 위꺼우	낚시
照相	[zhào xiāng] 자오샹	사진촬영
书法	[shū fǎ] 슈파	서예
动画片	[dòng huà piàn] 뚱화피엔	만화영화
登山	[dēng shān] 떵샨	등산
徒步旅行	[tú bù lǚ xíng] 투뿌뤼싱	하이킹
折纸术	[zhé zhǐ shù] 저즈슈	종이접기

模型制作	[mó xíng zhì zuò] 모싱즈쭈어	모형제작
模型建筑	[mó xíng jiàn zhù] 모싱지엔주	모형조립
天体观测	[tiān tǐ guān cè] 티엔티관처	천체관측
集邮	[jí yóu] 지여우	우표수집
硬币收集	[yìng bì shōu jí] 잉삐셔우지	동전수집
收集	[shōu jí] 셔우찌	수집
拼图游戏	[pīn tú yóu xì] 핀투여우시	조각퍼즐
纵横字谜游戏	[zòng héng zì mí yóu xì] 쯩헝쯔미여우시	십자말풀이
国际象棋	[guó jì xiàng qí] 구어지샹치	체스
纸牌游戏	[zhǐ pái yóu xì] 즈파이여우시	카드놀이
打赌	[dǎ dǔ] 다뚜	내기
歌舞剧	[gē wǔ jù] 거우쥐	뮤지컬
歌剧	[gē jù] 거쥐	오페라
连载漫画	[lián zǎi màn huà] 리엔짜이만화	연재만화
驾车出游	[jià chē chū yóu] 쟈처추여우	드라이브
陶瓷	[táo cí] 타오츠	도자기
雕刻	[diāo kè] 댜오커	조각
麻将	[má jiāng] 마찌앙	마작
木偶剧	[mù ǒu jù] 무어우쥐	인형극
木偶	[mù ǒu] 무어우	꼭두각시
观察研究野鸟	[guān chá yán jiū yě niǎo] 꾸안차옌찌여우예냐오	들새관찰

火车	[huǒ chē] 후어처	기차
地铁	[dì tiě] 디티에	지하철
快车	[kuài chē] 콰이처	급행열차
直达列车	[zhí dá liè chē] 즈다리에처	직행열차
货物列车	[huò wù liè chē] 후어우리에처	화물열차
高速列车	[gāo sù liè chē] 까오수리에처	고속열차
汽车	[qì chē] 치처	자동차
巴士	[bā shì] 빠스	버스
飞机	[fēi jī] 페이지	비행기
卡车	[kǎ chē] 카처	트럭
双层公共汽车	[shuāng céng gōng gòng qì chē] 슈앙청꽁꽁치처	이층버스
观光巴士	[guān guāng bā shì] 꽝빠스	관광버스
渡船	[dù chuán] 두촨	연락선
船	[chuán] 촨	배
直升机	[zhí shēng jī] 즈성지	헬리콥터
摩托车	[mó tuō chē] 모투어처	스쿠터
游艇	[yóu tǐng] 여우팅	요트
露营拖车	[lù yíng tuō chē] 루잉투어처	캠프차
自行车	[zì xíng chē] 즈싱처	자전거
敞篷车	[chǎng péng chē] 창펑처	오픈카
清洁车	[qīng jié chē] 칭지에처	청소차
吉普车	[jí pǔ chē] 지푸처	지프
超级特快列车	[chāo jí tè kuài liè chē] 차오지터콰이리에처	고속철
普通车	[pǔ tōng chē] 푸통처	보통열차

慢车	[màn chē] 만처	완행열차
旅客列车	[lǚ kè liè chē] 뤼커리에처	여객열차
下行列车	[xià xíng liè chē] 샤싱리에처	하행열차
上行列车	[shàng xíng liè chē] 샹싱리에처	상행열차
出租车	[chū zū chē] 추주처	택시
巡逻车	[xún luó chē] 쉰루어처	순찰차
车站	[chē zhàn] 처잔	정류장
移动	[yí dòng] 이뚱	이동
运输工具	[yùn shū gōng jù] 윈슈꽁쥐	운송수단
转乘	[zhuǎn chéng] 주안청	환승하다
禁止	[jìn zhǐ] 진지	금지
快速	[kuài sù] 콰이수	빠른 속도
慢慢地	[màn màn de] 만만더	천천히
到达	[dào dá] 다오다	도착하다
划船	[huá chuán] 화촨	(노를)젓다
登陆	[dēng lù] 덩루	상륙하다

铁路	[tiě lù] 티에루	철도
铁路道口	[tiě lù dào kǒu] 티에루다오커우	철도 건널목
道路交叉口	[dào lù jiāo chā kǒu] 다오루쟈오차코우	교차로
十字路口	[shí zì lù kǒu] 스쯔루커우	사거리
行人过街	[xíng rén guò jiē] 싱런구오지에	횡단보도
人行道	[rén xíng dào] 런싱다오	인도

单向街	[dān xiàng jiē] 단샹지에	일방통행로	弯路	[wān lù] 완루	우회로
胡同	[hú tòng] 후통	골목	方向	[fāng xiàng] 팡샹	방향
土路	[tǔ lù] 투루	비포장도로	风险	[fēng xiǎn] 펑시엔	위험
国道	[guó dào] 구어따오	국도	牵引车	[qiān yǐn chē] 치엔인처	견인차
大马路	[dà mǎ lù] 따마루	대로	漏气轮胎	[lòu qì lún tāi] 러우치룬타이	펑크난 타이어
捷径	[jié jìng] 지에징	지름길	售票处	[shòu piào chù] 셔우퍄오추	매표구
地下通道	[dì xià tōng dào] 띠샤퉁따오	지하도	旋转门	[xuán zhuǎn mén] 쉬엔좐먼	회전문
小巷	[xiǎo xiàng] 샤오샹	뒷골목	隔离墩	[gé lí dūn] 거리둔	중앙분리대
防撞护栏	[fáng zhuàng hù lán] 팡좡후란	가드레일	票价	[piào jià] 퍄오쟈	표값
路肩	[lù jiān] 루지엔	(고속도로의) 갓길	预付款	[yù fù kuǎn] 위푸콴	선불
			预售票	[yù shòu piào] 위셔우퍄오	예매권
高速公路	[gāo sù gōng lù] 까오수공루	고속도로	自动售货机	[zì dòng shòu huò jī] 즈둥셔우후어지	자동판매기
交通			公共汽车站	[gōng gòng qì chē zhàn] 꿍꿍치처잔	버스정류장
红绿灯	[hóng lǜ dēng] 훙뤼떵	교통신호등	出租车车站	[chū zū chē zhàn] 추주처처잔	택시승차장
交通法规	[jiāo tōng fǎ guī] 쟈오퉁파꾸에이	교통법규	火车站	[huǒ chē zhàn] 후어처잔	(철도)역
交通规则	[jiāo tōng guī zé] 쟈오퉁꾸에이저	교통규칙	停车场	[tíng chē chǎng] 팅처창	주차장
交通违章	[jiāo tōng wéi zhāng] 쟈오퉁웨이장	교통위반	加油站	[jiā yóu zhàn] 쟈여우잔	주유소
交通量	[jiāo tōng liàng] 쟈오퉁량	교통량	驾驶执照	[jià shǐ zhí zhào] 쟈스즈쟈오	운전면허(증)
严重的交通	[yán zhòng de jiāo tōng] 옌쭝더쟈오퉁	극심한 교통량	交通标志	[jiāo tōng biāo zhì] 쟈오퉁뱌오즈	교통표지
收费站	[shōu fèi zhàn] 셔우페이잔	통행료 징수소	乘客	[chéng kè] 청커	승객
遥远	[yáo yuǎn] 야오위엔	거리가 먼	安全带	[ān quán dài] 안췐따이	안전벨트
跨	[kuà] 콰	건너서	交通信号	[jiāo tōng xìn hào] 쟈오퉁신하오	교통신호
过去	[guò qù] 꾸어취	건너다			

方向盘	[fāng xiàng pán] 팡샹판	핸들
罚款	[fá kuǎn] 파콴	벌금
超速	[chāo sù] 차오수	속도위반
行人	[xíng rén] 싱런	보행자
塞车	[sāi chē] 싸이처	교통혼잡
速度限制	[sù dù xiàn zhì] 수두시엔즈	제한속도
禁止出入	[jìn zhǐ chū rù] 진즈추루	출입금지
(本地)派出所	[(běn dì) pài chū suǒ] (번디)파이추수오	(지방)경찰서
天桥	[tiān qiáo] 티엔챠오	육교
大街	[dà jiē] 따지에	큰거리
巷战	[xiàng zhàn] 샹잔	시가전
街头小贩	[jiē tóu xiǎo fàn] 지에토우샤오판	행상인
街乐队	[jiē yuè duì] 지에위에뚜이	거리악단
高层建筑	[gāo céng jiàn zhù] 까오청지엔주	고층건물
横幅	[héng fú] 헝푸	플래카드
候车室	[hòu chē shì] 허우처스	대합실
检票员	[jiǎn piào yuán] 지엔퍄오위엔	검표원
单程票	[dān chéng piào] 단청퍄오	편도승차권
往返票	[wǎng fǎn piào] 왕판퍄오	왕복승차권
优惠游览票	[yōu huì yóu lǎn piào] 여우후이여우란퍄오	할인유람권
定期票	[dìng qī piào] 딩치퍄오	정기권
通票	[tōng piào] 통퍄오	직행차표
定价	[dìng jià] 딩쟈	정가

公共财产	[gōng gòng cái chǎn] 꽁꽁차이찬	공공물
治安	[zhì ān] 즈안	치안
公函	[gōng hán] 꽁한	공문서

쇼핑

商场	[shāng chǎng] 샹창	쇼핑센터
百货公司	[bǎi huò gōng sī] 바이후어꽁쓰	백화점
停车场	[tíng chē chǎng] 팅처창	주차장
纪念品商店	[jì niàn pǐn shāng diàn] 지니엔핀샹디엔	기념품점
男装	[nán zhuāng] 난좡	남성복
女装	[nǚ zhuāng] 뉘좡	여성복
体育用品	[tǐ yù yòng pǐn] 티위용핀	스포츠용품
收据	[shōu jù] 여우쥐	영수증
厨房用具	[chú fáng yòng jù] 추팡용쥐	주방용품
退还	[tuì hái] 투이환	환불
保证函	[bǎo zhèng hán] 바오정한	보증서
卖	[mài] 마이	판매
交换	[jiāo huàn] 쟈오환	교환
特价商品	[tè jià shāng pǐn] 터쟈샹핀	특가상품
定价表	[dìng jià biǎo] 딩쟈뱌오	정가표
打折	[dǎ zhé] 다저	할인
营业时间	[yíng yè shí jiān] 잉예스지엔	영업시간
试衣间	[shì yī jiān] 스이지엔	피팅룸
便利店	[biàn lì diàn] 비엔리디엔	편의점
店员	[diàn yuán] 띠엔위엔	점원
客人	[kè rén] 커런	손님

手推车	[shǒu tuī chē] 셔우투이처	(쇼핑)카트	温度	[wēn dù] 원두	온도
收银机	[shōu yín jī] 셔우인지	금전등록기	华氏	[huá shì] 화스	화씨
商标	[shāng biāo] 쌍뱌오	상표	摄氏	[shè shì] 셔스	섭씨
女店员	[nǚ diàn yuán] 뉘디엔위웬	여점원	温度计	[wēn dù jì] 원두지	온도계
柜台	[guì tái] 꾸에이타이	계산대	度	[dù] 두	(온도)도
条形码	[tiáo xíng mǎ] 탸오싱마	바코드	天气预报	[tiān qì yù bào] 티엔치위빠오	일기예보
目录册	[mù lù cè] 무루처	카탈로그	警告	[jǐng gào] 징까오	경고
保证书	[bǎo zhèng shū] 빠오정슈	보증서	警报	[jǐng bào] 징빠오	경보
礼品店	[lǐ pǐn diàn] 리핀띠엔	선물가게	风速	[fēng sù] 펑수	풍속
包装台	[bāo zhuāng tái] 빠오좡타이	포장코너	冷锋	[lěng fēng] 렁펑	한랭전선
美食街	[měi shí jiē] 메이스찌에	푸드코트	暖锋	[nuǎn fēng] 누안펑	온난전선
失物招领处	[shī wù zhāo lǐng chǔ] 스우짜오링추	분실물센터	高气压	[gāo qì yā] 까오치야	고기압
体育用品角	[tǐ yù yòng pǐn jiǎo] 티위용핀쟈오	스포츠용품 코너	低气压	[dī qì yā] 디치야	저기압
开放时间	[kāi fàng shí jiān] 카이팡스지엔	운영시간	自然灾害	[zì rán zāi hài] 쯔란자이하이	자연재해
清仓大处理	[qīng cāng dà chǔ lǐ] 칭창따추리	재고정리 세일	云	[yún] 윈	구름
定金	[dìng jīn] 띵진	계약금	雾	[wù] 우	안개
赔偿	[péi cháng] 페이창	배상	模糊	[mó hú] 모후	흐릿한
			风	[fēng] 펑	바람
			飑	[biāo] 뱌오	돌풍
			大风	[dà fēng] 따펑	강풍

春天	[chūn tiān] 춘티엔	봄	雨	[yǔ] 위	비
夏天	[xià tiān] 샤티엔	여름	雪	[xuě] 쉬에	눈
秋天	[qiū tiān] 치우티엔	가을	阴沉沉	[yīn chén chén] 인천천	음침한
冬天	[dōng tiān] 똥티엔	겨울	变化无常	[biàn huà wú cháng] 비엔화우창	변덕스러운
季风	[jì fēng] 지펑	계절풍	暴风	[bào fēng] 바오펑	폭풍
气候	[qì hòu] 치허우	기후	雷	[léi] 레이	천둥

闪电	[shǎn diàn] 샨디엔	번개	
干旱	[gān hàn] 깐한	가뭄	
晴	[qíng] 칭	맑음	
阵雨	[zhèn yǔ] 쩐위	소나기	
洪水	[hóng shuǐ] 홍쉐이	홍수	
雨雪	[yǔ xuě] 위슈에	진눈깨비	
冰雹	[bīng báo] 빙바오	우박	
温暖	[wēn nuǎn] 원누안	따뜻한	
温和	[wēn hé] 원허	온화한	
地震	[dì zhèn] 디쩐	지진	
闷热	[mēn rè] 먼러	무더운	
酷热	[kù rè] 쿠러	매우 뜨거운	
冷	[lěng] 렁	차가운	
湿润	[shī rùn] 스룬	습기있는	
台风	[tái fēng] 타이펑	태풍	
飓风	[jù fēng] 쥐펑	폭풍	
龙卷风	[lóng juàn fēng] 롱쥐엔펑	토네이도	
热	[rè] 러	더위	
大雨	[dà yǔ] 따위	호우	
霜	[shuāng] 슈앙	서리	
风雪	[fēng xuě] 펑쉬에	눈보라	
暴风雪	[bào fēng xuě] 바오펑쉬에	강한 눈보라	
[结冰	[jié bīng] 지에빙	결빙	
毛毛雨	[máo máo yǔ] 마오마오위	이슬비	
冰	[bīng] 삥	얼음	
冰柱	[bīng zhù] 삥주	고드름	
阳光	[yáng guāng] 양광	양지 바른	
烟雾	[yān wù] 옌우	안개	
小雨	[xiǎo yǔ] 샤오위	가랑비	

滑坡	[huá pō] 화포	산사태	
雪崩	[xuě bēng] 쉬에뼁	눈사태	
火山	[huǒ shān] 후어샨	화산	
海啸	[hǎi xiào] 하이샤오	해일	
寒流	[hán liú] 한리우	한파	
水波	[shuǐ bō] 쉐이뽀	잔물결	
湿润	[shī rùn] 스룬	습기있는	
多云	[duō yún] 뚜오윈	흐린	
气象台	[qì xiàng tái] 치샹타이	기상대	
寒带	[hán dài] 한따이	한대	
亚寒带	[yà hán dài] 야한따이	냉대	
温带	[wēn dài] 원따이	온대	
热带气候	[rè dài qì hòu] 러따이치허우	열대성기후	
亚热带气候	[yà rè dài qì hòu] 야러따이치허우	아열대성기후	
暴风	[bào fēng] 빠오펑	돌풍	
大陆性气候	[dà lù xìng qì hòu] 따루싱치호우	대륙성기후	
泛滥	[fàn làn] 판란	범람	
大灾难	[dà zāi nán] 따짜이난	큰재해	
灾害	[zāi hài] 짜이하이	재해	

동물

母牛	[mǔ niú] 무니여우	암소	
猪	[zhū] 주	돼지	
野猪	[yě zhū] 예주	멧돼지	
马	[mǎ] 마	말	
驴	[lú] 뤼	당나귀	

斑马	[bān mǎ] 반마	얼룩말	美洲短吻鳄	[měi zhōu duǎn wěn è] 메이저우두안원어	미국악어
公牛	[gōng niú] 꿍니우	황소	非洲鳄鱼	[fēi zhōu è yú] 페이저우어위	아프리카 악어
狗	[gǒu] 거우	개			
猫	[māo] 마오	고양이	蜥蜴	[xī yì] 시이	도마뱀
老鼠	[lǎo shǔ] 라오슈	생쥐	眼镜蛇	[yǎn jìng shé] 옌징셔	코브라
沟鼠	[gōu shǔ] 거우슈	쥐	青蛙	[qīng wā] 칭와	개구리
袋鼠	[dài shǔ] 따이쑤	캥거루	河马	[hé mǎ] 허마	하마
兔子	[tù zǐ] 투즈	토끼	犀牛	[xī niú] 시니여우	코뿔소
松鼠	[sōng shǔ] 숭슈	다람쥐	恐龙	[kǒng lóng] 쿵룽	공룡
狮子	[shī zǐ] 스즈	사자	蛇	[shé] 셔	뱀
老虎	[lǎo hǔ] 라오후	호랑이	蝌蚪	[kē dǒu] 커떠우	올챙이
山羊	[shān yáng] 샨양	염소	乌龟	[wū guī] 우구에이	거북
羊	[yáng] 양	양	海龟	[hǎi guī] 하이구에이	바다거북
狼	[láng] 랑	늑대	鲸鱼	[jīng yú] 징위	고래
狐狸	[hú lí] 후리	여우	海豚	[hǎi tún] 하이툰	돌고래
大象	[dà xiàng] 따샹	코끼리	蝙蝠	[biān fú] 비엔푸	박쥐
浣熊	[huàn xióng] 환시웅	라쿤	海豹	[hǎi bào] 하이빠오	바다표범
熊	[xióng] 시웅	곰	海狗	[hǎi gǒu] 하이거우	물개
鬣狗	[liè gǒu] 리에거우	하이에나	水獭	[shuǐ tǎ] 쉐이타	수달
豹子	[bào zǐ] 바오즈	표범	豹猫	[bào māo] 바오마오	살쾡이
鹿	[lù] 루	사슴	宠物	[chǒng wù] 충우	애완동물
熊猫	[xióng māo] 시웅마오	판다	羔羊	[gāo yáng] 까오양	어린양
猴子	[hóu zǐ] 허우즈	원숭이	肉猪	[ròu zhū] 러우주	식용돼지
大猩猩	[dà xīng xīng] 따싱싱	고릴라	猪	[zhū] 주	돼지
黑猩猩	[hēi xīng xīng] 헤이싱싱	침팬지	雄鹿	[xióng lù] 시웅루	수사슴
骆驼	[luò tuó] 루어투어	낙타	母鹿	[mǔ lù] 무루	암사슴
长颈鹿	[cháng jǐng lù] 창징루	기린	食蚁兽	[shí yǐ shòu] 스이셔우	개미핥기
考拉	[kǎo lā] 카오라	코알라	黑熊	[hēi xióng] 헤이시웅	흑곰
臭鼬	[chòu yòu] 처우여우	스컹크			

白熊	[bái xióng] 바이시옹	북극곰		鹌鹑	[ān chún] 안춘	메추라기
母狗	[mǔ gǒu] 무거우	암개		啄木鸟	[zhuó mù niǎo] 주어무냐오	딱따구리
猎犬	[liè quǎn] 리에취엔	사냥개		野鸡	[yě jī] 예지	꿩
野狗	[yě gǒu] 예거우	들개		云雀	[yún què] 윈취에	종달새
小狗	[xiǎo gǒu] 샤오거우	강아지		仙鹤	[xiān hè] 시엔허	학
仓鼠	[cāng shǔ] 창슈	햄스터		鸵鸟	[tuó niǎo] 투어냐오	타조
				候鸟	[hòu niǎo] 허우냐오	철새

조류

天鹅	[tiān é] 티엔어	백조		黄鹂	[huáng lí] 황리	꾀꼬리
老雕	[lǎo diāo] 라오댜오	독수리		鹪鹩	[jiào liáo] 쟈오랴오	굴뚝새
鹰	[yīng] 잉	매		留鸟	[liú niǎo] 리우냐오	텃새
企鹅	[qǐ é] 치어	펭귄

어패류

鸱鸮	[chīxiāo] 츠샤오	올빼미		金枪鱼	[jīn qiāng yú] 진챵위	참치
猫头鹰	[māo tóu yīng] 마오터우잉	부엉이		三文鱼	[sān wén yú] 싼원위	연어
孔雀	[kǒng què] 쿵취에	공작		鲽鱼	[dié yú] 디에위	가자미
鹦鹉	[yīng wǔ] 잉우	앵무새		青花鱼	[qīng huā yú] 칭화위	고등어
鹦哥	[yīng gē] 잉거	잉꼬		鳁鱼	[wēn yú] 원위	정어리
鹈鹕	[tí hú] 티투	펠리컨		秋刀鱼	[qiū dāo yú] 츄다오위	꽁치
乌鸦	[wū yā] 우야	까마귀		鳟鱼	[zūn yú] 쭌위	송어
喜鹊	[xǐ què] 시취에	까치		鳕鱼	[xuě yú] 쉬에위	대구
母鸡	[mǔ jī] 무찌	암탉		明太鱼	[míng tai yú] 밍타이위	명태
公鸡	[gōng jī] 궁찌	수탉		鲤鱼	[lǐ yú] 리위	잉어
鸭子	[yā zǐ] 야즈	오리		鲫鱼	[jì yú] 지위	붕어
鹅	[é] 어	거위		海马	[hǎi mǎ] 하이마	해마
鸽子	[gē zǐ] 거즈	비둘기		螃蟹	[páng xiè] 팡시에	게
雁	[yàn] 옌	기러기		虾	[xiā] 샤	작은새우
麻雀	[má què] 마취에	참새		对虾	[duì xiā] 뚜이샤	참새우
燕子	[yàn zi] 옌즈	제비		龙虾	[lóng xiā] 룽샤	바다가재
海鸥	[hǎi ōu] 하이어우	갈매기		海草	[hǎi cǎo] 하이차오	해초

小龙虾	[xiǎo lóng xiā] 샤오롱샤	가재
牡蛎	[mǔ lì] 무리	굴
海胆	[hǎi dǎn] 하이딴	성게
贻贝	[yí bèi] 이뻬이	홍합
文蛤	[wén gé] 원거	대합조개
扇贝	[shàn bèi] 샨뻬이	가리비
金鱼	[jīn yú] 진위	금붕어
鳗鱼	[mán yú] 만위	장어
鲨鱼	[shā yú] 샤위	상어
章鱼	[zhāng yú] 장위	문어
八爪鱼	[bā zhuǎ yú] 빠좌위	낙지
鱿鱼	[yóu yú] 여우위	오징어
海蜇	[hǎi zhē] 하이져	해파리
海星	[hǎi xīng] 하이싱	불가사리
贝	[bèi] 뻬이	조개
海参	[hǎi shēn] 하이션	해삼
藻类	[zǎo lèi] 짜오레이	해조류
海菜	[hǎi cài] 하이차이	미역
海带	[hǎi dài] 하이따이	다시마
紫菜	[zǐ cài] 쯔차이	김
浒苔	[hǔ tái] 후타이	파래
鲍鱼	[bào yú] 바오위	전복
鲆	[píng] 핑	넙치
河豚	[hé tún] 허툰	복어
鲷鱼	[diāo yú] 댜오위	도미
鲇鱼	[nián yú] 니엔위	메기
鲻鱼	[zī yú] 즈위	숭어
香鱼	[xiāng yú] 샹위	은어
蜗螺	[wō luó] 워루어	다슬기

食用蜗牛	[shí yòng wō niú] 스용워니여우	식용달팽이
牛蛙	[niú wā] 니여우와	식용개구리

곤충

蛾	[é] 어	나방
苍蝇	[cāng yíng] 창잉	파리
蜻蜓	[qīng tíng] 칭팅	잠자리
萤火虫	[yíng huǒ chóng] 잉후어충	개똥벌레
蜜蜂	[mì fēng] 미펑	벌
瓢虫	[piáo chóng] 퍄오충	무당벌레
蟋蟀	[xī shuài] 시슈아이	귀뚜라미
蜘蛛	[zhī zhū] 지주	거미
蚊子	[wén zi] 원즈	모기
蟑螂	[zhāng láng] 장랑	바퀴벌레
蚱蜢	[zhà měng] 자멍	메뚜기
甲虫	[jiǎ chóng] 쟈충	딱정벌레
蛆虫	[qū chóng] 취충	구더기
白蚁	[bái yǐ] 바이이	흰개미
蚯蚓	[qiū yǐn] 치우인	지렁이
螳螂	[táng láng] 탕랑	사마귀
蜈	[wú] 우	지네
蚕	[cán] 찬	누에
茧	[jiǎn] 지엔	고치
蛹	[yǒng] 융	번데기
蝎子	[xiē zǐ] 시에즈	전갈
蜗牛	[wō niú] 워니여우	달팽이
幼虫	[yòu chóng] 여우충	유충
臭虫	[chòu chóng] 처우충	빈대

蚂蚁	[mǎ yǐ] 마이	개미	年轮	[nián lún] 니엔룬	나이테
跳蚤	[tiào zǎo] 탸오자오	벼룩	果实	[guǒ shí] 구오스	열매
黄蜂	[huáng fēng] 황펑	말벌	种子	[zhǒng zǐ] 중쯔	씨앗
鼻涕虫	[bí tì chóng] 비티충	민달팽이	芽	[yá] 야	싹
蜘蛛网	[zhī zhū wǎng] 쯔주왕	거미줄	树皮	[shù pí] 쑤피	나무껍질
杀虫剂	[shā chóng jì] 샤충찌	살충제	松树	[sōng shù] 숭슈	소나무
害虫	[hài chóng] 하이충	해충	枫树	[fēng shù] 펑쑤	단풍나무
驱虫剂	[qū chóng jì] 취충지	구충제	青冈	[qīng gāng] 칭강	떡갈나무
食虫动物	[shí chóng dòng wù] 스충둥우	식충동물	栗子树	[lì zǐ shù] 리즈슈	밤나무
昆虫学	[kūn chóng xué] 퀀충쉬에	곤충학	榆树	[yú shù] 위슈	느릅나무
昆虫学者	[kūn chóng xué zhě] 퀀충쉬에저	곤충학자	柳树	[liǔ shù] 리여우슈	버드나무
			樱花	[yīng huā] 잉화	벚나무
采集昆虫	[cǎi jí kūn chóng] 차이지쿤충	곤충채집	银杏	[yín xìng] 인싱	은행나무
			竹	[zhú] 주	대나무
昆虫类	[kūn chóng lèi] 쿤충레이	곤충류	悬铃木	[xuán líng mù] 쉬엔링무	플라타너스
绿豆蝇	[lǜ dòu yíng] 뤼떠우잉	쉬파리	椰子	[yē zi] 예즈	야자
幼虫	[yòu chóng] 여우충	애벌레	桑树	[sāng shù] 상슈	뽕나무
触角	[chù jiǎo] 추쟈오	더듬이	玉兰	[yù lán] 위란	목련
头部	[tóu bù] 터우뿌	머리	柳杉	[liǔ shān] 리우산	삼나무
胸部	[xiōng bù] 슝뿌	가슴	杨树	[yáng shù] 양쑤	포플러
腹部	[fù bù] 푸뿌	배			
刺	[cì] 츠	침	**꽃**		
			花	[huā] 화	꽃
나무			干	[gàn] 깐	줄기
叶子	[yè zi] 예즈	잎	花粉	[huā fěn] 화펀	꽃가루
树枝	[shù zhī] 슈즈	가지	花瓣	[huā bàn] 화반	꽃잎
根	[gēn] 껀	뿌리	向日葵	[xiàng rì kuí] 샹르쿠에이	해바라기
树干	[shù gàn] 쑤깐	나무줄기	百合	[bǎi hé] 바이허	백합
			郁金香	[yù jīn xiāng] 위진샹	튤립

堇菜	[jǐn cài] 진차이	제비꽃	
玫瑰	[méi guī] 메이꾸에이	장미	
兰花	[lán huā] 란화	난초	
蝴蝶花	[hú dié huā] 후디에화	붓꽃	
常春藤	[cháng chūn téng] 창춘텅	담쟁이덩굴	
蒲公英	[pú gōng yīng] 푸꿍잉	민들레	
康乃馨	[kāng nǎi xīn] 캉나이신	카네이션	
波斯菊	[bō sī jú] 부어스쥐	코스모스	
莲花	[lián huā] 리엔화	연꽃	
喇叭花	[lǎ ba huā] 라빠화	나팔꽃	
仙人掌	[xiān rén zhǎng] 시엔런쟝	선인장	
水仙	[shuǐ xiān] 쉐이씨엔	수선화	
满天星	[mǎn tiān xīng] 만티엔싱	안개꽃	
映山红	[yìng shān hóng] 잉샨훙	진달래	
茉莉花	[mò lì huā] 무어리화	재스민	
迎春花	[yíng chūn huā] 잉춘화	개나리	
菊花	[jú huā] 쥐화	국화	
芦苇	[lú wěi] 루웨이	갈대	

苹果	[píng guǒ] 핑궈	사과	
香蕉	[xiāng jiāo] 샹쟈오	바나나	
菠萝	[bō luó] 뿌어루어	파인애플	
芒果	[máng guǒ] 망궈	망고	
桃	[táo] 타오	복숭아	
猕猴桃	[mí hóu táo] 미허우타오	키위	
梨	[lí] 리	배	
李子	[lǐ zi] 리즈	자두	
西瓜	[xī guā] 시과	수박	

柠檬	[níng méng] 닝멍	레몬	
甜瓜	[tián guā] 티엔과	머스크메론	
柿子	[shì zi] 스즈	감	
草莓	[cǎo méi] 차오메이	딸기	
樱桃	[yīng táo] 잉타오	체리	
葡萄	[pú táo] 푸타오	포도	
橘子	[jú zi] 쥐즈	귤	
橙	[chéng] 청	오렌지	
桑椹	[sāng zhēn] 상전	오디	
蓝莓	[lán méi] 란메이	블루베리	
枣	[zǎo] 짜오	대추	
柚子	[yòu zi] 여우즈	자몽	
酸橙	[suān chéng] 쑤안청	라임	
杏	[xìng] 씽	살구	
鳄梨	[è lí] 어리	아보카도	
椰子	[yē zi] 예즈	코코넛	
无花果	[wú huā guǒ] 우화궈	무화과	
香木瓜	[xiāng mù guā] 샹무과	파파야	
石榴	[shí liú] 스리여우	석류	
覆盆子	[fù pén zǐ] 푸펀즈	산딸기	

南瓜	[nán guā] 난과	호박	
土豆	[tǔ dòu] 투떠우	감자	
芹菜	[qín cài] 친차이	샐러리	
蘑菇	[mó gū] 모구	버섯	
柿子椒	[shì zǐ jiāo] 스즈쟈오	피망	
西红柿	[xī hóng shì] 시훙스	토마토	
豆	[dòu] 떠우	콩	

西兰花	[xī lán huā] 시란화	브로콜리
胡萝卜	[hú luó bo] 후루어보	당근
芦笋	[lú sǔn] 루쑨	아스파라거스
卷心菜	[juàn xīn cài] 쥐엔신차이	양배추
葱	[cōng] 충	파
茄子	[qié zī] 치에즈	가지
萝卜	[luó bo] 루어보	무
蒜	[suàn] 쑤안	마늘
生姜	[shēng jiāng] 성쟝	생강
红薯	[hóng shǔ] 홍슈	고구마
洋葱	[yáng cōng] 양총	양파
莴苣	[wō jù] 워쥐	상추
黄瓜	[huáng guā] 황과	오이
白菜	[bái cài] 바이차이	배추
藕	[ǒu] 어우	연근
牛蒡	[niú bàng] 니여우방	우엉
韭菜	[jiǔ cài] 지우차이	부추
胡葱	[hú cōng] 후총	골파
豆秸	[dòu jiē] 떠우지에	콩대
豆芽菜	[dòu yá cài] 떠우야차이	콩나물
竹笋	[zhú sǔn] 주쑨	죽순
人参	[rén shēn] 런션	인삼
山药	[shān yào] 샨야오	마
芋	[yù] 위	토란
花椰菜	[huā yē cài] 화예차이	꽃양배추
芜菁	[wú jīng] 우징	순무
蒿草	[hāo cǎo] 하오차오	쑥
茼蒿菜	[tóng hāo cài] 통하오차이	쑥갓
芥菜	[jiè cài] 지에 차이	갓

欧芹	[ōu qín] 어우친	파슬리
菠菜	[bō cài] 뿌어차이	시금치

여행

观光	[guān guāng] 꾸안꽝	관광
当天来回的旅行	[dāng tiān lái huí de lǚ xíng] 땅티엔라이후이더뤼싱	당일치기 여행
夜景	[yè jǐng] 예징	야경
海外旅行	[hǎi wai lǚ xíng] 하이와이뤼싱	해외여행
国内旅行	[guó nèi lǚ xíng] 구오네이뤼싱	국내여행
短途旅行	[duǎn tú lǚ xíng] 두안투뤼싱	단거리여행
跟团旅游	[gēn tuán lǚ yóu] 껀투안뤼요우	단체여행
蜜月旅行	[mì yuè lǚ xíng] 미위에뤼싱	신혼여행
结婚旅行	[jié hūn lǚ xíng] 지에훈뤼싱	신혼여행
观光客	[guān guāng kè] 꾸안꽝커	관광객
旅程	[lǚ chéng] 뤼청	여행일정
旅行社	[lǚ xíng shè] 뤼싱셔	여행사
乘船航游	[chéng chuán háng yóu] 청촨항여우	선박여행
晕车	[yūn chē] 윈처	차멀미
晕船	[yūn chuán] 윈촨	배멀미
展望	[zhǎn wàng] 잔왕	전망
纪念碑	[jì niàn bēi] 지니엔뻬이	기념비
民俗村	[mín sú cūn] 민수추언	민속촌
温泉	[wēn quán] 원취엔	온천

纪念品	[jì niàn pǐn] 지니엔핀	기념품
土产品	[tǔ chǎn pǐn] 투찬핀	토산품
风景	[fēng jǐng] 펑징	풍경
遗址	[yí zhǐ] 이즈	유적
夜晚旅行	[yè wǎn lǚ xíng] 예완뤼싱	야간여행
夜车	[yè chē] 예처	야간열차
汽车旅行	[qì chē lǚ xíng] 치처뤼싱	자동차여행
视察旅行	[shì chá lǚ xíng] 스차뤼싱	시찰여행
周末旅行	[zhōu mò lǚ xíng] 저우모뤼싱	주말여행
环程旅行	[huán chéng lǚ xíng] 환청뤼싱	일주여행
瞭望台	[liào wàng tái] 랴오왕타이	전망대
公费旅游	[gōng fèi lǚ yóu] 꿍페이뤼여우	관비여행
艺术作品	[yì shù zuò pǐn] 이슈쭈어핀	예술작품
古迹	[gǔ jì] 구지	고적, 사적
必须要看	[bì xū yào kàn] 비쉬야오칸	꼭 봐야할 것
背包旅行	[bèi bāo lǚ xíng] 뻬이바오뤼씽	배낭여행

공항

塔台	[tǎ tái] 타타이	관제탑
跑道	[pǎo dào] 파오다오	활주로
免税店	[miǎn shuì diàn] 미엔슈에이디엔	면세점
行李提领处	[xíng lǐ tí lǐng chǔ] 씽리티링추	수화물 찾는곳
关税	[guān shuì] 꾸안슈에이	관세

金属探测器	[jīn shǔ tàn cè qì] 진슈탄처치	금속탐지기
国内线	[guó nèi xiàn] 구어네이시엔	국내선
国际线	[guó jì xiàn] 구어찌시엔	국제선
预订	[yù dìng] 위띵	예약
目的地	[mù dì dì] 무띠디	목적지
到	[dào] 따오	도착하다
着陆	[zhuó lù] 주어루	착륙
出发	[chū fā] 추파	출발
起飞	[qǐ fēi] 치페이	이륙
飞机时差	[fēi jī shí chā] 페이지스차	시차
高空飞行	[gāo kōng fēi xíng] 까오콩페이싱	고도비행
护照	[hù zhào] 후쟈오	여권
登机卡	[dēng jī kǎ] 떵지카	탑승권
签证	[qiān zhèng] 치엔정	비자
检查	[jiǎn chá] 지엔차	검사
入境检查	[rù jìng jiǎn chá] 루징지엔차	입국심사
检疫站	[jiǎn yì zhàn] 지엔이잔	검역소
等候	[děng hòu] 덩허우	대기
安全检查	[ān quán jiǎn chá] 안췐지엔차	보안검색
机场大巴	[jī chǎng dà bā] 지창따빠	공항버스
乘机登记处	[chéng jī dēng jì chǔ] 청지떵지추	탑승수속 창구
行李托管证	[xíng lǐ tuō guǎn zhèng] 싱리투어꾸안쩡	수화물표

托运行李手续	[tuō yùn xíng lǐ shǒu xù] 투어윈싱리셔우쉬	탁송 화물수속
手提包	[shǒu tí bāo] 셔우티바오	손가방
申报	[shēn bào] 션빠오	신고하다
候补名单	[hòu bǔ míng dān] 허우뿌밍딴	후보명단
直飞	[zhí fēi] 즈페이	직항편
夜间飞行	[yè jiān fēi xíng] 예지엔페이싱	야간비행
机票	[jī piào] 지퍄오	항공권
乘务员	[chéng wù yuán] 청우위엔	승무원
领航员	[lǐng háng yuán] 링항위엔	파일럿
安全门	[ān quán mén] 안췐먼	비상구
延迟	[yán chí] 옌츠	연착
中途停留	[zhōng tú tíng liú] 중투팅리여우	도중하차
登机口号码	[dēng jī kǒu hào mǎ] 떵지커우하오마	탑승구번호
候机室	[hòu jī shì] 허우지스	탑승대기실
靠窗座位	[kào chuāng zuò wèi] 카오촹쭈오웨이	창가측 좌석
靠走道的座位	[kào zǒu dào de zuò wèi] 카오저우따오더쭈어웨이	통로측 좌석
洗手间	[xǐ shǒu jiān] 시쇼우지엔	화장실
座舱	[zuò cāng] 쭈어창	조종실

호텔

豪华酒店	[háo huá jiǔ diàn] 하오화지우디엔	호화호텔
汽车旅馆	[qì chē lǚ guǎn] 치처뤼관	모텔
客栈	[kè zhàn] 커잔	여인숙
前台	[qián tái] 치엔타이	프런트
大堂	[dà táng] 따탕	로비
接待员	[jiē dài yuán] 지에따이위엔	접수계원
出纳员	[chū nà yuán] 추나위엔	출납원
服务员	[fú wù yuán] 푸우위엔	사환
单人间	[dān rén jiān] 딴런지엔	1인실
双床房	[shuāng chuáng fáng] 솽촹팡	트윈룸
大床房	[dà chuáng fáng] 따촹팡	더블룸
套房	[tào fáng] 타오팡	스위트룸
叫醒服务	[jiào xǐng fú wù] 쟈오싱푸우	모닝콜
桑拿	[sāng ná] 상나	사우나
走廊	[zǒu láng] 저우랑	복도
行李寄存处	[xíng lǐ jì cún chù] 싱리지춘추	물품보관소
入住	[rù zhù] 루주	체크인
退房	[tuì fáng] 투이팡	체크아웃
空房	[kōng fáng] 콩팡	빈방
饭店经理	[fàn diàn jīng lǐ] 판띠엔징리	호텔 지배인
饭店经营	[fàn diàn jīng yíng] 판띠엔징잉	호텔경영
男服务员	[nán fú wù yuán] 난푸우위엔	급사
乡村客栈	[xiāng cūn kè zhàn] 샹춘커잔	여인숙

住宿	[zhù sù] 주쑤	숙박하다	国家公园	[guó jiā gōng yuán] 구어쟈꽁위엔	국립공원
酒店员工	[jiǔ diàn yuán gōng] 지여우띠엔위엔꽁	호텔종업원	小丑	[xiǎo chǒu] 샤오처우	어릿광대
酒店职员	[jiǔ diàn zhí yuán] 지여우띠엔즈위엔	호텔사무원	过山车	[guò shān chē] 구어산처	롤러코스터
客房服务员	[kè fáng fú wù yuán] 커팡푸우위엔	객실담당자	旋转木马	[xuán zhuǎn mù mǎ] 쉬엔쭈안무마	회전목마
青年旅馆	[qīng nián lǚ guǎn] 칭니엔뤼관	유스호스텔	游乐园	[yóu lè yuán] 여우러위엔	놀이공원
			摩天轮	[mó tiān lún] 무어티엔룬	대관람차
住宿加早餐	[zhù sù jiā zǎo cān] 주쑤쟈자오찬	아침밥 제공	赏花	[shǎng huā] 샹화	꽃놀이
市中心	[shì zhōng xīn] 쓰중신	번화가	门票	[mén piào] 먼퍄오	입장권
客房服务	[kè fáng fú wù] 커팡푸우	룸서비스	游街	[yóu jiē] 여우찌에	퍼레이드
服务收费	[fú wù shōu fèi] 푸우셔우페이	서비스료	棉花糖	[mián huā táng] 미엔화탕	솜사탕
			快餐店	[kuài cān diàn] 콰이찬띠엔	스낵바
前台	[qián tái] 치엔타이	프런트	池	[shi] 츠	연못
小费	[xiǎo fèi] 샤오페이	팁	主题公园	[zhǔ tí gōng yuán] 주티꽁위엔	테마공원
관광			动物园	[dòng wù yuán] 뚱우위엔	동물원
			植物园	[zhí wù yuán] 즈우위엔	식물원
地图	[dì tú] 디투	지도	高尔夫练习场	[gāo ěr fū liàn xí chǎng] 까오얼푸리엔시창	골프연습장
游客	[yóu kè] 여우커	여행자	靶场	[bǎ chǎng] 바창	소총사격장
旅游团	[lǚ yóu tuán] 뤼여우투안	관광단	游戏机	[yóu xì jī] 여우시지	놀이기구
观光城市	[guān guāng yù shì] 꾸안꽝우스	관광도시	游乐场	[yóu lè chǎng] 여우러창	놀이터
旅游产业	[lǚ yóu chǎn yè] 뤼여우찬예	관광산업	滑梯	[huá tī] 화티	미끄럼틀
旅游胜地	[lǚ yóu shèng dì] 뤼여우셩디	관광지	跷跷板	[qiāo qiāo bǎn] 챠오챠오반	시소
航海	[háng hǎi] 항하이	항해	捉迷藏	[zhuō mí cáng] 주오미창	술래잡기
陆上旅行	[lù shàng lǚ xíng] 루샹뤼싱	(육상)여행	长凳	[cháng dèng] 창덩	벤치
			喷水	[pēn shuǐ] 펀쉐이	분수
			秋千	[qiū qiān] 치우치엔	그네

三轮自行车	[sān lún zì xíng chē] 싼룬즈싱처	세발자전거
景点	[jǐng diǎn] 징디엔	볼거리
服务台	[fú wù tái] 푸우타이	안내소
娱乐税	[yú lè shuì] 위러쉐이	유흥세
行乐的客人	[xíng lè de kè rén] 싱러더커런	행락객
国家公墓	[guó jiā gōng mù] 구어쟈꿍무	국립묘지
国家森林公园	[guó jiā sēn lín gōng yuán] 구어쟈썬린꿍위엔	국유림
公园一带	[gōng yuán yī dài] 꿍위엔이따이	공원구역
棒球场	[bàng qiú chǎng] 빵츄창	야구장
公墓	[gōng mù] 꿍무	공원묘지
民俗村	[mín sú cūn] 민수춘	민속촌
水景	[shuǐ jǐng] 슈에이징	물가풍경
美术馆	[měi shù guǎn] 메이슈관	미술관
雕像	[diāo xiàng] 댜오샹	조각상
博物馆	[bó wù guǎn] 보우관	박물관
故宫	[gù gōng] 꾸궁	고궁
水族馆	[shuǐ zú guǎn] 쉐이주관	수족관
展览会	[zhǎn lǎn huì] 잔란후이	전람회
传统茶屋	[chuán tǒng chá wū] 촨퉁차우	전통찻집
节日	[jié rì] 지에르	기념일
吊车	[diào chē] 댜오처	케이블카
野游	[yě yóu] 예여우	소풍
赛马	[sài mǎ] 싸이마	경마

基数	[jī shù] 지쑤	기수
一	[yī] 이	하나
二	[èr] 얼	둘
三	[sān] 싼	셋
四	[sì] 쓰	넷
五	[wǔ] 우	다섯
六	[liù] 리여우	여섯
七	[qī] 치	일곱
八	[bā] 빠	여덟
九	[jiǔ] 찌여우	아홉
十	[shí] 스	열
十一	[shí yī] 스이	열하나
十二	[shí èr] 스얼	열둘
十三	[shí sān] 스싼	열셋
十四	[shí sì] 스쓰	열넷
十五	[shí wǔ] 스우	열다섯
十六	[shí liù] 스리여우	열여섯
十七	[shí qī] 스치	열일곱
十八	[shí bā] 스빠	열여덟
三十	[sān shí] 싼스	서른
四十	[sì shí] 쓰스	마흔
五十	[wǔ shí] 우스	쉰
六十	[liù shí] 리여우스	예순
七十	[qī shí] 치스	일흔
八十	[bā shí] 빠스	여든
十九	[shí jiǔ] 스지여우	열아홉
二十	[èr shí] 얼스	스물
九十	[jiǔ shí] 지여우스	아흔

百	[bǎi] 빠이	백	第四十	[dì sì shí] 디쓰스	마흔번째
千	[qiān] 치엔	천	第一百	[dì yī bǎi] 디이바이	백번째
百万	[bǎi wàn] 바이완	백만	第一千	[dì yī qiān] 디이치엔	천번째
十亿	[shí yì] 스이	십억	第一百万	[dì yī bǎi wàn] 디이바이완	백만번째
兆	[zhào] 쟈오	조	第十亿	[dì shí yì] 디스이	십억번째
庞大的数字	[páng dà de shù zì] 팡따더슈즈	엄청난 수	一次	[yī cì] 이츠	한 번
序数	[xù shù] 쉬슈	서수	两次	[liǎng cì] 량츠	두 번
第一	[dì yī] 디이	첫번째	三次	[sān cì] 싼츠	세 번
第二	[dì èr] 디얼	두번째	加法	[jiā fǎ] 쟈파	덧셈
第三	[dì sān] 디싼	세번째	减法	[jiǎn fǎ] 지엔파	뺄셈
第四	[dì sì] 디쓰	네번째	乘法	[chéng fǎ] 청파	곱셈
第五	[dì wǔ] 디우	다섯번째	角	[jiǎo] 쟈오	각
第六	[dì liù] 디리여우	여섯번째	形状	[xíng zhuàng] 싱쭈앙	모양
第七	[dì qī] 디치	일곱번째	圆形	[yuán xíng] 위엔싱	원
第八	[dì bā] 디빠	여덟번째	正方形	[zhèng fāng xíng] 쩡팡싱	정사각형
第九	[dì jiǔ] 디지여우	아홉번째	长方形	[cháng fāng xíng] 창팡싱	직사각형
第十	[dì shí] 디스	열번째	三角形	[sān jiǎo xíng] 싼쟈오싱	삼각형
第十一	[dì shí yī] 디스이	열한번째	除法	[chú fǎ] 추파	나눗셈
第十二	[dì shí èr] 디스얼	열두번째	面	[miàn] 미엔	면
第十三	[dì shí sān] 디스싼	열세번째	直线	[zhí xiàn] 즈씨엔	일직선
第十四	[dì shí sì] 디스쓰	열네번째	时间	[shí jiān] 스찌엔	시간
第十五	[dì shí wǔ] 디스우	열다섯번째	时刻	[shí kè] 스커	시각
第十六	[dì shí liù] 디스리여우	열여섯번째	点钟	[diǎn zhōng] 디엔종	시
第十七	[dì shí qī] 디스치	열일곱번째	分钟	[fēn zhōng] 펀종	분
第十八	[dì shí bā] 디스빠	열여덟번째	秒	[miǎo] 먀오	초
第十九	[dì shí jiǔ] 디스지여우	열아홉번째	周	[zhōu] 저우	주
第二十	[dì èr shí] 디얼스	스무번째	平日	[píng rì] 핑르	평일
第三十	[dì sān shí] 디싼스	서른번째	周末	[zhōu mò] 조우모	주말
			上周	[shàng zhōu] 쌍저우	지난주

这周	[zhè zhōu] 쩌저우	이번주
下周	[xià zhōu] 샤저우	다음주
零	[líng] 링	영
千万	[qiān wàn] 치엔완	천만
一亿	[yī yì] 이이	일억
单数	[dān shù] 딴슈	홀수
双数	[shuāng shù] 슈앙슈	짝수
开初	[kāi chū] 카이추	처음
末尾	[mò wěi] 모웨이	끝
一刻	[yí kè] 이커	15분
一半	[yí bàn] 이빤	절반
计算	[jì suàn] 지쑤안	계산
两倍	[liǎng bèi] 량뻬이	두배
减	[jiǎn] 지엔	빼다
加	[jiā] 쟈	더하다
分	[fēn] 펀	나누다
乘	[chéng] 청	곱하다
椭圆形	[tuǒ yuán xíng] 투오위엔싱	타원형
菱形	[líng xíng] 링싱	마름모
平行四边形	[píng xíng sì biān xíng] 핑싱쓰비엔싱	평행사변형
五边形	[wǔ biān xíng] 우비엔싱	오각형
六边形	[liù biān xíng] 리우비엔싱	육각형
立方体	[lì fāng tǐ] 리팡티	정육면체
圆柱	[yuán zhù] 위엔주	원기둥
圆锥	[yuán zhuī] 위엔주에이	원뿔
角锥	[jiǎo zhuī] 쟈오주에이	각뿔
球体	[qiú tǐ] 치우티	구

달(月)

一月	[yī yuè] 이위에	1월
二月	[èr yuè] 얼위에	2월
三月	[sān yuè] 싼위에	3월
四月	[sì yuè] 쓰위에	4월
五月	[wǔ yuè] 우위에	5월
六月	[liù yuè] 리여우위에	6월
七月	[qī yuè] 치위에	7월
八月	[bā yuè] 빠위에	8월
九月	[jiǔ yuè] 지여우위에	9월
十月	[shí yuè] 스위에	10월
十一月	[shí yī yuè] 스이위에	11월
十二月	[shí èr yuè] 스얼위에	12월
日历	[rì lì] 르리	달력
星期日	[xīng qī rì] 싱치르	일요일
星期一	[xīng qī yī] 싱치이	월요일
星期二	[xīng qī èr] 싱치얼	화요일
星期三	[xīng qī sān] 싱치싼	수요일
星期四	[xīng qī sì] 싱치쓰	목요일
星期五	[xīng qī wǔ] 싱치우	금요일
星期六	[xīng qī liù] 싱치리여우	토요일
这一周	[zhè yī zhōu] 쩌이조우	이번주
上周	[shàng zhōu] 샹저우	지난주
下周	[xià zhōu] 샤저우	다음주
过去	[guò qù] 구어취	과거
现在	[xiàn zài] 시엔짜이	현재
未来	[wèi lái] 웨이라이	미래
有一天	[yǒu yì tiān] 여우이티엔	언젠가
某一天	[mǒu yì tiān] 머우이티엔	어느날

每年	[měi nián] 메이니엔	매년
半年	[bàn nián] 빤니엔	반년
月初	[yuè chū] 위에추	월초
月末	[yuè mò] 위에모	월말
有时	[yǒu shí] 여우스	때때로
一年到头	[yī nián dào tóu] 이니엔다오터우	일년내내

공휴일과 특별한 날

生日	[shēng rì] 성르	생일
春节	[chūn jié] 춘지에	설날
中秋节	[zhōng qiū jié] 중치우지에	추석
圣诞节	[shèng dàn jié] 성딴지에	성탄절
情人节	[qíng rén jié] 칭런지에	발렌타인데이
六十大寿	[liù shí dà shòu] 리여우스따쇼우	환갑
儿童节	[ér tóng jié] 얼퉁지에	어린이날
植树节	[zhí shù jié] 즈슈지에	식목일
父母节	[fù mǔ jié] 푸무지에	어버이날
节日	[jié rì] 지에르	명절
元旦	[yuán dàn] 위엔딴	신정
三一运动纪念日	[sān yī yùn dòng jì niàn rì] 싼이윈뚱지니엔르	삼일절
光复节	[guāng fù jié] 꽝푸지에	광복절
教师节	[jiào shī jié] 쟈오스지에	스승의 날
显忠日	[xiǎn zhōng rì] 시엔중르	현충일
制宪节	[zhì xiàn jié] 즈시엔지에	제헌절
开天节	[kāi tiān jié] 카이티엔지에	개천절

韩文纪念日	[hán wén jì niàn rì] 한원지니엔르	한글날
万圣节	[wàn shèng jié] 완성지에	할로윈데이
百日筵	[bǎi rì yán] 바이르옌	백일
周岁	[zhōu suì] 저우수에이	돌
结婚纪念日	[jié hūn jì niàn rì] 지에훈지니엔르	결혼기념일
乔迁宴	[qiáo qiān yàn] 챠오치엔옌	집들이파티
惊喜聚会	[jīng xǐ jù huì] 징시쥐후이	깜짝파티
告别宴	[gào bié yàn] 까오비에옌	송별회
欢迎会	[huān yíng huì] 환잉후이	환영회
忘年会	[wàng nián huì] 왕니엔후이	송년회
复活节	[fù huó jié] 푸후어지에	부활절
夏至	[xià zhì] 샤즈	하지
冬至	[dōng zhì] 뚱즈	동지
农历	[nóng lì] 농리	음력
阳历	[yáng lì] 양리	양력
闰年	[rùn nián] 룬니엔	윤년
劳动节	[láo dòng jié] 라오뚱지에	노동절
母亲节	[mǔ qīn jié] 무친지에	어머니날
感恩节	[gǎn ēn jié] 깐언지에	추수감사절
哥伦布日	[gē lún bù rì] 거륀뿌르	콜럼버스기념일
退伍军人节	[tuì wǔ jūn rén jié] 투에이우쥔런지에	재향 군인의 날

컴퓨터

电脑	[diàn nǎo] 띠엔 나오	컴퓨터
个人计算机	[gè rén jì suàn jī] 꺼 런 지 쑤안 지	개인용 컴퓨터

台式計算机	[tái shì jì zhuān jī] 타이스지쭈안 지	탁상용 컴퓨터
筆記本電腦	[bǐ jì běn diàn nǎo] 비지번띠엔나오	노트북
主存储器	[zhǔ cún chǔ qì] 쥬춘추치	주기억장치
打印机	[dǎ yìn jī] 다인지	프린터
激光打印机	[jī guāng dǎ yìn jī] 지구앙다인지	레이저 프린터
彩色打印机	[cǎi sè dǎ yìn jī] 차이써다인지	컬러 프린터
顯示器	[xiǎn shì qì] 씨엔 스 치	모니터
扫描器	[sǎo miáo qì] 싸오미아오지	스캐너
屏幕	[píng mù] 핑무	스크린
鍵盤	[jiàn pán] 찌엔판	키보드
輸出	[shū chū] 슈츄	출력
輸入	[shū rù] 슈루	입력
音箱	[yīn xiāng] 잉씨앙	스피커
鼠標	[shǔ biāo] 슈삐아오	마우스
滑鼠垫	[huá shǔ diàn] 후아슈띠엔	마우스 패드
光驱	[guāng qū] 구앙취	시디롬
電纜	[diàn lǎn] 띠엔란	케이블
硬件	[yìng jiàn] 잉찌엔	컴퓨터하드웨어
軟件	[ruǎn jiàn] 루안찌엔	소프트웨어
版本	[bǎn běn] 반번	버전
啓動	[qǐ dòng] 치똥	부팅
資料	[zī liào] 쯔리아오	자료
拷貝	[kǎo bèi] 카오뻬이	복사
掃描	[sǎo miáo] 싸오미아오	스캔

备份	[bèi fèn] 뻬이펀	백업
安裝	[ān zhuāng] 안쥬앙	설치하다
病毒	[bìng dú] 삥두	바이러스
治療病毒	[zhì liáo bìng dú] 쯔리아오삥두	바이러스 퇴치
接種程序	[jiē zhǒng chéng xù] 지에쫑청쉬	백신 프로그램

성격

小心	[xiǎo xīn] 샤오신	조심성 있는
粗心	[cū xīn] 추신	부주의한
饶舌	[ráo shé] 라오셔	수다스러운
调皮	[diào pí] 탸오피	버릇없는
有耐心的	[yǒu nai xīn de] 여우나이신더	인내심이 강한
冷静	[lěng jìng] 렁징	냉정한
勤勞	[qín láo] 친라오	근면한
心胸宽的	[xīn xiōng kuān de] 신슝콴더	관대한
胆小	[dǎn xiǎo] 딴샤오	소심한
心情不稳的	[xīn qíng bù wěn de] 신칭뿌원더	변덕스러운
固执	[gù zhí] 꾸쯔	고집센
善交际的	[shàn jiāo jì de] 샨쟈오지더	사교적인
邪恶的	[xié è de] 씨에어더	심술궂은
沮丧的	[jǔ sàng de] 쥐쌍더	소침한
妒忌	[dù jì] 두지	질투심이 많은
有责任的	[yǒu zé rèn de] 요우저런더	책임있는

好奇	[hào qí] 하오치	호기심 있는	
严肃	[yán sù] 옌쑤	진지한	
真诚	[zhēn chéng] 쩐청	성실한	
温和	[wēn hé] 원허	온화한	
明智的	[míng zhì de] 밍즈더	슬기로운	
诚实	[chéng shí] 청스	정직한	
谦虚	[qiān xū] 치엔쉬	겸손한	
礼貌	[lǐ mào] 리마오	예의바른	
愉快	[yú kuài] 위콰이	명랑한	
勇敢	[yǒng gǎn] 용간	용감한	
懒	[lǎn] 란	게으른	
无聊	[wú liáo] 우랴오	지루한	
笨	[bèn] 뻔	어리석은	
厚道	[hòu dào] 허우다오	관대한	
细致	[xì zhì] 시즈	섬세한	
可信	[kě xìn] 커신	신뢰할 만한	
自私	[zì sī] 쯔쓰	이기적인	
积极	[jī jí] 지지	적극적인	
肯定	[kěn dìng] 컨띵	긍정적인	
消极	[xiāo jí] 샤오지	소극적인	
低贱	[dī jiàn] 디지엔	친한	
卑职	[bēi zhí] 뻬이즈	낮은 지위	
谦虚的要求	[qiān xū de yào qiú] 치엔쉬더야오치여우	겸허한 요구	
天真	[tiān zhēn] 티엔쩐	천진난만한	
朴实	[pǔ shí] 푸스	꾸밈이 없는	
坦率	[tǎn shuài] 탄슈아이	솔직한	
优雅	[yōu yǎ] 여우야	기품있는	
单纯	[dān chún] 딴춘	단순한	

尖锐	[jiān ruì] 지엔루에이	날카로운	
神经质	[shén jīng zhì] 션징즈	신경질적인	
严厉谴责	[yán lì qiǎn zé] 옌리치엔저	호된 질책	
迟钝	[chí dùn] 츠둔	둔감한	
崇高	[chóng gāo] 충까오	고상한	
简明	[jiǎn míng] 지엔밍	간결한	
平凡	[píng fán] 핑판	평범한	
特别	[tè bié] 터비에	특별한	
特殊情况	[tè shū qíng kuàng] 터슈칭쾅	특별한 경우	
理直气壮	[lǐ zhí qì zhuàng] 리즈치쫭	당당한	
雄风	[xióng fēng] 쓩펑	당당한 태도	
骄傲	[jiāo ào] 찌아오아오	거만한	

喝凉水都塞牙	[hē liáng shuǐ dōu sāi yá]	뒤로 자빠져도 코가 깨진다.
隔墙有耳	[gé qiáng yǒu ěr]	낮 말은 새가 듣고 밤 말은 쥐가 듣는다.
苦尽甘来	[kǔ jìn gān lái]	고생 끝에 낙이 온다.
功亏一篑	[gōng kuī yī kuì]	다 된 밥에 코 빠뜨린다.
久病成良医	[jiǔ bìng chéng liáng yī]	서당개 삼 년이면 풍월을 읊는다.
金石爲开	[jīn shí wéi kāi]	지성이면 감천이다.
对牛弹琴	[duì niú tán qín]	소 귀에 경 읽기
挑雪填井	[tiāo xuě tián jǐng]	밑 빠진 독에 물 붓기.
无风不起浪	[wú fēng bù qǐ làng]	아니 땐 굴뚝에 연기날까.
美中不足	[měi zhōng bù zú]	옥의 티.
半斤八两	[bàn jīn bā liǎng]	도토리 키재기
百闻不如一见	[bǎi wén bù rú yī jiàn]	백문이 불여일견.
冤家路窄	[yuān jiā lù zhǎi]	원수는 외나무다리에서 만난다.
不识一丁	[bù shí yī dīng]	낫 놓고 기역자도 모른다. 일자무식.
比登天还难	[bǐ dēng tiān hái nán]	낙타 바늘구멍 들어가기.
秀外惠中	[xiù wai huì zhōng]	보기 좋은 떡이 먹기도 좋다.
是猫变不得狗	[shì māo biàn bu de gǒu]	제 버릇 개 못 준다.
眼不见, 心不烦	[yǎn bù jiàn xīn bù fán]	모르는 게 약이다.
易如反掌	[yì rú fǎn zhǎng]	누워서 떡 먹기. 식은 죽 먹기.
玉不琢, 不成器	[yù bù zhuó, bù chéng qì]	구슬이 서 말이라도 꿰어야 보배.
五十步笑百步	[wǔ shí bù xiào bǎi bù]	똥 묻은 개가 겨 묻은 개를 나무란다.
为人作嫁	[wèi rén zuò jià]	죽 쑤어 개 좋은 일 하다.

以卵击石	[yǐ luǎn jī shí]	계란으로 바위 치기.
因噎废食	[yīn yē fèi shí]	구더기 무서워 장 못 담그다.
因好致好	[yīn hǎo zhì hǎo]	가는 정이 있어야 오는 정이 있다.
一举两得	[yī jǔ liǎng dé]	일거양득. 일석이조. 꿩 먹고 알 먹기.
一口吃个胖子	[yī kǒu chī gě pàng zi]	첫술에 배부르랴.
一知半解	[yī zhī bàn jiě]	수박 겉 핥기.
长痛不如短痛	[cháng tòng bù rú duǎn tòng]	매도 먼저 맞는 놈이 낫다.
积少成多	[jī shǎo chéng duō]	티끌 모아 태산.
坐井观天	[zuò jǐng guān tiān]	우물 안 개구리.
做贼心虚	[zuò zéi xīn xū]	도둑이 제 발 저리다.
众擎易举	[zhòng qíng yì jǔ]	백지장도 맞들면 낫다.
指手划脚	[zhǐ shǒu huà jiǎo]	감 놓아라 배 놓아라 한다.
快如闪电	[kuài rú shǎn diàn]	번갯불에 콩 볶아 먹는다.
打一巴掌揉三下儿	[dǎ yī bā zhang róu sān xiàr]	병 주고 약 주다.
火上加油	[huǒ shàng jiā yóu]	불난 집에 부채질하다.
火烧眉毛	[huǒ shāo méi máo]	발등에 불이 떨어지다.
华而不实	[huá ér bù shí]	빛 좋은 개살구.

供过于求	[gōng guò yú qiú]	공급이 수요를 초과하다.
刮目相看	[guā mù xiāng kàn]	새로운 안목으로 대하다.
求之不得	[qiú zhī bù dé]	매우 얻기 어려운 기회.
杞人忧天	[qǐ rén yōu tiān]	쓸데없는 걱정.
大失所望	[dà shī suǒ wàng]	크게 실망하다.
大势所趋	[dà shì suǒ qū]	대세의 흐름.
掉以轻心	[diào yǐ qīng xīn]	소홀히 하다.
得不偿失	[dé bù cháng]	얻는 것보다 잃는 것이 많다.
两全其美	[liǎng quán qí měi]	쌍방이 모두가 좋게 하다.
了若指掌	[liǎo ruò zhī zhǎng]	잘 알고 있다.
名副其实	[míng fù qí shí]	명실상부하다.
无稽之谈	[wú jī zhī tán]	터무니없는 말.
无一例外	[wú yī lì wài]	예외없이 모두.
半途而废	[bàn tú ér fèi]	중도에 그만두다.
半信半疑	[bàn xìn bàn yí]	반신반의하다.
防患未然	[fáng huàn wèi rán]	미연에 방지하다.
别有用心	[bié yǒu yòng xīn]	다른 꿍꿍이 속셈이 있다.
步人后尘	[bù rén hòu chén]	남의 걸음을 따라 걷다.
付诸东流	[fù zhū dōng liú]	헛수고하다.
不管三七二十一	[bù guǎn sān qī èr shí yī]	앞뒤를 가리지 않고 무턱대고.
不了了之	[bù liǎo liǎo zhī]	중간에 흐지부지 그만두다.
不识时务	[bù shí shí wù]	세상물정에 어둡다.

不切实际	[bú qiè shí jì]	실제와 맞지 않다.
比比皆是	[bǐ bǐ jiē shì]	흔하다. 수두룩하다.
史无前例	[shǐ wú qián lì]	역사상 전례가 없다.
师出无名	[shī chū wú míng]	정당한 이유 없이 전쟁을 하다.
山穷水尽	[shān qióng shuǐ jìn]	궁지에 빠지다.
小题大做	[xiǎo tí dà zuò]	사소한 일을 떠들썩하게 하다.
水落石出	[shuǐ luò shí chū]	일의 진상이 밝혀지다.
袖手旁观	[xiù shǒu páng guān]	수수방관하다.
瞬息万变	[shùn xī wàn biàn]	변화가 아주 빠르다.
视而不见	[shì ér bú jiàn]	보고도 못 본 척하다.
拭目以待	[shì mù yǐ dài]	간절히 기대하다.
深思熟虑	[shēn sī shú lǜ]	심사숙고하다.
十拿九稳	[shí ná jiǔ wěn]	따 놓은 당상이다.
烫手山芋	[tàng shǒu shān yù]	난제. 힘든 일. 뜨거운 감자.
言过其实	[yán guò qí shí]	말이 과장되어 사실과 맞지 않다.
如鱼得水	[rú yú dé shuǐ]	마음 맞는 사람을 얻다.
如愿以偿	[rú yuàn yǐ cháng]	소원 성취하다.
如坐针毡	[rú zuò zhēn zhān]	바늘방석에 앉은 것 같다.
欲速不达	[yù sù bù dá]	급히 먹는 밥이 체한다.
爲时过早	[wéi shí guò zǎo]	시기상조
有名无实	[yǒu míng wú shí]	유명무실하다.
有备无患	[yǒu bèi wú huàn]	유비무환

引以爲鉴	[yǐn yǐ wéi jiàn]	본보기로 삼다.
一毛不拔	[yī máo bù bá]	매우 인색하다.
一朝一夕	[yī zhāo yī xī]	매우 짧은 시간.
一针见血	[yī zhēn jiàn xuè]	급소를 찌르다.
啼笑皆非	[tí xiào jiē fēi]	이러지도 저러지도 못하다.
重蹈覆辙	[chóng dǎo fù zhé]	실패를 다시 되풀이하다.
寸步难行	[cùn bù nán xíng]	조금도 움직일 수 없다.
丛林法则	[cóng lín fǎ zé]	정글의 법칙.
出尔反尔	[chū ěr fǎn ěr]	이랬다 저랬다 하다.
饱尝世味	[bǎo cháng shì wèi]	세상의 쓴 맛 단 맛을 다 보다.
风光不再	[fēng guāng bù zài]	예전과 같지 않다.
行之有效	[xíng zhī yǒu xiào]	효과적이다.
祸不单行	[huò bù dān xíng]	설상가상. 엎친 데 덮친 격.
换骨脱胎	[huàn gǔ tuō tāi]	환골탈태하다.
挥金如土	[huī jīn rú tǔ]	돈을 물 쓰듯 하다.

脚时髦	[jiǎo shí máo]	유행을 따르다.
看脸色	[kàn liǎn sè]	남의 눈치를 살피다.
开倒车	[kāi dào chē]	시대의 흐름에 역행하다.
挂羊头卖狗肉	[guà yáng tóu mài gǒu ròu]	속과 겉이 다르다.
绞脑汁	[jiǎo nǎo zhī]	온갖 지혜를 짜내다.
狗咬狗	[gǒu yǎo gǒu]	같은 패끼리 서로 싸우다.
口头禅	[kǒu tóu chán]	실속 없는 말.
给面子	[gěi miàn zi]	체면을 살려주다.
当左右手	[dāng zuǒ yòu shǒu]	유능한 조수가 되다.
大锅饭	[dà guō fàn]	한솥밥. 대중식사. 공동취사.
对胃口	[duì wèi kou]	자신의 흥미나 기호(구미)에 맞다.
鬼点子	[guǐ diǎn zi]	나쁜꾀
拉汲子	[lā dù zǐ]	배탈이 나다.
露马脚	[lòu mǎ jiǎo]	탄로나다.
露一手	[lòu yī shǒu(r)]	솜씨를 보이다.
没门儿	[méi ménr]	방법이 없다.
插手	[chā shǒu]	끼어들다.
拔尖儿	[bá jiān ér]	남들보다 뛰어나다.
拔虎须	[bá hǔxū]	큰 모험을 하다.
一见钟情	[yí jiàn zhōng qíng]	첫눈에 반하다.
帮倒忙	[bāng dào máng]	돕는다는 것이 오히려 방해가 되다.
背黑锅	[bēi hēi guō]	억울하게 누명을 쓰다.

百事通	[bǎi shì tōng]	모든 일에 능한 사람. 척척박사.
没头没脑	[méi tóu méi nǎo]	느닷없이, 뜬금없이
碰钉子	[pèng dīng zi]	난관에 부딪치다.
泼冷水	[pō lěng shuǐ]	찬물을 끼얹다.
不要脸	[bù yào liǎn]	뻔뻔스럽다. 파렴치하다.
使眼色	[shǐ yǎn sè]	눈짓하다. 곁눈을 주다.
上眼药	[shàng yǎn yào]	망신을 주다. 창피를 주다.
翅膀硬了	[chì bǎng yìng le]	제 구실을 할 수 있게 되다.
心肠软	[xīn cháng ruǎn]	마음이 약하다.
爱面子	[ài miàn·zi]	체면 차리다.
摇钱树	[yáo qián shù]	돈이 되는 것.
丢饭碗	[diū fàn wǎn]	밥그릇을 깨다. 실직하다.
肉中刺	[ròu zhōng cì]	눈엣가시
装模作样	[zhuāng mú zuò yàng]	허세를 부리다.
做手脚	[zuò shǒu jiǎo]	몰래 간계를 꾸미다.
走后门	[zǒu hòu mén(r)]	뒷거래를 하다.
擦屁股	[cā pì gǔ]	남의 뒤치다꺼리를 하다.
妻管严	[qī guǎn yán]	공처가.
炒冷饭	[chǎo lěng fàn]	재탕하다.
炒鱿鱼	[chǎo yóu yú]	해고하다. 파면하다.
丑八怪	[chǒu bā guài]	못생긴 사람. 흉하게 생긴 사람.
吹牛皮	[chuī niú pí]	허풍을 떨다.

打牙祭	[dǎ yá jì]	실컷 배불리 먹다.
摆架子	[bǎi jià zi]	잘난척하다.
摆龙门阵	[bǎi lóng mén zhèn]	잡담하다.
板面孔	[bǎn miàn kǒng]	기분 나쁜 얼굴을 하다.
八九不离十(儿)	[bā jiǔ bù lí shí(r)]	대체로. 거의. 십중팔구.
败家精	[bài jiā jīng]	가산을 탕진하는 자식.
抱佛脚	[bào fó jiǎo]	급하면 부처 다리라도 안는다.
饱眼福	[bǎo yǎn fú]	눈을 즐겁게 하다. 눈요기를 하다.
包圆儿	[bāo yuánr]	전부 책임지다. 전부 담당하다(맡다).
避风头	[bì fēng·tou]	공격을 피하다.
合不来	[hé bu lái]	성격·흥미·마음 등이 맞지 않다.
黑名单	[hēi míng dān]	블랙리스트
铁公鸡	[tiě gōng jī]	구두쇠, 인색한 사람
吃白眼	[chī bái yǎn]	남에게 무시를 당하다.
吃醋	[chī cù]	질투하다.
吃闲饭	[chī xián fàn]	빈둥빈둥 놀고 먹다.
吃香	[chī xiāng]	환영받다, 평판이 좋다, 인기가 좋다.